신료 중심의 사서

고려사절요
高麗史節要

책임편찬 김종서

에디터 이남철 배용구

- 전 7권 중 3권 -

▸ **16대 예종**(14년) ▸ **17대 인종**
▸ **18대 의종** ▸ **19대 명종**(17년)

고려사절요 (전7권 중 3권)

초판 인쇄 2023년 10월 15일
초판 발행 2023년 10월 30일

편찬책임 김종서
에디터 이남철 배용구
펴낸이 정유지
펴낸곳 NEXEN MEDIA

출력 푸른솔 / 이상훈 02-2274-2488 / 5488
제작 인쇄 진광인쇄
제본 혜성제본 / 02-2273-3562 / 3572

우편번호 04559
주소 서울시 중구 마른내로 102
전화 070_7868_8799
팩스 02 _ 886_5442
영업 010_6338_8799

등록 제2019-000141호
ISBN 979-11-90583-76-3-03910
ⓒ 2023, 넥센미디어

※ 값은 뒤표지에 표시되어 있습니다.
※ 잘못된 책은 구입처에서 교환해 드립니다.

왕대별 보기

1대 태조 (918 - 943)

2대 혜종 (943 - 945)

3대 정종 (945 - 949)

4대 광종 (949 - 975)

5대 경종 (975 - 981)

6대 성종 (981 - 997)

7대 목종 (997 - 1009)

8대 현종 (1009 - 1031)

9대 덕종 (1031 - 1034)

10대 정종 (1034 - 1046)

11대 문종 (1046 - 1083)

12대 순종 (1083 - 1083)

13대 선종 (1083 - 1094)

14대 헌종 (1094 - 1095)

15대 숙종 (1095 - 1105)

16대 예종 (1105 - 1122)

17대 인종 (1122 - 1146)

18대 의종 (1146 - 1170)

19대 명종 (1170 - 1197)

20대 신종 (1197 - 1204)

21대 희종 (1204 - 1211)

22대 강종 (1211 - 1213)

23대 고종 (1213 - 1259)

24대 원종 (1259 - 1274)

25대 충렬왕 (1274 - 1308)

26대 충선왕 (1298,1308-1313)

27대 충숙왕 (1313 - 1330, 1332-1339)

28대 충혜왕 (1330 - 1332, 1339-1344)

29대 충목왕 (1344 - 1348)

30대 충정왕 (1348 - 1351)

31대 공민왕 (1351 - 1374)

32대 우왕 (1374 - 1388)

33대 창왕 (1388 - 1389)

34대 공양왕 (1389 - 1392)

※ **고딕체**는 3권에 수록된 왕대별 보기입니다.

- 상세목차(전 7권 중 3권) -

16대 예종睿宗

✤ **예종 14년**(1119년)

1119년 2월 / 권8 / 여진이 내조하다 / 65
1119년 2월 / 권8 / 왕이 순덕왕후의 혼당에 행차하다 / 65
1119년 2월 / 권8 / 금에서 사신을 파견하다 / 65
1119년 2월 / 권8 / 왕이 장원정에 행차하다 / 65
1119년 3월 / 권8 / 김지화 등을 임명하다 / 66
1119년 4월 / 권8 / 통의후 왕교가 사망하다 / 66
1119년 6월 / 권8 / 이자겸 등을 임명하다 / 66
1119년 7월 / 권8 / 국학을 확장하다 / 66
1119년 8월 / 권8 / 왕이 청연각에 임어하여 강론을 듣다 / 66
1119년 8월 / 권8 / 금에 사신을 파견하나 거부당하다 / 67
1119년 8월 / 권8 / 왕이 순덕왕후의 혼당에 행차하다 / 67
1119년 8월 / 권8 / 조중장이 사망하다 / 67
1119년 8월 / 권8 / 거란이 사신을 파견하다 / 67
1119년 11월 / 권8 / 왕이 청연각에 임어하여 강론을 듣다 / 67
1119년 11월 / 권8 / 왕이 청연각에서 활쏘기를 사열하다 / 67
1119년 11월 / 권8 / 왕이 중광전에서 활쏘기를 사열하다 / 68
1119년 11월 / 권8 / 장성을 증축하다 / 68

✤ **예종 15년**(1120년)

1120년 2월 / 권8 / 왕이 남경에 행차하다 / 69
1120년 4월 / 권8 / 왕이 남경에서 돌아오다 / 69
1120년 5월 / 권8 / 이지저 등에게 급제를 하사하다 / 69

1120년 5월 / 권8 / 부처의 유골을 궁궐에 들이다 / 69
1120년 6월 / 권8 / 왕이 청연각에 임어하여 강론을 듣다 / 70
1120년 6월 / 권8 / 김준 등을 임명하다 / 70
1120년 6월 / 권8 / 왕이 청연각에 임어하여 예기 강론을 듣다 / 70
1120년 6월 / 권8 / 왕이 복원궁에서 초제를 지내고 순덕왕후 진당에 행차하다 / 70
1120년 6월 / 권8 / 송 상인들이 선물을 헌상하다 / 70
1120년 6월 / 권8 / 왕이 청연각에 임어하여 서경 강론을 듣다 / 71
1120년 7월 / 권8 / 요에서 사신을 파견하여 우호관계 유지를 당부하다 / 71
1120년 7월 / 권8 / 송의 사신단이 돌아가다 / 71
1120년 7월 / 권8 / 강증이 사망하다 / 72
1120년 8월 14일 / 권8 / 왕이 서경에 행차하다 / 72
1120년 8월 / 권8 / 남극성이 나타나다 / 72
1120년 8월 / 권8 / 왕이 흥복사와 영명사에 행차하다 / 72
1120년 8월 / 권8 / 왕이 대동강에 행차하다 / 72
1120년 9월 / 권8 / 왕이 영명사에 행차하다 / 73
1120년 8월 / 권8 / 가뭄이 들다 / 73
1120년 8월 / 권8 / 왕이 외제석원에 행차하다 / 73
1120년 8월 / 권8 / 왕이 죄인을 심사하다 / 73
1120년 8월 / 권8 / 왕이 순덕왕후의 진당에 행차하다 / 73
1120년 8월 / 권8 / 홍약이가 시정에 대한 상소를 올리다 / 73
1120년 9월 / 권8 / 은택을 내리는 제서를 반포하다 / 73
1120년 9월 / 권8 / 왕이 장락전에서 잔치를 열다 / 74
1120년 9월 / 권8 / 김한충이 사망하다 / 74
1120년 10월 4일 / 권8 / 일식이 일어나다 / 74
1120년 11월 / 권8 / 왕이 서경에서 돌아와 사면령을 내리다 / 75
1120년 11월 / 권8 / 진숙과 노원숭을 좌천시키다 / 75
1120년 11월 / 권8 / 왕이 청연각에 임어하여 시경 강론을 듣다 / 75

1120년 12월 / 권8 / 왕이 태자와 이자겸 등을 불러 잔치를 열다 / 75

1120년 12월 / 권8 / 박경인을 치사시키다 / 76

❖ **예종 16년**(1121년)

1121년 1월 / 권8 / 왕이 후비를 들이다 / 77

1121년 1월 / 권8 / 왕태자가 원복을 입다 / 77

1121년 1월 / 권8 / 함녕절 잔치를 열다 / 78

1121년 2월 / 권8 / 한충을 좌천시키다 / 78

1121년 3월 / 권8 / 왕이 창신사와 수릉에 행차하다 / 78

1121년 3월 / 권8 / 송에서 사신을 파견하다 / 79

1121년 3월 / 권8 / 왕이 청연각에 임어하여 강론을 듣다 / 79

1121년 4월 / 권8 / 왕이 안화사에 행차하다 / 79

1121년 4월 / 권8 / 이자겸과 그 아들들에게 은택을 베풀다 / 79

1121년 5월 / 권8 / 백관들이 비를 기원하다 / 79

1121년 윤5월 / 권8 / 가뭄 해소를 위해 은택을 베풀다 / 79

1121년 윤5월 / 권8 / 왕이 청연각에 임어하여 강론을 듣다 / 80

1121년 윤5월 / 권8 / 왕이 시경 강론을 듣다 / 80

1121년 6월 / 권8 / 왕이 예기 강론을 듣다 / 80

1121년 6월 / 권8 / 박경인이 사망하다 / 80

1121년 8월 / 권8 / 왕이 영릉과 숭릉에 배알하다 / 81

1121년 8월 / 권8 / 왕이 장원정에 행차하다 / 81

1121년 10월 / 권8 / 왕이 백좌도량을 열고 중외에서 반승하다 / 81

1121년 10월 / 권8 / 태백성이 나타나다 / 81

1121년 12월 / 권8 / 이 청연각에 임어하여 송에서 보낸 물품을 보다 / 81

1121년 12월 / 권8 / 왕이 복원궁 등에 행차하다 / 81

❖ **예종 17년**(1122년)

1122년 1월 / 권8 / 왕이 청연각에 임어하여 주역 강론을 듣다 / 82

1122년 2월 / 권8 / 일식이 일어나다 / 82

1122년 2월 / 권8 / 최홍사가 사망하다 / 82

1122년 3월 / 권8 / 김준 등을 임명하다 / 83

1122년 3월 / 권8 / 왕이 문신들과 시를 짓다 / 83

1122년 3월 / 권8 / 왕이 순천관에 행차했다가 종기로 급히 귀환하다 / 83

1122년 3월 / 권8 / 왕자지가 사망하다 / 84

1122년 3월 / 권8 / 널리 반승하다 / 84

1122년 4월 / 권8 / 왕이 널리 은택을 베풀다 / 84

1122년 4월 / 권8 / 이자겸 등이 왕의 쾌유를 기원하다 / 84

1122년 4월 7일 / 권8 / 예종이 훙서하고 인종이 즉위하다 / 85

17대 **인종**仁宗

❖ 인종 즉위년(1122년)

1122년 5월 / 권8 / 왕이 순덕왕후를 문경황태후로 추존하다 / 88

1122년 5월 / 권8 / 이자겸 등을 임명하다 / 88

1122년 5월 / 권8 / 관리들을 포상하다 / 88

1122년 5월 / 권8 / 사면령을 내리다 / 89

1122년 7월 / 권8 / 이궤가 사망하다 / 89

1122년 7월 / 권8 / 왕이 금강명경도량을 열다 / 89

1122년 7월 / 권8 / 이자겸에 대한 대우를 두고 논란이 벌어지다 / 89

1122년 8월 / 권8 / 나경순 등에게 급제를 하사하다 / 91

1122년 9월 / 권8 / 안정절을 경룡절로 고치다 / 91

1122년 9월 / 권8 / 예종실록 편찬을 명하다 / 91

1122년 10월 / 권8 / 왕이 백좌도량을 열고 중외에서 반승하다 / 92

1122년 10월 / 권8 / 이자겸을 책봉하다 / 92

1122년 11월 / 권8 / 동여진 실현이 와서 말을 헌상하다 / 92

1122년 11월 / 권8 / 왕이 노인과 불우한 백성 등에게 은전을 베풀다 / 92

1122년 12월 / 권8 / 대방공 왕보 등을 유배보내다 / 92

❖ 인종 1년(1123년)

1123년 1월 / 권9 / 송 사신이 오다 / 95

1123년 1월 / 권9 / 왕이 외제석원에 가다 / 95

1123년 1월 / 권9 / 전 지어사대사 이영이 유배지에서 사망하다 / 95

1123년 1월 / 권9 / 중서시랑평장사 이자량이 사망하다 / 96

1123년 3월 / 권9 / 어린아이를 강물에 던진다는 유언비어가 퍼지다 / 96

1123년 4월 / 권9 / 변순부 등 30명에게 급제를 하사하다 / 96

1123년 4월 / 권9 / 김연을 판비서성사 감수국사로 삼다 / 97

1123년 5월 / 권9 / 가뭄으로 왕이 정전을 피하고 비를 기원하다 / 97

1123년 6월 / 권9 / 여진 병선이 침범한다는 잘못된 보고가 있다 / 97

1123년 6월 / 권9 / 송 황제가 제수와 위로 조서를 보내다 / 97

1123년 7월 / 권9 / 중서시랑평장사 김고가 사망하다 / 98

1123년 7월 18일 / 권9 / 혜성이 북두를 침범하여 소재도량을 열다 / 99

1123년 8월 / 권9 / 일식이 일어나다 / 99

1123년 8월 / 권9 / 이자겸을 판서경유수사로 삼다 / 99

1123년 8월 / 권9 / 요에 보낸 사신이 도착하지 못하고 돌아오다 / 99

1123년 10월 / 권9 / 백고좌도량을 열고 승려 3만명에게 반승하다 / 99

1123년 12월 / 권9 / 사면령을 내리고 기로 및 불우한 민들에게 잔치를 베풀다 / 99

1123년 12월 / 권9 / 김지화 등을 임명하다 / 99

❖ 인종 2년(1124년)

1124년 1월 / 권9 / 태사 중서령 이자겸이 모친상으로 자리에서 물러나다 / 100

1124년 1월 / 권9 / 문하시랑평장사 김준이 사망하다 / 100

1124년 2월 / 권9 / 최홍재를 유배보내다 / 101

1124년 3월 / 권9 / 상서우복야 이덕우가 사망하다 / 101

1124년 윤3월 / 권9 / 큰 바람이 불고 낮에도 어둡다 / 101

1124년 4월 / 권9 / 혜종의 신주를 순릉으로 옮기고 예종을 태묘에 합사하다 / 101

1124년 5월 / 권9 / 고효충 등 37명에게 급제를 하사하다 / 102

1124년 5월 / 권9 / 이자겸에게 조서를 내려 기복하게 하다 / 102

1124년 5월 / 권9 / 송 상인들이 명주인 2명의 체류를 허락하는 공문을 전하다 / 102

1124년 6월 / 권9 / 박승중이 이자겸에 아첨하고자 하다 / 102

1124년 6월 / 권9 / 왕이 현릉 등 네 개 릉을 배알하다 / 103

1124년 7월 / 권9 / 왕이 태묘에서 체제를 지내다 / 103

1124년 7월 / 권9 / 이자겸을 조선국공으로 책봉하다 / 103

1124년 7월 / 권9 / 송에 사은사를 보내다 / 104

1124년 7월 / 권9 / 이자겸이 상복을 벗고 나오니 신하들이 하례하다 / 104

1124년 8월 / 권9 / 이자겸의 셋째 딸을 왕비로 맞아들이다 / 104

1124년 8월 / 권9 / 대사면령을 내리다 / 104

1124년 9월 21일 / 권9 / 태백성이 낮에 나타나 하늘을 가로지르다 / 105

1124년 9월 / 권9 / 왕이 현화사에 가서 재추 등에게 잔치를 베풀다 / 105

1124년 10월 / 권9 / 왕의 생일을 맞아 신하들에게 잔치를 베풀다 / 105

1124년 12월 / 권9 / 임유문 등을 임명하다 / 105

✤ **인종 3년**(1125년)

1125년 1월 / 권9 / 이자겸의 넷째 딸을 왕비로 맞아들이다 / 107

1125년 3월 / 권9 / 북요에서 탈출해온 장졸들에게 관직을 주다 / 107

1125년 3월 / 권9 / 숭복원에 흥성사라는 호를 하사하고 잔치를 베풀다 / 107

1125년 4월 / 권9 / 척준경이 고향으로 돌아가니 왕이 타일러 복직하게 하다 / 107

1125년 4월 / 권9 / 이자겸의 집에서 잔치를 베풀고 그 자제 등에게 벼슬을 주다 / 108

1125년 4월 / 권9 / 이자현이 사망하다 / 108

1125년 4월 / 권9 / 왕이 보제사에 가서 비를 빌다 / 108

1125년 5월 / 권9 / 금에서 표문이 아니라는 이유로 국서를 받지 않다 / 108

1125년 5월 / 권9 / 왕이 묘통사에 가서 비를 빌다 / 109

1125년 7월 / 권9 / 이양신 등 37명에게 급제를 하사하다 / 109

1125년 8월 / 권9 / 왕이 서경에 가다 / 109

1125년 9월 / 권9 / 낙랑백 김경용이 사망하다 / 109

1125년 10월 / 권9 / 문하시랑평장사로 치사한 임유문이 사망하다 / 109

1125년 11월 / 권9 / 왕이 서경에서 돌아오다 / 110

1125년 12월 / 권9 / 척준경 등을 관직에 임명하다 / 110

❖ 인종 4년(1126년)

1126년 2월 / 권9 / 왕비 이씨를 책봉하여 연덕궁주로 삼다 / 111

1126년 2월 25일 / 권9 / 김찬 등이 이자겸과 척준경 주살을 모의했으나 실패하다 / 111

1126년 2월 26일 / 권9 / 이자겸과 척준경이 궁궐을 불태우다 / 113

1126년 3월 / 권9 / 이자겸이 왕의 거처를 자기 집으로 옮기다 / 116

1126년 3월 27일 / 권9 / 누런 안개가 사방에 자욱하다 / 118

1126년 3월 28일 / 권9 / 해의 색깔이 핏빛같다 / 118

1126년 3월 / 권9 / 금에 사대하는 일에 대해 태묘에 점을 치게 하다 / 118

1126년 3월 / 권9 / 참형과 교형 이하 죄를 사면하다 / 118

1126년 3월 / 권9 / 척준경에게 정사를 볼 것을 재촉하고 안마를 하사하다 / 118

1126년 3월 / 권9 / 이자겸의 뜻에 따라 척준신 등의 관직을 추증하다 / 119

1126년 3월 / 권9 / 국가에 일이 많아 선거를 정지하다 / 119

1126년 3월 / 권9 / 척준경에게 교서를 내리다 / 120

1126년 3월 / 권9 / 이자겸과 척준경이 금에 사대하는 것에 찬성하다 / 120

1126년 4월 / 권9 / 왕이 안화사에 가다 / 120

1126년 4월 / 권9 / 금에 칭신하고 표문을 보내다 / 120

1126년 4월 / 권9 / 척준경 등을 관직에 임명하다 / 121

1126년 4월 / 권9 / 내시 25명을 내치다 / 122

1126년 5월 / 권9 / 왕이 거처를 연경궁으로 옮기다 / 122

1126년 5월 / 권9 / 왕이 척준경을 시켜 이자겸의 난을 진압하게 하다 / 122

1126년 5월 / 권9 / 반란을 평정한 공으로 척준경 등을 포상하다 / 124

1126년 5월 / 권9 / 박승중 등을 유배보내다 / 125

1126년 5월 / 권9 / 척준경을 문하시중으로 삼았으나 사양하다 / 125

1126년 6월 / 권9 / 척준경 등을 관직에 임명하다 / 125

1126년 6월 / 권9 / 허재와 아들 허순을 폄직하다 / 125

1126년 6월 / 권9 / 이자겸의 두 딸을 내치고 임원애의 딸을 왕비로 삼다 / 126

1126년 6월 / 권9 / 반란 평정에 공이 있는 이들에게 관직을 하사하다 / 127

1126년 7월 / 권9 / 송에서 사신을 보내 금을 협공하자고 하다 / 127

1126년 7월 / 권9 / 송 사신이 귀국하는 편에 금 협공을 거절하는 표문을 보내다 / 130

1126년 9월 / 권9 / 송에 하등극사를 보내다 / 131

1126년 9월 / 권9 / 금 선유사가 와서 황제의 칙을 전하다 / 131

1126년 9월 / 권9 / 태백성이 낮에 나타나 하늘을 가로지르다 / 131

1126년 10월 4일 / 권9 / 왕의 생일을 맞아 신하들에게 잔치를 베풀다 / 131

1126년 10월 / 권9 / 금 사신을 전송하며 사례하는 표문을 부치다 / 132

1126년 10월 / 권9 / 김찬을 다시 전중내급사로 삼다 / 132

1126년 10월 / 권9 / 왕이 남경에 가다 / 132

1126년 11월 / 권9 / 신하들에게 잔치를 베풀다 / 132

1126년 11월 / 권9 / 왕이 남경에서 돌아오다 / 132

1126년 윤11월 / 권9 / 사면령을 내리고 노인과 효자 등에게 잔치를 베풀다 / 132

1126년 윤11월 / 권9 / 척준경의 화상을 공신당에 그리게 하다 / 132

1126년 12월 / 권9 / 이자겸이 유배지에서 사망하다 / 133

1126년 12월 / 권9 / 금에 사신을 보내어 선유에 사례하다 / 133

1126년 12월 / 권9 / 김인존을 관직에 임명하다 / 134

❖ **인종 5년**(1127년)

1127년 1월 / 권9 / 금에서 사신을 보내 왕의 생신을 하례하다 / 135

1127년 2월 / 권9 / 왕이 서경에 가다 / 135

1127년 2월 / 권9 / 왕이 태조진전을 배알하다 / 135

1127년 3월 / 권9 / 사신이 귀국하며 금의 조서를 가지고 오다 / 135

1127년 3월 / 권9 / 묘청 등의 말을 듣고 관정도량을 열다 / 136

1127년 3월 / 권9 / 왕이 흥복사에 갔다가 대동강에서 뱃놀이하다 / 136

1127년 3월 / 권9 / 왕이 서경 홍범편과 열명편 등의 강론을 듣다 / 136
1127년 3월 / 권9 / 척준경 등을 유배보내다 / 136
1127년 3월 / 권9 / 서경 무일편의 강론을 듣다 / 137
1127년 3월 / 권9 / 왕이 대동강에서 뱃놀이를 하다 / 137
1127년 3월 / 권9 / 왕이 자책하고 백성을 위무하는 조서를 반포하다 / 137
1127년 4월 11일 / 권9 / 왕자 왕현이 태어나다 / 138
1127년 4월 / 권9 / 문공미 등을 소환해서 복직시키다 / 139
1127년 5월 / 권9 / 최유적 등을 유배보내다 / 139
1127년 5월 / 권9 / 신기군의 격구를 보다 / 139
1127년 5월 / 권9 / 송에 보낸 사신들이 변경의 금군으로 인해 돌아오다 / 139
1127년 5월 / 권9 / 홍관 등을 추증하고 시호를 내리다 / 140
1127년 6월 / 권9 / 왕좌재 등 33명에게 급제를 하사하다 / 140
1127년 6월 / 권9 / 김인존 등을 임명하다 / 140
1127년 7월 / 권9 / 왕이 서경에서 돌아오다 / 140
1127년 7월 / 권9 / 송에서 교련사가 오다 / 140
1127년 7월 / 권9 / 서경과 서북도에 누리가 발생하다 / 141
1127년 8월 / 권9 / 이위를 중서령으로 삼다 / 141
1127년 9월 / 권9 / 금에 하성절사를 보내다 / 141
1127년 9월 / 권9 / 한림학사 정극영이 사망하다 / 141
1127년 9월 / 권9 / 금에서 선경사가 오다 / 141
1127년 10월 / 권9 / 이자겸 일족의 토지와 노비를 본 주인에게 돌려주다 / 142
1127년 10월 / 권9 / 백좌도량을 열고 승려 3만 명에게 반승하다 / 142
1127년 11월 / 권9 / 금에 사신을 보내 생신 축하에 사례하고 신년을 하례하다 / 142
1127년 12월 / 권9 / 문하시중 김인존이 사망하다 / 143
1127년 12월 / 권9 / 이공수 등을 임명하다 / 143

✤ 인종 6년(1128년)

1128년 1월 / 권9 / 금에서 사신을 보내 왕의 생신을 하례하다 / 144

1128년 1월 / 권9 / 이자겸의 처 최씨를 소환하다 / 144

1128년 1월 / 권9 / 인덕궁에 화재가 발생하다 / 144

1128년 2월 / 권9 / 남경 궁궐에 화재가 발생하다 / 144

1128년 3월 / 권9 / 이공수 등을 임명하다 / 144

1128년 3월 / 권9 / 정주에 흉년이 들어 구휼하다 / 145

1128년 3월 / 권9 / 최사전을 관직에 임명하다 / 145

1128년 3월 / 권9 / 조서를 내려 농상을 권장하게 하다 / 145

1128년 4월 / 권9 / 대방공 왕보가 사망하다 / 146

1128년 4월 21일 / 권9 / 태백성이 낮에 나타나 하늘을 가로지르다 / 146

1128년 4월 / 권9 / 척준경 등을 유배지에서 고향으로 옮겨두게 하다 / 146

1128년 4월 / 권9 / 이원철 등 29명에게 급제를 하사하다 / 146

1128년 4월 / 권9 / 조서를 내려 각종 은택을 베풀어 재해를 물리치게 하다 / 146

1128년 5월 / 권9 / 종묘와 사직 등에 비를 빌다 / 147

1128년 6월 / 권9 / 최홍재를 문하시랑평장사로 삼다 / 147

1128년 6월 / 권9 / 송에서 사신이 오다 / 147

1128년 7월 / 권9 / 참지정사 이숙을 파직시키다 / 151

1128년 8월 / 권9 / 송 사신이 돌아가는 길에 표문을 보내 사례하다 / 151

1128년 8월 / 권9 / 송에 사신을 보내 길을 빌려주지 못하는 데에 유감을 표하다 / 152

1128년 8월 / 권9 / 최사전을 삼한후벽상공신 다음에 두게 하다 / 154

1128년 8월 / 권9 / 왕이 묘청 등의 말을 듣고 서경에 가다 / 154

1128년 9월 / 권9 / 금에 하성절사를 보내다 / 155

1128년 9월 / 권9 / 임원역 부근에서 새 궁궐터를 살피게 하다 / 155

1128년 9월 / 권9 / 임경청을 추밀원부사로 삼다 / 155

1128년 10월 / 권9 / 동남해안무사가 해적들이 투항했음을 보고하다 / 155

1128년 10월 / 권9 / 왕이 서경에서 돌아오다 / 156

1128년 10월 / 권9 / 금에 사신을 보내 선경사 파견에 사례하다 / 156

1128년 11월 / 권9 / 금에 왕 생일 축하에 대한 사은사와 하정사를 보내다 / 156

1128년 11월 / 권9 / 임원역 자리에 새 궁궐을 짓다 / 156

1128년 12월 / 권9 / 송에서 고려의 입장을 이해한다는 조서를 보내다 / 156

1128년 12월 / 권9 / 최사전 등을 임명하다 / 157

1128년 12월 / 권9 / 금에서 사신을 보내다 / 157

❖ **인종 7년**(1129년)

1129년 1월 / 권9 / 금에서 사신을 보내 왕의 생신을 하례하다 / 159

1129년 1월 / 권9 / 추밀원부사 한충이 사망하다 / 159

1129년 1월 / 권9 / 서경의 새 궁궐이 완성되다 / 159

1129년 2월 / 권9 / 왕이 서경 새 궁궐에 들어가다 / 159

1129년 3월 / 권9 / 서경 궁궐에서 신료들의 하례를 받다 / 160

1129년 3월 / 권9 / 신하들에게 잔치를 베풀다 / 160

1129년 3월 / 권9 / 서경민을 진휼하고 금년 조세를 면제해주다 / 160

1129년 3월 / 권9 / 왕이 서경에서 돌아와 사면령을 내리고 은혜를 베풀다 / 160

1129년 3월 / 권9 / 왕이 국학을 둘러보고 석전을 지내다 / 161

1129년 4월 / 권9 / 불사리를 인덕궁에 안치하다 / 161

1129년 5월 / 권9 / 윤언이 등이 시정의 득실을 논하다 / 161

1129년 5월 / 권9 / 임씨를 책봉하여 왕비로 삼다 / 161

1129년 5월 / 권9 / 조서를 내려 검소한 기풍 확립을 강조하다 / 161

1129년 6월 / 권9 / 충주를 군으로 강등시키자는 건의를 물리치다 / 162

1129년 7월 1일 / 권9 / 태백성이 낮에 나타나 하늘을 가로지르다 / 162

1129년 8월 / 권9 / 왕이 서적소에 가서 충의집을 강론하게 하다 / 162

1129년 8월 / 권9 / 산천과 사찰에서 기청제를 지내다 / 163

1129년 윤8월 / 권9 / 금에 하성절사를 보내다 / 163

1129년 9월 1일 / 권9 / 일식이 일어나다 / 163

1129년 9월 / 권9 / 백좌도량을 열고 승려 3만명에게 반승하다 / 163

1129년 10월 / 권9 / 동계와 북계에 사신을 보내 병장기를 점검하다 / 163

1129년 11월 16일 / 권9 / 안개가 짙어 낮에도 어둡다 / 163

1129년 11월 / 권9 / 금에 하정사를 보내고 충성을 맹세하는 표문을 보내다 / 164
1129년 11월 / 권9 / 대원공 왕효를 소환하다 / 165
1129년 11월 / 권9 / 금에 사신을 보내 왕의 생신 축하에 사례하다 / 165
1129년 12월 / 권9 / 동교에서 크게 사열하다 / 165
1129년 12월 / 권9 / 대원공 왕효 등을 임명하다 / 165

❖ **인종 8년**(1130년)

1130년 1월 / 권9 / 금에서 사신을 보내 왕의 생신을 하례하다 / 166
1130년 4월 / 권9 / 송에서 사신 파견을 연기하라는 조서를 보내다 / 166
1130년 4월 / 권9 / 태묘에서 체제를 지내다 / 167
1130년 4월 / 권9 / 이주연 등이 시정의 폐단을 상소하다 / 167
1130년 4월 / 권9 / 박동주 등 32명에게 급제를 하사하다 / 167
1130년 4월 / 권9 / 동산처사 곽여가 사망하다 / 167
1130년 6월 / 권9 / 김부일의 치사 요청을 물리치고 김부식 등을 임명하다 / 168
1130년 6월 / 권9 / 명경업을 장려하게 하다 / 168
1130년 7월 / 권9 / 국자감 학생들이 국학 생도를 줄이지 말 것을 청하다 / 168
1130년 7월 / 권9 / 불사리를 중화전에 공양하다 / 168
1130년 7월 / 권9 / 시어사 고당유를 좌천시키다 / 170
1130년 8월 / 권9 / 금에 하성절사를 보내다 / 170
1130년 8월 / 권9 / 왕이 서경에 가다 / 170
1130년 9월 / 권9 / 묘청의 말에 따라 도량을 열다 / 170
1130년 9월 / 권9 / 서경 중흥사 탑에 불이 나다 / 171
1130년 10월 / 권9 / 왕이 서경에서 돌아와 사면령을 내리고 은혜를 베풀다 / 171
1130년 10월 / 권9 / 무능승도량을 열다 / 171
1130년 10월 / 권9 / 재추들에게 잔치를 베풀고 국정을 자문하다 / 171
1130년 11월 / 권9 / 금에 사은사와 하정사를 보내다 / 172
1130년 11월 / 권9 / 안직숭 등이 상소하여 시정을 논하다 / 172
1130년 12월 / 권9 / 시종관에게 인재 1명씩을 천거하게 하다 / 172

1130년 12월 / 권9 / 이자겸과 척준경 무리의 죄를 기록해 보관하게 하다 / 172

1130년 12월 / 권9 / 금에 보주로 들어온 인구 추색을 면제해 주기를 청하다 / 172

1130년 12월 / 권9 / 문공인 등을 임명하다 / 172

❖ **인종 9년**(1131년)

1131년 1월 / 권9 / 금에서 사신을 보내 왕의 생신을 하례하다 / 173

1131년 1월 / 권9 / 정점 등이 상소하여 시정의 득실을 논하다 / 173

1131년 2월 / 권9 / 최사전에게 저택을 하사하다 / 173

1131년 2월 / 권9 / 제안공 왕서가 사망하다 / 173

1131년 3월 / 권9 / 고위관리들에게 봉사를 올리게 하다 / 174

1131년 3월 / 권9 / 정준후 등이 상소하여 국사를 논하다 / 174

1131년 3월 / 권9 / 벌목 금지와 민의 질병 구제 등을 명하다 / 174

1131년 3월 / 권9 / 학생들이 노자와 장자의 학문을 익히는 것을 금하다 / 174

1131년 4월 / 권9 / 김안이 백수한의 3정설에 대해 신료들이 논주하게 할 것을 청하다 / 174

1131년 4월 / 권9 / 송 사신이 와서 개원하였음을 전하다 / 175

1131년 4월 / 권9 / 서경 임원궐에서 곳곳에서 새 발자국이 발견되다 / 175

1131년 5월 30일 / 권9 / 태백성이 낮에 나타나 100일동안 하늘을 가로지르다 / 176

1131년 5월 / 권9 / 사계절의 첫달에 처음 조회를 볼 때 시령을 읽게 하다 / 176

1131년 5월 / 권9 / 궁궐 중수 감독관을 줄이다 / 176

1131년 5월 / 권9 / 비단에 수 놓는 공예를 10년 간 정지시키다 / 176

1131년 5월 / 권9 / 태조의 계백료서를 필사해 백관 자손을 훈계하게 하다 / 176

1131년 5월 / 권9 / 서인의 비단옥 착용과 도성 내 말타기 등을 금하다 / 177

1131년 6월 / 권9 / 어사대와 금오위에게 승려들의 작폐를 순검하고 금하게 하다 / 177

1131년 6월 / 권9 / 가뭄이 든 염주를 진휼하다 / 177

1131년 6월 / 권9 / 궁궐 신축 과정에서 사망한 역군들의 처자식에 부의하다 / 177

1131년 6월 / 권9 / 참지정사 이숙이 사망하다 / 178

1131년 7월 / 권9 / 빈민을 진휼하다 / 178

1131년 7월 / 권9 / 사형수를 감형해주다 / 178

1131년 7월 / 권9 / 문하시중 이공수가 치사를 청하여 허락하다 / 178

1131년 8월 / 권9 / 양부 재신에게 군국 사무를 묻다 / 178

1131년 8월 / 권9 / 음사를 금지시켰다가 금령을 완화시키다 / 178

1131년 8월 / 권9 / 서경 임원궁에 팔성당을 설치하다 / 179

1131년 8월 / 권9 / 금 동경에 보낸 사신이 중도에 돌아오다 / 179

1131년 8월 / 권9 / 금에 하성절사를 보내다 / 179

1131년 9월 / 권9 / 이공수 등을 치사하게 하고 최홍재 등을 임명하다 / 179

1131년 9월 / 권9 / 안직숭 등이 최봉심이 서장관에 부적합함을 간언하다 / 180

1131년 9월 / 권9 / 임원궐 팔성에 제사를 지내다 / 180

1131년 10월 / 권9 / 왕이 법왕사에 가서 백좌도량을 열다 / 181

1131년 10월 17일 / 권9 / 왕자 왕호가 태어나다 / 181

1131년 11월 / 권9 / 금에 하성절사와 하정사를 보내다 / 181

1131년 12월 / 권9 / 금 동경에 사신을 보내다 / 181

1131년 12월 / 권9 / 최홍재를 관직에게 관직을 더해주다 / 181

❖ 인종 10년(1132년)

1132년 1월 / 권10 / 금에서 사신을 보내 왕의 생신을 하례하다 / 182

1132년 1월 / 권10 / 궁궐 공사를 하다 / 182

1132년 2월 / 권10 / 송에 사신을 보내 표문을 바치다 / 182

1132년 2월 / 권10 / 왕이 서경에 가다 / 183

1132년 3월 / 권10 / 신하들에게 잔치를 베풀다 / 184

1132년 3월 / 권10 / 이제정 등이 존호를 칭하고 연호를 정하기를 청하다 / 184

1132년 3월 / 권10 / 주역 건괘와 예기 중용편 등을 강의하게 하다 / 184

1132년 3월 / 권10 / 금 동경지례사가 오다 / 185

1132년 3월 / 권10 / 기마군과 보군을 사열하다 / 185

1132년 4월 / 권10 / 김부일이 사망하다 / 185

1132년 4월 / 권10 / 경연에서 정항 등의 강론을 듣고 화서대를 하사하다 / 186

1132년 4월 / 권10 / 왕이 대동강에서 뱃놀이를 하며 음악을 연주하다 / 186

1132년 윤4월 / 권10 / 왕이 서경에서 돌아와 사면령을 내리다 / 186

1132년 윤4월 / 권10 / 최광원 등 25명에게 급제를 하사하다 / 186

1132년 윤4월 / 권10 / 묘청 등이 기름을 넣은 떡으로 속임수를 쓰다 / 187

1132년 5월 / 권10 / 어사대에서 과거 재시행을 청했으나 허락하지 않다 / 188

1132년 5월 / 권10 / 귀국하는 사신이 송 황제의 조서를 가지고 오다 / 188

1132년 6월 / 권10 / 최자성과 임존을 파직하다 / 188

1132년 7월 / 권10 / 최자성을 중서시랑동평자로 삼다 / 188

1132년 7월 / 권10 / 개경에 기근이 들다 / 189

1132년 8월 / 권10 / 큰 홍수가 나다 / 189

1132년 8월 / 권10 / 임원애가 묘청 등을 물리칠 것을 청하다 / 189

1132년 8월 / 권10 / 박정유가 사흘동안 시사를 아뢰다 / 189

1132년 8월 / 권10 / 혜성이 나타나다 / 189

1132년 11월 / 권10 / 서경에서 법사를 행하게 하다 / 189

1132년 11월 / 권10 / 서경에 대화궐을 짓게 하다 / 190

1132년 11월 / 권10 / 이자겸 난등에 관련된 자들에 관대한 처분을 내리다 / 190

1132년 12월 / 권10 / 김부식 등을 임명하다 / 192

❖ **인종 11년**(1133년)

1133년 1월 / 권10 / 금에서 사신을 보내 왕의 생신을 하례하다 / 193

1133년 2월 / 권10 / 원자 왕철을 왕태자로 책봉하다 / 193

1133년 2월 / 권10 / 송에 보낸 사은사들이 풍랑을 만나 돌아오다 / 193

1133년 3월 / 권10 / 태자를 책봉했다 / 하여 사면령을 내리다 / 193

1133년 4월 / 권10 / 최자성 등을 임명하다 / 193

1133년 4월 / 권10 / 가뭄이 계속되므로 죄수들에게 관용을 베풀게 하다 / 194

1133년 5월 / 권10 / 왕이 조서를 내려 재변을 경계하다 / 194

1133년 5월 / 권10 / 가뭄으로 시장을 옮기다 / 195

1133년 5월 / 권10 / 김부식에게 주역과 상서를 강론하게 하다 / 195

1133년 5월 / 권10 / 김부의와 윤언이에게 각각 상서 홍범편과 중용을 강론하게 하다 / 196

1133년 6월 / 권10 / 상장례의 풍속을 바로잡게 하다 / 196

1133년 6월 / 권10 / 중서시랑평장사 최홍재를 좌천시키고 이준양으로 대신하다 / 196

1133년 7월 / 권10 / 김부식에게 주역 건괘와 태괘를 강론하게 하다 / 197

1133년 8월 / 권10 / 김우번 등 25명에게 급제를 하사하다 / 197

1133년 9월 / 권10 / 금에 하성절사를 보내다 / 197

1133년 9월 / 권10 / 문하시중으로 치사한 이위가 사망하다 / 197

1133년 10월 / 권10 / 백좌도량을 열고 승려 3만 명에게 반승하다 / 197

1133년 10월 / 권10 / 노인과 효자 등에게 잔치를 열고 물품을 하사하다 / 197

1133년 11월 / 권10 / 금에 하성절사와 하정사를 보내다 / 198

1133년 11월 / 권10 / 문공유 등이 묘청과 백수한을 멀리하기를 청하다 / 198

1133년 12월 / 권10 / 안개가 계속되고 나무에 얼음이 얼다 / 198

1133년 12월 / 권10 / 대간을 복직하게 하다 / 198

1133년 12월 / 권10 / 김부식과 임원준을 관직에 임명하다 / 198

✤ **인종 12년**(1134년)

1134년 1월 28일 / 권10 / 흰 무지개가 해를 꿰뚫다 / 199

1134년 1월 / 권10 / 묘청을 삼중대통 지누각원사로 삼다 / 199

1134년 1월 / 권10 / 금에서 사신을 보내 왕의 생신을 하례하다 / 199

1134년 2월 / 권10 / 왕이 서경에 가다 / 199

1134년 2월 / 권10 / 왕이 대동강에서 뱃놀이를 하다가 큰 바람으로 돌아오다 / 199

1134년 3월 10일 / 권10 / 눈이 오다 / 200

1134년 3월 / 권10 / 왕이 서경에서 돌아오다 / 200

1134년 3월 / 권10 / 효경과 논어를 민간의 아이들에게 나누어주다 / 200

1134년 3월 / 권10 / 왕이 대화궐로 옮기다 / 200

1134년 4월 19일 / 권10 / 서리가 떨어지다 / 200

1134년 4월 / 권10 / 임원애를 중서시랑평장사로 삼다 / 200

1134년 4월 25일 / 권10 / 장작감 주부가 벼락에 맞다 / 201

1134년 5월 29일 / 권10 / 지진이 일어나다 / 201

1134년 5월 / 권10 / 가뭄이 들다 / 201

1134년 5월 / 권10 / 허홍재 등 29명에게 급제를 하사하다 / 201

1134년 5월 / 권10 / 천변가 가뭄으로 신하들에게 봉사를 올리게 하다 / 201

1134년 5월 / 권10 / 국자사업 임완이 상소하여 간언하다 / 201

1134년 5월 / 권10 / 왕이 종묘와 사직에 비를 빌고 태조진전을 배알하다 / 201

1134년 6월 1일 / 권10 / 동경에 지진이 일어나다 / 205

1134년 6월 3일 / 권10 / 김부의에게 월령을 강론하게 하다 / 205

1134년 6월 6일 / 권10 / 서경 대화궐에 벼락이 치다 / 205

1134년 6월 / 권10 / 왕이 영통사에 가서 비를 빌다 / 205

1134년 6월 / 권10 / 왕이 정항에게 시경 칠원편을 강론하게 하다 / 205

1134년 6월 / 권10 / 태백성이 낮에 나타나 하늘을 가로지르다 / 205

1134년 6월 / 권10 / 청풍현 연못물이 핏빛으로 변해 한강까지 흘러오다 / 206

1134년 7월 / 권10 / 윤언이에게 월령을 강론하게 하다 / 206

1134년 7월 / 권10 / 소대현에 운하를 파게 했으나 완공하지 못하다 / 206

1134년 8월 / 권10 / 김부의에게 서경 열명편을 강론하게 하다 / 206

1134년 8월 / 권10 / 금에 하성절사를 보내다 / 206

1134년 9월 / 권10 / 왕이 서경에 가지 않고 장원정에 가다 / 206

1134년 10월 13일 / 권10 / 흰 무지개가 해를 꿰뚫다 / 207

1134년 10월 / 권10 / 백관에게 조서를 내려 각자의 직무를 잘 하게 하다 / 207

1134년 11월 / 권10 / 금에 사은사와 하정사를 보내다 / 207

1134년 11월 / 권10 / 태백성이 낮에 나타나 하늘을 가로지르다 / 207

1134년 12월 / 권10 / 황주첨이 칭제건원을 청하다 / 207

❖ **인종 13년**(1135년)

1135년 1월 1일 / 권10 / 일식이 있었으나 구름 때문에 보이지 않다 / 208

1135년 1월 4일 / 권10 / 묘청 등이 서경에서 반란을 일으키다 / 208

1135년 1월 9일 / 권10 / 김부식을 원수로 삼아 서경의 반란을 진압하게 하다 / 210

1135년 1월 11일 / 권10 / 묘청의 당여를 유배보내다 / 211

1135년 1월 12일 / 권10 / 성주와 연주 등 민들이 서경 반란군을 사로잡다 / 212

1135년 1월 13일 / 권10 / 토벌군이 전략회의를 하다 / 212

1135년 1월 21일 / 권10 / 서경인들이 묘청 등을 죽이고 투항을 요청하다 / 213

1135년 1월 / 권10 / 금에서 사신을 보내 왕의 생신을 하례하다 / 215

1135년 2월 / 권10 / 서경 반란군들이 김부 등을 죽이고 성을 지키다 / 215

1135년 2월 / 권10 / 서경 반란군들이 이덕경을 죽이다 / 215

1135년 2월 8일 / 권10 / 흰 무지개가 해를 꿰뚫다 / 215

1135년 2월 / 권10 / 김부식 등이 서경 적을 토벌할 것을 맹세하다 / 215

1135년 2월 / 권10 / 중서시랑평장사로 치사한 김향이 사망하다 / 216

1135년 2월 / 권10 / 문하시랑평장사로 치사한 최홍재가 사망하다 / 217

1135년 2월 / 권10 / 금에서 고애사가 와서 황제의 국상을 알리다 / 217

1135년 윤2월 / 권10 / 서경 반란군이 성을 쌓다 / 217

1135년 윤2월 / 권10 / 금에 조문사를 보내다 / 217

1135년 윤2월 / 권10 / 이녹천 등이 서경 반란군 진압 원조에 실패하다 / 217

1135년 윤2월 / 권10 / 왕이 자책하는 조서를 내리고 서경 반군의 섬멸을 당부하다 / 218

1135년 윤2월 / 권10 / 서경 반란군 토벌 관련한 계책을 김부식에게 위임하다 / 220

1135년 3월 / 권10 / 금에 하등극사를 보내다 / 222

1135년 3월 / 권10 / 5군이 서경성을 공격하였으나 이기지 못하다 / 222

1135년 4월 / 권10 / 정정숙을 상서좌복야로 삼다 / 222

1135년 4월 / 권10 / 태묘에서 제사를 지내다 / 223

1135년 6월 / 권10 / 송 사신이 와서 서경 반란 진압을 원조할 뜻을 전하다 / 223

1135년 8월 / 권10 / 왕이 정항에게 당감을 강론하게 하다 / 223

1135년 9월 / 권10 / 송 사신이 귀국하는 편에 원병을 보내지 말 것을 청하다 / 223

1135년 9월 / 권10 / 송에 사신을 보내다 / 224

1135년 10월 / 권10 / 금에 사신을 보내 왕의 생신 축하를 사례하다 / 224

1135년 10월 / 권10 / 왕이 법왕사에 가서 백좌도량을 열고 반승하다 / 224

1135년 10월 / 권10 / 김부식이 서경성 함락을 위한 준비태세를 갖추다 / 224

1135년 11월 / 권10 / 임경청을 치사하게 하다 / 224

1135년 11월 / 권10 / 5군이 서경성을 공격했으나 이기지 못하다 / 225

1135년 11월 / 권10 / 금에 하정사와 하성절사를 보내다 / 225

1135년 11월 / 권10 / 김부식이 서경 반란군의 공격을 물리치다 / 225

1135년 12월 18일 / 권10 / 태백성이 낮에 나타나 하늘을 가로지르다 / 226

1135년 12월 / 권10 / 최유 등을 임명하다 / 226

✤ **인종 14년**(1136년)

1136년 1월 / 권10 / 금에서 사신을 보내 왕의 생신을 하례하다 / 227

1136년 2월 / 권10 / 금 사신이 태황태후의 부음을 전하다 / 227

1136년 2월 / 권10 / 김부식이 서경성을 함락시키다 / 227

1136년 2월 / 권10 / 왕이 장원정에 가다 / 230

1136년 2월 / 권10 / 금에 조문사를 보내다 / 230

1136년 3월 / 권10 / 서경을 정벌한 장수들을 효유하고 물품을 내리다 / 230

1136년 3월 / 권10 / 김부식을 임명하다 / 231

1136년 3월 / 권10 / 진숙을 동지추밀원사로 삼다 / 231

1136년 4월 / 권10 / 김부식이 개선하다 / 231

1136년 5월 / 권10 / 한유충과 윤언이를 폄직하다 / 231

1136년 5월 / 권10 / 서경이 평정되었으므로 사면령을 내리다 / 231

1136년 6월 1일 / 권10 / 청주의 평지에서 물이 솟아올라 집이 떠내려가다 / 232

1136년 6월 / 권10 / 태백성이 낮에 나타나 하늘을 가로지르다 / 232

1136년 8월 / 권10 / 왕이 장원정에 가다 / 232

1136년 9월 / 권10 / 서하 밀사 파견에 대해 송 명주와 첩문을 교환하다 / 232

1136년 10월 / 권10 / 금에 사신을 보내 왕의 생신 축하를 사례하다 / 234

1136년 10월 / 권10 / 원릉에 도둑이 들다 / 234

1136년 10월 / 권10 / 지추밀원사 김부의가 사망하다 / 234

1136년 11월 / 권10 / 금에 하정사와 하성절사를 보내다 / 235

1136년 11월 / 권10 / 추밀원지주사 정항이 사망하다 / 235

1136년 12월 / 권10 / 김극검 등을 임명하다 / 236

❖ 인종 15년(1137년)

1137년 1월 / 권10 / 금에서 사신을 보내 왕의 생신을 하례하다 / 237

1137년 3월 13일 / 권10 / 서경에 지진이 일어나다 / 237

1137년 3월 / 권10 / 이신 등 28명에게 급제를 하사하다 / 237

1137년 3월 / 권10 / 임원준과 강후현을 관직에 임명하다 / 237

1137년 3월 / 권10 / 왕이 장원정에 가다 / 237

1137년 3월 / 권10 / 임원애를 관직에 임명하다 / 238

1137년 4월 / 권10 / 송에서 유랑민을 귀국시켜 줄 것을 청하는 조서를 보내다 / 238

1137년 5월 / 권10 / 가뭄 때문에 시장을 옮기다 / 238

1137년 7월 / 권10 / 문하시랑으로 치사한 이공수가 사망하다 / 238

1137년 9월 / 권10 / 왕이 장원정으로 옮겼다가 10월에 돌아오다 / 239

1137년 윤9월 / 권10 / 백좌도량을 열고 승려 3만 명에게 반승하게 하다 / 239

1137년 11월 29일 / 권10 / 태백성이 낮에 나타나 하늘을 가로지르다 / 239

1137년 11월 / 권10 / 금에 사은사 및 하정사와 하성절사를 보내다 / 239

1137년 12월 / 권10 / 판국자감사 문공인이 사망하다 / 239

❖ 인종 16년(1138년)

1138년 1월 / 권10 / 금에서 사신을 보내 왕의 생신을 하례하다 / 240

1138년 2월 / 권10 / 금 동경에 사신을 보내다 / 240

1138년 2월 / 권10 / 상소 등 문서에서 신성제왕이라는 호칭을 쓰지 못하게 하다 / 240

1138년 3월 / 권10 / 이대유 등 29명에게 급제를 하사하다 / 241

1138년 5월 / 권10 / 사면령을 내리다 / 241

1138년 5월 / 권10 / 궁궐의 전각과 궁문 이름을 고치다 / 241

1138년 7월 / 권10 / 최관 등이 진숙을 탄핵하다 / 241

1138년 8월 / 권10 / 이중 등을 임명하다 / 241

1138년 8월 / 권10 / 중서시랑평장사 이자덕이 사망하다 / 241

1138년 8월 / 권10 / 현종과 문종의 진전에 배알하다 / 242

1138년 10월 9일 / 권10 / 왕이 국청사로 옮기다 / 242

1138년 11월 / 권10 / 금에서 보빙사가 오다 / 242

1138년 11월 / 권10 / 금에 사은사와 하성절사를 보내다 / 242

1138년 11월 / 권10 / 김부식에게 주역의 두 괘를 강론하게 하다 / 242

1138년 12월 / 권10 / 최유 등을 임명하다 / 243

❖ **인종 17년**(1139년)

1139년 1월 / 권10 / 금에서 사신을 보내 왕의 생신을 하례하다 / 244

1139년 2월 / 권10 / 궁궐 중수가 끝난 것을 기념해 대사면령을 내리다 / 244

1139년 2월 / 권10 / 신료들에게 잔치를 베풀고 말을 하사하다 / 244

1139년 3월 / 권10 / 문하시랑평장사로 치사한 최사전이 사망하다 / 245

1139년 3월 / 권10 / 김부식에게 사마광의 유표와 훈검문을 읽게 하다 / 245

1139년 5월 / 권10 / 경령전에 배알하다 / 245

1139년 6월 / 권10 / 최급 등 20명에게 급제를 하사하다 / 246

1139년 8월 / 권10 / 폐비 이씨가 사망하다 / 246

1139년 9월 / 권10 / 금 동경에 사신을 보내다 / 246

1139년 10월 / 권10 / 백좌도량을 열고 승려 3만명에게 반승하다 / 246

1139년 11월 / 권10 / 강영준 등이 상소하여 정사를 논하다 / 246

1139년 11월 / 권10 / 금에 사신을 보내 왕의 생신 축하를 사례하다 / 246

1139년 11월 / 권10 / 왕이 노인과 효자 및 의인 등에게 잔치를 베풀다 / 246

1139년 11월 / 권10 / 금에 하정사와 하성절사를 보내다 / 247

1139년 11월 / 권10 / 김약온을 치사하게 하다 / 247

1139년 11월 / 권10 / 참지정사로 치사한 김극검이 사망하다 / 247

1139년 12월 / 권10 / 최진 등을 임명하다 / 247

❖ **인종 18년**(1140년)

1140년 1월 / 권10 / 금에서 사신을 보내 왕의 생신을 하례하다 / 248

1140년 2월 / 권10 / 문하시중으로 치사한 김약온이 사망하다 / 248

1140년 3월 9일 / 권10 / 많은 눈이 오다 / 248

1140년 4월 / 권10 / 임원애 등을 관직에 임명하다 / 248
1140년 4월 / 권10 / 체례에서의 복장 제도를 정하다 / 249
1140년 4월 / 권10 / 왕이 태묘에서 체제를 지내고 사면령을 내리다 / 249
1140년 5월 / 권10 / 금에서 보빙사가 오다 / 249
1140년 5월 / 권10 / 팽희밀 등 26명에게 급제를 하사하다 / 249
1140년 윤6월 / 권10 / 왕이 법운사와 외제석원에서 비를 빌다 / 249
1140년 윤6월 / 권10 / 김부식 등이 성랑과 상서하여 시정의 폐단 10가지를 말하다 / 249
1140년 7월 / 권10 / 낭사의 간언 일부를 따르다 / 250
1140년 8월 / 권10 / 중서시랑평장사 최유가 사망하다 / 250
1140년 10월 / 권10 / 김부식에게 물품을 하사하다 / 250
1140년 10월 / 권10 / 금에 사신을 보내 왕의 생신 축하를 사례하다 / 250
1140년 11월 / 권10 / 금에 하정사와 하성절사를 보내다 / 251

❖ **인종 19년**(1141년)

1141년 1월 / 권10 / 왕태자의 관례를 행하다 / 252
1141년 1월 / 권10 / 금에서 사신을 보내 왕의 생신을 하례하다 / 252
1141년 1월 / 권10 / 최유청 등이 상소하여 정사를 논하다 / 252
1141년 1월 / 권10 / 금에서 황제가 존호를 받고 연호를 고친 것을 알리다 / 252
1141년 4월 / 권10 / 금에 보낸 사신이 입경을 거부당하고 돌아오다 / 252
1141년 7월 / 권10 / 명주도감창사 이양실이 울릉도의 과일 씨앗 등을 바치다 / 253
1141년 9월 / 권10 / 금에 다시 사신을 보내다 / 253
1141년 10월 / 권10 / 백좌도량을 열고 승려 3만명에게 반승하다 / 253
1141년 11월 / 권10 / 금에 사은사 및 하정사와 하성절사를 보내다 / 253
1141년 12월 / 권10 / 임원애 등을 임명하다 / 253

❖ **인종 20년**(1142년)

1142년 1월 / 권10 / 금에서 사신을 보내 왕의 생신을 하례하다 / 254
1142년 1월 / 권10 / 술에 취해 난동을 부린 관리를 폄직하거나 파직하다 / 254
1142년 2월 / 권10 / 금 사신이 연등회 보기를 청하니 허락하다 / 254

1142년 2월 / 권10 / 금 동경에 사신을 보내다 / 255

1142년 3월 / 권10 / 김부식을 치사하게 하고 공신호를 추가로 하사하다 / 255

1142년 3월 / 권10 / 고주 등 30명에게 급제를 하사하다 / 255

1142년 4월 / 권10 / 임원애를 판상서이부사로 삼다 / 255

1142년 5월 / 권10 / 참지정사 김인규가 사망하다 / 255

1142년 5월 / 권10 / 금에서 사신을 보내 왕을 책봉하다 / 255

1142년 8월 / 권10 / 왕이 장원정으로 옮기다 / 256

1142년 10월 / 권10 / 왕이 장원정에 가서 활쏘기를 사열하다 / 256

1142년 10월 / 권10 / 금에 사신을 보내 책명을 사례하다 / 256

1142년 10월 / 권10 / 왕이 태묘에 제향하고 사면령을 내리다 / 256

1142년 10월 / 권10 / 금에 사신을 보내 왕의 생신 축하를 사례하다 / 256

1142년 11월 / 권10 / 금에서 보빙사가 오다 / 256

1142년 11월 / 권10 / 8도에 사신을 보내 관리들의 능력 유무를 살피게 하다 / 257

1142년 11월 / 권10 / 금에 하정사와 하성절사를 보내다 / 257

1142년 12월 / 권10 / 이지저 등을 임명하다 / 257

❖ **인종 21년**(1143년)

1143년 1월 1일 / 권10 / 일식이 일어나다 / 258

1143년 1월 / 권10 / 금에서 사신을 보내 왕의 생신을 하례하다 / 258

1143년 3월 9일 / 권10 / 큰 눈이 내리다 / 258

1143년 윤4월 / 권10 / 사도 왕온의 딸을 태자비로 들이다 / 258

1143년 5월 / 권10 / 연덕궁에 화재가 발생하다 / 258

1143년 9월 / 권10 / 배경성을 지이부사로 삼다 / 259

1143년 11월 / 권10 / 백좌도량을 열고 승려 3만명에게 반승하다 / 259

1143년 11월 / 권10 / 금에 사은사 및 하정사와 하성절사를 보내다 / 259

1143년 12월 1일 / 권10 / 일식이 일어나지 않다 / 259

1143년 12월 / 권10 / 중서시랑평장사로 치사한 최자성이 사망하다 / 259

1143년 12월 / 권10 / 이지저와 김정순을 참지정사로 삼다 / 260

❖ **인종 22년**(1144년)

1144년 1월 / 권10 / 금에서 사신을 보내 왕의 생신을 하례하다 / 261
1144년 1월 / 권10 / 왕이 원구에 제사지내다 / 261
1144년 1월 / 권10 / 왕이 적전을 갈고 사면령을 내리다 / 261
1144년 2월 / 권10 / 호부상서로 치사한 허재가 사망하다 / 261
1144년 2월 / 권10 / 신료들에게 잔치를 베풀고 말을 하사하다 / 262
1144년 2월 / 권10 / 척준경이 사망하다 / 262
1144년 2월 / 권10 / 의로운 백성들의 세금을 면제해주다 / 262
1144년 5월 / 권10 / 김돈중 등 26명에게 급제를 하사하다 / 263
1144년 7월 11일 / 권10 / 왕자 왕탁이 태어나다 / 263
1144년 9월 / 권10 / 칼로 자식을 해친 군인을 기시하다 / 263
1144년 10월 / 권10 / 백좌도량을 열고 승려 3만명에게 반승하다 / 263
1144년 10월 / 권10 / 노인과 효자 등에게 잔치를 열고 물품을 하사하다 / 263
1144년 11월 / 권10 / 금에 사은사와 하정사를 보내다 / 264
1144년 12월 / 권10 / 금 황제가 동경에 행차하니 사신을 보내다 / 264
1144년 12월 / 권10 / 김정순 등을 임명하다 / 264

❖ **인종 23년**(1145년)

1145년 1월 / 권10 / 금에서 사신을 보내 왕의 생신을 하례하다 / 265
1145년 2월 / 권10 / 추밀원부사 박정유가 사망하다 / 265
1145년 3월 / 권10 / 금 동경에 사신을 보내다 / 265
1145년 3월 / 권10 / 최재를 동지추밀원사로 삼다 / 265
1145년 4월 21일 / 권10 / 혜성이 나타나다 / 266
1145년 4월 / 권10 / 이자겸의 자녀에게 곡식을 하사하다 / 266
1145년 5월 / 권10 / 정당문학 참지정사 이지저가 사망하다 / 266
1145년 5월 / 권10 / 조문진 등 32명에게 급제를 하사하다 / 266
1145년 6월 1일 / 권10 / 일식이 일어나다 / 267
1145년 6월 10일 / 권10 / 동계의 문주와 용주에서 홍수가 나다 / 267

1145년 6월 / 권10 / 금 횡선사가 오다 / 267

1145년 7월 / 권10 / 북계 및 서해도 주들에 누리떼가 들다 / 267

1145년 8월 / 권10 / 한유충 등을 관직에 임명하다 / 267

1145년 8월 / 권10 / 참지정사 김정순이 사망하다 / 268

1145년 10월 / 권10 / 백좌도량을 열고 승려 3만명에게 반승하다 / 268

1145년 11월 / 권10 / 간언에 답하지 않자 낭사가 출근하지 않다 / 268

1145년 11월 / 권10 / 금에서 보빙사가 오다 / 268

1145년 윤11월 / 권10 / 금에 사은사 및 하정사와 하성절사를 보내다 / 269

1145년 12월 17일 / 권10 / 밤에 하늘에서 천둥같은 소리가 나다 / 269

1145년 12월 / 권10 / 김부식이 삼국사를 편찬해 올리다 / 269

1145년 12월 / 권10 / 임원애 등을 임명하다 / 269

❖ 인종 24년(1146년)

1146년 1월 / 권10 / 금에서 사신을 보내 왕의 생신을 하례하다 / 270

1146년 1월 / 권10 / 태자에게 명하여 정습명에게 서경 대우모를 강론하게 하다 / 270

1146년 1월 / 권10 / 왕이 금 사신에게 잔치를 베풀다가 병에 걸리다 / 270

1146년 1월 / 권10 / 사면령을 내리다 / 270

1146년 1월 / 권10 / 왕의 병이 위독하므로 이자겸의 처자를 인주에 안치시키다 / 270

1146년 2월 / 권10 / 백관들이 황천상제에게 왕의 쾌유를 빌다 / 271

1146년 2월 / 권10 / 무당의 말을 듣고 척준경을 추복하고 그 자손을 소환하다 / 271

1146년 2월 / 권10 / 사면령을 내리다 / 272

1146년 2월 / 권10 / 무당의 말을 듣고 김제 벽골지의 제방을 트다 / 272

1146년 2월 25일 / 권10 / 태자에게 왕위를 전하는 조서를 내리다 / 272

1146년 2월 28일 / 권10 / 왕이 유조를 남기고 사망하다 / 272

18대 의종(毅宗)

❖ 즉위년(1146년)

1146년 3월 / 권10 / 인종을 장릉에 장사지내다 / 277

1146년 3월 / 권10 / 왕의 모후를 왕태후로 높이다 / 277

1146년 4월 / 권10 / 왕의 생일이라 하여 신하들의 조하를 받다 / 277

1146년 4월 / 권10 / 태자시절의 요속들에게 상을 더해주다 / 277

1146년 4월 / 권10 / 임원애를 문하시중 정안후로 삼다 / 277

1146년 4월 / 권10 / 대사면령을 내리다 / 278

1146년 5월 / 권10 / 정함에게 집을 하사하다 / 278

1146년 9월 / 권10 / 평장사 이준양이 사망하다 / 278

1146년 9월 / 권10 / 평장사 한유충이 사망하다 / 278

1146년 10월 / 권10 / 금에서 조문사를 보내고 왕의 기복을 명하다 / 278

1146년 10월 / 권10 / 왕이 백좌도량을 열고 반승하다 / 278

1146년 11월 / 권10 / 금에 하정사를 보내다 / 279

1146년 11월 / 권10 / 팔관회를 열고 신하들의 하례를 받다 / 279

1146년 11월 / 권10 / 금에 사은사를 보내고 방물을 바치다 / 279

1146년 11월 / 권10 / 왕충이 치사하기를 청했으나 허락하지 않다 / 279

1146년 11월 / 권10 / 금에 하성절사를 보내다 / 279

1146년 11월 / 권10 / 압강 수군 익사의 책임을 물어 병마사를 처벌하다 / 279

1146년 12월 / 권10 / 인종 기월을 피해 연등회를 정월 보름에 행하게 하다 / 280

❖ 의종 1년(1147년)

1147년 4월 / 권11 / 왕이 외제석원에 행차하다 / 281

1147년 5월 / 권11 / 이유창 등이 급제하다 / 281

1147년 5월 / 권11 / 영통사에서 후사를 기도하고 화엄경을 강경하다 / 281

1147년 5월 / 권11 / 대간이 간언을 올렸으나 대답하지 않고 격구를 하다 / 281

1147년 6월 / 권11 / 왕이 명인전에서 보살계를 받다 / 282

1147년 7월 / 권11 / 최유청에게 명하여 서경 열명편을 강론하게 하다 / 282

1147년 7월 / 권11 / 해주에 황충이 발생하다 / 282

1147년 8월 / 권11 / 승보시를 실시하여 임유공 등을 급제시키다 / 282

1147년 8월 / 권11 / 임원준이 사망하다 / 282

1147년 9월 23일 / 권11 / 태백성이 나타나다 / 282

1147년 9월 / 권11 / 서루에 임어하여 격구를 관람하다 / 282

1147년 9월 / 권11 / 왕이 장원정에 임어하다 / 283

1147년 10월 5일 / 권11 / 왕이 격구를 관람하는데 천둥이 치고 우박이 내리다 / 283

1147년 10월 / 권11 / 서루에 임어하여 격구를 관람하다 / 283

1147년 10월 / 권11 / 구정에서 노인과 환과고독 등에게 잔치를 베풀다 / 283

1147년 11월 / 권11 / 금에 사신을 보내 신정을 하례하다 / 283

1147년 11월 / 권11 / 서경의 반역자 이숙 등을 처형하다 / 283

1147년 11월 / 권11 / 금에서 사신을 보내 왕의 생신을 하례하다 / 284

1147년 11월 / 권11 / 금에 사신을 보내 방물을 헌납하다 / 284

1147년 11월 / 권11 / 왕이 북원에서 격구를 하다 / 284

1147년 11월 / 권11 / 금에 사신을 보내 만수절을 하례하다 / 284

1147년 11월 / 권11 / 운흥창의 미곡을 사사로이 쓴 감찰어사를 처벌하다 / 284

1147년 12월 / 권11 / 문공유 등이 시사를 논하다 / 284

1147년 12월 / 권11 / 어사대에서 사직재 등을 탄핵하였으나 받아들이지 않다 / 284

1147년 12월 / 권11 / 참지정사 이인실 등을 임명하다 / 285

1147년 12월 / 권11 / 당고모 등 친척과 혼인하는 것을 금하다 / 285

✧ 의종 2년(1148년)

1148년 3월 / 권11 / 최함 등이 환관 지숙 등을 탄핵하여 받아들이다 / 286

1148년 3월 / 권11 / 정당문학 고조기 등을 임명하다 / 286

1148년 5월 / 권11 / 금에서 왕에게 기복을 끝낼 것을 명하고 책봉하다 / 286

1148년 6월 / 권11 / 금에서 횡선사를 보내오다 / 287

1148년 7월 / 권11 / 왕이 왕태후에게 책을 올리고 연회를 베풀다 / 287

1148년 8월 / 권11 / 고 봉어 최단의 딸을 비로 삼다 / 287

1148년 윤8월 / 권11 / 현릉에 배알하다 / 287

1148년 윤8월 / 권11 / 어사대가 3일 동안 궐문에 엎드려 시사를 논하다 / 287

1148년 윤8월 / 권11 / 중서시랑동평장사 임원숙 등을 임명하다 / 287

1148년 윤8월 / 권11 / 창릉과 장릉을 배알하다 / 287

1148년 9월 / 권11 / 유정견 등이 급제하다 / 287

1148년 10월 13일 / 권11 / 태묘에 제사지내고 사면령을 내리다 / 288

1148년 10월 / 권11 / 송과 모의하여 반역을 시도하려 한 이심 등을 처형하다 / 288

1148년 11월 / 권11 / 금에 사신을 보내 생신 축하와 낙기복에 사례하다 / 288

1148년 11월 / 권11 / 왕의 동생 왕경과 왕호를 책봉하다 / 288

1148년 11월 / 권11 / 금에 사신을 보내 횡선사 파견과 책봉에 사례하고 신정을 하례하다 / 288

1148년 11월 / 권11 / 금에서 사신을 보내 왕의 생신을 하례하다 / 289

1148년 11월 / 권11 / 금에 사신을 보내 방물을 헌납하다 / 289

1148년 11월 / 권11 / 금에 사신을 보내 만수절을 하례하다 / 289

1148년 11월 / 권11 / 고 김수자에게 한림시독학사를 추증하다 / 289

1148년 12월 / 권11 / 왕이 북원에서 격구를 하다 / 290

1148년 12월 / 권11 / 수태위 정안공 임원애 등을 임명하다 / 290

❖ **의종 3년**(1149년)

1149년 1월 / 권11 / 강안전에서 연회를 베풀다 / 291

1149년 1월 / 권11 / 군사를 사열하다 / 291

1149년 2월 / 권11 / 군사를 사열하다 / 291

1149년 2월 / 권11 / 후정에서 격구를 관람하다 / 291

1149년 2월 / 권11 / 상주와 경주에 기근이 들어 진휼하다 / 291

1149년 3월 / 권11 / 일식이 있다 / 292

1149년 3월 / 권11 / 어사잡단 신숙 등이 3일 동안 간언하다 / 292

1149년 3월 / 권11 / 서루에 임어하여 격구를 관람하다 / 292

1149년 4월 / 권11 / 문하시랑평장사 이인실 등을 임명하다 / 292

1149년 7월 / 권11 / 보문각학사 등과 청연각에서 연회를 열다 / 292

1149년 7월 / 권11 / 평장사 고조기 등과 청연각에서 연회를 열다 / 292

1149년 7월 / 권11 / 간관이 시사를 아뢰다 / 292

1149년 8월 / 권11 / 5군을 3군으로 개편하다 / 293

1149년 8월 / 권11 / 서루에 임어하여 격구를 관람하다 / 293

1149년 8월 / 권11 / 평장사 고조기 등을 인견하여 국사를 논하다 / 293

1149년 9월 / 권11 / 윤언이의 졸기 / 293

1149년 9월 / 권11 / 서루에 임어하여 격구를 관람하다 / 294

1149년 9월 / 권11 / 최유청 등에게 술을 내리고 격구를 관람하다 / 294

1149년 9월 / 권11 / 서루에 임어하여 격구를 관람하다 / 294

1149년 9월 / 권11 / 관덕정에 임어하여 군대를 사열하다 / 294

1149년 9월 / 권11 / 재추 및 시신과 연회를 열다 / 294

1149년 9월 / 권11 / 군사를 사열하다 / 294

1149년 11월 / 권11 / 금에 사신을 보내 생신 축하에 사례하고 신정을 하례하다 / 294

1149년 11월 / 권11 / 금에서 사신을 보내 왕의 생신을 하례하다 / 294

1149년 11월 / 권11 / 금에 사신을 보내 방물을 헌납하고 만수절을 하례하다 / 295

1149년 12월 / 권11 / 관할하던 재물을 훔친 관원을 처벌하다 / 295

1149년 12월 / 권11 / 판이부사 고조기 등을 임명하고 왕충을 치사하게 하다 / 295

❖ **의종 4년**(1150년)

1150년 1월 / 권11 / 밀진사를 파견했으나 금의 제위 교체로 돌아오다 / 296

1150년 9월 / 권11 / 남경에 행차하다 / 296

1150년 9월 / 권11 / 태백성이 나타나다 / 296

1150년 9월 / 권11 / 남경에서 돌아와 사면령을 내리다 / 296

1150년 9월 / 권11 / 북원에 격구장을 세우다 / 296

1150년 10월 / 권11 / 동교에서 군사를 사열하다 / 296

1150년 10월 / 권11 / 간관이 고조기를 탄핵하므로 좌천시키다 / 297

1150년 11월 / 권11 / 사신을 금에 보내 선유에 사례하고 신정을 하례하다 / 297

1150년 11월 / 권11 / 금에서 사신을 보내 왕의 생신을 하례하다 / 297

1150년 11월 / 권11 / 금에 사신을 보내 방물을 헌납하고 용흥절을 하례하다 / 297

1150년 11월 / 권11 / 강안전에 임어하여 관리들에게 격구를 하라고 명하다 / 297

1150년 12월 / 권11 / 판이부사 김영관 등을 임명하다 / 297

❖ **의종 5년**(1151년)

1151년 2월 / 권11 / 김부식의 졸기 / 298

1151년 3월 2일 / 권11 / 태양에 흑점이 생기다 / 298

1151년 3월 / 권11 / 고조기를 중군병마판사로 삼다 / 299

1151년 3월 12일 / 권11 / 태양에 흑점이 생기다 / 299

1151년 3월 / 권11 / 정습명의 졸기 / 299

1151년 4월 / 권11 / 참지정사로 치사한 진숙이 사망하다 / 300

1151년 4월 / 권11 / 명인전에 임어하여 정사를 돌보다 / 300

1151년 4월 / 권11 / 침향목으로 관음상을 조각하게 하여 내전에 두다 / 300

1151년 4월 / 권11 / 지문하성사 유필 등을 임명하다 / 300

1151년 4월 / 권11 / 관포를 횡령한 한영신 등을 처벌하다 / 300

1151년 윤4월 / 권11 / 평장사로 치사한 이중이 사망하다 / 300

1151년 윤4월 / 권11 / 명산대천과 여러 신사에 비를 빌다 / 301

1151년 윤4월 / 권11 / 환관 정함 문제로 왕과 대간이 대립하다 / 301

1151년 윤4월 / 권11 / 정함을 권지합문지후로 삼았으나 대간이 반발하다 / 301

1151년 5월 / 권11 / 왕식 등이 상소하여 정서 등의 죄를 논하다 / 302

1151년 5월 / 권11 / 재상과 간관이 정서와 정함을 탄핵하다 / 302

1151년 5월 / 권11 / 어사대에서 정서를 탄핵하다 / 303

1151년 5월 / 권11 / 간관을 불러 위로하고 타이르다 / 303

1151년 5월 / 권11 / 대간이 궐문 밖에 엎드려 시사를 아뢰다 / 303

1151년 5월 / 권11 / 내전숭반 정함을 파직하다 / 304

1151년 5월 / 권11 / 수사도 판국자감사 김영관 등을 임명하다 / 304

1151년 6월 / 권11 / 보문각학사 등에게 명하여 책부원구를 교정하게 하다 / 304

1151년 6월 / 권11 / 금에서 횡사사를 보내다 / 304

1151년 6월 / 권11 / 이부에서 정서 등의 죄를 기록하기를 청하니 따르다 / 304

1151년 6월 / 권11 / 내시 이양윤 등을 불러 시를 시험하다 / 305

1151년 6월 / 권11 / 왕이 도우시를 짓고 학사들에게 보이다 / 305

1151년 6월 / 권11 / 가뭄으로 부채 사용을 금하다 / 305

1151년 7월 / 권11 / 조서를 내려 가뭄을 극복할 방안을 마련하게 하다 / 305

1151년 7월 / 권11 / 이식을 상서좌복야로 삼았으나 곧 사망하다 / 305

1151년 8월 / 권11 / 대관이 시사를 논하였으나 듣지 않다 / 306

1151년 8월 / 권11 / 북원에서 놀면서 기사에게 명하여 격구를 하게 하다 / 306

1151년 8월 / 권11 / 대간의 뜻에 따라 정함을 축출하다 / 306

1151년 9월 / 권11 / 경령전에 배알하다 / 306

1151년 10월 / 권11 / 태묘에 제사지내다 / 306

1151년 11월 / 권11 / 금에 사신을 보내 생신 축하와 횡사에 사례하고 신정을 하례하다 / 307

1151년 11월 / 권11 / 금에서 사신을 보내 왕의 생신을 하례하다 / 307

1151년 11월 / 권11 / 금에 사신을 보내 방물을 진상하고 용흥절을 하례하다 307

1151년 12월 / 권11 / 수사공 문공원 등을 임명하다 / 307

❖ **의종 6년**(1152년)

1152년 1월 / 권11 / 강안전에 임어하여 채붕을 관람하다 / 308

1152년 3월 1일 / 권11 / 지진이 있다 / 308

1152년 3월 / 권11 / 대간이 시사를 논하였으나 답하지 않다 / 308

1152년 3월 / 권11 / 우간의 신숙 등이 간쟁하다 / 308

1152년 3월 / 권11 / 상춘정에서 연회를 열다 / 309

1152년 3월 / 권11 / 조서를 내려 가뭄을 극복하기 위해 봉사를 올리게 하다 / 309

1152년 3월 / 권11 / 밤에 금원 숲 나무 사이에서 빛이 나다 / 309

1152년 4월 2일 / 권11 / 지진이 있다 / 309

1152년 4월 / 권11 / 만수정에서 연회를 열다 / 309

1152년 4월 / 권11 / 어사중승 고영부 등이 간쟁하였으나 듣지 않다 / 310

1152년 4월 / 권11 / 대간을 불러 타이르다 / 310

1152년 4월 / 권11 / 상춘정에서 연회를 열다 / 310

1152년 4월 / 권11 / 간관이 격구하는 것을 간쟁하니 이를 그만두다 / 310

1152년 4월 / 권11 / 김의 등이 급제하다 / 310

1152년 5월 / 권11 / 대관전에서 친히 시험을 보고 유의 등을 급제시키다 / 311

1152년 6월 / 권11 / 개국사에서 진휼하다 / 311

1152년 7월 / 권11 / 우간의 신숙 등이 간쟁하다 / 311

1152년 7월 / 권11 / 대간이 간언하니 내시와 다방을 내쫓다 / 311

1152년 8월 / 권11 / 정함을 소환하여 내시에 충당하다 / 311

1152년 9월 / 권11 / 백관이 태후에게 곤녕절을 하례하다 / 311

1152년 9월 / 권11 / 동지에 임어하여 활쏘고 말타기를 잘하는 자를 선발하다 / 311

1152년 11월 / 권11 / 금에 사신을 보내 생신 축하에 대해 사례하고 신정을 하례하다 / 312

1152년 11월 / 권11 / 금에서 사신을 보내 왕의 생신을 하례하다 / 312

1152년 11월 / 권11 / 금에 사신을 보내 방물을 진상하고 용흥절을 하례하다 / 312

1152년 12월 / 권11 / 평장사로 치사한 최관이 사망하다 / 312

1152년 12월 / 권11 / 밤에 내전에서 백희를 관람하다 / 312

1152년 12월 / 권11 / 문하시랑동평장사 문공원 등을 임명하다 / 312

❖ **의종 7년**(1153년)

1153년 4월 / 권11 / 왕자 왕홍을 왕태자로 책봉하고 사면령을 내리다 / 313

1153년 4월 / 권11 / 대관전에서 군신에게 연회를 베풀다 / 313

1153년 6월 / 권11 / 목청전에 불이 나다 / 313

1153년 6월 / 권11 / 금에서 사신을 보내 연호 개정을 알려오다 / 313

1153년 8월 / 권11 / 곽원 등이 급제하다 / 313

1153년 10월 / 권11 / 어사대가 궐문 밖에 엎드려 시사를 논하다 / 314

1153년 11월 / 권11 / 금에서 사신을 보내 왕의 생신을 하례하다 / 314

1153년 11월 / 권11 / 금에 사신을 보내 용흥절을 하례하고 생신 축하에 사례하다 / 314

❖ 의종 8년(1154년)

1154년 1월 / 권11 / 판병부사 최자영 등을 임명하다 / 315

1154년 1월 / 권11 / 왕의 동생 왕민을 평량후로 책봉하다 / 315

1154년 1월 / 권11 / 경풍전에 임어하여 호종 문신들과 시를 짓다 / 315

1154년 1월 / 권11 / 최윤의 등에게 곡연을 열다 / 315

1154년 3월 / 卷11 / 최윤의 등 6인을 불러 양화루에서 곡연을 열다 / 316

1154년 4월 / 권11 / 태묘에 제사지내고 사면령을 내리다 / 316

1154년 5월 1일 / 권11 / 일식이 있다 / 316

1154년 5월 / 권11 / 참지정사로 치사한 윤포가 사망하다 / 316

1154년 5월 / 권11 / 동교에서 군사를 사열하다 / 316

1154년 5월 / 권11 / 과거법을 개정하다 / 316

1154년 5월 / 권11 / 황보탁 등이 급제하다 / 316

1154년 6월 / 권11 / 금에서 사신을 보내 양 2천 마리를 하사하다 / 317

1154년 9월 / 권11 / 서경 중흥사를 창건하다 / 317

1154년 10월 / 권11 / 노인들에게 밥을 먹이고 반승하다 / 317

1154년 10월 / 권11 / 소태현에 수로를 개착하였으나 완성하지 못하다 / 317

1154년 11월 / 권11 / 금에서 사신을 보내 왕의 생신을 하례하다 / 317

1154년 11월 / 권11 / 금에 사신을 보내 방물을 진상하다 / 317

❖ 의종 9년(1155년)

1155년 2월 / 권11 / 급사중 민각 등이 시사를 아뢰다 / 318

1155년 5월 1일 / 권11 / 일식이 있다 / 318

1155년 5월 1일 / 권11 / 경령전에 배알하다 / 318

1155년 5월 1일 / 권11 / 지문하성사 양원준 등을 임명하다 / 318

1155년 8월 / 권11 / 송 명주에서 표류인을 송환하다 / 318

1155년 8월 / 권11 / 최자영 등에게 국정을 자문하다 / 319

1155년 11월 / 권11 / 금에서 사신을 보내 왕의 생신을 하례하다 / 319

1155년 11월 / 권11 / 금에 사신을 보내 용흥절을 하례하고 생신 축하에 사례하다 / 319

1155년 12월 / 권11 / 왕장과 이귀수 등을 유배보내다 / 320

1155년 12월 / 권11 / 송에서 표류민 30여 구를 돌려보내다 / 320

1155년 12월 / 권11 / 유필의 졸기 / 320

❖ **의종 10년**(1156년)

1156년 3월 / 권11 / 김존중의 졸기 / 321

1156년 4월 / 권11 / 왕이 흥왕사에 행차하여 화엄경을 전독하다 / 322

1156년 6월 / 권11 / 황문장 등이 급제하다 / 322

1156년 7월 27일 / 권11 / 혜성이 동방에 나타나다 / 322

1156년 8월 / 권11 / 혜성이 나타났으므로 2죄 이하를 사면하다 / 322

1156년 8월 / 권11 / 금에 사신을 보내 존호를 받은 것을 하례하다 / 323

1156년 9월 / 권11 / 임원후의 졸기 / 323

1156년 10월 / 권11 / 내전에서 반승하다 / 323

1156년 10월 / 권11 / 최윤의 등에게 연회를 베풀다 / 323

1156년 윤10월 / 권11 / 금의 정륭 연호를 정풍으로 고쳐 시행하다 / 324

1156년 11월 / 권11 / 금에서 사신을 보내오다 / 324

1156년 12월 / 권11 / 정함을 탄핵하려 한 최숙청을 유배 보내다 / 324

❖ **의종 11년**(1157년)

1157년 1월 1일 / 권11 / 영통사 등에서 재앙을 물리치는 불사를 열게 하다 / 325

1157년 1월 / 권11 / 익양후의 집을 빼앗아 이궁을 창건하다 / 326

1157년 1월 / 권11 / 목친전에서 복을 비는 재를 지내다 / 326

1157년 1월 / 권11 / 익양후 등에게 연회를 베풀다 / 326

1157년 1월 / 권11 / 국청사와 경천사에 행차하다 / 327

1157년 2월 / 권11 / 고조기의 졸기 / 327

1157년 2월 / 권11 / 대령후 왕경을 유배보내고 최유청 등을 폄출하다 / 327

1157년 3월 / 권11 / 이중제와 그 가속을 유배 보내다 / 328

1157년 4월 / 권11 / 여러 이궁을 짓고 사치스럽게 꾸미다 / 328

1157년 4월 / 권11 / 군신들에게 수덕궁을 구경하게 하다 / 329

1157년 4월 / 권11 / 사면령을 내리고 정함을 복직시키다 / 329

1157년 4월 / 권11 / 문공원의 집을 사서 순어소로 삼다 / 329

1157년 4월 / 권11 / 왕이 일관을 거느리고 해안사에 행차하다 / 329

1157년 5월 / 권11 / 최윤의와 이원응에게 붉은 띠를 하사하다 / 330

1157년 5월 / 권11 / 정함을 권지각문지후로 삼다 / 330

1157년 5월 / 권11 / 우릉도를 개척하려다가 포기하다 / 330

1157년 5월 / 권11 / 관정사에 행차하여 풍수를 살피다 / 330

1157년 6월 / 권11 / 금에서 횡선사를 보내오다 / 331

1157년 7월 / 권11 / 송상이 앵무와 공작 등을 바치다 / 331

1157년 8월 / 권11 / 총지사에 행차하다 / 331

1157년 8월 / 권11 / 최윤의의 간언으로 이궁 건설 계획을 중단하다 / 331

1157년 9월 / 권11 / 수덕궁 증축을 명하다 / 331

1157년 10월 / 권11 / 사원에서 기름과 꿀을 거두어 들이다 / 331

1157년 10월 / 권11 / 3만 명에게 반승하다 / 332

1157년 11월 / 권11 / 금에 사신을 보내 용흥절을 하례하고 생신 축하에 사례하다 / 332

1157년 11월 / 권11 / 금에서 사신을 보내 왕의 생신을 하례하다 / 332

1157년 11월 / 권11 / 정함의 고신에 서명하는 문제로 관료를 해임하다 / 332

1157년 12월 / 권11 / 정함의 사저를 경명궁으로 삼다 / 333

1157년 12월 / 권11 / 정당문학 최함 등을 임명하다 / 333

❖ **의종 12년**(1158년)

1158년 2월 / 권11 / 인종의 기일이라 하여 반승하다 / 334

1158년 3월 1일 / 권11 / 일식이 있다 / 334

1158년 3월 / 권11 / 2죄 이하를 사면하다 / 334

1158년 3월 / 권11 / 광주목사 최유청 등을 임명하다 / 334

1158년 3월 / 권11 / 수덕궁에서 재추 및 대신과 연회를 열다 / 335

1158년 3월 / 권11 / 노인에게 음식을 나누어주다 / 335

1158년 4월 / 권11 / 신창관리 320여 호가 화재를 입다 / 335

1158년 5월 / 권11 / 김정명 등이 급제하다 / 335

1158년 6월 / 권11 / 정함 고신에 서명할 것을 강요하다 / 335

1158년 6월 / 권11 / 신숙 등이 정함의 신분 문제로 관직 임명 철회를 요청하다 / 335

1158년 6월 / 권11 / 대간에게 정함 고신에 서명할 것을 강요하였으나 듣지 않다 / 336

1158년 6월 / 권11 / 이공승을 다시 조정에 부르다 / 336

1158년 7월 / 권11 / 신숙이 정함의 관직을 삭탈할 것을 청하자 이에 따르다 / 336

1158년 8월 / 권11 / 박순충과 신숙 등을 좌천하다 / 337

1158년 8월 / 권11 / 유원도가 배주 토산에 궁궐 짓기를 청하다 / 337

1158년 9월 / 권11 / 최윤의 등에 명하여 배주에 별궁을 짓게 하다 / 337

1158년 9월 / 권11 / 정함을 권지각문지후로 삼다 / 338

1158년 9월 / 권11 / 김돈중을 좌천하다 / 338

1158년 10월 / 권11 / 안평재에서 곡연을 열다 / 338

1158년 10월 / 권11 / 배주 중흥궐에 들어가 대화전에서 하례를 받다 / 338

1158년 10월 / 권11 / 대화전에게 군신에게 연회를 베풀다 / 338

1158년 11월 / 권11 / 환궁하여 사면령을 내리다 / 339

1158년 11월 / 권11 / 양원준의 졸기 / 339

1158년 11월 / 권11 / 금에서 사신을 보내 왕의 생신을 하례하다 / 339

1158년 11월 / 권11 / 만보전에 불이 나다 / 339

1158년 12월 / 권11 / 부윤현 사람이 아버지와 계모를 죽이고 달아나다 / 339

❖ **의종 13년**(1159년)

1159년 1월 1일 / 권11 / 해 주변에 햇무리가 생기다 / 340

1159년 1월 / 권11 / 정함이 왕에게 주식을 대접하다 / 340

1159년 2월 / 권11 / 대안사에 행차하다 / 340

1159년 2월 / 권11 / 신숙이 관직에서 물러나다 / 341

1159년 3월 / 권11 / 문하시중 왕충이 사망하다 / 341

1159년 3월 / 권11 / 눈과 우박이 내려 초목이 모두 말라죽다 / 341

1159년 5월 / 권11 / 신숙을 불러 돌아오게 하다 / 341

1159년 11월 15일 / 권11 / 지진이 있다 / 341

1159년 11월 15일 / 권11 / 금에서 사신을 보내 왕의 생신을 하례하다 / 341

❖ **의종 14년**(1160년)

1160년 3월 / 권11 / 흥왕사로 거처를 옮기다 / 342

1160년 3월 / 권11 / 재추와 시신을 불러 어원을 감상하게 하다 / 342

1160년 4월 / 권11 / 이원응을 참지정사로 삼았으나 사망하다 / 342

1160년 5월 / 권11 / 최효저 등이 급제하다 / 342

1160년 6월 / 권11 / 금에서 사신을 보내오다 / 342

1160년 7월 / 권11 / 신숙의 졸기 / 343

1160년 7월 / 권11 / 중서시랑평장사 최함이 사망하다 / 343

1160년 8월 1일 / 권11 / 일식이 있다 / 343

1160년 8월 28일 / 권11 / 해 가운데 흑점이 있다 / 343

1160년 9월 / 권11 / 후원에서 술자리를 벌이다 / 343

1160년 10월 / 권11 / 보현원에 이어하다 / 343

1160년 10월 / 권11 / 구정에서 반승하다 / 343

1160년 11월 / 권11 / 금에서 사신을 보내 왕의 생신을 하례하다 / 344

❖ **의종 15년**(1161년)

1161년 5월 / 권11 / 왕이 희우시를 지어 유신에게 보이다 / 345

1161년 7월 / 권11 / 사면령을 내리다 / 345

1161년 8월 28일 / 권11 / 태백성이 나타나다 / 345

1161년 10월 / 권11 / 왕과 대신을 저주하였다고 무고한 백성을 처벌하다 / 345

1161년 11월 6일 / 권11 / 태백성이 나타나다 / 346

1161년 11월 / 권11 / 서북면에서 금 임금이 시해되었다고 보고하다 / 346

1161년 11월 / 권11 / 구정에 임어하여 풍악을 구경하다 / 346

1161년 12월 / 권11 / 지문하성사 김영부 등을 임명하다 / 346

❖ **의종 16년**(1162년)

1162년 1월 1일 / 권11 / 일식이 있다 / 347

1162년 2월 / 권11 / 경연에 임어하여 경의를 강론하다 / 347

1162년 3월 / 권11 / 지추밀원사 김거공 등을 임명하다 / 347

1162년 3월 / 권11 / 어사대에서 내시 김헌황 등을 탄핵하다 / 347

1162년 3월 / 권11 / 간관이 별궁의 공헌을 혁파할 것을 건의하다 / 348

1162년 4월 / 권11 / 가뭄이 들어 백관에게 시정을 논하라는 조서를 내리다 / 348

1162년 5월 / 권11 / 이계원 등이 급제하다 / 348

1162년 5월 / 권11 / 이천 등에서 도적이 일어나자 토벌하게 하다 / 348

1162년 5월 / 권11 / 구휼에 관한 조서를 내리다 / 349

1162년 5월 / 권11 / 관비가 임산부를 죽였기에 처벌하다 / 349

1162년 6월 / 권11 / 최광균의 고신에 서명하지 않은 간관을 독촉하다 / 349

1162년 6월 / 권11 / 개경에 도적 30여 인이 나타나다 / 350

1162년 7월 / 권11 / 박순충의 졸기 / 350

1162년 8월 / 권11 / 오정중을 어사중승으로 삼다 / 350

1162년 8월 / 권11 / 최윤의의 졸기 / 351

1162년 9월 / 권11 / 왕의 폐행의 방술이 발각되자 무고를 당한 인물이 처벌되다 / 351

1162년 11월 / 권11 / 왕태자에게 관례를 행하다 / 351

1162년 11월 / 권11 / 금에서 사신을 보내 새 황제의 즉위를 알리다 / 351

1162년 12월 1일 / 권11 / 태백성이 나타나다 / 351

1162년 12월 / 권11 / 판이부사 이지무 등을 임명하다 / 351

1162년 12월 / 권11 / 인지재에 행차하다 / 352

1162년 12월 / 권11 / 금에 사신을 보내 즉위를 축하하다 / 352

❖ **의종 17년**(1163년)

1163년 2월 / 권11 / 천주사와 흥원사에 행차하다 / 353

1163년 2월 / 권11 / 혜민국 앞에서 놀던 아이들이 갑자기 사라지다 / 353

1163년 3월 / 권11 / 3년 여묘살이를 한 손응시의 마을에 정문을 세워 표창하다 / 353

1163년 4월 / 권11 / 태묘에 제사지내고 사면령을 내리다 / 354

1163년 5월 / 권11 / 김거공의 졸기 / 354

1163년 6월 1일 / 권11 / 일식이 있다 / 354

1163년 6월 / 권11 / 금에서 횡사사를 보내오다 / 354

1163년 7월 / 권11 / 송 도강 서덕영 등이 황제의 밀지를 받아 물품을 전하다 / 354

1163년 7월 / 권11 / 동서북면 병마사를 임명하다 / 354

1163년 8월 / 권11 / 문극겸이 상소를 올려 시정을 아뢰다 / 355

1163년 9월 / 권11 / 진득문을 내시로 삼다 / 356

1163년 10월 9일 / 권11 / 지진이 있다 / 356

1163년 10월 / 권11 / 백고좌회를 열고 반승하다 / 356

1163년 10월 / 권11 / 이순우 등이 급제하다 / 356

1163년 11월 / 권11 / 금에서 사신을 보내 왕의 생신을 하례하다 / 356

1163년 12월 / 권11 / 지문하성사 최유청 등을 임명하다 / 356

❖ **의종 18년**(1164년)

1164년 3월 / 권11 / 송에 사신을 보내 놋그릇을 바치다 / 357

1164년 3월 / 권11 / 인지재로 이어하는데 정중부 등이 반역할 마음을 가지다 / 357

1164년 4월 / 권11 / 태묘에 제사지내고 사면령을 내리다 / 357

1164년 4월 / 권11 / 이공승을 형부상서로 삼다 / 358

1164년 5월 / 권11 / 최유칭과 이담을 불러 수문전에서 잔치하다 / 358

1164년 6월 1일 / 권11 / 일식이 있었는데 태사가 아뢰지 않다 / 358

1164년 6월 / 권11 / 중서시랑동평장사 김영부 등일 임명하다 / 358

1164년 7월 / 권11 / 직무에 충실할 것과 사치를 금하는 조서를 내리다 / 358

1164년 8월 / 권11 / 도둑이 태묘의 제기를 훔치다 / 359

1164년 9월 / 권11 / 지화재에서 격구를 관람하다 / 359

1164년 10월 / 권11 / 김원례 등이 급제하다 / 359

1164년 11월 13일 / 권11 / 흰 무지개가 해를 감싸다 / 359

1164년 11월 / 권11 / 금에서 사신을 보내 왕의 생신을 하례하다 / 359

1164년 11월 22일 / 권11 / 안개가 짙게 끼다 / 359

1164년 윤11월 / 권11 / 금에 사신을 보내 생신을 축하해준 것에 사례하다 / 360

1164년 12월 / 권11 / 판병부사 최유칭 등을 임명하다 / 360

❖ **의종 19년**(1165년)

1165년 1월 / 권11 / 증산사에 나가 머물다 / 361

1165년 3월 / 권11 / 금군이 인주와 정주의 섬을 공격하여 군사를 포로로 잡아가다 / 361

1165년 3월 / 권11 / 보현원과 인제원 등에 이어하다 / 362

1165년 3월 / 권11 / 좌우번의 내시들이 진기한 노리개를 바치다 / 363

1165년 3월 / 권11 / 경복사와 봉령사로 이어하다 / 363

1165년 3월 / 권11 / 판적요지에 배를 띄우고 환관들과 연회를 즐기다 / 363

1165년 5월 / 권11 / 문하시랑 이지무 등을 임명하다 / 364

1165년 6월 / 권11 / 홍수가 나서 민가가 떠내려가다 / 364

1165년 11월 / 권11 / 금에서 사신을 보내 왕의 생신을 하례하다 / 364

1165년 12월 / 권11 / 수태보 판이부사 최유칭 등을 임명하다 / 364

❖ **의종 20년**(1166년)

1166년 4월 / 권11 / 백선연이 불상을 주조하여 왕에게 아첨하다 / 365

1166년 4월 / 권11 / 왕이 중 각예와 성수원에서 연회를 열다 / 365

1166년 4월 / 권11 / 각예를 불러 달구경을 하다 / 365

1166년 4월 / 권11 / 청녕재에서 연회를 열다 / 365

1166년 6월 / 권11 / 박소 등이 급제하다 / 365

1166년 7월 / 권11 / 금에서 횡사사를 보내오다 / 366

1166년 10월 / 권11 / 구정에서 반승하다 / 366

1166년 11월 / 권11 / 청녕재에서 연회를 열다 / 366

1166년 11월 / 권11 / 금에서 사신을 보내 왕의 생신을 하례하다 / 366

❖ **의종 21년**(1167년)

1167년 1월 / 권11 / 전라주도안찰부사 윤평수가 은을 바치다 / 367

1167년 1월 / 권11 / 왕의 가마에 화살이 떨어져 계엄을 내리다 / 367

1167년 1월 / 권11 / 방을 걸어 적을 잡고자 하다 / 367

1167년 1월 / 권11 / 부병을 주둔시켜 불측한 일에 대비하다 / 368

1167년 1월 / 권11 / 적을 잡지 못했다 / 하여 재추를 책망하다 / 368

1167년 3월 / 권11 / 왕이 장흥원에 행차하여 각예와 술을 마시다 / 368

1167년 3월 / 권11 / 왕이 청령재 기슭에 중미정을 세우고 즐기다 / 368

1167년 3월 / 권11 / 귀법사 동쪽 고개에 행차하여 술자리를 가지다 / 369

1167년 4월 1일 / 권11 / 일식이 있다 / 369

1167년 4월 / 권11 / 하청절이라 하여 연회를 즐기고 만춘정을 꾸미다 / 369

1167년 4월 / 권11 / 왕의 동생 중 충희가 음식을 바치다 / 370

1167년 4월 / 권11 / 청녕재에서 연회를 열다 / 370

1167년 5월 / 권11 / 남강에 배를 띄우고 잔치를 즐기다 / 370

1167년 5월 / 권11 / 장단현 응덕정에서 연회를 즐기다 / 371

1167년 6월 / 권11 / 용연사 남쪽 석벽에 정자를 짓고 즐기다 / 371

1167년 7월 / 권11 / 귀법사, 현화사 등에 행차하다 / 372

1167년 8월 / 권11 / 남경에 행차하다 / 372

1167년 9월 / 권11 / 남경유수가 어가를 맞이하다 / 372

1167년 9월 / 권11 / 삼각산 승가사 등에 행차하다 / 372

1167년 9월 / 권11 / 연흥전에서 신료들과 연회를 열다 / 373

1167년 9월 / 권11 / 남경을 출발하여 파평현 강에 이르다 / 373

1167년 9월 / 권11 / 개경에 도착하여 은전을 내리는 조서를 반포하다 / 373

1167년 11월 / 권11 / 금에 사신을 보내 생신 축하에 대해 사례하다 / 373

1167년 11월 / 권11 / 금에서 사신을 보내 왕의 생신을 하례하다 / 373

✤ 의종 22년(1168년)

1168년 1월 / 권11 / 신료들과 밤새 연회를 열다 / 374

1168년 1월 / 권11 / 태자가 강양백 왕함의 딸을 맞아 비로 삼다 / 374

1168년 1월 / 권11 / 왕이 꿈속에서 지은 시를 보여주다 / 374

1168년 2월 / 권11 / 선경전에서 반승하다 / 374

1168년 2월 / 권11 / 강양백 왕후를 강양후로 삼다 / 374

1168년 3월 / 권11 / 익양후, 평량후를 피하여 서경에 행차하다 / 375

1168년 3월 / 권11 / 벽파정에서 잔치를 열다 / 375

1168년 3월 / 권11 / 태조 진전에 배알하다 / 375

1168년 3월 / 권11 / 서경을 중시하는 하교를 내리다 / 375

1168년 4월 / 권11 / 흥복사에 행차하여 잔치를 즐기다 / 376

1168년 4월 / 권11 / 서경의 묘청의 난 연루자를 사면하다 / 376

1168년 4월 / 권11 / 장락전에서 신료들과 잔치를 열다 / 376

1168년 4월 / 권11 / 하청절이라 하여 연회를 열다 / 376

1168년 4월 / 권11 / 영명사에 행차하였다가 대동강에서 배를 띄우다 / 376

1168년 4월 / 권11 / 부벽루에 임어하여 농마희를 관람하다 / 377

1168년 4월 / 권11 / 부벽루에 행차하여 수희를 관람하다 / 377

1168년 / 권11 / 왕이 서경에서 돌아오다 / 377

1168년 11월 / 권11 / 금에서 사신을 보내 왕의 생신을 하례하다 / 377

1168년 11월 / 권11 / 금에 사신을 보내 생신 축하에 대해 사례하다 / 377

1168년 12월 / 권11 / 금에 사신을 보내 신정을 하례하고 방물을 바치다 / 377

✣ **의종 23년**(1169년)

1169년 1월 1일 / 권11 / 왕이 조하를 받고 하정표를 대신 지어 신료들에게 보이다 / 378

1169년 1월 / 권11 / 봉향리 이궁에 행차하여 잔치를 열다 / 378

1169년 2월 / 권11 / 여러 신하들과 잔치를 열다 / 378

1169년 3월 / 권11 / 서도 순행에 대해 소를 짓고 나한재를 열다 / 379

1169년 3월 / 권11 / 서경에 행차하다가 평주 숭수원에서 잔치를 열다 / 379

1169년 3월 / 권11 / 영명사에서 배를 타고 흥복사, 팔경정에 이르러 잔치를 열다 / 379

169년 4월 / 권11 / 어가가 패강 용서정에 이르러 잔치를 즐기다 / 379

1169년 4월 / 권11 / 개경으로 돌아와 사면령을 내리다 / 379

1169년 6월 / 권11 / 연복정에서 잔치를 열다 / 379

1169년 7월 / 권11 / 벽잠정에 행차하려 하자 어사대에서 간하였으나 듣지 않다 / 379

1169년 7월 / 권11 / 금에서 횡사사를 보내 양을 하사하다 / 380

1169년 8월 1일 / 권11 / 일식이 있다 / 380

1169년 11월 / 권11 / 금에서 사신을 보내 왕의 생신을 하례하다 / 380
1169년 12월 / 권11 / 중서시랑평장사 김영윤이 사망하다 / 380
1169년 12월 / 권11 / 중서시랑평장사 최유칭이 병으로 치사하다 / 380
1169년 12월 / 권11 / 허홍재를 중서시랑평장사 판이부사로 임명하다 / 380

❖ **의종 24년**(1170년)

1170년 1월 1일 / 권11 / 대관전에서 조하를 받고 신료들의 하표를 직접 짓다 / 381
1170년 1월 28일 / 권11 / 영통사에 가서 화엄회를 열다 / 381
1170년 2월 3일 / 권11 / 낭성이 남극에 나타나다 / 382
1170년 2월 / 권11 / 연복정에 행차하여 잔치를 즐기다 / 382
1170년 3월 9일 / 권11 / 허홍재 등과 배를 띄우고 곡연을 열다 / 382
1170년 3월 / 권11 / 서경 노인당과 해주 상산에 제사를 지내다 / 383
1170년 3월 / 권11 / 문극겸을 전중내급사로 삼다 / 383
1170년 3월 / 권11 / 왕이 서강에서 놀고자 하였다가 말리는 꿈을 꾸고 나서 중지하다 / 383
1170년 4월 / 권11 / 내전에서 노인성에 초제를 지내다 / 383
1170년 4월 / 권11 / 죽장사에서 노인성에 제사를 지낸 일을 치하하다 / 383
1170년 4월 / 권11 / 연복정에서 잔치를 열다 / 384
1170년 4월 / 권11 / 금내 6관이 수성이 다시 나타난 데 대해 하례하다 / 384
1170년 4월 / 권11 / 태자에 명하여 복원궁에서 초제를 지내게 하다 / 384
1170년 4월 / 권11 / 왕이 노인성에 초제를 지내고자 당을 만들게 하다 / 384
1170년 4월 / 권11 / 왕의 행차가 잦으니 호종하던 정중부 등이 역심을 품다 / 384
1170년 5월 / 권11 / 화평재에서 연회를 열다 / 384
1170년 5월 18일 / 권11 / 연복정에서 잔치를 열다 / 384
1170년 5월 / 권11 / 염현사로 이어하는데 호종 군졸들이 애를 먹다 / 384
1170년 윤5월 / 권11 / 연복정에서 잔치를 열다 / 386
1170년 윤5월 / 권11 / 연복정에서 잔치를 열다 / 386
1170년 윤5월 / 권11 / 신료들이 수성이 나타난 것을 하례하다 / 386
1170년 윤5월 / 권11 / 연복정에 행차하니 신료들이 아첨하다 / 386

1170년 윤5월 / 권11 / 왕손 탄생을 금에 사신을 보내 알리려다가 중단하다 / 386
1170년 6월 / 권11 / 연복정 남천의 제방을 보수하도록 명하다 / 387
1170년 7월 1일 / 권11 / 일식이 있다 / 387
1170년 7월 / 권11 / 보현원 남계에서 술자리를 열다 / 387
1170년 7월 / 권11 / 이복기가 왕에게 옷과 장난감 등을 바치다 / 387
1170년 7월 / 권11 / 문하시랑동평장사 허홍재 등을 임명하다 / 388
1170년 8월 / 권11 / 동강서재에 행차하다 / 388
1170년 8월 / 권11 / 수주 백성이 금 거북이를 발견하여 진헌하다 / 388
1170년 8월 29일 / 권11 / 왕의 총애를 믿은 임종식, 한뢰 등이 원망을 받다 / 388
1170년 8월 30일 / 권11 / 정중부 등이 무신정변을 일으키다 / 389
1170년 8월 / 권11 / 연복정 남천 제방을 보수하는 데 군졸들이 원망하다 / 392
1170년 8월 / 권11 / 연복정 남천 제방을 보수하는 데 군졸들이 원망하다 / 392
1170년 8월 / 권11 / 동강서재에 행차하다 / 392
1170년 8월 / 권11 / 수주 백성이 금 거북이를 발견하여 진헌하다 / 392
1170년 9월 1일 / 권11 / 정중부가 내시와 환관 등을 죽이다 / 393
1170년 9월 2일 / 권11 / 왕을 거제현으로 추방하고 김돈중을 죽이다 / 393

19대 **명종**明宗

❖ **명종 즉위년**(1170년)

1170년 9월 2일 / 권11 / 정중부 등이 익양공 왕호를 맞이하여 즉위시키다 / 396
1170년 9월 / 권11 / 정중부 등이 백자단 등을 목을 베고 왕의 사저를 나누어 갖다 / 396
1170년 9월 / 권11 / 왕이 즉위하고 논공행상을 행하다 / 397
1170년 9월 / 권11 / 무신들이 문신을 죽이려 하다 / 397
1170년 10월 / 卷11 / 크게 사면하고 정중부 등을 공신으로 삼다 / 398
1170년 10월 / 권11 / 유응규가 금에서 단식을 하여 새 왕의 즉위를 승인받다 / 398
1170년 10월 / 권11 / 금에서 사신을 보내 왕의 생신을 하례하다 / 400

❖ 명종 1년(1171년)

1171년 1월 / 권12 / 원자 왕숙이 관례를 하다 / 401

1171년 1월 / 권12 / 이고가 반란을 일으키려다가 실패하여 죽임을 당하다 / 401

1171년 4월 / 권12 / 채원이 조정의 신하를 죽이려다가 발각되어 처형되다 / 402

1171년 5월 / 권12 / 유응규가 금에서 명종의 즉위를 승인받고 돌아오다 / 402

1171년 5월 / 권12 / 임수 등이 급제하다 / 404

1171년 6월 / 권12 / 왕이 대관전에서 보살계를 받다 / 404

1171년 7월 / 권12 / 대관전에서 소재도량을 열다 / 404

1171년 7월 / 권12 / 양광충청주도와 경상진합주도를 나누어 두 도로 하다 / 404

1171년 7월 / 권12 / 금의 순문사가 와서 전왕에게 조서를 하사하다 / 404

1171년 7월 / 권12 / 서공의 졸기 / 405

1171년 8월 / 권12 / 금의 순문사가 하직하다 / 405

1171년 9월 / 권12 / 간관이 최윤의 등을 탄핵하다 / 405

1171년 9월 20일 / 권12 / 태양에 검은 점이 보이다 / 406

1171년 10월 17일 / 권12 / 태양에 검은 점이 보이다 / 406

1171년 10월 / 권12 / 금에 고주사를 보내다 / 406

1171년 10월 / 권12 / 선경전에서 백고좌회를 열고 반승하다 / 406

1171년 10월 / 권12 / 궁궐에서 불이 났으나 정중부 등이 군사의 진입을 막다 / 407

1171년 10월 / 권12 / 왕의 생일을 건흥절로 삼다 / 407

❖ 명종 2년(1172년)

1172년 1월 / 권12 / 왕이 경령전에 배알하다 / 408

1172년 1월 / 권12 / 판서북면병마사 정중부 등을 임명하다 / 408

1172년 2월 / 권12 / 금에 파견되었던 사신이 책봉을 예고하는 칙서를 받들고 돌아오다 / 408

1172년 2월 / 권12 / 2월 보름에 연등회를 열기로 하였다가 상원으로 복구하다 / 409

1172년 3월 / 권12 / 금에 사신을 보내 존호를 올린 것을 하례하다 / 409

1172년 5월 / 권12 / 금에서 국왕을 책봉하고 의물을 하사하다 / 409

1172년 6월 / 권12 / 중서시랑평장사 양숙 등을 임명하다 / 409

1172년 6월 / 권12 / 53개 현에 감무를 두기로 하다 / 409

1172년 6월 / 권12 / 송유인을 대신하여 우학유를 서북면병마사로 삼다 / 410

1172년 7월 / 권12 / 장문경 등이 급제하다 / 410

1172년 7월 / 권12 / 이변이 잇따르자 조서를 내려 스스로를 책망하다 / 410

1172년 8월 / 권12 / 금에 사신을 보내 책봉해준 것에 사례하다 / 410

1172년 9월 / 권12 / 창릉을 배알하다 / 410

1172년 10월 22일 / 권12 / 태백성이 나타나다 / 410

1172년 11월 / 권12 / 왕이 보제사에 행차하다 / 411

1172년 12월 / 권12 / 금에서 왕의 생일을 물어오다 / 411

1172년 12월 / 권12 / 금에 사신을 보내 방물을 진상하다 / 411

❖ **명종 3년**(1173년)

1173년 1월 / 권12 / 왕이 경령전에 배알하다 / 412

1173년 윤1월 / 권12 / 금에 사신을 보내 방물을 바치고 만춘절을 하례하다 / 412

1173년 윤1월 / 권12 / 안찰사와 감창사에게 권농사를 겸직하게 하다 / 412

1173년 4월 / 권12 / 태묘에 제사지내고 사면령을 내리다 / 412

1173년 4월 / 권12 / 가뭄이 이어져 흉년이 들고 역병이 돌다 / 412

1173년 4월 / 권12 / 원자 왕숙을 왕태자로 책봉하다 / 413

1173년 4월 / 권12 / 근신들과 연회를 열다 / 413

1173년 4월 / 권12 / 이의방이 평두량도감을 설치하다 / 413

1173년 5월 1일 / 권12 / 일식이 있다 / 413

1173년 5월 / 권12 / 왕이 경령전에 배알하다 / 413

1173년 5월 / 권12 / 문무 3품으로부터 녹봉을 거두어 재를 얼다 / 414

1173년 6월 / 권12 / 송에서 서덕영을 보내오다 / 414

1173년 6월 / 권12 / 최시행 등이 급제하다 / 414

1173년 8월 / 권12 / 왕이 경령전에 배알하다 / 414

1173년 8월 / 권12 / 동북면에서 김보당이 반란을 일으키다 / 414

1173년 9월 / 권12 / 김보당의 무고에 따라 문신들이 많이 처형되다 / 415

1173년 9월 / 권12 / 이의민이 경주에서 의종을 살해하다 / 416

1173년 9월 / 권12 / 이의방이 이춘부와 두경승을 남로선유사로 삼다 / 417

1173년 10월 / 권12 / 지방관에 무인을 임용하도록 하다 / 418

1173년 10월 / 권12 / 이의방을 위위경 흥위위섭대장군으로 삼다 / 418

1173년 11월 / 권12 / 금에 사신을 보내 신정을 하례하다 / 418

1173년 11월 / 권12 / 태자를 책봉하여 사면령을 내리다 / 418

❖ **명종 4년**(1174년)

1174년 1월 / 권12 / 개경 사찰의 승려들이 이의방을 제거하려다 / 실패하다 / 419

1174년 3월 / 권12 / 이의방의 딸을 태자빈으로 삼다 / 420

1174년 5월 / 권12 / 경대승 등에게 격구를 하게 하다 / 420

1174년 5월 / 권12 / 백악산 등에 연기궁궐조성관을 두게 하다 / 420

1174년 6월 / 권12 / 금에서 횡선사를 보내오다 / 421

1174년 7월 / 권12 / 금에 사신을 보내 만춘절을 하례하고 방물을 진상하게 하다 / 421

1174년 8월 / 권12 / 송에서 표류민 5인을 돌려보내다 / 421

1174년 9월 / 권12 / 중구일이라 하여 신료들과 연회를 열다 / 421

1174년 9월 / 권12 / 조위총이 서경을 근거로 반란을 일으키다 / 421

1174년 10월 / 권12 / 조위총이 연주에 반란에 가담할 것을 권하였으나 연주에서 따르지 않다 / 422

1174년 10월 / 권12 / 윤인첨에게 3군을 이끌고 조위총을 토벌하게 하다 / 423

1174년 10월 / 권12 / 연주가 조위총의 반란에 가담하지 않다 / 423

1174년 10월 / 권12 / 윤인첨의 관군이 절령에서 반란군에 크게 패하다 / 424

1174년 10월 / 권12 / 최균이 이끈 관군이 서경군에게 대패하다 / 424

1174년 10월 / 권12 / 두경승이 서경군을 격파하다 / 425

1174년 10월 / 권12 / 서경군이 연주를 공격하였으나 실패하다 / 425

1174년 10월 / 권12 / 서경군이 개경을 공격하였으나 실패하고 밀려나다 / 426

1174년 10월 / 권12 / 관군이 조위총의 아들 조경 등의 목을 베다 / 426

1174년 11월 1일 / 권12 / 일식이 있다 / 426

1174년 11월 / 권12 / 서경군이 연주를 포위하였으나 실패하다 / 426

1174년 11월 / 권12 / 서경 공격군의 지휘부를 재편하다 / 427

1174년 12월 / 권12 / 사면령을 내리고 군인들에게 곡식을 하사하다 / 427

1174년 12월 / 권12 / 두경승의 공을 인정하여 후군총관사로 삼다 / 427

1174년 12월 / 권12 / 이린을 집주로 삼다 / 427

1174년 12월 / 권12 / 이의방과 그 당여가 제거되다 / 427

1174년 12월 / 권12 / 보제사에 관원을 보내 중들을 위로하다 / 428

1174년 12월 / 권12 / 최유청의 졸기 / 429

1174년 12월 / 권12 / 정중부가 정권을 장악하다 / 429

1174년 12월 / 권12 / 금에서 사신을 보내와서 왕의 생신을 하례하다 / 430

✤ **명종 5년**(1175년)

1175년 1월 / 권12 / 조위총에게 조서를 내려 효유하니 항복을 청하였으나 곧 그만두다 / 431

1175년 1월 / 권12 / 조위총이 표문을 올려 이의방을 죽인 것을 하례하다 / 432

1175년 2월 / 권12 / 서경군이 연주를 공격하였으나 실패하다 / 432

1175년 3월 / 권12 / 관군이 서경군을 격파하다 / 432

1175년 4월 / 권12 / 관군이 서경군을 격파하다 / 432

1175년 4월 / 권12 / 조서를 내려 진언을 구하다 / 433

1175년 5월 16일 / 권12 / 전왕의 국상을 선포하고 장사지내다 / 434

1175년 5월 / 권12 / 왕이 경령전에 배알하다 / 434

1175년 5월 / 권12 / 용강현이 조위총에게 붙으려다가 귀순하다 / 435

1175년 6월 / 권12 / 두경승이 연주를 함락시켰고 윤인첨은 서경을 포위하다 / 435

1175년 7월 / 권12 / 조위총이 금에 사신을 보내 이의방의 죄를 알리려 하였으나 실패하다 / 435

1175년 8월 / 권12 / 서경군을 따르지 않은 영주와 연주의 호장과 도령을 포상하다 / 436

1175년 8월 / 권12 / 왕이 순천관에 행차하다 / 436

1175년 8월 / 권12 / 금에 고주사를 보내다 / 436

1175년 8월 / 권12 / 남적과 연루되었다는 참소를 입어 송지인 등이 유배되다 / 436

1175년 9월 / 권12 / 강점이 조위총과의 전투에서 패하여 해임되다 / 437
1175년 9월 / 권12 / 관군이 서경군을 격파하다 / 437
1175년 9월 / 권12 / 유응규의 졸기 / 437
1175년 9월 / 권12 / 신안백 왕성의 딸을 태자비로 삼다 / 438
1175년 10월 / 권12 / 백룡변 등이 급제하다 / 438
1175년 10월 / 권12 / 조위총이 금에 내속하기를 청하였으나 금에서 이를 거부하다 / 438
1175년 11월 / 권12 / 남적과 연루되었다는 이유로 문신을 유배 보내다 / 438
1175년 11월 / 권12 / 400인을 징발하여 위국초맹반으로 삼다 / 438
1175년 11월 / 권12 / 정중부가 왕에게 보제사 행차를 강권하다 / 439
1175년 12월 6일 / 권12 / 태백성이 나타나다 / 439
1175년 12월 / 권12 / 정중부에게 궤장을 하사하다 / 439

❖ 명종 6년(1176년)

1176년 1월 / 권12 / 금에서 사신을 보내와서 왕의 생신을 하례하다 / 440
1176년 1월 / 권12 / 공주 명학소의 망이와 망소이가 반란을 일으키다 / 440
1176년 1월 / 권12 / 금나라 사람이 동해 상음현을 침략하다 / 440
1176년 3월 1일 / 권12 / 일식이 있다 / 441
1176년 3월 / 권12 / 조위총이 서북지역 주진에 군사를 청하였으나 실패하다 / 441
1176년 3월 / 권12 / 정중부가 병으로 관직에서 물러나기를 청하다 / 441
1176년 3월 / 권12 / 동해 바닷물이 핏빛으로 변하다 / 441
1176년 3월 / 권12 / 인주, 의주 등에서 조위총에 호응하다 / 441
1176년 3월 / 권12 / 조위총이 관군을 격파하다 / 441
1176년 3월 / 권12 / 남적과의 전투에서 패해 승군을 징집하다 / 442
1176년 3월 / 권12 / 송유인을 무고한 최찰송을 유배 보내다 / 442
1176년 4월 26일 / 권12 / 태사에서 별자리의 변동을 보고 서경 진압을 예측하다 / 442
1176년 5월 / 권12 / 군신을 인견하여 시정 득실을 논하다 / 442
1176년 6월 / 권12 / 명학소를 충순현으로 승격시키다 / 442
1176년 6월 / 권12 / 서경을 함락시키고 조위총의 목을 베다 / 443

1176년 6월 / 권12 / 서경의 장병을 격려하다 / 443

1176년 7월 / 권12 / 윤인첨이 표문을 올려 서경 함락을 하례하다 / 443

1176년 7월 / 권12 / 서경 토벌군에게 귀환을 명하니 개선하다 / 443

1176년 8월 / 권12 / 장군 김광영이 기두의 무리에게 해를 당하다 / 444

1176년 8월 / 권12 / 정균과 송유인을 탄핵하는 방이 내걸리다 / 444

1176년 8월 / 권12 / 박정희를 서경부유수로 삼다 / 444

1176년 8월 / 권12 / 진간공 등이 급제하다 / 444

1176년 9월 / 권12 / 장군 박순을 보내 남적을 타이르게 하다 / 445

1176년 9월 / 권12 / 남적이 예산현을 함락시키고 감무를 살해하다 / 445

1176년 9월 / 권12 / 이의방의 복수를 도모한 무신들을 처벌하다 / 445

1176년 9월 / 권12 / 노약순 등이 망이를 끌어들여 난을 도모하다가 처벌되다 / 445

1176년 11월 / 권12 / 금에 사신을 보내 신정을 하례하다 / 446

1176년 12월 / 권12 / 윤인첨의 졸기 / 446

1176년 12월 / 권12 / 정세유 등을 보내 남적을 토벌하게 하다 / 446

1176년 12월 / 권12 / 조위총에 호응하지 않은 선주의 방효진을 포상하다 / 447

❖ **명종 7년**(1177년)

1177년 1월 / 권12 / 망이와 망소이가 항복하다 / 449

1177년 1월 / 권12 / 금에 사신을 보내 방물을 진상하고 만춘절을 하례하다 / 449

1177년 1월 / 권12 / 금에서 사신을 보내와서 왕의 생신을 하례하다 / 449

1177년 2월 / 권12 / 전라주도안찰사가 미륵산 도적이 항복했다고 보고하다 / 449

1177년 2월 / 권12 / 망이 등이 다시 배반하여 가야사를 노략질하다 / 449

1177년 2월 12일 / 권12 / 20일 동안 안개가 끼다 / 450

1177년 2월 / 권12 / 승통 충희가 반역을 도모한다는 고변이 있었으나 무고로 드러나다 / 450

1177년 2월 / 권12 / 남적이 황려현과 진주를 노략질하다 / 450

1177년 2월 / 권12 / 가야산 도적 손청이 토벌되다 / 450

1177년 2월 / 권12 / 서해도에서 도적이 일어나다 / 450

1177년 3월 / 권12 / 생일회사사 왕규가 금에서 돌아오다 / 450

1177년 3월 / 권12 / 금에 진상한 옥대에 문제가 있다 / 하여 사절을 보내 사죄하다 / 451

1177년 3월 / 권12 / 망이 등이 홍경원을 불태우고 왕경을 공격할 것임을 선언하다 / 451

1177년 3월 / 권12 / 좌도병마사가 도적의 우두머리 이광 등을 사로잡다 / 452

1177년 4월 / 권12 / 의주와 정주가 배반하다 / 452

1177년 4월 / 권12 / 남적이 아주를 함락시키다 / 452

1177년 4월 / 권12 / 동북 양계의 주진 판관에 무관을 임명하지 않기로 하다 / 452

1177년 4월 / 권12 / 안평공 왕경의 졸기 / 452

1177년 4월 / 권12 / 최기정 등이 급제하다 / 453

1177년 1177년 5월 / 권12 / 선지사용별감을 보내 남적 토벌의 전공을 조사하다 / 453

1177년 5월 / 권12 / 충순현을 삭제하다 / 453

1177년 5월 / 권12 / 조위총의 잔당이 난을 일으키다 / 453

1177년 5월 / 권12 / 무신들이 장보를 제거하다 / 453

1177년 6월 / 권12 / 금에서 횡선사를 보내오자 마중하러 갔던 군대가 서경군에게 피살되다 / 454

1177년 6월 23일 / 권12 / 태묘에 벼락이 치다 / 454

1177년 6월 / 권12 / 망이가 항복을 청하다 / 454

1177년 7월 / 권12 / 관군이 서경군에게 패배하다 / 455

1177년 7월 / 권12 / 왕이 자책하는 글을 지어 경령전에 사죄하다 / 455

1177년 7월 / 권12 / 서경 반란군의 김단이 항복을 청하니 받아들이다 / 455

1177년 7월 / 권12 / 서경군이 관군을 공격하여 대파하다 / 455

1177년 7월 / 권12 / 망이와 망소이 등이 사로잡히다 / 455

1177년 7월 / 권12 / 초맹반 행수 이돈작 등을 보내 서경적을 토벌하게 하다 / 456

1177년 7월 / 권12 / 정중부와 갈등을 일으킨 염신약을 파면하다 / 456

1177년 8월 / 권12 / 오군별호를 보내 서경적을 토벌하게 하다 / 456

1177년 8월 / 권12 / 이경백을 소환하고 석린으로 대신하여 서북로지병마사로 삼다 / 456

1177년 8월 / 권12 / 남로착적병마사 양익경이 귀환하다 / 456

1177년 8월 / 권12 / 금의 사신이 준주를 통해 놀아가다 / 457

1177년 8월 / 권12 / 서경군 수괴 김단 등의 목을 베다 / 457
1177년 8월 / 권12 / 한취의 졸기 / 457
1177년 9월 / 권12 / 이의민을 보내 서경적을 토벌하게 하다 / 457
1177년 9월 / 권12 / 서경적이 담화사에서 향산으로 옮겨 주둔하다 / 457
1177년 10월 / 권12 / 궁궐도감과 시전에 불이 나다 / 457
1177년 10월 / 권12 / 서경적 우두머리 강축 등이 항복하다 / 458
1177년 11월 / 권12 / 금에 사신을 보내 횡선사 파견에 사례하고 신정을 하례하다 / 458
1177년 11월 / 권12 / 서경적 우두머리 조충이 항복하다 / 458
1177년 11월 / 권12 / 남적제치병마사 이부가 귀환하다 / 458
1177년 12월 / 권12 / 서북면병마사가 정주도령 등을 처형하다 / 458

❖ **명종 8년**(1178년)

1178년 1월 / 권12 / 금에 사신을 보내 만춘절을 하례하고 방물을 진상하게 하다 / 459
1178년 1월 / 권12 / 금에서 사신을 보내와서 왕의 생신을 하례하다 / 459
1178년 1월 / 권12 / 찰방사를 각지에 파견하다 / 459
1178년 1월 / 권12 / 흥왕사 중의 고변으로 고자장이 제거되다 / 460
1178년 1월 / 卷12 / 북로병마사 이의민이 승첩을 고하다 / 460
1178년 2월 / 권12 / 서경유수판관이 부임길에 피살당하다 / 460
1178년 2월 / 권12 / 연등회를 2월 보름에 열기로 하다 / 460
1178년 3월 / 권12 / 청주인들 내부에 갈등이 일어나 서로 죽이다 / 460
1178년 3월 / 권12 / 찰방사가 압송한 장리를 용서하다 / 461
1178년 3월 / 권12 / 금에 생일회사사로 다녀온 최정이 파면되다 / 461
1178년 3월 / 권12 / 재추 등을 불러 서경에 대한 처치를 의논하다 / 461
1178년 4월 / 권12 / 병부에서 무산관을 모아 전주 짓는 것을 시험하다 / 462
1178년 4월 / 권12 / 서적이 곡주와 수안을 함락하다 / 462
1178년 4월 / 권12 / 태묘에 제사를 지내다 / 462
1178년 4월 / 권12 / 서경의 관제 및 봉록, 공해전을 다시 정하다 / 462
1178년 4월 / 권12 / 5령의 군사를 동원하여 서경적을 체포하다 / 462

1178년 6월 / 권12 / 진광순 등이 급제하다 / 462

1178년 6월 / 권12 / 어사대에서 병부의 전주가 옳지 못하다고 탄핵하다 / 463

1178년 6월 / 권12 / 찰방사의 조치를 승인하여 지방관을 출척하다 / 463

1178년 윤6월 / 권12 / 평장사 이광진이 죽다 / 463

1178년 7월 / 권12 / 송유인의 반대로 지방관 인사가 시행되지 못하다 / 463

1178년 7월 / 권12 / 정중부의 뜻에 따라 옥사가 연이어 발생하다 / 464

1178년 8월 / 권12 / 별례기은도감을 설치하다 / 464

1178년 8월 / 권12 / 정균이 태후의 별궁을 사여받아 사저를 짓다 / 464

1178년 9월 / 권12 / 어사 안유발이 최영유의 청탁을 거절하다 / 465

1178년 10월 / 권12 / 태묘에 협제를 지내고 사면령을 내리다 / 465

1178년 10월 / 권12 / 항복한 서경적 수장에게 관직을 내리다 / 465

1178년 10월 / 권12 / 대관전에서 백좌도량을 열고 반승하다 / 467

1178년 11월 / 권12 / 금에 사신을 보내 신정을 하례하다 / 467

1178년 11월 / 권12 / 팔관대회에서 성재의 막차에 꽃과 술을 하사하다 / 467

1178년 11월 / 권12 / 동서 양계의 상장 및 도령을 접견하다 / 467

1178년 11월 / 권12 / 금군이 의주 관외에 주둔하다 / 468

1178년 11월 / 권12 / 문하시중 정중부가 치사하다 / 468

✢ 명종 9년(1179년)

1179년 1월 / 권12 / 금에 사신을 보내 방물을 진상하고 만춘절을 하례하다 / 470

1179년 1월 / 권12 / 금에서 사신을 보내와서 왕의 생신을 하례하다 / 470

1179년 2월 / 권12 / 기탁성의 졸기 / 470

1179년 3월 / 권12 / 궁궐을 중수하다 / 471

1179년 3월 / 권12 / 수정봉의 도적을 체포하다 / 471

1179년 4월 / 권12 / 서리가 떨어져 풀이 죽다 / 471

1179년 4월 / 권12 / 서경 반란군의 잔당을 처치하다 / 471

1179년 5월 / 권12 / 우학유의 졸기 / 472

1179년 5월 / 권12 / 지도성사 정균 등을 임명하다 / 472

1179년 5월 / 권12 / 홍중방의 졸기 / 473

1179년 5월 / 권12 / 궁궐 수리를 중지하다 / 474

1179년 6월 / 권12 / 진준의 졸기 / 474

1179년 7월 18일 / 권12 / 태백성이 나타나다 / 474

1179년 7월 / 권12 / 태풍이 불어 곡식이 상하다 / 474

1179년 7월 / 권12 / 문극겸과 한문준 등을 좌천하다 / 474

1179년 8월 / 권12 / 이광정이 왕총부를 가두다 / 475

1179년 9월 / 권12 / 경대승이 정중부와 송유인 등을 살해하다 / 475

1179년 9월 / 권12 / 송유인의 가신 석구를 유배 보내다 / 477

1179년 10월 / 권12 / 팔관회 경비를 줄이다 / 477

1179년 11월 4일 / 권12 / 지진이 있다 / 477

1179년 11월 17일 / 권12 / 이광정과 최충렬의 해직을 청하다 / 478

1179년 11월 / 권12 / 사면령을 내리다 / 478

1179년 12월 / 권12 / 이광정이 해직을 청하였으나 윤허하지 않다 / 478

1179년 12월 8일 / 권12 / 지진이 있다 / 478

1179년 12월 / 권12 / 유언비어가 있어 금군을 강화하다 / 478

✣ **명종 10년**(1180년)

1180년 1월 / 권12 / 금에서 사신을 보내와서 왕의 생신을 하례하다 / 479

1180년 1월 / 권12 / 경대승의 도방이 약탈을 자행하다 / 479

1180년 2월 / 권12 / 궁궐을 영조하다 / 479

1180년 6월 / 권12 / 이득옥 등이 급제하다 / 480

1180년 6월 / 권12 / 금에서 횡선사를 보내오다 / 480

1180년 6월 / 권12 / 경대승의 문객이 죄를 저질렀으나 경대승이 구원하다 / 480

1180년 6월 / 권12 / 왕이 후궁 명춘의 죽음을 크게 슬퍼하다 / 480

1180년 7월 / 권12 / 중방에서 종참 등을 유배 보내다 / 481

1180년 7월 / 권12 / 참지정사 이소응이 죽다 / 482

1180년 9월 / 권12 / 2죄 이하로 유배간 자를 풀어주다 / 482

1180년 10월 / 권12 / 경대승에게 서홍정과 말을 하사하다 / 482

1180년 11월 / 권12 / 새 강안전이 완성되다 / 482

1180년 11월 / 권12 / 금에 사신을 보내 횡선사 파견에 사례하고 신정을 하례하다 / 482

1180년 12월 5일 / 권12 / 태백성이 나타나다 / 483

1180년 12월 / 권12 / 경대승이 허승 등을 죽이다 / 483

1180년 12월 / 권12 / 중서시랑평장사 최충렬 등을 임명하다 / 483

❖ **명종 11년**(1181년)

1181년 1월 / 권12 / 금에 사신을 보내 방물을 헌상하다 / 484

1181년 1월 / 권12 / 연등회를 열어 크게 즐기다 / 484

1181년 1월 / 권12 / 금에 사신을 보내 만춘절을 하례하다 / 484

1181년 1월 / 권12 / 금에서 사신을 보내와서 왕의 생신을 하례하다 / 484

1181년 1월 / 권12 / 분경을 금지하고 승진에 연한을 두다 / 485

1181년 3월 / 권12 / 한신충 등의 반란 모의를 차단하다 / 485

1181년 3월 / 권12 / 도둑떼가 대창과 봉은사를 약탈하다 / 486

1181년 윤3월 / 권12 / 의주를 관할하던 송저를 좌천시키다 / 486

1181년 4월 / 권12 / 이원목이 기우소를 지어 올리다 / 487

1181년 4월 / 권12 / 이의민이 병을 핑계로 경주로 돌아가다 / 487

1181년 7월 / 권12 / 매일 밤 궁문 밖을 순찰하게 하다 / 487

1181년 7월 / 권12 / 재추와 중방 등이 모여 물가와 평두곡을 정하다 / 488

1181년 8월 / 권12 / 백관이 활쏘기를 연습하다 / 488

1181년 9월 / 권12 / 찰방사의 출척 조치를 시정하다 / 488

1181년 10월 / 권12 / 서경에서 팔관회를 행하게 하다 / 489

1181년 10월 / 권12 / 이소응의 처를 노하게 한 박보광을 처벌하려 하다 / 489

1181년 10월 / 권12 / 대관전에서 인왕도량을 열고 반승하다 / 490

1181년 11월 / 권12 / 금에 사신을 보내 생일 축하에 사례하고 신정을 하례하다 / 490

1181년 12월 / 권12 / 의종의 어진을 선효사로 옮겨 봉안하다 / 490

1181년 12월 / 권12 / 지추밀원사 최세보 등을 임명하다 / 490

❖ 명종 12년(1182년)

1182년 1월 / 권12 / 금에 사신을 보내 방물을 진상하고 만춘절을 하례하다 / 491

1182년 1월 / 권12 / 금에서 사신을 보내와서 왕의 생신을 하례하다 / 491

1182년 2월 / 권12 / 중서시랑평장사 최충렬이 죽다 / 491

1182년 2월 / 권12 / 관성과 부성 두 현을 철폐하다 / 491

1182년 3월 / 권12 / 3년간 여묘살이를 한 장광부를 표창하다 / 492

1182년 3월 / 권12 / 동서북면 병마사를 임명하다 / 492

1182년 3월 / 권12 / 전주의 기두 죽동 등이 반란을 일으키다 / 492

1182년 5월 / 권12 / 백관이 전주를 평정한 것을 축하하다 / 493

1182년 5월 / 권12 / 근신을 보내 십원전에서 사리를 맞이하게 하다 / 493

1182년 6월 / 권12 / 전라도안찰사를 교체하다 / 493

1182년 6월 / 권12 / 허징 등이 급제하다 / 494

1182년 9월 / 권12 / 목천전과 여정궁이 완성되다 / 494

1182년 11월 / 권12 / 금에 사신을 보내 생일 축하에 사례하고 신정을 하례하다 / 494

1182년 12월 / 권12 / 왕공을 수사도 소성후로 삼다 / 494

1182년 12월 / 권12 / 참지정사 문극겸 등을 임명하다 / 494

❖ 명종 13년(1183년)

1183년 1월 / 권12 / 금에서 사신을 보내와서 왕의 생신을 하례하다 / 495

1183년 1월 / 권12 / 금에 사신을 보내 방물을 바치고 만춘절을 하례하다 / 495

1183년 2월 / 권12 / 이준창 형제를 참소하는 익명서가 날아들다 / 495

1183년 2월 / 권12 / 흰 개를 기르는 것을 금지한다는 소문이 돌다 / 496

1183년 4월 / 권12 / 홍원사에서 화엄회를 열다 / 496

1183년 5월 / 권12 / 중방에서 동반 관직을 줄일 것을 아뢰다 / 496

1183년 6월 / 권12 / 금에서 사신을 보내 양을 하사하다 / 496

1183년 7월 / 권12 / 경대승의 졸기 / 496

1183년 7월 / 권12 / 이광정이 거짓으로 사직을 청하다 / 497

1183년 8월 / 권12 / 경대승의 도방을 체포하여 유배 보내다 / 497

1183년 8월 / 권12 / 금에 사신으로 가는 자의 짐의 양을 제한하다 / 498

1183년 8월 / 권12 / 이윤평과 조영인을 처벌하다 / 499

1183년 11월 / 권12 / 문하시랑 민영모가 치사를 청하니 허락하다 / 499

1183년 11월 18일 / 권12 / 태양에 검은 점이 보이다 / 500

1183년 11월 22일 / 권12 / 왕태후 임씨가 죽다 / 500

1183년 윤11월 / 권12 / 금에 사신을 보내 부고를 전하다 / 500

1183년 윤11월 / 권12 / 이공승의 졸기 / 501

1183년 윤11월 23일 / 권12 / 태후를 순릉에 장사지내다 / 501

1183년 윤11월 26일 / 권12 / 태백성이 나타나다 / 501

1183년 윤11월 / 권12 / 재추와 대성이 감선을 그칠 것을 청하였으나 윤허하지 않다 / 501

1183년 12월 / 권12 / 수태보 판이부사 이광정 등을 임명하다 / 502

❖ 명종 14년(1184년)

1184년 1월 4일 / 권13 / 태백성이 하늘을 가로지르다 / 503

1184년 1월 / 권13 / 문무시직의 녹봉을 감하다 / 503

1184년 1월 / 권13 / 금에 보낸 사신들이 되돌아오다 / 503

1184년 2월 / 권13 / 공예태후의 졸곡 후에도 왕과 관원이 검은 띠를 두르다 / 503

1184년 2월 / 권13 / 이의민을 소환하다 / 504

1184년 3월 12일 / 권13 / 경성에 지진이 일어나다 / 504

1184년 4월 1일 / 권13 / 일식이 일어나다 / 504

1184년 4월 / 권13 / 연등회를 열다 / 504

1184년 4월 / 권13 / 가뭄 때문에 죄수를 재심하다 / 505

1184년 5월 / 권13 / 금에서 제전사 조위사 기복사를 보내다 / 505

1184년 5월 / 권13 / 국상 중이므로 금 사신을 위한 연회에서 길례를 좇지 않다 / 505

1184년 7월 / 권13 / 최우청이 사망하다 / 506

1184년 8월 / 권13 / 폐첩이 죽자 명종이 고기를 끊고 정사를 돌보지 않다 / 506

1184년 8월 / 권13 / 성변을 핑계로 이광정과 문장필이 사직하다 / 506

1184년 9월 / 권13 / 이광정이 다시 관직에 나아오다 / 506

1184년 9월 / 권13 / 무관들이 액운을 막고자 송저 등을 무고하다 / 506

1184년 9월 / 권13 / 금극의 등에게 급제를 하사하다 / 507

1184년 10월 / 권13 / 백좌회를 열고 반승하다 / 507

1184년 10월 / 권13 / 문장필이 다시 관직에 나아오다 / 507

1184년 10월 / 권13 / 금에서 이듬해의 신정 및 만춘절 하례를 정지하도록 하다 / 507

1184년 11월 / 권13 / 문극겸의 의론을 좇아 중동팔관회를 열다 / 507

1184년 11월 / 권13 / 동교에서 열병하다 / 508

1184년 12월 / 권13 / 한문준 등을 임명하다 / 508

❖ **명종 15년**(1185년)

1185년 1월 10일 / 권13 / 해에 흑점이 나타나다 / 510

1185년 1월 / 권13 / 문극겸을 판예부사에 임명하여 아상으로 삼다 / 510

1185년 1월 / 권13 / 서북면병마사가 거란실을 바치다 / 510

1185년 2월 24일 / 권13 / 해에 흑점이 나타나다 / 511

1185년 2월 / 권13 / 조원정이 아들의 출사를 청탁하며 무례하게 행동하다 / 511

1185년 3월 17일 / 권13 / 해에 흑점이 나타나다 / 511

1185년 3월 / 권13 / 정방우를 서북면병마사로 삼다 / 511

1185년 3월 / 권13 / 왕과 태자가 박순필의 만행을 제어하지 못하다 / 512

1185년 3월 / 권13 / 왕이 그림에 전념하며 국사를 그르치다 / 512

1185년 4월 / 권13 / 왕이 백성의 피해를 염려하여 섭생하던 약을 끊다 / 513

1185년 4월 / 권13 / 노극청과 현덕수가 의로운 행실을 보이다 / 513

1185년 6월 / 권13 / 여러 장군들이 정세유를 탄핵하여 유배 보내다 / 514

1185년 6월 / 권13 / 시어사들이 환관과 더불어 유두음을 하다 / 514

1185년 7월 / 권13 / 이순우를 중서사인 지제고로 삼다 / 515

1185년 8월 6일 / 권13 / 태백성이 하늘을 가로지르다 / 515

1185년 8월 / 권13 / 등주에 내투한 금의 백성들을 돌려보내다 / 515

1185년 9월 / 권13 / 성변을 핑계로 한문준이 사직하였으나 윤허하지 않다 / 515

1185년 10월 1일 / 권13 / 일식이 일어나다 / 516

1185년 10월 21일 / 권13 / 해에 흑점이 나타나다 / 516

1185년 11월 / 권13 / 금에 사은사와 하정사를 보내다 /

1185년 11월 / 권13 / 태사가 재이를 들어 왕의 수덕을 요청하다 / 516

1185년 11월 / 권13 / 함유일이 사망하다 / 516

1185년 12월 / 권13 / 효자 위초를 정표하다 / 517

1185년 12월 / 권13 / 두경승 등을 임명하다 / 518

1185년 12월 / 권13 / 요망한 말이 퍼지니 왕이 재앙을 물리치고자 불사를 열다 / 518

❖ **명종 16년**(1186년)

1186년 1월 / 권13 / 모반을 꾀한 장언부를 처형하다 / 519

1186년 1월 / 권13 / 금에 사신을 보내어 방물을 바치고 만춘절을 하례하다 / 519

1186년 1월 / 권13 / 금에서 하생신사가 오다 / 519

1186년 2월 / 권13 / 금에서 낙기복사가 오다 / 520

1186년 4월 / 권13 / 최여해가 사망하다 / 520

1186년 4월 / 권13 / 송돈광 등에게 급제를 하사하다 / 520

1186년 5월 / 권13 / 송에서 고려의 표류민을 돌려보내다 / 520

1186년 6월 / 권13 / 금에서 횡선사가 오다 / 521

1186년 6월 / 권13 / 문무 참관 이상과 근신들에게 양을 하사하다 / 521

1186년 6월 / 권13 / 최척경이 사망하다 / 521

1186년 7월 / 권13 / 탐라가 반역하였다는 거짓 고변이 조정에 전달되다 / 522

1186년 7월 / 권13 / 어선을 진헌하는 자들에게 포백을 하사하는 일이 계속되다 / 522

1186년 윤7월 / 권13 / 민생을 침탈하는 수령과 서리를 징벌하도록 하다 / 523

1186년 8월 / 권13 / 장릉과 순릉에 배알하다 / 523

1186년 8월 / 권13 / 민생을 침탈한 진주와 안동의 수령을 유배 보내다 / 523

1186년 9월 18일 / 권13 / 성변이 나타나니 태사가 불사를 행할 것을 청하다 / 524

1186년 9월 / 권13 / 전목사와 장작감의 재물을 빌려 좌창을 채우다 / 524

1186년 10월 / 권13 / 남을 무고하고자 익명서를 붙인 박돈부를 유배 보내다 / 525

1186년 10월 / 권13 / 중방의 건의로 무관이 내시와 다방을 겸직하다 / 525

1186년 10월 / 권13 / 공화후 왕영이 사망하다 / 525

1186년 10월 / 권13 / 왕이 태묘에 협제를 지내다 / 525

1186년 10월 / 권13 / 상장군 석린이 왕에게 횡포를 부리다 / 526

1186년 11월 / 권13 / 금에 사은사와 하정사를 보내다 / 526

1186년 12월 / 권13 / 무관이 유관을 겸하면서 역사를 왜곡하다 / 527

❖ **명종 17년**(1187년)

1187년 1월 / 권13 / 추밀원의 화재가 수창궁까지 번지다 / 528

1187년 1월 / 권13 / 금에 사신을 보내어 방물을 바치고 만춘절을 하례하다 / 528

1187년 1월 / 권13 / 금에서 하생신사가 오다 / 528

1187년 5월 / 권13 / 경성에 전염병이 돌다 / 528

1187년 6월 / 권13 / 탐포한 경상주도안찰사 최엄위를 파면하고 박충을 임명하다 / 528

1187년 7월 / 권13 / 공해전의 조세를 탈취한 조원정을 좌천한 뒤 치사시키다 / 529

1187년 7월 28일 / 권13 / 태백성이 하늘을 가로지르다 / 529

1187년 7월 30일 / 권13 / 조원정이 난을 일으켜 궁궐을 범하다 / 529

1187년 9월 / 권13 / 순주 귀화소에서 난이 일어나다 / 531

1187년 9월 / 권13 / 승려 일엄이 왕과 백성들을 미혹시키다 / 531

1187년 10월 / 권13 / 구정에서 반승하다 / 532

고려사절요
高麗史節要
(전 7권 중 3권)

대표 편찬인
김종서

예종 14년(1119년)

-예종문효대왕-

王侯 ▶ 1119년 2월 **여진이 내조하다**

여진女眞이 내조來朝하였다.

王侯 ▶ 1119년 2월 **왕이 순덕왕후의 혼당에 행차하다**

순덕왕후順德王后의 혼당魂堂에 행차하였다.

王侯 ▶ 1119년 2월 **금에서 사신을 파견하다**

금나라 임금金主이 사신을 보내어 내빙來聘하였다. 서한을 보내 말하기를, "짐朕이 군사를 일으켜 요遼를 정벌하였는데, 크신 하늘皇天의 도움에 힘입어 여러 번 적병을 패퇴시켜, 북쪽으로는 상경上京으로부터 남쪽으로는 바다에 이르기까지 부족部族과 백성을 모두 다 안무하고 평정하였다. 이제 발근孛菫 출발朮孛을 보내어 보유報諭하고, 아울러 말 1필을 하사하니 도착하면 받으라."
라고 하였다.

王侯 ▶ 1119년 2월 **왕이 장원정에 행차하다**

장원정長源亭에 행차하였다.

王侯 ▶ 1119년 3월 김지화 등을 임명하다

김지화金至和를 좌복야 참지정사左僕射 參知政事로 삼고, 최지崔贄를 우복야 판어서원사右僕射 判御書院事로 삼았다.

王侯 ▶ 1119년 4월 통의후 왕교가 사망하다

왕의 동생인 통의후通義侯 왕교王僑가 사망하였다. 왕교는 총명하고 영리하여 학문에 힘을 쏟고, 어진 이를 공경하고 선비를 좋아하였다.

王侯 ▶ 1119년 6월 이자겸 등을 임명하다

이자겸李資謙에게 동덕공신 삼중대광同德功臣 三重大匡을 더하고, 왕자지王字之를 추밀원사 판삼사사樞密院使 判三司事로 삼고, 한안인韓安仁을 형부상서 지추밀원사刑部尙書 知樞密院事로 삼고, 김고金沽를 어사대부御史大夫로 삼았다.

王侯 ▶ 1119년 7월 국학을 확장하다

조서를 내려 널리 학사學舍를 설치하여 여러 유생들을 가르치고 기르며, 유학儒學 60인과 무학武學 17인을 두고, 근신近臣들로 하여금 사무를 담당[管句]하게 하며, 이름난 선비[名儒]를 가려 뽑아 학관學官과 박사博士로 삼아 경서의 뜻[經義]을 강론하도록 하였다. 나라의 초창기에 국자감國子監에 문선왕묘文宣王廟를 처음 세우고 관리를 설치하고 스승을 두었다. 선종宣宗 대에 이르러 장차 가르쳐 기르고자 하였으나 미처 겨를이 없었다. 왕이 경전과 학술[經術]에 굳게 뜻을 두니 학문을 숭상하는 풍습[文風]이 점차 일어나게 되었다.

王侯 ▶ 1119년 7월 왕이 청연각에 임어하여 강론을 듣다

청연각淸讌閣에 임어하였다. 한림학사翰林學士 박승중朴昇中에게 명하여 「홍범洪範」편을 강론하도록 하였다.

王侯 ▶ 1119년 7월 **금에 사신을 파견하나 거부당하다**

중서주사中書主事 조순거曹舜擧를 보내 금나라[金國]에 빙문하도록 하였다. 글에, 하물며 저들의 근원이 우리 땅에서 나왔다는 말이 있어, 금나라 임금[金主]이 거부하고 받지 않았다.

王侯 ▶ 1119년 7월 **왕이 순덕왕후의 혼당에 행차하다**

순덕왕후順德王后의 혼당魂堂에 행차하였다.

王侯 ▶ 1119년 7월 **조중장이 사망하다**

문하시랑평장사門下侍郞平章事 조중장趙仲璋이 사망하였다.

王侯 ▶ 1119년 7월 **거란이 사신을 파견하다**

거란契丹이 소공청蕭公聽·야율준경耶律遵慶 등을 보내어 타이르기를, "근래에 길[道途]이 막힌 까닭에, 공물과 하례[貢賀]가 통하기 어렵고, 반포하고 하사하는 은혜와 예절도 여러 해 동안 막히게 되었다."라고 하였다. 아울러 의복[衣襨]을 하사하였다.

王侯 ▶ 1119년 11월 **왕이 청연각에 임어하여 강론을 듣다**

청연각淸讌閣에 임어하였다. 박승중朴昇中에게 명하여「중용中庸」을 강론하도록 하였다.

王侯 ▶ 1119년 11월 **왕이 청연각에서 활쏘기를 사열하다**

청연각淸讌閣에서 활쏘기를 검열하였다.

王侯 ▶ 1119년 11월 **왕이 중광전에서 활쏘기를 사열하다**

중광전重光殿에서 활쏘기를 검열하고, 명중시킨 자에게는 상을 주었다.

王侯 ▶ 1119년 11월 **장성을 증축하다**

장성長城을 3척 증축하였다. 금金의 변경 관리들이 군사를 내어 그치도록 하였다. 따르지 않고 답하여 말하기를, "옛 성城을 손질하여 고치는 것이다[修補]."라고 하였다. 금나라 임금[金主]이 변경 관리들에게 칙서를 내려 말하기를,

"침범[侵軼]하여 일을 일으키지 말고, 다만 군영과 보루[營壘]를 삼가 굳건히 하며 눈과 귀를 널리 퍼트려 놓도록 하라."

라고 하였다.

예종 15년(1120년)
-예종문효대왕-

王侯 ▶ 1120년 2월 **왕이 남경에 행차하다**

남경南京에 행차하였다.

王侯 ▶ 1120년 4월 **왕이 남경에서 돌아오다**

남경南京에서 돌아왔다.

王侯 ▶ 1120년 5월 **이지저 등에게 급제를 하사하다**

이지저李之氐 등 38인에게 급제를 하사하였다. 이때 왕이 몹시 음악을 좋아하였으니 기생 영롱玲瓏·알운遏雲 등이 노래를 잘하여 여러 차례 임금의 하사[恩賚]를 받았다. 국학생國學生 고효충高孝冲이 감이녀시感二女詩를 지어 그들을 풍자하였다. 중서사인中書舍人 정극영鄭克永이 왕에게 말을 하니, 왕이 기뻐하지 않았다. 고효충이 이 과거에 응시하니, 왕이 명하여 내쫓도록 하고, 이윽고 옥獄에 가두었다. 보문각대제寶文閣待制 호종단胡宗旦이 상서하여 죄인을 구하고자 하니, 이에 그를 풀어주었다.

王侯 ▶ 1120년 5월 **부처의 유골을 궁궐에 들이다**

궁궐 안[禁中]에서 부처의 유골[佛骨]을 맞아 들였다. 처음에 왕자지王字之가 사행使行

에서 돌아올 때, 송宋 황제가 금金으로 된 상자에 부처의 어금니[佛牙]와 머리뼈[頭骨]를 담아 하사하였다. 외제석원外帝釋院에 두었다가, 이때 이르러 산호정山呼亭에 두었다.

王侯 ▶ 1120년 6월 **왕이 청연각에 임어하여 강론을 듣다**

청연각清讌閣에 임어하였다. 박승중朴昇中에게 명하여 「홍범洪範」편을 강론하도록 하였다.

王侯 ▶ 1120년 6월 **김준 등을 임명하다**

김준金晙을 중서시랑평장사中書侍郎平章事로 삼고, 이궤李軌를 수사공 좌복야 참지정사守司空 左僕射 參知政事로, 임유문林有文을 우복야 지문하성사右僕射 知門下省事로 삼고, 박경인朴景仁을 지추밀원사知樞密院事로, 한안인韓安仁을 예부상서禮部尚書로 삼고, 최홍재崔弘宰를 판형부사刑部尚書로 삼고, 아울러 동지추밀원사同知樞密院事로 삼았다.

王侯 ▶ 1120년 6월 **왕이 청연각에 임어하여 예기 강론을 듣다**

청연각清讌閣에 임어하였다. 국자좨주國子祭酒 정극영鄭克永에게 명하여 『예기禮記』의 「월령月令」편을 강론하도록 하였다.

王侯 ▶ 1120년 6월 **왕이 복원궁에서 초제를 지내고 순덕왕후 진당에 행차하다**

복원궁福原宮에서 친히 초제醮祭를 지냈다. 이윽고 안화사安和寺의 순덕왕후順德王后의 진당眞堂에 행차하여, 술을 부어 올리고 눈물을 흘렸다.

王侯 ▶ 1120년 6월 **송 상인들이 선물을 헌상하다**

송宋 상인 임청林淸 등이 꽃과 나무를 바쳤다.

王侯 ▶ 1120년 6월 **왕이 청연각에 임어하여 서경 강론을 듣다**

청연각淸讌閣에 임어하였다. 김연金緣에게 명하여 『서경書經』의 「태갑太甲」편을 강론하도록 하였다.

王侯 ▶ 1120년 7월 **요에서 사신을 파견하여 도움을 청하다**

요遼에서 악원부사樂院副使 소준례蕭遵禮를 보냈다. 조서에 이르기를,

"경은 동쪽 변방에 사직을 세워 황제의 궁궐[北闕]을 향해 번병藩屛을 칭해 왔다. 두 천민二甿의 군대가 생긴 이래로, 한 쪽의 길이 막히기에 이르렀다. 지난번에 후사를 세워주기를 빌었는데도 아직 책봉을 시행하지 못하였다. 근년에도 왕실을 위하여 충성을 다하고 또한 일찍이 적에게 분기를 품으니, 매번 생각이 이에 미치면 더욱 안타까울 따름이다. 다시 마땅한 때를 타게 되기를 기다려 문득 도적을 소탕하기를 도모하고 있다. 지난번에 비밀리에 조서를 내려 이 생각을 유시諭示하고자 하였는데, 길에서 많은 어려움을 만나 사람들이 함께 가기 어려웠고, 혹은 노를 저어 내려가려 하였으나 봉함封函은 도달하지 못하고 하사한 폐백만이 조금 통하여 겨우 뜻을 전할 수 있었다. 사례하는 글을 갑자기 받으니 성의를 다하고 있음[輸誠]을 더욱 알 수 있었다. 또한 진정에서 우러나온 말로써 마음으로 상국上國에 보답할 것을 기약하였다. 이미 강개慷慨하는 마음을 더하였으니 모름지기 세상의 어지러움을 다스려 맑게 하는데 힘쓰도록 하라. 진실로 같은 원수가 있으니 이처럼 하는 것이 크게 도리에 따르는 것이다. 실제의 효과를 보게 되기를 기다리며, 계속해서 오게 될 소식을 기다리겠다."

라고 하였다.

王侯 ▶ 1120년 7월 **송의 사신단이 돌아가다**

송宋이 승신랑承信郎 허립許立, 진무교위進武校尉 임대용林大容 등을 보냈다. 돌아갈 때에 왕이 섬돌 위에서 나란히 알현하는 것을 허락하였다. 기거주起居注 한충韓沖, 좌

사간[左司諫] 최거린崔巨麟, 시어사[侍御史] 최홍략崔洪略 등이 간언하여 말하기를,

"지금 중국의 사신[詔使]은 본래 상인商人으로, 일찍이 우리나라에 도착하여 시정市井의 사람들과 더불어 물건을 팔았고, 또한 관직이 낮습니다[秩卑]. 조서를 전한 날에 섬돌 위에서 절한 것도 이미 지나치게 우리를 낮춘 일입니다. 지금은 마땅히 섬돌 아래에서 절하여야 합니다."

라고 하였다. 이를 따랐다.

王侯 ▶ 1120년 7월 강증이 사망하다

중서시랑평장사[中書侍郎平章事]로 치사致仕한 강증康拯이 사망하였다. 강증은 가세家世가 평범하고 한미[平微]하였다. 비록 재주나 능력은 없었으나, 부지런하고 삼가며 일하였다. 세 번 여진女眞을 정벌할 때 모두 전공戰功을 세워 마침내 높은 관직[達官]에 이르게 되었다.

王侯 ▶ 1120년 8월 14일 왕이 서경에 행차하다

서경西京에 행차하였다.

王侯 ▶ 1120년 8월 남극성이 나타나다

남극성[壽星]이 나타났다.

王侯 ▶ 1120년 8월 왕이 흥복사와 영명사에 행차하다

흥복사興福寺·영명사永明寺에 행차하여, 밀물을 구경하였다[觀潮].

王侯 ▶ 1120년 8월 왕이 대동강에 행차하다

대동강大同江에 행차하여, 배에 올라 물고기를 구경하였다.

王俣 ▶ 1120년 9월 **왕이 영명사에 행차하다**

영명사永明寺에 행차하여, 밀물을 구경하였다.

王俣 ▶ 1120년 8월 **가뭄이 들다**

여름부터 비가 내리지 않았다. 이 달에 이르자 5곡穀이 익지 않고 전염병[疫癘]이 크게 일어났다.

王俣 ▶ 1120년 8월 **왕이 외제석원에 행차하다**

외제석원外帝釋院에 행차하였다. 5부部에 명하여 반야경般若經을 3일간 읽어 전염병[疫癘]을 물리치도록 하였다.

王俣 ▶ 1120년 8월 **왕이 죄인을 심사하다**

선정전宣政殿에 임어하여, 무거운 형벌을 친히 처결하였다.

王俣 ▶ 1120년 8월 **왕이 순덕왕후의 진당에 행차하다**

안화사安和寺의 순덕왕후順德王后 진당眞堂에 행차하여, 오랫동안 슬퍼하였다. 좌우에서 눈물을 흘리는 자가 있었다.

王俣 ▶ 1120년 8월 **홍약이가 시정에 대한 상소를 올리다**

좌정언左正言 홍약이洪若伊가 상소하여 시정時政의 득실得失을 논하였다. 왕이 기쁘게 이를 받아들였다.

王俣 ▶ 1120년 9월 **은택을 내리는 제서를 반포하다**

제서를 내려 이르기를,

"짐朕이 왕위에 오른 이래로 두 번 서경[陪京]을 순행하였다. 옛날에는 둘러보게 되면 곧 돌아갔으나, 지금은 오래도록 평안하여 근심이 없다. 이에 작은 은혜를 베풀어 사람들의 마음[輿情]을 위로하고자 한다. 8월 을유 이후로 잘못하여 법을 어긴 것이 있어 담당 관청에게 탄핵 받은 자와, 구리를 바치고 기와를 징수하여 속죄하는 [贖銅徵瓦] 사람들은 모두 죄를 덜어주도록 하라."

라고 하였다.

王侯 ▶ 1120년 9월 **왕이 장락전에서 잔치를 열다**

장락전長樂殿에서 여러 신하에게 잔치를 열었다. 친히 수성명사壽星明詞를 짓고, 악공樂工들로 하여금 이를 노래하도록 하였다.

王侯 ▶ 1120년 9월 **김한충이 사망하다**

추밀원부사樞密院副使로 치사致仕한 김한충金漢忠이 사망하였다. 김한충은 어려서 씩씩하고 뛰어났고[雄偉], 배움에 힘써 과거에 급제하였다. 일찍이 안서도호부사安西都護府使가 되어 정사는 관대하고 간략함을 숭상하여 관리와 백성들이 이를 편하게 여겼다. 윤관尹瓘이 처음 여진女眞을 정벌하는데, 김한충이 병마사兵馬使가 되어 윤관과 더불어 의논하여 겸손한 말과 두터운 예禮로 여진과 화친을 맺어 변경의 근심을 없앴다. 뒤에 또 윤관을 따라 다시 출병하였다. 여진이 화친한 것을 믿고 방비를 갖추지 않으니 마침내 불시에 습격하여 패퇴시켰다. 그의 아내는 문종文宗이 총애하던 비婢의 딸로, 그 때문에 비록 높은 관직[達官]에 이르기는 하였으나 대관臺官과 간관諫官[臺省]에 들지는 못하였다.

王侯 ▶ 1120년 10월 4일 **일식이 일어나다**

일식日食이 있었다.

王侯 ▶ 1120년 11월 **왕이 서경에서 돌아와 사면령을 내리다**

왕이 서경西京에서 돌아왔다. 사면령을 내렸다.

王侯 ▶ 1120년 11월 **진숙과 노원숭을 좌천시키다**

시어사侍御史 진숙陳叔·노원숭盧元崇을 좌천시켜 도관원외랑都官員外郞으로 삼았다. 이에 앞서 어사대御史臺에서 아뢰기를, "요즈음 풍속이 날로 사치스러워져서 공사公私의 잔치의 그릇들이 호화롭고 아름다운 것이 위아래의 차등이 없습니다. 청하건대 옛 제도에 의거하여 거듭 행하여 금지시키고, 만약에 위반하는 사람이 있으면, 〈지위가〉 높은 사람은 아뢰어 처결하고, 낮은 사람은 먼저 가둔 다음에 아뢰도록 하십시오."라고 하였다. 왕이 이를 따랐다. 이때 이르러 팔관회八關會의 의식儀式을 익히는데, 추밀원樞密院의 과일 탁자가 제한을 넘었다. 대관臺官들이 집사執事와 별가別駕를 잡아 가두었다. 추밀원사院使 왕자지王字之와 지추밀원사知院事 한안인韓安仁이 술김에 성내어 꾸짖으며, 그들을 석방하게 하였다. 대관들이 듣지 않자, 왕자지 등이 아뢰기를, "신臣들이 못나고 어리석어 낮은 관리[小官]들에게 욕辱을 보았습니다. 파직시켜 주시기를 청합니다."라고 하였다. 왕이 대신大臣들의 뜻을 어기기 어려워[重違] 진숙 등을 좌천시켰다. 근신近臣을 보내어 왕자지 등이 정사를 보도록 힘써 타일렀다[敎諭].

王侯 ▶ 1120년 11월 **왕이 청연각에 임어하여 시경 강론을 듣다**

청연각淸讌閣에 임어하였다. 김부일金富佾에게 명하여 『시경詩經』의 「반수泮水」 편을 강론하도록 하였다.

王侯 ▶ 1120년 12월 **왕이 태자와 이자겸 등을 불러 잔치를 열다**

왕이 순덕왕후順德王后의 상喪을 마쳤기에, 태자太子와 평장사平章事 이자겸李資謙, 지주사知奏事 이자량李資諒 등을 불러 술자리를 벌이고 매우 기뻐하였으며, 임금의 하사

[恩賚]가 매우 두터웠다.

王侯 ▶ 1120년 12월 **박경인을 치사시키다**

박경인朴景仁을 수사공 상서좌복야 참지정사守司空 尙書左僕射 參知政事로 삼고, 이어서 치사致仕하도록 하였다.

예종 16년(1121년)

-예종문효대왕-

王侯 ▶ 1121년 1월 **왕이 후비를 들이다**

제서를 내려 이르기를,

"남녀의 제도는 더욱 중요한 큰 도리이니, 제왕帝王이 일어날 때에도 역시 내조內助의 도움을 받았다. 집안사람의 위치를 바르게 하고자 한다면 모름지기 관저關雎의 좋은 짝이 있어야 한다. 지금 진한공辰韓公의 장녀長女와 대경大卿 최용崔湧의 막내딸을 후비[內職]로 두고자 하니, 유사有司는 마땅히 예전禮典에 의거하여 이름을 정하여 아뢰도록 하라."

라고 하였다. 예사禮司가 왕씨王氏를 귀비貴妃로, 최씨崔氏를 숙비淑妃로 할 것을 청하니 이를 따랐다.

王侯 ▶ 1121년 1월 **왕태자가 원복을 입다**

왕태자王太子가 수춘궁壽春宮에서 원복元服을 입었다. 백관百官이 표문을 올려 하례하였다. 이에 앞서 태자가 행궁行宮에 있을 때 관례冠禮를 하고자[加冠] 하였는데, 평장사平章事 김연金緣이 아뢰어 말하기를, "관례라는 것은 예법의 시작이며, 일 가운데 중요한 것입니다. 그러므로 동쪽 섬돌에서 관례를 하며 삼가三加로써 더욱 높이는 것은, 그 예禮를 높여서 성인成人이 되는 뜻을 드러내는 것입니다. 지금 원자元子의 귀한 몸으로 밖에서 일을 거행하는 것은, 선왕先王들이 후대에 보이고자 한 법도가 아닙니다. 마땅히 유사有司에 명하여 예법을 들어 시행하여야 합니다."라고 하였다. 이를 따랐다.

王侯 ▶ 1121년 1월 **함녕절 잔치를 열다**

함녕절咸寧節이므로 건덕전乾德殿에 임어하여 하례를 받고 여러 신하들에게 잔치를 열었다.

王侯 ▶ 1121년 2월 **한충을 좌천시키다**

중서사인中書舍人 한충韓沖을 좌천시켜 서경부유수西京副留守로 삼고, 좌정언左正言 임원준任元濬을 전중내급사殿中內給事로 삼았다. 이에 앞서 동지추밀원사同知樞密院事 최홍재崔弘宰가 윤관尹瓘을 따라 여진女眞을 정벌할 때, 은밀하게 부처의 도움을 기도하였으므로 개국사開國寺에 대장당大藏堂을 지을 것을 원하여 허락을 하였다. 이때 이르러 군사로 재목材木을 운반하려고 청하였다. 한충 등이 마음대로 〈공사를〉 일으킨 죄를 논하여 아뢰었다. 왕이 그만 두도록 타일렀으나 한충 등이 고집을 부려 파면하기를 간청하였기 때문에 이러한 임명이 있었다.

王侯 ▶ 1121년 3월 **왕이 창신사와 수릉에 행차하다**

창신사彰信寺에 행차하여, 미복微服을 하고 몰래 나가 수릉綏陵에 이르렀다. 왕이 장차 가려고 할 때 간관들이 아뢰어 말하기를, "옛날에는 군왕君王이 친히 후비后妃의 능침陵寢에 이른 일이 없습니다. 예전禮典을 살펴보더라도 역시 그러한 글이 없습니다. 무덤[玄宮]이 가려진 것이 오래되어 묵은 풀[宿草]이 〈무덤을〉 거칠게 덮어 가렸는데, 지극히 존귀한 몸으로 숙여서 내려다보신다면 비통한 감정이 없을 수 있겠습니까. 신하된 자의 마음이 두려움을 이길 수 없습니다. 엎드려 바라건대 예禮로써 스스로를 누르시고, 사람들의 바람을 굽어 따르십시오."라고 하였다. 따르지 않았다.

王俟 ▶ 1121년 3월 송에서 사신을 파견하다

송宋에서 요희姚熹를 보냈다.

王俟 ▶ 1121년 3월 왕이 청연각에 임어하여 강론을 듣다

청연각淸讌閣에 임어하여, 한림학사翰林學士 박승중朴昇中에게 명하여 『예기禮記』의 「월령月令」편을 강론하도록 하고, 기거주起居注 김부식金富軾에게는 『서경書經』의 「열명說命」편을 강론하도록 하였다.

王俟 ▶ 1121년 4월 왕이 안화사에 행차하다

안화사安和寺에 행차하였다가, 돌아오는 길에 이자겸李資謙이 산 속에 지은 집[山齋]에 가서 술자리를 벌였다.

王俟 ▶ 1121년 4월 이자겸과 그 아들들에게 은택을 베풀다

이자겸李資謙에게 추성좌리공신 소성군 개국백推誠佐理功臣 邵城郡 開國伯을 하사하고, 아들인 이지미李之美·이공의李公儀는 모두 관직을 올려주었다.

王俟 ▶ 1121년 5월 백관들이 비를 기원하다

백관百官들이 흥국사興國寺에서 5일 동안 비를 빌었다.

王俟 ▶ 1121년 윤5월 가뭄 해소를 위해 은택을 베풀다

윤제서를 내려 이르기를,

"천시天時가 순조로움을 잃어 가뭄[旱暵]이 재앙이 되었다. 돌아보건대 과인寡人이 덕이 없어서 재앙이 내려 백성[庶民]들이 잘못이 없이 목숨을 잃는 것[殞命]이 민망하다. 재앙을 쫓고 복을 빌었으나[祈禳] 응답이 없으니 두려운 것이 이를 데가 없다. 은혜를 베풂으로써 조화의 기운[和氣]을 부를 수 있기를 바란다. 무릇 옥獄에 있는 죄수들은 참형斬刑·교형絞刑의 두 죄를 제외하고 모두 용서한다. 혹시 관리 가운데 공법公法을 이유로 가혹하고 각박하게 폐단을 만들거나, 혹은 썩은 곡식을 강제로 지급하고 이자를 받거나, 혹은 황무지의 조세를 징수하거나, 혹은 급하지 않은 요역徭役을 일으키는 자는 일체 금지하고 다스리도록 하라."

라고 하였다.

王俁 ▶ 1121년 윤5월 왕이 청연각에 임어하여 강론을 듣다

청연각清讌閣에 임어하였다. 박승중朴昇中에게 명하여 「홍범洪範」편을 강론하도록 하였다.

王俁 ▶ 1121년 윤5월 왕이 시경 강론을 듣다

기거사인起居舍人 임존林存에게 명하여 『시경詩經』의 「운한雲漢」편을 강론하도록 하였다.

王俁 ▶ 1121년 6월 왕이 예기 강론을 듣다

장령전長齡殿에 임어하였다. 박승중朴昇中에게 명하여 『예기禮記』의 「월령月令」편을 강론하도록 하였다.

王俁 ▶ 1121년 6월 박경인이 사망하다

참지정사參知政事로 치사致仕한 박경인朴景仁이 사망하였다. 박경인은 어려서 학문에 힘써 과거에 급제하였다. 세 번 간관諫官이 되어 〈정사를〉 말하고 논함에 바르고 곧았으며 우물쭈물하는 바가[依違] 없었다. 당시의 의견이 그를 중히 여기었다.

`王侯` ▶ **1121년 8월 왕이 영릉과 숭릉에 배알하다**

영릉英陵·숭릉崇陵 두 릉에 배알하였다.

`王侯` ▶ **1121년 8월 왕이 장원정에 행차하다**

장원정長源亭에 행차하였다.

`王侯` ▶ **1121년 10월 왕이 백좌도량을 열고 중외에서 반승하다**

회경전會慶殿에서 백좌도량百座道場을 열었다. 중앙과 지방의 승려 30,000을 반승飯僧하도록 하였다.

`王侯` ▶ **1121년 10월 태백성이 나타나다**

태백성[太白]이 낮에 나타나, 한 달여 동안 하늘을 가로질렀다.

`王侯` ▶ **1121년 12월 왕이 청연각에 임어하여 송에서 보낸 물품을 보다**

청연각淸讌閣에 임어하였다. 송宋 황제가 하사한 글씨와 그림 등의 물품을 재추宰樞와 시신侍臣들에게 널리 보였다.

`王侯` ▶ **1121년 12월 왕이 복원궁 등에 행차하다**

복원궁福源宮에 행차하였다가, 이윽고 구산사龜山寺·안화사安和寺의 두 절에 행차하였다. 옥잠정玉岑亭에 임어하여 호종한 관리들에게 잔치를 열었다.

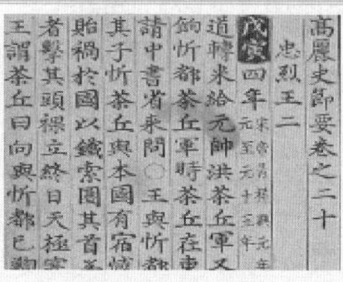

예종 17년(1122년)
-예종문효대왕-

王侯 ▶ 1122년 1월 **왕이 청연각에 임어하여 주역 강론을 듣다**

청연각淸讌閣에 임어하였다. 중서사인中書舍人 김부식金富軾에게 명하여 『주역周易』의 건괘乾卦를 강론하도록 하였다.

王侯 ▶ 1122년 2월 **일식이 일어나다**

일식日食이 있었다.

王侯 ▶ 1122년 2월 **최홍사가 사망하다**

문하시랑평장사로 치사致仕한 최홍사崔弘嗣가 사망하였다. 최홍사는 한미한 집안에서 일어나 문장과 덕행[文行]으로 알려졌다. 성품이 곧고 강직하며 욕심이 적었고, 조정에서는 당여黨與가 없었다. 집에 머무를 때에는 공적인 일에 대해 말을 하지 않았으며, 아내와 자식들도 그가 희롱하고 웃는 것을 일찍이 보지 못하였다. 다른 사람이 물건을 보낸 것이 있으면 비록 채소와 과일[蔬果]이라도 받지 않았다. 왕이 그를 매우 무겁게 여겼다. 그러나 업무에 까다로울 만큼 자세히 살펴[苛察] 다른 사람의 작은 허물을 보더라도 쉽게 잊지 않으니, 세상 사람들이 이를 단점으로 여겼다.

王侯 ▶ 1122년 3월 김준 등을 임명하다

김준金晙을 수사도 판예부사守司徒 判禮部事로, 임유문林有文을 수사공 참지정사 판형부사 겸 태자소사守司空 參知政事 判刑部事 兼 太子少師로, 왕자지王字之를 이부상서 참지정사 판호부사 겸 태자소부吏部尙書 參知政事 判戶部事 兼 太子少傅로 삼고, 한안인韓安仁을 참지정사 판공부사 수국사參知政事 判工部事 修國史로, 최홍재崔弘宰를 추밀원사 겸 태자빈객 판삼사사樞密院使 兼 太子賓客 判三司事로 삼고, 김약온金若溫을 지추밀원사 겸 태자빈객知樞密院事 兼 太子賓客으로, 이자량李資諒을 추밀원부사 겸 태자빈객樞密院副使 兼 太子賓客으로 삼았다.

王侯 ▶ 1122년 3월 왕이 문신들과 시를 짓다

사루紗樓에 임어하여 문신文臣 56인을 불러다가 초에 금을 그어 새기고 시간 안에 모란시[牧丹詩]를 짓도록 명하였다. 첨사부주부詹事府主簿 안보린安寶麟이 가장 훌륭하였다. 비단을 차등 있게 하사하였다. 당시에 강일용康日用이 시詩를 잘 짓는 것으로 이름을 날렸다. 왕이 우두커니 서서 그가 시를 짓는 것을 보았다. 초가 장차 다 타려고 하는데, 강일용이 겨우 1연聯만 지었는데, "머리가 하얀 취한 늙은이가 전각 뒤를 바라보고[頭白醉翁看殿後], 눈 밝은 늙은 유생儒生이 난간 근처에 기대어 있다[眼明儒老倚欄邊]"라는 구절이었다. 그 〈시의〉 원고를 소매에 넣고 궁궐 안의 도랑[御溝] 가운데 엎드려 있었다. 왕이 지위가 낮은 환관[小臣]에게 명하여 가져오게 하여 보고서는 감탄하며 칭찬을 멈추지 않고 말하기를, "이것은 옛 사람이 말한 바, '절구 같은 머리는 온 얼굴에 화장을 하여도[臼頭花鈿滿面], 서시西施가 반만 단장한 것만 못하다.'라고 한 것이다."라고 하였다. 위로하고 타일러 그를 보내었다.

王侯 ▶ 1122년 3월 왕이 순천관에 행차했다가 종기로 급히 귀환하다

순천관順天館에 행차하였다. 향림정香林亭에서 재추宰樞들에게 잔치를 열었는데, 갑자기 등에 작은 종기가 있는 것을 깨닫고, 어가御駕를 재촉하여 궁궐로 돌아왔다.

산천의 신령들에게 기도하였다.

王侯 ▶ 1122년 3월 왕자지가 사망하다

참지정사參知政事 왕자지王字之가 사망하였다. 〈그의〉 현조부玄祖父 박유朴儒는 태조太祖를 보좌하여 공로가 있어서 임금의 성[國姓]을 하사하였다. 왕자지는 서리[胥吏]로 진출하였다. 그의 누이의 남편[妹壻] 왕국모王國髦가 이자의李資義를 죽일 때에 궁궐의 문을 지켜서 그 공로로 도교령都校令이 되었다. 숙종肅宗 정해1107에 병마판관兵馬判官이 되어 여진女眞을 정벌할 때, 여러 차례 전공戰功이 있었다.

王侯 ▶ 1122년 3월 널리 반승하다

여러 사찰에서 10,000명에게 반승飯僧하였다. 무자. 다시 그렇게 하였다.

王侯 ▶ 1122년 4월 왕이 널리 은택을 베풀다

제서를 내려 이르기를,

"과인寡人 외람되게 대통[丕緒]을 계승하여, 여러 해가 지났다. 그러나 일에 임하여 알맞게 바로잡는 데에 그 방법을 알지 못하여 음양陰陽이 순서를 잃기에 이르렀으니, 하늘과 땅이 재앙을 드리우고 더욱이 질병이 오랫동안 낫지 않는다. 근심하고 두려워 스스로 힘써, 조칙[渙汗]을 내려 현세와 내세[幽明]에 사례할 수 있기를 바란다. 무릇 명산대천名山大川으로 사전祀典에 지위가 있는 것들에는 명호名號를 더하고, 모든 죄 있는 자는 참형斬刑·교형絞刑을 제외하고 모두 석방하며, 귀양을 보낸 자는 죄를 감하여 가까운 곳에 옮기도록[量移] 하라."
라고 하였다.

王侯 ▶ 1122년 4월 이자겸 등이 왕의 쾌유를 기원하다

평장사平章事 이자겸李資謙 등이 순복전純福殿에 나아가 하늘에 아뢰고 빌며 말하기를, "옛날에, 주周 무왕武王이 병이 생겼을 때 주공周公이 지극한 정성으로 하늘에 목숨을 청하니 병이 곧 낫게 되었습니다. 지금 신들이 모두 어리석고 못나서 재능도 없이 자리를 차지하고 있으며[承乏備員] 백성[民庶]을 편안하게 할 정책[政術]도 없고 신령[神祇]들에게 아첨할 덕행德行도 없이, 단지 탐욕스럽고 비루하며 도리에 어긋나 나라에 큰 좀벌레가 되었기에 하늘이 내린 재앙이 위로 임금[君父]께 미치게 되었습니다. 생각하건대 하늘은 총명하시니, 마땅히 질병과 재난[疾眚]은 신들의 몸에 내려주시고, 임금[元首]으로 하여금 오랫동안 질병으로 괴로움을 겪는 일이 없도록 하여 주십시오."라고 하였다.

王侯 ▶ 1122년 4월 1일 예종이 훙서하고 인종이 즉위하다

왕의 병이 위독해지자, 부축하여 앉고 재추宰樞들을 보고 말하기를, "짐朕이 덕이 없어 하늘이 재앙을 내려 병이 낫지 않는다. 태자太子가 비록 나이가 어리지만 덕행德行을 오랫동안 갖추었으니 여러 공公들이 한 마음으로 도와서 조상들의 기업[祖構]을 무너뜨리는 일이 없도록 하라."라고 하였다. 여러 신하들이 고개를 숙이고 엎드려 눈물을 흘리며 말할 바를 알지 못하였다. 왕이 태자를 불러 말하기를, "나의 병이 크게 번져서 회복할 수 없는 형세이다. 이에 막중한 임무를 내려놓고 너에게 전하여 맡기려 한다. 나의 평생의 행적을 돌이켜 생각하면 얻은 것은 적고 잃은 것은 많았으니 삼가 본받지 말 것이다. 다만 옛 성현聖賢의 도道를 마땅히 상고하고 우리 태조太祖의 가르침을 받들어 왕위에 게으르지 말고 영원히 백성[庶民]들을 편안하게 하라."라고 하였다. 태자가 머리를 숙이고 울며 일어나지 못하였다. 왕이 한안인韓安仁에게 국새國璽를 가져오라 명하여 그것을 주고, 이윽고 훙서하였다. 당시에 태자가 어려 왕의 여러 동생들이 자못 분수에 넘치는 야심[覬覦心]을 가지고 있었다. 이자겸李資謙이 태자를 받들어 중광전重光殿에서 즉위하게 하였다. 아침저녁으로 빈소에 제사를 지내고, 통곡하고 발을 구르며 지극히 슬퍼하였다. 좌우의 시신侍臣들이 슬피 통곡하여 그칠 줄을 몰랐다. 갑인. 유릉裕陵에 장사지내고, 시호諡號를 문효대왕文孝大王으로, 묘호廟號를 예종睿宗으로 올렸다.

사신이 말하기를, "예종睿宗은 타고난 성품이 사리에 밝아, 일찍이 동궁東宮에 있을 때에 어진 선비를 예禮로써 대우하고 효도와 우애를 두텁게 행하였다. 왕위에 올라서는 새벽에서 해질 때까지[宵旰] 근심하고 부지런히 일하였으며 마음을 가다듬고 성의껏 힘써 다스림을 구하였다. 다만 국경을 넓히는 데에 뜻이 있어 변경에서 적을 물리친 공로[邊功]를 뜻밖의 행운으로 여기어 원수怨讐와의 불화가 그치지 않았다. 중화의 풍속[華風]을 흠모하여 호종단胡宗旦을 믿고 쓰며 그의 말에 몹시 현혹되어 잘못하는 바가 있게 되는 것을 면하지 못하였다. 그러나 군사를 부리는 것의 어려움을 알고 원망을 버리고 우호를 닦아 인접한 경계로 하여금 마음 깊이 사모하여 와서 복종하게 하였다. 홀아비와 과부[鰥寡]를 구휼하고, 기로耆老들을 봉양하였다. 학교를 새로 설치하고 생원生員들을 가르쳐 길렀다. 청연각淸讌閣·보문각寶文閣의 두 각閣을 설치하여, 날마다 문신文臣들과 더불어 6경六經을 강론하였다. 전쟁을 끝내고[偃武], 학문을 닦아 예禮와 악樂으로써 풍속을 이루고자 하였다. 그러므로 한안인韓安仁이 말하기를, '17년의 사업이 후세에 전하여 줄 만 하다.'라고 하였는데, 확실한 말이다."라고 하였다.

인종총서

인종공효대왕仁宗恭孝大王

휘는 해楷이며, 자는 인표仁表이고, 옛 휘는 구構이다. 예종睿宗의 맏아들로, 어머니는 순덕왕후順德王后 이씨李氏이다. 예종 4년(1109년) 기축 10월 을해에 태어났다. 성품이 어질고 효성스러우며 관대하고 자애로웠고 배우기를 좋아하고 재능이 많았으며 스승과 벗을 예로써 대하였다. 24년간 재위하였고, 향년 38세였다.

인종 즉위년(1123년)

-인종공효대왕-

王楷 ▶ 1122년 5월 왕이 순덕왕후를 문경황태후로 추종하다

어머니인 순덕왕후順德王后를 추존追尊하여, 문경왕태후文敬王太后로 삼았다.

王楷 ▶ 1122년 5월 이자겸 등을 임명하다

이자겸李資謙을 협모안사공신 수태사 중서령 소성후協謀安社功臣 守太師 中書令 邵城侯로 삼고, 김경용金景庸을 동덕익성공신 낙랑공同德翊聖功臣 樂浪公으로 삼고, 이위李瑋를 광국공신 계양공匡國功臣 桂陽公으로 삼고, 임유문林有文·김준金晙을 문하시랑평장사門下侍郎平章事로 삼고, 한안인韓安仁을 중서시랑평장사中書侍郎平章事로 삼고, 최홍재崔弘宰·김약온金若溫을 참지정사參知政事로, 이자량李資諒을 추밀원사樞密院使로 삼고, 김고金沽를 지추밀원사知樞密院事로, 문공미文公美를 추밀부사樞密副使로 삼았다.

王楷 ▶ 1122년 5월 관리들을 포상하다

태후太后의 작호爵號를 높일 때[封崇] 의식을 진행한 관리[執事官吏]들에게 관직 1급을 하사하였다.

王楷 ▶ 1122년 5월 **사면령을 내리다**

사면령을 내렸다.

王楷 ▶ 1122년 6월 **왕이 보살계를 받다**

왕이 건덕전乾德殿에서 보살계菩薩戒를 받았다.

王楷 ▶ 1122년 6월 **송에서 지첩사를 파견하다**

송宋 지첩사持牒使 진무교위進武校尉 요희姚喜 등이 왔다.

王楷 ▶ 1122년 7월 **이궤가 사망하다**

참지정사參知政事로 치사致仕한 이궤李軌가 사망하였다. 이궤는 과거에 급제하여 출사하였고, 김황원金黃元과 더불어 사이가 좋았으며, 〈두 사람〉 모두 문장으로 이름이 널리 드러났다.

王楷 ▶ 1122년 7월 **왕이 금강명경도량을 열다**

건덕전에서 21일[三七日] 동안 금강명경도량金剛明經道場을 열었다.

王楷 ▶ 1122년 7월 **이자겸에 대한 대우를 두고 논란이 벌어지다**

조서를 내려 이르기를,

"중서령中書令 이자겸李資謙은 태후太后의 아버지로 짐朕의 외조부外祖父가 되니, 반열의 순서와 그 예우를 백관百官들과 같이 할 수 없다. 마땅히 양부兩府·양제兩制와 여러 시종 관리들이 회의하여 아뢰도록 하라."

라고 하였다. 보문각학사寶文閣學士 정극영鄭克永과 어사잡단御史雜端 최유崔濡의 의議에 말하기를,

"고서古書에 이르기를, '천자天子가 신하로 삼지 않는 자가 셋이 있다.'고 하였으니 왕후의 부모가 그 하나에 해당합니다. 이제 이자겸은 서書나 표문을 올릴 때에 신이라 칭하지 않고, 또한 임금과 신하가 크게 잔치를 할 때 백관百官과 더불어 뜰에서 하례하지 않고 곧바로 〈임금의〉 장막[幕次]에 나아가 절하며, 임금께서는 답례로 절을 한 이후에 전각에 앉도록 하십시오."

라고 하였다. 여러 사람의 의議가 분별없이 이를 따랐다. 보문각대제寶文閣待制 김부식金富軾이 홀로 의議를 올려 말하기를,

"한漢 고조高祖가 처음 천하天下를 평정하였는데, 5일에 1번 문안을 드렸습니다. 태공太公의 가령家令이 태공에게 말하기를, '하늘에는 2개의 해가 있을 수 없고, 땅에는 2명의 왕이 있을 수 없습니다. 황제皇帝께서 비록 아들이지만 임금[人主]이시고, 태공께서는 비록 아버지이지만 신하[人臣]이시니, 어찌 임금으로 하여금 신하에게 절을 하게 할 수 있겠습니까.'라고 하였습니다. 고조가 가령의 말을 옳게 여기시어, 조서를 내려 말하기를, '사람의 지극한 가까움[至親]은 부자父子의 가까움만 한 것이 없으니, 아버지가 천하天下를 가지게 되면 아들에게 전하여 주게 되고, 아들이 천하를 가지게 되면 아버지를 높여 따르는 것이니, 이는 사람 된 도리의 지극한 것이다. 지금 왕王·후侯·경卿·대부大夫가 이미 짐朕을 높여 황제로 삼았으나, 태공은 아직 존호를 가지지 못하였다. 이제 태공에게 존호를 올려 태상황太上皇이라 부를 것이다.'라고 하였습니다. 이로써 논한다면, 비록 천자의 아버지라 할지라도 만약 존호가 없다면 임금으로 하여금 절을 하게 할 수 없는 것입니다. 그러므로 후한後漢 헌제獻帝의 황후의 아버지는 불기후不其侯 복완伏完이었는데, 정현鄭玄이 의논하여 말하기를, '불기후가 수도[京師]에 있을 때에는 예禮로써 섬기며 출입함에 마땅히 신하의 예절을 따라야 할 것입니다. 만약 황후께서 이궁離宮에서 쉬실 때에나 친정에 가서 부모를 뵐 때에는[歸寧] 곧 자식의 예절을 따라야 할 것입니다.'라고 하였습니다. 그러므로 복완이 조정[公庭]에서 조하朝賀할 때에는 여러 신하들과 같이 하였고, 황후가 궁宮에 있을 때에는 황후가 자식과 같이 절을 하였습니다. 또 동진東晉 목제穆帝의 어머니 저태후褚太后가 아버지를 뵈는 예절에 대해서 여러 사람들이 논박하여 의논이 일치되

지 않았는데, 박사博士 서선徐禪이 정현의 의議에 의거하여 말하기를, '왕의 조정에서는 군주와 신하의 예절을 바르게 하고, 임금을 사사로이 뵐 때에는[私覿] 부모와 자식의 가까움을 온전히 하여야 합니다.'라고 하였습니다. 이것이 도리에 크게 순응하는 것입니다. 또한 위제魏帝의 아버지인 연왕燕王 조우曹宇는 표문을 올려 신하라 칭하였습니다. 비록 부모와 자식이 지극히 가까우나, 예의와 대위[禮數]가 오히려 이와 같았는데, 외조부는 『의례儀禮』 오복五服 제도를 살피면 어머니의 부모의 복服은 소공小功 5개월에 지나지 않아 자신의 부모보다 존귀하고 친함이 서로 머니, 어찌 임금과 예절이 필적하도록 할 수 있겠습니까. 마땅히 표문의 글을 올릴 때 신이라 칭하도록 하고, 왕의 조정[王庭]에 있을 때의 군주와 신하의 예절은 곧 여러 사람을 따르게 하며, 궁궐[宮闈] 안에 있을 때에는 곧 집안사람의 예절로 서로 보아야 합니다. 이와 같이 한다면 곧 공적인 의로움과 사사로운 은혜가 모두 서로 순응할 것입니다."

라고 하였다. 재상[宰輔]들이 두 가지 의議를 아뢰었다. 왕이 근신近臣 강후현康侯顯을 보내어 이자겸에게 물었다. 이자겸이 아뢰어 말하기를, "신臣이 비록 아는 것이 없으나 지금 김부식의 의議를 보니 실로 천하의 공변된 의논입니다. 이 사람이 없었다면 여러 공公들이 이 늙은 신하를 의롭지 못한 곳이 빠뜨릴 뻔하였습니다. 엎드려 바라건대 이를 따르시고 의심하지 마시옵소서."라고 하였다. 왕이 허락하였다.

王楷 ▶ 1122년 8월 **나경순 등에게 급제를 하사하다**

나경순羅景純 등 31인에게 급제를 하사하였다.

王楷 ▶ 1122년 9월 **안정절을 경룡절로 고치다**

조서를 내려 생신인 안정절安貞節을 고쳐 경룡절慶龍節로 하였다.

王楷 ▶ 1122년 9월 **예종실록 편찬을 명하다**

『예종실록睿宗實錄』을 만들도록 명하였다. 이에 앞서 평장사平章事 한안인韓安仁이 아뢰기를, "예종께서 왕위에 계셨던 17년 동안의 사업을 마땅히 역사의 기록[史冊]에 실어 후세에 이를 전해주어야 합니다. 청하건대 송조宋朝의 옛 일에 의거하여, 실록편수관實錄編修官의 제도를 두시기 바랍니다."라고 하였다. 보문각학사寶文閣學士 박승중朴昇中, 한림학사翰林學士 정극영鄭克永, 보문각대제寶文閣待制 김부식金富軾을 편수관編修官으로 두었다.

王楷 ▶ 1122년 10월 왕이 백좌도량을 열고 중외에서 반승하다

회경전會慶殿에서 백좌도량百座道場을 열었다. 중앙과 지방에서 승려 30,000에게 반승[齋僧]하였다.

王楷 ▶ 1122년 10월 이자겸을 책봉하다

이자겸李資謙을 책봉하여 한양공漢陽公으로 삼았다.

王楷 ▶ 1122년 11월 동여진 실현이 와서 말을 헌상하다

동여진東女眞 추장酋長 실현實現이 와서 말을 바쳤다.

王楷 ▶ 1122년 11월 왕이 노인과 불우한 백성 등에게 은전을 베풀다

나이 80세 이상의 남녀와 의부義夫·절부節婦·독질篤疾·폐질廢疾에게 궁궐의 뜰에서 친히 잔치를 열어주고, 물품을 차등 있게 하사하였다. 이자겸李資謙의 어머니 조선국부인朝鮮國夫人 김씨金氏에게는 금金과 비단, 약물藥物을 특별히 하사하고 등급을 높여주었다.

王楷 ▶ 1122년 12월 대방공 왕보 등을 유배보내다

대방공帶方公 왕보王俌를 경산부京山府로 추방하였으니, 이자겸李資謙이 꾸며낸 일이었다. 중서시랑평장사中書侍郞平章事 한안인韓安仁, 추밀원부사樞密院副使 문공미文公美

를 귀양 보냈다. 처음에 한안인과 문공미가 이자겸의 동생 이자량, 그리고 최홍재와 더불어 모두 추밀원[樞府]에 있었는데, 이자량은 권세에 기대고, 한안인·문공미는 총애를 믿어 비록 겉으로는 화합하였으나 속으로는 꺼려하였고, 또 최홍재와는 뜻이 맞지 않았다[不相得]. 또 한안인은 이자겸이 나라의 최고 재상[上宰]이 되어 일을 모두 관장하고 결정하여야 하는데, 게을러 조회[朝會]를 하지도 않으며 임금의 총명을 가리는[壅蔽] 일이 많다고 여기어, 이자겸을 겉으로만 높여[陽尊] 상공[上公]으로 책봉하고 정무를 보지 못하게 하여, 은밀히 그 권세를 빼앗고자 승선[承宣] 한주[韓柱]로 하여금 이를 아뢰도록 하였다. 여러 이씨[諸李]들이 그 모의[謀議]를 알고 그를 원망하였다. 한안인과 문공미 등은 태의[太醫] 최사전[崔思全]이 예종[睿宗]의 등에 난 종기를 보고 작은 종기라 여기어 일찍 치료하지 않았다 하여 법으로써 다스리자고 하였다. 왕이 도형[徒刑] 2년의 벌을 내렸다. 그러므로 최사전이 또한 몹시 원망하였다. 마침 이자겸이 최유적[崔惟迪]을 급사중[給事中]으로 삼으니 뭇 사람들의 의견이 어지럽게 일어났다. 내급사[內給事] 장응추[張應樞]라는 사람이 있어서, 기회를 엿보고 권세에 영합하기를 좋아하였는데, 최유적이 노비[奴婢] 20구를 이자겸에게 뇌물로 바치고 그 관직을 얻었다는 것을 듣고 은밀히 한안인에게 이야기하였다. 한안인이 성[省] 안에서 큰 소리로 이야기를 하였다. 최유적이 이자겸에게 하소연하니, 이자겸이 크게 노하여 어사대[御史臺]에서 분별하여 줄 것을 요청하였다. 한안인이 부끄럽고 두려워 휴가를 청하여[告休] 집에 머물렀다. 이윽고 문공미와 당제[堂弟] 정극영[鄭克永], 누이의 남편[妹壻]인 지어사대사[知御史臺事] 이영[李永] 등과 더불어 여러 번 서로 모이고는 밤이 깊어서야[侵夜] 헤어졌다. 최사전이 그 틈을 알고 묵은 원한을 풀고자, 간사한 인간인 채석[蔡碩]과 더불어 이자량·최홍재 등에게 참소하여 말하기를, "한안인·문공미가 당여[黨與]를 맺고 은밀히 모의하니, 장차 이영공[李令公, 李資謙]께 불리하게 될 것입니다."라고 하였다. 이자겸이 매우 의심하게 되어, 마침내 그 죄를 꾸며내서[羅織] 아뢰어, 한안인을 승주[昇州] 감물도[甘勿島]에 귀양 보냈다가 물에 빠뜨려 죽였으며, 또 문공미·한주·이영·정극영은 외방[外方]에 귀양 보냈다. 그 형제와 자식, 사위와 사돈과 동서[姻婭]들을 모두 연좌[緣坐]시켜 귀양 보냈으며, 족당[族黨]들 가운데 파직[罷職]된 사람 또한 많았다. 한안인은 학문에 힘써 글을 잘 지었다. 왕이 즉위하게 되자, 시학侍學이었던 옛 인정으로 〈임금의〉 가까이에서 권세를 휘두르며[用事] 형제와 친척들을 요직[要路]을 나누어 차지하고 있으니, 사대부士大夫들이 붙좇아서 따르지 않는 이가 없었다. 갑자기 권세를 타고 지위와 권세가 높은 이[權貴]들과 겨루려 모의하였다가 패망하기에 이르렀다.

인종 1년(1123년)

―인종공효대왕―

王楷 ▶ 1123년 1월 **송 사신이 오다**

송宋의 사신 허립許立이 왔다.

王楷 ▶ 1123년 1월 **왕이 외제석원에 가다**

외제석원外帝釋院에 행차하였다. 이때부터 누차 사원에 행차하였다.

王楷 ▶ 1123년 1월 **전 지어사대사 이영이 유배지에서 사망하다**

전 지어사대사知御史臺事 이영李永이 유배지에서 사망하였다. 이영의 아버지 이중선李仲宣은 본군의 호장戶長으로서 경군京軍에 선발되었다. 이영은 어려서 스승을 따라 학문을 하였다. 아버지가 돌아가시자 영업전營業田을 승계 받아 서리胥吏가 되고자 하여 문서를 정조주사政曹主事에게 제출하였는데, 읍만 하고 절을 하지 않았다. 주사는 화가 나 욕을 하였다. 이영이 즉시 문서를 가져와 찢어버리며 말하기를, "내가 과거科擧로 조정에 출사할 수 있거늘, 어찌 너 같은 무리를 공경하겠는가."라고 하였다. 마침내 근면히 공부해서 급제하였고, 사관史館과 대간臺諫을 역임하였다. 한안인韓安仁이 죽임을 당하자 이영은 〈그의〉 매부妹壻였기 때문에 연좌되어 진도珍島에 유배되었다. 어떤 이가 고하기를, "그대의 어머니와 아들이 적몰되어 노비가 되었다고 들은 것 같다."라고 하였다. 이영이 말하기를, "나는 스스로 돌이켜 보아도 부끄러울 것이 없으므로 죽음을 참고 때를 기다렸다. 만약 노모가 나로 인해 몰적되어 천예賤隷가 되었다면 내가 어찌 구차히 살겠는가."라고 하였다. 이에 술 한 말을 마시고 괴로워하다가 죽었다. 당시 사람들이 이를 애석하게 여겼다. 이자겸李資謙이 술사를 보내 길 옆에 묻었는데, 소와 말이 감히 밟지 못하였다. 혹 학질을 앓는 이가 가서 빌면 곧 나았다. 후에 이자겸이 패하고 그 아들이 다시 장사지낼 것을 청하여 파보니 시체가 변하지 않았다. 왕이 첨서추밀원사簽書樞密院事를 추증하였고 이부吏部에 명해 〈그의〉 죄안罪案을 삭제하였다. 이영은 타고난 기품[天資]이 바르고 곧았고 권세가[權貴]에게 흔들리는 바가 없었다. 그러나 벗을 사귐이 바르지 않아 척준경拓俊京 등이 이여림李汝霖을 비방하려 한 모의와 지녹연智祿延 등이 박경승朴景升을 비방하여 내쫓으려는 데에 이영도 역시 참여하였다.

王楷 ▶ 1123년 1월 중서시랑평장사 이자량이 사망하다

중서시랑평장사中書侍郎平章事 이자량李資諒이 사망하였다. 이자량은 문음門蔭으로 입신하였는데, 독서를 좋아하고 손무孫武와 오기吳起의 법을 항상 연구하여 공명功名을 스스로 즐겼다.

王楷 ▶ 1123년 3월 어린아이를 강물에 던진다는 유언비어가 퍼지다

사방에 헛소문[訛言]이 퍼지기를, 유사有司에서 장차 민간의 아이를 취하여 그들을 강 가운데에 던진다 하니 두려움이 서로 전해져서 도망쳐 산 중에 숨는 자가 생기는 데까지 이르렀는데, 서해도西海道가 더욱 심하였다.

王楷 ▶ 1123년 4월 변순부 등 30명에게 급제를 하사하다

변순부卞純夫 등 30명에게 급제를 하사하였다.

王楷 ▶ 1123년 4월 김연을 판비서성사 감수국사로 삼다

김연金緣을 판비서성사 감수국사判祕書省監修國史로 삼았다. 김연은 글로 이름이 알려지고 맑은 절개가 있었다. 예종睿宗이 그를 심히 그릇으로 여겨 발탁하여 재보宰輔로 세웠으며 은혜와 예우가 두텁고 중하였다. 왕이 어린 나이[幼沖]에 왕위를 계승하기에 이르자, 외척이 권세를 부렸다. 김연은 해가 미칠 것을 두려워하여 사퇴할 것을 간절하게 요청하였으나 〈왕이〉 허락하지 않았다. 이에 이르러 말에서 떨어졌다고 하여 더욱 면직을 청하였기에 이 명이 있게 되었다.

王楷 ▶ 1123년 5월 가뭄으로 왕이 정전을 피하고 비를 기원하다

가뭄으로 인해 정전正殿을 피하고 내전內殿에 승려를 모아 불경佛經을 강설하고 비를 기원하였다.

王楷 ▶ 1123년 6월 여진 병선이 침범한다는 잘못된 보고가 있다

동남해도부서사東南海都部署使 박경린朴景麟이 여진女眞 병선 300척이 와서 국경을 침범한다고 잘못 보고하였다. 가발병마판관加發兵馬判官 양제보楊齊寶 등을 보내어 방어하게 하였다. 경주慶州에 이르렀으나 오랑캐[虜]를 발견하지 못하고 돌아왔다.

王楷 ▶ 1123년 6월 송 황제가 제수와 위로 조서를 보내다

송宋에서 예부시랑禮部侍郎 노윤적路允迪과 중서사인中書舍人 부묵경傅墨卿을 보내 왔다. 조서에 이르기를,

"멀리서 들으니 나라를 이어받아 비로소 나라를 삼가 다스린다고 하였다. 헤아려 생각하건대 훌륭하게 이어받은 초기에는 계승〈한 이에 대한〉 여망을 〈충족시키는 데에〉 힘써 노력해야 하는데, 급하게 닥친 변고를 겪느라 지극히 심하게 상처입고 꺾였을 것이다. 서둘러 사신을 보내 선인의 어진 덕을 본받을[象賢] 수 있게 하는 은총을 알리고, 많은 것을 싣고 가서 주게 하여 애도와 영광의 뜻을 아울러 보이니, 마땅히 황제의 위덕[王靈]에 복종하고 제후의 도리를 영원히 준수하도록 하라. 지금 경에게 하사하는 예물은 모두 별도의 목록과 같이 하였다."

라고 하였다. 왕이 혼당魂堂에 이르러 제전祭奠과 조문하며 위로하는 조서를 받았다. 노윤적路允迪 등이 왕에게 고하기를, "황제께서 선왕이 훙서薨逝하고 사왕嗣王이 왕업을 전해 받았다는 소식을 듣고 사신을 보내어 조문하게 하셨으며, 조문하여 위로하는 조서와 제문祭文은 모두 황제께서 친히 쓰셨습니다. 원풍元豊 연간의 제문과 조문은 상례常禮에 그쳤지만 지금은 은총과 예우가 심히 달라 특별히 부자父子 간의 은총을 더하셨습니다. 대관大觀 연간에 내린 조서 안에는 특별히 권權자를 없애 진정한 왕이라는 예우를 보여 주셨는데, 지금의 이 어찰에도 역시 특별한 은혜를 보여주셨습니다. 다만 선왕이 이미 요遼의 책명冊命을 받았으므로 피휘避諱하였을 뿐입니다. 지금은 요의 명이 이미 끊어졌으니 조정에 명을 청해도 괜찮겠습니다."라고 하였다. 왕이 대답하여 이르기를, "우리나라弊邦는 조종 이래로 화풍華風을 즐겨 사모하였습니다. 하물며 선고先考께서는 예로써 사대하고 충성으로 술직述職하였습니다. 비록 해외에 있으나 마음은 항상 황실王室에 있었으니, 천자께서 환하게 아시고 은총과 은택을 누차 더해주셨습니다. 지금 또 친히 제문을 지으시어 특별한 은혜를 보이시고 신의 직함職銜에서 권權자를 빼주셨습니다. 비록 선고께서 이러한 예우를 받으셨으나 소자가 어찌 이를 감당할 수 있겠습니까. 소위 책명이라는 것은 천자가 제후에게 포상하는 큰 예전禮典입니다. 상이 아직 끝나지 않았는데 갑작스럽게 큰 예전을 구하는 것은 도의 상 미안한 일이니 실로 부끄러움이 더할 뿐입니다. 바라건대 내년에 사신을 보내어 사은하고 아울러 작은 정성을 전달하기 원합니다. 생각하건대 공들이 잘 아뢰어 주기 바랍니다."라고 하였다.

王楷 ▶ 1123년 7월 **중서시랑평장사 김고가 사망하다**

중서시랑평장사中書侍郞平章事 김고金沽가 사망하였다. 김고는 풍채風姿가 맑고 아름다웠으며 문장과 학식이 뛰어났다.

王楷 ▶ 1123년 7월 18일 **혜성이 북두를 침범하여 소재도량을 열다**

혜성[星孛]이 북두北斗를 침범하였다. 소재도량消災道場을 건덕전乾德殿에 5일 동안 열었다.

王楷 ▶ 1123년 8월 **일식이 일어나다**

일식이 있었다.

王楷 ▶ 1123년 8월 **이자겸을 판서경유수사로 삼다**

이자겸李資謙을 판서경유수사判西京留守事로 삼았다.

王楷 ▶ 1123년 8월 **요에 보낸 사신이 도착하지 못하고 돌아오다**

하칙보河則寶를 요遼에 보내었다. 용주龍州에서부터 배를 타고 바다를 건넜으나[泛海] 도달하지 못하고 돌아왔다.

王楷 ▶ 1123년 10월 **백고좌도량을 열고 승려 3만명에게 반승하다**

백고좌도량百高座道場을 회경전會慶殿에서 열고, 30,000명에게 반승飯僧하였다.

王楷 ▶ 1123년 12월 **사면령을 내리고 기로 및 불우한 민들에게 잔치를 베풀다**

사면[肆赦]하고, 산천에 차례대로 제사지내며[秩祀], 기로耆老 및 독질자篤疾者·폐질자癈疾者에게 잔치를 베풀고, 물품을 차등 있게 하사하였다.

王楷 ▶ 1123년 12월 **김지화 등을 임명하다**

김지화金至和를 판병부사判兵部事로, 임유문林有文·최홍재崔弘宰를 문하시랑평장사門下侍郎平章事로 삼고, 김약온金若溫을 중서시랑평장사中書侍郎平章事로 삼고, 척준경拓俊京을 이부상서 참지정사吏部尚書 參知政事로 삼고, 박승중朴昇中을 추밀원사樞密院使로 삼고, 김인규金仁揆를 동지추밀원사로, 이자덕李資德을 추밀원부사樞密院副使로 삼았다.

인종 2년(1124년)

―인종공효대왕―

王楷 ▶ 1124년 1월 태사 중서령 이자겸이 모친상으로 자리에서 물러나다

태사 중서령太師 中書令 이자겸李資謙이 모친상으로 인해 자리에서 물러났다. 어머니 김씨金氏는 성품이 탐욕스러워 시장 사람市人의 재물을 억지로 사고 혹은 값을 전혀 치르지 않거나 또는 노비를 풀어 횡포를 부렸다. 죽게 되자 시장 사람들이 서로 축하하였다.

王楷 ▶ 1124년 1월 문하시랑평장사 김준이 사망하다

문하시랑평장사 김준金晙이 사망하였다. 김준은 영민하고 예리하며 학문을 좋아하였고 문장을 잘 지었다. 장원으로[魁科] 급제하였고, 진주사록晉州司錄으로 나갔을 때에는 다스림에 성과가 있었다. 윤관尹瓘이 여진女眞을 정벌할 때에는 형부낭중刑部郎中으로서 좌군판관左軍判官이 되었다. 군이 패하자 윤관이 노하여 군사를 포박하여 장차 죽이려 하였으나 김준이 큰 소리로 이르기를, "오늘의 패전은 병마사兵馬使 임언林彥이 군율을 그르쳤기 때문입니다. 이는 용서하고 문책하지 않으면서 군사를 죽이면, 어찌 강자도 두려워하지 않고 약자도 업신여기지 않는[不吐剛不茹柔] 뜻이라 이르겠습니까."라고 하였다. 윤관이 몹시 놀라 포박을 풀고 그들을 석방하였다.

王楷 ▶ 1124년 2월 최홍재를 유배보내다

동지추밀원사同知樞密院事 최홍재崔弘宰를 승주昇州 욕지도褥地島로 유배하였다. 최홍재는 장수의 가문에서 일어나 활쏘기와 말타기를 잘하였는데, 여러 번 종군하여 존귀하고 이름이 높아지자 권력을 마음대로 부리고 권위와 복을 누렸다. 이때 이자겸李資謙이 지나치게 교만하여 다른 사람들이 자신에게 복종하지 않음을 스스로 알고 자신을 도모할까 항상 두려워하며 최홍재를 자못 의심하였다. 무인武人 권인權因이라는 자가 있었는데, 그 뜻을 알고 이자겸에게 참소하며 이르기를, "최홍재는 장군將軍 정정숙鄭旌淑·이신의李神義와 함께 음모를 꾸미니, 장차 영공令公에게 이롭지 못할 것입니다."라고 하였다. 이자겸이 이를 척준경拓俊京에게 물었다. 척준경이 말하기를 "최홍재의 사람됨은 헤아려 알기 어려우니 그렇지 않다고 보증할 수 없습니다."라고 하였다. 이자겸은 곧 은밀히 아뢰어 최홍재를 유배하고 또 정정숙·이신의 및 최홍재의 아들 최상崔翔·최온崔溫·최단崔端과 승 도휴道休 및 최온의 처부 노영거盧令琚를 먼 곳으로 유배하였다.

王楷 ▶ 1124년 3월 상서우복야 이덕우가 사망하다

상서우복야尙書右僕射 이덕우李德羽가 사망하였다. 이덕우는 문한文翰으로 자임하였고 일찍이 『숙종실록肅宗實錄』을 편수하였다.

王楷 ▶ 1124년 윤3월 큰 바람이 불고 낮에도 어둡다

큰바람이 불어 낮에도 어두웠다.

1 王楷 ▶ 1124년 4월 혜종의 신주를 순릉으로 옮기고 예종을 태묘에 합사하다

혜종惠宗의 신주를 순릉順陵으로 옮기고 예종睿宗을 태묘大廟에 합사하였다. 이때 사람들이 의논하여 이르기를, "혜종은 백성에게 공덕이 있으니 마땅히 불천지주不遷之主로 삼아야 하는데 이를 옮기는 것은 예가 아니다."라 하였다.

王楷 ▶ 1124년 5월 **고효충 등 37명에게 급제를 하사하다**

고효충高孝冲 등 37인에게 급제를 하사하였다.

王楷 ▶ 1124년 5월 **이자겸에게 조서를 내려 기복하게 하다**

추밀원사樞密院使 박승중朴昇中을 보내어, 중서령中書令 이자겸李資謙에게 조서를 내려 타일러 이르기를,

"공은 선왕이 부탁한 사람이자 내[朕]의 존친尊親이오. 임무가 크고 책임이 중하며 공로가 높고 덕이 무거우니 많은 관리와 더불어 동일하게 일컬을 수 없소. 지금부터 내리는 조서에 이름을 일컫지 않고 경이라 일컫지 않겠소. 이는 비록 특별한 예우이지만 또한 옛 법령과 규칙을 따른 것이니 마땅히 공경히 받들어야 하는 것이오. 혹시라도 고사하지 말고 그대로 상복을 벗고 조정에 나오시오."

라고 하였다. 옷과 허리띠·안마鞍馬·금·은·폐백을 매우 많이 하사하였다. 이자겸이 표를 올려 사례하며, 상喪을 마칠 것을 청하였다.

王楷 ▶ 1124년 5월 **송 상인들이 명주인 2명의 체류를 허락하는 공문을 전하다**

송宋의 상인 유성柳賊 등 49인이 왔다. 처음에 명주明州의 두도제杜道濟와 축연조祝延祚가 상선을 따라 우리나라에 도착하고는 돌아가지 않았다. 명주에서 거듭 문서를 보내 찾았다. 우리나라에서 표문을 올려 체류할 수 있도록 청하였다. 이에 이르러 유성 등이 와서 명주에서 성지聖旨를 받들어 보낸 첩牒을 전달하였는데, 거기에 이르기를, "두도제 등이 편리할 대로 거주할 것을 허락한다."라고 하였다.

王楷 ▶ 1124년 6월 **박승중이 이자겸에 아첨하고자 하다**

박승중朴昇中이 차자箚子를 올려 중서령中書令에게 하사한 조서 및 중서령이 올린 사장표謝章表를 사관史官에 주어 역사책에 쓰기를 청하였으니, 대개 이자겸李資謙에게 아첨하고자 한 것이다.

王楷 ▶ 1124년 6월 왕이 현릉 등 네 개 릉을 배알하다

현릉顯陵·창릉昌陵·유릉裕陵·수릉綏陵 네 능을 배알하였다.

王楷 ▶ 1124년 7월 왕이 태묘에서 체제를 지내다

태묘大廟에서 친히 체제禘祭를 지냈다. 태조太祖는 동쪽을 향하게 하였고, 덕종德宗·정종靖宗·문종文宗·예종睿宗은 소昭로 삼고, 현종顯宗·순종順宗·선종宣宗·숙종肅宗은 목穆으로 삼았다.

王楷 ▶ 1124년 7월 이자겸을 조선국공으로 책봉하다

사자를 보내어 이자겸李資謙을 봉하여 양절익명공신 영문하상서도성사 판이병부서경유수사 조선국공 식읍8,000호 식실봉 2,000호亮節翼命功臣 領門下尙書都省事 判吏兵部 西京留守事 朝鮮國公 食邑八千戶食實封二千戶로 삼고 부府의 이름을 숭덕崇德, 궁을 의친懿親이라 하였다. 그의 처 최씨崔氏를 봉하여 진한국대부인辰韓國大夫人으로 삼고 아들 이지미李之美를 비서감 추밀원부사秘書監 樞密院副使으로 삼고, 이공의李公儀를 상서형부시랑尙書刑部侍郞으로 삼고, 이지언李之彦를 상서공부낭중 겸 어사잡단尙書工部郞中 兼 御史雜端으로 삼고, 이지보李之甫를 상서호부낭중 지다방사尙書戶部郞中 知茶房事로 삼고, 이지윤李之允을 전중내급사殿中內給事로 삼고, 이지원李之元을 각문지후閤門祗候로 삼고, 아들인 승 의장義莊을 수좌首座로 삼았다. 왕이 건덕전乾德殿의 문 밖으로 나와 조서를 친히 전달하였다. 백관이 전정殿庭에 나아가 하례하였고 이어서 이자겸의 사저에 나아가 하례하였다. 숭덕은 본디 역신 김치양金致陽의 서쪽 집의 호인데 후에야 이를 알았다. 이때 또 지旨를 내려 이자겸의 할아버지와 아버지를 추봉追封하였다. 박승중朴昇中이 건의하기를, "죽책竹冊으로 봉하여 높이고 무덤에 고하는 날에는 교방敎坊의 음악을 하사하기를 청합니다."라 하였다. 예부시랑禮部侍郞 김부식金富軾이 이르기를, "종묘宗廟에서 음악을 사용하는 것은 평소의 삶을 상징하는 것입니다. 분묘가 있는 황량한 땅 같은 경우에는 모두 소복으로 종사하고 눈물 흘리며 우는 데에 이르니 어찌 음악을 사용할 수 있겠습니까."라고 하였다. 박승중이 또 이자겸의 생일을 인수절仁壽節이라 일컫자고 하였다. 김부식이 이르기를 "생일을 절節이라 칭하는 것은 예로부터 없는 바입니다. 당 현종玄宗 때 비로소 황제의 생일을 칭하여 천추절千秋節이라 하였는데 신하가 절을 칭한 것은 듣지 못하였습니다."라고 하였다. 김약온金若溫이 이르기를, "시랑의 의견이 지당하므로 저는 이의를 제기할 것이 없습니다."라고 하였다.

王楷 ▶ 1124년 7월 송에 사은사를 보내다

추밀원부사樞密院副使 이자덕李資德과 어사중승御史中丞 김부철金富轍을 보내 송宋에 가서 사은하고 방물方物을 바쳤다.

王楷 ▶ 1124년 7월 이자겸이 상복을 벗고 나오니 신하들이 하례하다

이자겸李資謙이 상복을 벗고 관청에 올라 중서성中書省에 앉았다. 재추와 문무 상참常參 이상은 계단 위에, 7품 이하는 계단 아래에 잇달아 서서 하례하였다. 이날 큰비가 내리고 천둥번개가 쳐 저자에 물의 깊이가 1장丈이나 되었고, 영은관迎恩館에 벼락이 쳤다.

王楷 ▶ 1124년 8월 이자겸의 셋째 딸을 왕비로 맞아들이다

이자겸李資謙이 셋째 딸을 왕에게 납비納妃하였다. 이자겸은 다른 성을 비로 삼으면 곧 권세와 총애가 나누어지는 일이 있을까 두려워하여 이를 억지로 청하였다. 왕은 부득이 이를 따랐다. 이날 소나기가 내리고 큰 바람이 불어 나무가 뽑혔다.

王楷 ▶ 1124년 8월 대사면령을 내리다

신봉루神鳳樓에 임어하여 대사면령을 내리고, 교서를 내려 이르기를,

"짐이 외람되이 태자가 되어 외람되이 동궁震宮에 자리를 잡고는 효행으로서 군친君親을 받들지도 못하고 인덕을 사서士庶에게 알리지도 못하였는데, 하늘의 도

움을 받지 못하고 재앙을 만났다. 달을 날로 바꾸어[易月] 상을 마치고는 궁검弓劍을 안고 슬프게 부르짖었으며, 〈부모가 드시던〉 국과 〈부모가 거니시던〉 담장을 보면 심히 그리우니, 외가의 어른을 높여 이로써 돌아가신 어머니의 영령을 위로하고자 한다. 하물며 조선국공朝鮮國公은 충성으로 보좌하여 공로가 이미 높으시다. 사자를 보내어 공과 부인을 책명策命하고 아울러 여러 아들과 사위를 서용한다. 마땅히 나머지 은혜를 추급함으로써 내외內外의 참형斬刑과 교형絞刑 2죄二罪 이하는 모두 사면하여 이를 면제하고, 산천에 멀리서 제사지내며[望秩], 노인 및 독질篤疾·폐질廢疾, 환과고독鰥寡孤獨에게 잔치를 베풀고 물품을 차등 있게 하사하며, 무릇 직職이 있는 자는 각각 차례대로 직을 올리도록 하라."

라고 하였다. 이날 중앙과 지방[中外]에서 바친 방물方物은 다 숭덕부崇德府에 보내었다.

王楷 ▶ 1124년 9월 21일 **태백성이 낮에 나타나 하늘을 가로지르다**

태백太白이 낮에 나타나 6일 간 하늘을 가로질렀다.

王楷 ▶ 1124년 9월 **왕이 현화사에 가서 재추 등에게 잔치를 베풀다**

왕이 현화사玄化寺에 가서 재추宰樞와 시신侍臣에게 잔치를 베풀었다.

王楷 ▶ 1124년 10월 **왕의 생일을 맞아 신하들에게 잔치를 베풀다**

경룡절慶龍節이라고 하여 건덕전乾德殿에서 여러 신하들에게 잔치를 베풀고, 상참常參 이상의 관리에게는 각기 말 1필을 하사하였으며, 또 함원전含元殿에서 재추宰樞와 시신侍臣에게 잔치를 베풀었다.

王楷 ▶ 1124년 12월 **임유문 등을 임명하다**

임유문林有文을 치리공신 검교태보 수태위 판상서호부사致理功臣 檢校太保 守太尉 判尙

書戶部事로 삼고, 김약온金若溫을 검교사도 수사공 문하시랑평장사檢校司徒 守司空 門下侍郞 平章事로, 척준경拓俊京을 개부의동삼사 검교사도 수사공 중서시랑평장사開府儀同三司 檢校司徒 守司空 中書侍郞平章事로 삼고, 이수李壽를 검교사도 수사공 참지정사檢校司徒 守司空 參知政事로, 박승중朴昇中을 검교사공 정당문학 판한림원사檢校司空 政堂文學 判翰林院事로, 김인규金仁揆를 검교사공 이부상서 지문하성사檢校司空 吏部尙書 知門下省事로, 이자덕李資德을 공부상서 지추밀원사工部尙書 知樞密院事로 삼았다.

인종 3년(1125년)

-인종공효대왕-

王楷 ▶ 1125년 1월 **이자겸의 넷째 딸을 왕비로 맞아들이다**

이자겸李資謙이 또 넷째 딸을 왕에게 납비納妃하였다.

王楷 ▶ 1125년 3월 **북요에서 탈출해온 장졸들에게 관직을 주다**

제制하기를,

"의주낭장義州郎將 유청庾淸은 일찍이 북요北遼에 사로잡혔는데 지금 스스로 탈출하여 돌아왔다. 마땅히 개경開京으로 오도록 하여 원래의 직책을 주고, 일행이었던 군인 충점忠占에게는 또한 본주의 교위校尉를 주라."

라고 하였다.

王楷 ▶ 1125년 3월 **숭복원에 흥성사라는 호를 하사하고 잔치를 베풀다**

숭복원崇福院에 행차하여 흥성사興聖寺라는 호를 하사하였으며 재를 지내고 음악을 베풀어 낙성하고 재추宰樞와 시종관에게 잔치를 베풀었다. 이튿날 사면하였다.

王楷 ▶ 1125년 4월 **척준경이 고향으로 돌아가니 왕이 타일러 복직하게 하다**

중서시랑中書侍郎 척준경拓俊京이 스스로 면직하고, 그의 고향 곡주谷州로 돌아갔다. 왕이 이를 듣고, 시랑侍郞 최식崔湜과 봉어奉御 이후李侯를 보내 뒤쫓아 우봉군牛峯郡에서 따라붙여 그를 타이르자, <척준경이> 곧 돌아왔다. 얼마 지나지 않아 복직하였다.

王楷 ▶ 1125년 4월 이자겸의 집에서 잔치를 베풀고 그 자제 등에게 벼슬을 주다

조詔하기를, "개명택開明宅은 조선국공朝鮮國公의 선조가 살던 곳으로 유사에게 명하여 수리하도록 하였다. 지금 이미 완공되었으니 이름을 고쳐 중흥택重興宅이라 하라."라고 하였다. 이자겸이 들어가 사는 것을 허락하고, 참지정사參知政事 이수李壽 등을 보내어 교서 및 옷과 허리띠·금과 비단金帛·땅과 밭土田·노비·안마鞍馬를 매우 후하게 하사하였다. 그 집에 행차하여 잔치를 베풀고 한 집안 사람의 예[家人禮]를 사용하고, 밤이 끝나자 돌아와, 이지미李之美를 시예부상서 동지추밀원사試禮部尚書 同知樞密院事로 임명하고 이공의李公儀를 위위경衛尉卿으로 삼고 여러 자제와 사돈과 동서[姻婭]에게는 차등 있게 벼슬을 주었다.

王楷 ▶ 1125년 4월 이자현이 사망하다

청평산인淸平山人 이자현李資玄이 사망하였다. 이자현은 부귀富貴하게 나서 자랐고 척리戚里임에 의지하여 지위에 올랐으나[夤緣], 도리어 분잡하고 화려한 것을 싫어하고 한적함을 좋아하여 관직을 버리고 입산하여 생을 마쳤다. 그러나 성품이 인색하고 재화를 많이 비축하였으며 재물을 일으키고 곡식을 쌓아, 자못 일대 농민의 고충이 되었다. 병이 생기자 왕이 내의內醫를 보내어 문병하고 차와 약을 하사하였다.

王楷 ▶ 1125년 4월 왕이 보제사에 가서 비를 빌다

보제사普濟寺에 행차하여 비를 빌었다.

王楷 ▶ 1125년 5월 금에서 표문이 아니라는 이유로 국서를 받지 않다

사재소경司宰少卿 진숙陳淑과 상의봉어尚衣奉御 최학란崔學鸞을 보내 금金에 갔다. 금은 국서國書가 표문이 아니고 또 칭신稱臣하지 않았다는 이유로 받지 않았다.

王楷 ▶ 1125년 5월 **왕이 묘통사에 가서 비를 빌다**

묘통사妙通寺에 행차하여 비를 빌었다.

王楷 ▶ 1125년 7월 **이양신 등 37명에게 급제를 하사하다**

이양신李陽伸 등 37인에게 급제를 하사하였다.

王楷 ▶ 1125년 8월 **왕이 서경에 가다**

서경西京에 행차하였다.

王楷 ▶ 1125년 9월 **낙랑백 김경용이 사망하다**

낙랑백樂浪伯 김경용金景庸이 사망하였다. 김경용은 체격이 크고 아름다우며 풍채가 있었다. 어렸을 때는 방종하고 음악과 여색을 좋아하였다. 일찍이 길에서 어떤 사람과 싸웠는데, 송宋의 상인이 이를 보고 말하기를, "지금 그대의 관상을 보니 뼈의 생김새가 빼어나고 기이하여 필시 부귀하고 장수할 것입니다. 청하건대 자신을 아끼십시오."라고 하였다. 김경용은 이로 말미암아 자못 자부하게 되었다. 일찍이 광주목판관廣州牧判官이 되었는데 정사를 행함이 가혹하지 않아도 사람들이 그를 두려워하고 공경하였다. 재상이 됨에 이르러서 세력에 의지하여 재화를 늘렸고 집을 장엄하고 화려하게 치장하여, 당시의 의론이 이를 비웃었다.

王楷 ▶ 1125년 10월 **문하시랑평장사로 치사한 임유문이 사망하다**

문하시랑평장사門下侍郞平章事로 치사한 임유문林有文이 사망하였다.

王楷 ▶ 1125년 11월 **왕이 서경에서 돌아오다**

왕이 서경西京으로부터 이르렀다.

王楷 ▶ 1125년 12월 **척준경 등을 관직에 임명하다**

척준경拓俊京을 문하시랑평장사門下侍郎平章事로 삼고, 이수李壽를 중서시랑평장사中書侍郎平章事로 삼고, 박승중朴昇中·이자덕李資德·김인규金仁揆를 모두 참지정사參知政事로, 허재許載를 지문하성사知門下省事로, 이지미李之美를 지추밀원사知樞密院事로, 지녹연智祿延·김진金縝·김부일金富佾을 모두 동지추밀원사同知樞密院事로 삼았다.

인종 4년(1126년)

−인종공효대왕−

王楷 ▶ 1126년 2월 **왕비 이씨를 책봉하여 연덕궁주로 삼다**

왕비 이씨李氏를 책봉하여 연덕궁주延德宮主로 삼으니 곧 이자겸의 셋째 딸이다.

王楷 ▶ 1126년 2월 25일 **김찬 등이 이자겸과 척준경 주살을 모의했으나 실패하다**

내시 지후內侍祗候 김찬金粲과 내시 녹사內侍錄事 안보린安甫鱗이 동지추밀원사同知樞密院事 지녹연智祿延 등과 함께 이자겸李資謙과 척준경拓俊京을 주살하려고 모의하였으나, 이루지 못하였다. 앞서 예종睿宗이 붕어하고 왕이 어려서 즉위하자, 이자겸은 권세와 총애를 굳히고자 두 딸을 왕에게 들였고 자신을 따르지 않는 자가 있으면 온갖 계책으로 중상하였다. 그의 족속을 요직에 포진시켜 늘여놓고 당여黨與을 많이 심어놓으며, 스스로를 높여 국공國公이라 하고 부府를 열어 요속僚屬을 두었는데 예법의 등급으로는 왕태자로 간주하였고 생일은 인수절仁壽節이라 칭하였으며 내외內外에서 하례하거나 사례하는 것은 전箋이라 칭하였다. 여러 아들은 집을 경쟁하며 세워 거리에 길게 늘어섰고 기세는 더욱 성해 뇌물을 주고받는 행위를 공공연히 행하였고 종을 풀어 다른 사람의 거마車馬를 빼앗아 자신의 물건을 실어 나르니 소민小民들이 모두 수레를 부수고 소와 말을 팔아 도로가 시끄럽고 수선해졌다. 이자겸은 또한 군국軍國의 일을 주관하고자 하여, 왕에게 그의 집에 행차하기를 청하여 수책授冊해

줄 것을 강제로 정하게 하였다. 그날 일은 비록 성취되지 않았지만 왕이 자못 그를 미워하게 되었다. 김찬 및 안보린이 항상 옆에서 모시며 왕의 뜻을 헤아려 알게 되어 곧 지녹연과 함께 모의하여 그를 제거할 것을 청하였다. 왕은 그 일을 중히 여겨 김찬을 평장사平章事 이수李壽와 전 평장사 김인존金仁存에게 보내 계책을 물었다. 모두 대답하여 이르기를, "주상께서는 외가에서 태어나고 자라 은혜를 끊을 수 없는데 하물며 그의 당여가 조정에 가득하니 경거망동할 수 없습니다. 청하건대 때를 기다리시기 바랍니다."라고 하였다. 왕이 듣지 않았다. 김인존은 곧 김연金緣이다. 지녹연 등은 상장군上將軍 최탁崔卓·오탁吳卓, 대장군大將軍 권수權秀, 장군將軍 고석高碩 등을 불러 그를 잡아 먼 지방으로 유배 보내려 함께 모의하였다. 척준경은 이지원李之元의 장인妻父으로 동생 척준신拓俊臣과 함께 자못 권세를 부렸다. 최탁 등은 본래 척준신이 낮은 지위에서부터 발탁되어 병부상서兵部尙書로 임명되어 윗자리를 차지한 것을 질시하였기에 이를 허락하였다. 약속이 이미 정해졌으니 이날 초저녁이 되자 군사를 거느리고 궁에 들어 먼저 척준신 및 척준경의 아들인 내시內侍 척순拓純, 지후祗候 김정분金鼎芬, 녹사錄事 전기상田其上·최영崔英 등을 먼저 죽이고 시신을 궁성 밖으로 던졌다. 내직기두內直旗頭 학문學文이 성을 넘어 중랑장中郞將 지호池顥에게 부탁하여 이자겸에게 고하였는데 이자겸이 어찌 할 바를 알지 못하였다. 낭중郞中 왕의王毅가 또한 성을 넘어 달려가서 상세한 사실을 고하였는데 이자겸이 척준경 및 이지미 등 여러 아들과 함께 서로 돌아보고 두려워하며 재추와 백료를 사저에 소집하였다. 이자겸은 너무 급하여 어찌할 바를 모르고 이지미로 하여금 오가면서 의논하고 물어보게 하였는데 모두 대답할 바를 알지 못하였다. 척준경이 이르기를, "일이 급하니, 앉아서 기다릴 수 없다."라고 하였다. 이에 시랑侍郞 최식崔湜, 지후 이후진李侯進, 녹사錄事 윤한尹翰 등과 함께 수십 인을 거느리고 밤에 주작문朱雀門에 이르렀으나 들어갈 수 없었다. 윤한으로 하여금 성을 넘고 자물쇠를 잘라 관문을 열도록 하고, 들어가서 신봉문神鳳門 밖에 이르니 부르짖고 떠드는 소리가 땅에 진동하였다. 지녹연·최탁 등은 외부의 병력이 대거 집결했다고 여기고 너무 놀라서 모두 나오지 못하였다. 이자겸은 사람들로 하여금 최탁·오탁·권수·고석 등의 집에 불을 지르고 그들의 처자와 노복을 가두었다. 좌복야左僕射 홍관洪灌이 도성都城에서 숙직하고 있었는데 탄식하며 이르기를, "군주가 치욕을 당하면 신하가 죽어야 하는데, 내가 편안히 있을 수 있겠는가."라고 하였다.

王楷 ▶ 1126년 2월 26일 **이자겸과 척준경이 궁궐을 불태우다**

여명黎明에 서화문西華門에 이르러 문을 두드려 들어가기를 청하자 지녹연이 줄로 그를 올려주어 왕의 곁에서 모시게 되었다. 척준경이 척준신 무리의 시신을 보고는 면하지 못할까 두려워 이지보李之甫·최식·이후진·김정황金鼎黃·조순거曹舜擧·윤한·문중경文仲經 등과 함께 군졸을 불러 모으고 군기고軍器庫에 들어가 갑옷과 투구와 병장기를 취하고 나아가 승평문昇平門을 에워쌌다. 이자겸의 아들인 승 의장義莊이 현화사玄化寺에서 승 300여 인을 거느리고 궁성 밖에 이르렀다. 궁 안에 있는 자는 감히 나가지 못하고 다만 활과 화살을 쥐고 자성子城의 문 위를 나누어 지켰다. 왕이 신봉문에 임어하여 황산黃傘을 펼치니, 척준경의 군졸이 멀리 바라보고 늘어서서 절하고 기뻐하며 만세를 외쳤다. 왕이 시켜 묻기를, "너희 무리는 어찌하여 병기를 가지고 이른 것이냐."라고 하였다. 대답하여 이르기를, "듣기를 적이 궁궐 내에 들어갔다고 하니 사직을 보위하기를 청할 뿐입니다."라고 하였다. 왕이 이르기를, "그렇지 않다. 짐 또한 탈이 없으니 너희들은 갑옷을 풀고 흩어져 돌아가도 된다."라고 하였다. 마침내 내탕內帑의 은과 비단을 매달아 내려 군졸에게 하사하고 시어사侍御史 이중李仲과 기거사인起居舍人 호종단胡宗旦으로 하여금 군사에게 선유宣諭하여 갑옷을 벗고 병기를 던지도록 하였다. 척준경이 노하여 칼을 뽑아 이중 등을 쫓아내고 군졸들로 하여금 다시 갑옷을 입고 병기를 잡도록 하며 크게 소리를 지르니 혹 빗나간 화살이 임금의 앞에 이르기도 하였다. 의장의 무리는 도끼로 신봉문의 기둥을 찍었는데 누각 위에서 승을 쏘아 그 머리를 뚫으니 즉사하였다. 이자겸은 합문지후閤門祗候 최학란崔學鸞과 도병마녹사都兵馬錄事 소억邵億으로 하여금 궁문에 이르도록 하여 상주하여 이르기를, "청컨대 궁궐 내에서 난을 일으키는 자를 내어 주십시오. 그렇지 않으면 궁중이 놀라 동요할까 두렵습니다."라고 하였다. 말이 심히 불손하여 왕이 말없이 잠잠하였다. 내시㉮ 박심조朴深造라는 자는 박승중朴昇中의 아들인데 궁의 뒷간으로부터 나와 옷이 똥물로 흠뻑 젖은 채로 곧장 이자겸의 사저에 이르러 궁중의 사정을 고하였다. 이자겸이 의관을 주어 그의 노고를 위로하였다. 척준경이 소억을 보내 이자겸에게 알렸는데 이르기를, "오늘 해가 저물면 적이 밤을 타고 몰래 나타날까 염려가 되니 그들이 미처 나타나지 않았을 때에 궁문을 불사르고 색출하여 사로잡는 것이 어떠합니까."라고 하였다. 이자겸은 이지미로 하여금 평장사 이수 등에게 물으니 대답하여 이르기를, "궁궐은 서로 나란히 있으니 불길이 번져나가 꺼지지 않을 수 있어 두려우니 심히 옳지 않다."라고 하였다. 척준경이 대답을 기다리지 않고 소부감少府監의 황회목黃灰木과 장작감將作監의 나무 막대를 모으고 동화문東華門 행랑에 쌓아 불을 질렀다. 바람이 불길을 부채질해 활활 타올라 순식간에 내침內寢까지 미치게 되니, 궁인은 모두 놀라서 숨었다. 해가 저물자 척준경과 이지보는 갑옷을 입고 말에 올라 병사 100여인을 거느리고 춘덕문春德門에 이르렀다. 문을 지키던 내시內侍 이숙신李叔晨이 문을 열고 그들을 들여보냈다. 척준경이 좌액문左掖門으로 들어오자 전 금위별장禁衛別將 이작李作과 장군將軍 송행충宋幸忠이 칼을 빼어들고 그를 쫓아오니 척준경은 급히 퇴각하였고 이작은 손으로 문을 닫았다. 척준경이 사람을 보내 여러 문을 지키도록 하고 명령하며 이르기를, "안으로부터 나오는 자가 있거든 즉시 죽여라."라고 하였다. 지추밀원사知樞密院事 김진金縝은 숙직실에 있었는데 불이 닥쳐오는 것으로 보고 말하기를, "나는 평생 고지식하고 권력자를 두려워하지 않았기에 이자겸·척준경과는 틈이 있었다. 나가면 반드시 해를 당할 것인데 적의 손에서 죽는 것은 자진하는 것만 못하다."라고 하였다. 종자를 시켜 문을 닫고, 불에 타죽었다. 밤에 왕이 산호정山呼亭으로 걸어가 탄식하며 이르기를 "김인존의 말을 쓰지 않은 것이 한스럽구나."라고 하였다. 시종은 모두 흩어지고 오직 근신 임경청林景淸 등 10여 인만 있었다. 왕은 해를 입을까 두려워 글을 작성하여 이자겸에게 선위禪位할 것을 청하였다. 이자겸은 양부兩府의 논의가 두려워 감히 말을 꺼내지 못하였다. 이수가 앉은 자리에서 큰 소리로 말하며 이르기를, "주상께서 비록 조서를 내리셨다고 해도 이공이 어찌 감히 이와 같이 하겠는가."라고 하였다. 이자겸의 뜻이 드디어 꺾이어 눈물을 흘리며 서신을 돌려주며 이르기를, "신에게는 두 마음이 없으니, 오직 왕께서 이를 헤아려주소서."라고 하였다. 홍립공洪立功이라는 자가 있었는데, 장군 유한경劉漢卿 휘하의 중랑장中郞將이었다. 이자겸이 유한경을 궁궐에 들여 보내 곧 홍립공을 차장군借將軍으로 삼고는 그로 하여금 병사를 이끌고 척준경의 지휘를 따르도록 하였다. 척준경이 홍립공으로 하여금 군졸 60여인과 섶을 매고 도성 남쪽 길에 이르도록 하였다. 홍립공이 군졸에게 비밀리에 이르기를, "나와 너희들은 모두 왕의 신하인데 땔나무를 등에 지고 궁궐을 불사르는 것은 신하의 의가 아니다."라고 하였다. 마침내 지고 있던 것을 내려놓고, 선교문宣敎門 구멍을 통해 들어가 멀리서 바라보며 늘어서서 절을 하였다. 왕이 놀라 묻기를, "너는 누구인가."라고 하였다. 홍립공이 앞에서 스스로 진술하였다. 왕은 심히 기뻐 술과 음식을 하사하였고 이때부터 숙위하며 떨어지지 않았다. 계해. 여명에 왕은 화염이 거의 닥치자 나가고자 하였다. 때마침 이자겸이 승선承宣 김향金珦을 보내어 나와서 남궁으로 임어할 것을 청하였다. 왕은 걸어서 경령전景靈殿에 이르러 내시 백사청白思淸에게 명하여 조종의 어진神御을 받들어 내제석원內帝釋院에 있는 마른 우물 안에 넣어놓도록 하고 곧 서화문을 나가 말을 타고 연덕궁延德宮에 이르렀다. 오탁이 앞에서 인도하였다. 척준경은 낭장郞將 장성張成으로 하여금 칼을 빼어들고 돌입하도록 하여 오탁을 잡아 참수하고 또 사람을 나누어 보내어 최탁·권수·고석·유한경·송행충·이작·안보린 및 대장군 윤성尹成·한경韓景, 장군 박영朴英·송인宋仁·사유정史惟挺·오정신吳挺臣, 낭장 이유李儒, 내시 최잠崔箴, 원외랑員外郞 박원실朴元實 등을 잡아 모두 죽였다. 홍관은 늙고 병들어 잘 다닐 수 없어 마지막으로 서화문 밖으로 나오자 척준경이 시켜 그를 죽였다. 그 나머지 군사로서 죽은 자는 이루 셀 수 없었다. 내시 봉어內侍 奉御 왕관王觀, 대장군 윤선尹先, 낭장 정총진丁寵珍, 별장別將 장성호張成好는 남궁에서 시종하고 있었는데 이자겸이 그들을 내보낼 것을 재삼 청하자 왕이 부득이 이를 따르며 사람을 시켜 죽이지 말 것을 청하였으나 이지보가 그들을 모두 죽였다. 이자겸은 또 척준경과 함께 의논하기를, 난이 일어난 날에 숙직한 자는 귀천을 가리지 않고 모두 죽이자고 하였으나 이수가 불가하다고 고집하자 곧 중지하였다. 장군 이록천李祿千·김단金

日·김언金彦은 도망쳐 숨어서 면하였다. 이날 궁궐이 불타버리고 오직 산호정山呼亭·상춘정賞春亭·상화정賞花亭의 세 정자 및 내제석원의 낭무廊廡 수십 칸만이 겨우 보존되었다. 백관은 낭패하여 달아나 흩어졌는데 직사관直史館 김수자金守雌만이 홀로 국사國史를 짊어지고 산호정 북쪽에 이르러 땅을 파 이를 숨겨 다행히 불에 타 없어지는 것을 면하였다. 이지보는 순천관順天館에서 지녹연을 결박하고 참혹하게 대하여 거의 죽게 되자 윤한으로 하여금 압송하여 먼 곳으로 유배 보내었는데 충주忠州에 이르러 병들어 일어날 수 없었으나 기백은 오히려 끊어지지 않자 윤한이 사지를 절단하여 길 옆에 매장하고 돌아왔다. 김찬은 먼 곳으로 유배 보내고 김찬 및 지녹연의 처자는 모두 적몰하여 외관의 노비로 삼았다. 오탁의 아들 오자승吳子升과 고석의 아우 고보준高甫俊은 도망쳐 북산北山에 숨었기에 박영朴永으로 하여금 그들을 추적하게 하였다. 고보준 등은 높은 바위에 올라 박영을 꾸짖으며 이르기를, "이자겸 등은 총애를 훔쳐 권력을 마음대로 부렸으며 백성에게 해악을 퍼뜨리는 것이 승냥이와 호랑이보다 심하였고 장차 종묘와 사직을 뒤엎으려 하였는데 너희들은 모두 간사하게 아첨하여 그를 섬기니 이미 노비[奴隷]만도 못하다. 우리는 의를 일으켜 우리 백성에게 보답하려 하였는데 이루어내지 못한 것은 하늘의 뜻이다. 의로운 자가 어찌 너희 종놈의 손에 의해 죽겠는가."라고 하였다. 곧 하늘을 우러러 부르짖다 바위 아래로 몸을 던져 죽었다. 지녹연은 지채문智蔡文의 증손으로, 재간이 있다고 칭송되었다. 갑신년1104에 여진 토벌에 따라가 자못 공이 있었다. 사람됨은 거칠고 방자하였으며 학술이 없었고, 스스로 지혜가 있다고 일컫었으나 꾀가 옹졸하여 반대로 빠져 화를 당하였다. 홍관은 당성군唐城郡 사람으로 학문에 힘썼고 글씨를 잘 썼다. 김진은 일찍이 영광靈光을 다스리고 청주淸州를 다스렸는데 모두 선정으로 명성이 있어 당시의 사람들이 공경하여 모셨다.

王楷 ▶ 1126년 3월 이자겸이 왕의 거처를 자기 집으로 옮기다

이자겸李資謙이 왕에게 중흥택重興宅의 서원西院으로 거처를 옮길 것을 청하였다. 왕이 시위를 물리치고 샛길을 따라 서원에 이르러 문에 도달하였다. 대경大卿 김의원金義元과 최자성崔滋盛이 중흥택의 집사로서 마중 나왔다. 낭장郎將 지석숭池錫崇, 산원散員 권정균權正鈞, 대정隊正 오함吳含이 산호정山呼亭에서부터 남궁南宮에 이르기까지 좌우를 떠나지 않았다. 이에 이르러 지석숭 등이 왕을 부축하여 북문北門으로 들어가려 하니 이자겸과 척준경拓俊京이 그들을 죽이고자 낭장 이적선李積善으로 하여금 끌고 나가게 하였다. 지석숭이 어의御衣를 손으로 잡고 급히 호소하며 구원을 요청하였다. 왕이 이적선을 돌아보며 꾸짖고 그의 가슴을 찼으나 오히려 풀지 않으니 어의가 그 때문에 찢어졌고 복두幞頭 역시 문미에 닿아 부서졌다. 이지미李之美와 이지보李之甫는 문에서 왕을 멀리서 바라보고도 층계를 내려오지 않았다. 최식崔湜이 홀로 나와 절하며 이적선을 꾸짖으며 말하기를, "성지聖旨가 있는데 네가 어찌 감히 이러하느냐."라고 하였다. 이적선이 비로소 이를 놓았다. 지석숭 등은 오히려 두려워 나오지 못하였다. 이때 환자宦者 조영趙寧이 이자겸을 아첨하며 섬겼다. 왕이 최식과 조영을 불러 이르기를, "지석숭 등 3인은 지성으로 임금을 사랑하고 다른 마음은 없으니, 너희들은 나를 위해 청컨대 죽이지 말라."라고 하였다. 척준경이 이를 따라 먼 곳으로 유배하였다. 왕이 당에 오르자 이자겸이 그 처와 함께 나와 절을 하고 손을 마주 치고 땅을 두드리며 크게 곡하며 이르기를, "황후가 입궁한 이래 태자가 태어나기를 기원하였고, 성인聖人이 탄생하자 하늘에 장수를 기원하며 다하지 못한 일이 없으니, 천지귀신이 저의 지극한 정성을 알고 있습니다. 뜻밖에도 오늘 도리어 불충한 신하를 믿으시고 골육을 해하려 하십니까."라고 하였다. 왕은 부끄러워 얼굴을 붉히고 말없이 잠잠하였다. 왕이 서원에 거처한 후로 좌우에 모두 이자겸의 당여가 있었기에 마음이 답답하고 무료하여 국사를 스스로 듣고 판단하지 않았다. 백료가 가까운 사관寺館으로 옮겼으나, 전과 같이 인원수를 채워 놓을 따름이었다. 이자겸과 척준경의 위세는 더욱 성하였고 그들이 벌이는 일은 감히 어찌 하는 이가 없었다.

사신이 이르기를, "천지의 시운이 변하고 바뀌는 것[消息盈虛]은 하늘의 운행이다. 이자겸의 악이 극에 다다랐으니 망하는 것은 서서 기다릴 수 있었다. 지녹연 등은 사람이 차마 하지 못하는 마음으로 인해 임금의 곁에 있는 악을 제거하고자 하였으나, 지략이 작고 꾀가 미숙하여 마침내 몸을 죽이고 나라를 어지럽히는 데에 이르렀다. 옛날에, 당唐의 이훈李訓과 정주鄭注가 환관을 제거하려 하였으나 이루지 못하여 감로甘露의 변으로 화가 국가에 미쳤는데, 그 일이 거의 합치하니 진실로 탄식할 만하다."라고 하였다.

王楷 ▶ 1126년 3월 27일 누런 안개가 사방에 자욱하다

사방[四塞]에 누런 안개가 자욱하였다.

王楷 ▶ 1126년 3월 28일 해의 색깔이 핏빛같다

해의 색이 핏빛과 같았다.

王楷 ▶ 1126년 3월 금에 사대하는 일에 대해 태묘에 점을 치게 하다

이지미李之美를 보내 태묘大廟에 고하여, 금金을 섬기는 일의 가부를 점쳤다.

王楷 ▶ 1126년 3월 참형과 교형 이하 죄를 사면하다

참형斬刑과 교형絞刑 이하의 죄를 사면하였다. 이자겸李資謙과 척준경拓俊京의 무리에게 사직을 보위하였다고 하여 관직을 차등 있게 주었다.

王楷 ▶ 1126년 3월 척준경에게 정사를 볼 것을 재촉하고 안마를 하사하다

지추밀원사知樞密院事 김부일金富佾을 보내 평장사平章事 척준경拓俊京의 사저로 가서 일을 맡아보도록 재촉하고 안마鞍馬를 하사하였다. 이에 앞서 이지언李之彦의 노奴가 척준경의 가노家奴를 꾸짖으며 말하기를, "너의 주인은 저위儲位에 활을 쏘고 궁궐에 불을 질렀으니 죄가 마땅히 죽어야 하고, 너 역시 마땅히 적몰되어 관노가 되어야 하는데 어찌 나를 욕할 수 있는가."라고 하였다. 척준경이 이를 듣고 크게 노하여 달려서 이자겸의 집에 이르러 곧 옷을 벗고 관을 벗으며 이르기를, "나의 죄가 크니 마땅히 유사[所司]로 나아가 몸소 변론하겠다."라고 하였다. 곧바로 나가 다시 돌아보지 않았는데 어떤 사람이 그를 말리니 곧 집으로 돌아가 쉬었다. 이자겸이 이지미李之美와 이공의李公儀를 보내어 화해를 청하였는데 척준경이 꾸짖으며 말하기를, "전날의 난리는 모두 너희가 한 일인데 어찌 오직 나의 죄만이 마땅히 죽어야 한다고 하는 것인가."라고 하였다. 끝내 보지 않고 자신의 고향에 돌아가 노후를 보내고 싶다고 선언하였다. 왕이 이를 듣고 이 명이 있게 되었다.

王楷 ▶ 1126년 3월 **이자겸의 뜻에 따라 척준신 등의 관직을 추증하다**

척준신拓俊臣을 수사공 좌복야守司空左僕射로, 김정분金鼎芬과 척순拓純을 모두 호부원외랑戶部員外郞으로, 전기상田其上과 최영崔英을 모두 합문지후閤門祗候로 추증하고 후하게 부의하였는데 이자겸의 뜻에 따른 것이다. 이때부터 외가가 더욱 방자하여 박승중朴昇中과 허재許載로부터 아랫사람까지 아첨하며 의부하여 기탁하였는데 흉악하여 두려워할 만하였다. 왕이 비밀히 내의군기소감內醫軍器少監 최사전崔思全과 함께 상의하였다. 최사전이 이르기를, "이자겸이 발호한 까닭은 오직 척준경을 믿기 때문입니다. 상께서 척준경을 얻게 된다면 곧 병권이 내속되어 이자겸은 다만 한 사람의 필부가 될 뿐입니다."라고 하였다. 왕이 이르기를, "척준경은 국공國公의 심복으로 혼인으로 맺어지기까지 하였고 척준신 및 척순이 모두 관병에게 해를 당하여 이로 인해 그를 의심하였다."라고 하였다. 마침내 점을 쳐 길조를 얻으니 이로 인하여 최사전이 척준경의 집에 가 충의로써 타이르며 이르기를, "태조와 열성의 신령이 하늘에서 계셔 화복을 두려워할 만한데 이자겸은 특히 궁액宮掖의 권세에 의지하였고 신의가 없어 호오好惡를 함께 할 수 없다. 공은 마땅히 한마음으로 나라를 섬기어 영세토록 쇠하지 않을 공로를 세우도록 하라."라고 하였다. 척준경은 그러하다고 생각하였다.

王楷 ▶ 1126년 3월 **국가에 일이 많아 선거를 정지하다**

국가에 일이 많기에 선거選擧를 정지하였다.

王楷 ▶ 1126년 3월 **척준경에게 교서를 내리다**

척준경拓俊京에게 교서를 하사하며 이르기를,

"생각하건대 짐이 명민하지 못하여 이 흉악한 무리가 일을 벌이기에 이르러, 대신들로 하여금 걱정하고 근심하게 하였으니 모두 과인의 죄이다. 몸을 돌이켜 반성하고 허물을 뉘우침으로써 하늘을 가리켜 마음을 맹세하고 신민臣民과 함께 그 덕을 새롭게 하고자 한다. 경은 다시 힘써 그것을 닦으며, 기왕의 일은 생각하지 말고 마음을 다해 보좌하여 훗날의 괴로움이 없도록 하라."

라고 하였다.

王楷 ▶ 1126년 3월 **이자겸과 척준경이 금에 사대하는 것에 찬성하다**

백관을 불러 모아 금金에 사대하는 일의 가부를 물었다. 모두 불가하다고 말하였다. 오직 이자겸李資謙과 척준경拓俊京이 말하기를, "금은 옛날에는 소국으로서 요遼 및 우리를 섬겼으나 지금은 이미 사납게 일어나 요와 송宋을 멸하였으며 정사가 잘 다스려지고 병사가 강하며 날로 강대해지고 있으며, 또 우리의 경계와 더불어 강역이 서로 닿아 있으니 형세가 섬기지 않을 수 없습니다. 또 소국이 대국을 섬기는 것은 선왕의 도이니 마땅히 먼저 사신을 보내어 빙문聘問해야 합니다."라고 하였다. 이를 따랐다.

王楷 ▶ 1126년 4월 **왕이 안화사에 가다**

왕이 안화사安和寺에 갔다. 이자겸李資謙이 호종하였는데 백관이 말 앞에서 절하였음에도 이자겸은 이를 보고도 태연하였다. 왕이 옛 궁을 돌이켜 바라보며 눈물을 흘렸다.

王楷 ▶ 1126년 4월 **금에 칭신하고 표문을 보내다**

정응문鄭應文과 이후李侯를 보내 금金에 갔다. 칭신稱臣하며 표문을 올려 이르기를,

"대인大人이 대통大統을 이어 사방에서 위엄이 빛나 다른 나라들이 입조하려 만리를 건너오는데 하물며 경계를 접한 가까운 나라는 정성을 각별히 바쳐야 할 것입니다. 엎드려 생각하건대 천성이 영명하시고 덕업이 나날이 새로워져 명령을 한 번 발표하시면 백성들이 기쁘게 따르지 않음이 없고 위세와 명성이 더하면 인근의 적이 저항枝梧하지 못하니 실로 제왕의 극치이며 천지가 은연히 돕는 것입니다. 엎드려 생각하건대 신은 척박하고 작은 땅과 작은 몸과 변변치 못한 덕으로 예사롭지 않은 뛰어난 공적을 듣고 공경하는 마음을 기울여 온 지가 오래되어 넉넉하지 못한 예물로 충성과 신의를 펴고자 하니 비록 변변치 못한 예물을 드리는 것이 부끄러우나 크신 은덕[山藪之藏]으로 받아주시기 바랍니다."

라고 하였다. 금이 회답하여 조詔하기를,

"짐이 생각하건대 망하는 나라는 없애 버리고 존속되는 나라는 굳게 하는 것이 제왕이 할 일이고, 작은 나라가 큰 나라를 섬기는 것은 곧 사직社稷을 도모하는 바이며, 훌륭한 인재는 변통變通할 수 있는 원대한 사업을 품어야 한다. 경卿의 집안은 왕작王爵을 전하여 대대로 봉토封土를 누려왔는데 글을 올려 공경하는 정성을 다하였고 토산물을 공납하는 예절을 다하였으며 낮은 호칭으로 칭하였으니 온 힘으로 섬기고 있음을 족히 알겠다. 무력으로 위협하거나 재물로 꾀지 않음에도 스스로 온 것은 훌륭하다고 말하지 않겠는가. 또한 군부君父의 마음으로 나는 이미 도타움이 견고하니 신자臣子의 의리를 그대는 쉽게 잊지 말라."

라고 하였다.

王楷 ▶ 1126년 4월 **척준경 등을 관직에 임명하다**

척준경拓俊京을 문하시랑 판병부사門下侍郎 判兵部事로 삼고, 이수李壽를 문하시랑평장사門下侍郎平章事로 삼고, 이자덕李資德과 허재許載를 모두 참지정사參知政事로, 김부일金富佾을 정당문학政堂文學으로 삼고, 이지미李之美를 판추밀원사判樞密院事로, 김향金珦과 김의원金義元을 모두 동지추밀원사同知樞密院事로, 김부식金富軾을 어사대부 추밀원부사御史大夫 樞密院副使로 삼았다.

王楷 ▶ 1126년 4월 **내시 25명을 내치다**

내시內侍 25인을 내쳤다. 모두 이자겸이 싫어하는 자였다.

王楷 ▶ 1126년 5월 **왕이 거처를 연경궁으로 옮기다**

연경궁延慶宮으로 옮겨 임어하였다. 이자겸李資謙이 궁의 남쪽에 살았는데 북쪽 담을 뚫어서 궁의 내부와 통하여 군기고軍器庫의 갑옷과 병기를 취해 그것을 집안에 감추었다. 왕이 일찍이 홀로 북쪽 뜰에 가 하늘을 우러러 보며 통곡하기도 하였다. 옮길 때에 이자겸은 십팔자十八子의 도참으로 인해 반란을 도모하고자 하여 떡 안에 독을 넣어 이를 진상하였다. 왕비가 왕에게 몰래 아뢰어 떡을 까마귀에게 던지니 까마귀가 죽었다. 또 독약을 보내어 왕비로 하여금 왕에게 진상하도록 하였다. 왕비가 주발을 받들고 거짓으로 넘어져 이를 엎었다. 왕비는 곧 이자겸의 넷째 딸이다.

王楷 ▶ 1126년 5월 **왕이 척준경을 시켜 이자겸의 난을 진압하게 하다**

척준경拓俊京이 이미 이자겸李資謙과 틈이 벌어져 있었으니 최사전崔思全이 다시 틈타 그를 설득하였다. 척준경이 이에 계책을 결정하고, 주奏를 덧붙여 제 정성을 다하기를 원한다고 일렀다. 왕이 사람을 시켜 척준경에게 이르기를, "국공國公이 비록 참람하여 어지럽혔지만 모반의 형상은 아직 나타나지 않았으니 짐이 만약 먼저 거사한다면 친척을 친하게 여기는 뜻을 어찌 설명하겠소. 변화를 천천히 기다려서 대응해도 늦지 않을 것이오."라고 하였다. 항상 중인中人으로 하여금 정탐하도록 하였다. 척준경은 병부兵部에 재직하며 무직武職을 주의注擬하였다. 왕이 작은 종이에 손수 글을 써 환자宦者 조의趙毅를 은밀히 보내어 척준경에게 보이며 이르기를, "오늘 숭덕부崇德府의 군장軍將이 병기를 지니고 궁궐의 북쪽에 이르러 침전으로 통하는 문으로 들어온다고 하니, 짐이 만약 해를 입는다면 실로 부덕의 소치일 것이오. 애통한 것은 태조太祖께서 창업하시고 열조列祖가 서로 계승하시어 과인의 몸에 이르렀는데, 만약 다른 성으로 바뀌게 된다면 짐 혼자만의 죄가 아니라 진실로 재상과 대신이 심히 부끄러워해야 할 바일 것이니, 경은 이를 헤아리시오."라고 하였다. 척준경이 곧 어필御筆을 상서尙書 김향金珦에게 보이니 김향이 꿇어앉아 하늘을 우러러 부르짖고 울며 이르기를, "임금의 뜻이 이와 같으니 의리 상 마땅히 죽음으로 섬겨야 하는 일인데, 공은 편안할 수 있겠습니까."라고 하였다. 척준경은 김향과 함께 장교 7인과 속리[僚吏], 종 20여 인을 이끌고 북문을 나가니 창졸간에 지닌 바가 없어 각자 울타리의 나무를 취하여 몽둥이로 삼고는 금오위金吾衛 남쪽 다리를 통해 입궁하였다. 조의가 영접하며 소리치기를, "일이 급합니다."라고 하였다. 서둘러 들어가 광화문廣化門을 닫았다. 이공수李公壽가 뒤따라오자 왕이 명하여 문 한 짝만 열어 그를 들이도록 하였다. 이공수는 곧 이수李壽이다. 이때, 순검도령巡檢都領 정유황鄭惟晃이 100여 인을 이끌고 군기감軍器監으로 들어와 병기와 갑옷을 나누어 주고는 연경궁延慶宮으로 향하였다. 가는 길에 소경少卿 유원식柳元湜을 만났는데 언사가 불순하자 곧 그를 죽였다. 척준경이 갑주를 입고 급히 입궁하자 왕이 천복전天福殿 문으로 나와 그를 기다리고 있었다. 척준경이 왕을 받들고 나가자 이자겸의 당여가 그를 쏘았다. 척준경이 칼을 빼어들고 한 번 호통하니 감히 움직이는 자가 없었다. 왕이 군기감으로 들어가 엄중히 군사로 호위하였다. 척준경이 승선承宣 강후현康侯顯으로 하여금 이자겸을 부르자 이자겸이 소복을 입고 이르렀다. 척준경은 이공수와 함께 의논하여 이자겸 및 그 처자를 팔관보八關寶에 가두고 장군 강호康好와 고진수高珍守 등을 참수하였는데 모두 이자겸이 부리던 자들이었다. 사람을 나누어 보내 당여[支黨]를 체포하고 왕이 광화문으로 나가 임어하여 사람들에게 고하도록 하여 말하기를, "화가 궁중[蕭墻]에서 일어나 대역부도大逆不道하였는데 충신의사에 힘입어 대의를 들어 해악을 제거하였다."라고 하였다. 사람들이 모두 만세를 부르고 환호하며 손뼉을 치고 뛰었는데 눈물을 흘리는 자까지 있었다. 이지미李之美는 변고를 듣고 100여 인을 이끌고 광화문에 이르렀으나 들어가지 못하고 배회하며 서성이다가 이자덕李資德·김인규金仁揆와 함께 병부로 들어갔는데 역시 이자겸이 구금당한 것을 알지 못하였던 것이다. 저녁이 되어 순검巡檢이 병부에 와서 이지미를 잡아 검점소檢點所에 가두자 이자덕 등은 놀라서 흩어져 달아났다. 왕이 연경궁으로 돌이켜 임어하자 근시가 먼저 들어가 궁을 청소하였는데 승 의장義莊이 내침에 숨어있기에 잡아서 팔관보로 보내었다. 이자 겸 및 처 최씨崔氏, 아들 이지윤李之允을 영광靈光으로, 이지미를 합주陜州로, 이공의李公 儀를 진도珍島로, 이지언李之彦을 거제巨濟로, 이지보李之甫를 삼척三陟으로, 의장을 금주 金州로, 이지원李之元을 함종咸從으로 유배하고, 합문지후閤門祗候 박표朴彪·문중경文仲經, 직장直長 박영朴永, 태사령太史令 양린梁麟, 동관정冬官正 양해梁㦎, 내시 이숙신李叔晨·이분 李芬, 대장군 김호金好, 장군 지호池顥·지복신池福臣, 낭장郞將 최사염崔思琰, 별장別將 위호 位好, 산원散員 송용중宋用中과 자녀 30여 인 및 관노와 사노 90여 인을 먼 곳으로 나누어 유배하였다. 박호는 가장 간악하고 교활하여 이자겸에게 아첨하며 아양을 떨었으 며, 백성의 재물을 취하여 이익을 보태는 모든 일이 모두 그가 행한 것이었다. 그래 서 이익을 노리거나 벼슬을 구하는 자들이 그에게 다투어 뇌물을 주니 마침내 거부 가 되었다. 조정은 그를 더욱 미워하여 중도中道에서 죽여 물에 가라앉혔다. 또 신봉 문神鳳門에서 활을 쏜 자 한 명 및 이지언의 가신 김충金沖을 도시都市에서 3일 간 칼을 씌워 놓았다가 먼 섬으로 유배하였다. 친당親黨이었던 평장사平章事 이자덕·김인규, 동지추밀원사同知樞密院事 김의원金義元, 예빈경禮賓卿 이자원李資元, 전중소감殿中少監 박 효렴朴孝廉, 내시낭중內侍郞中 왕의王毅, 지후祗候 이존李存은 모두 폄직하여 수령守令으로 삼았다.

王楷 ▶ 1126년 5월 반란을 평정한 공으로 척준경 등을 포상하다

선지宣旨하여 이르기를,

"짐이 어린 나이로 조업祖業을 승습해서 외가를 의지하고자 하여 일이 크고 작음을 가리지 않고 모든 것을 위임하였으나 방종하고 탐욕하여 포악하게 되어 백성을 해치고 나라를 해쳤다. 짐이 비록 이를 알고도 방비할 방법이 없어 환난이 창졸간에 일어났으나, 판병부사判兵部事 척준경拓俊京이 의를 제창하여 난을 평정하였다. 공을 잊을 수가 없으므로 마땅히 유사有司로 하여금 논공하여 넉넉하게 상을 주도록 하라. 군기소감軍器少監 최사전崔思全은 마음을 같이 하여 은밀히 도왔으니 공에 대한 상을 함께 줄 만하다."라고 하였다.

王楷 ▶ 1126년 5월 **박승중 등을 유배보내다**

평장사平章事 박승중朴昇中을 울진蔚珍으로, 그 아들 박심조朴深造 등 4인을 남예南裔로 유배하였다. 박승중은 허재許載·최식崔湜과 더불어 이자겸李資謙에게 아첨하고 의탁하여 이루지 못하는 일이 없었으며, 부府를 세우고 속료屬僚를 두는 것과 전箋을 칭하고 절節을 칭하는 것은 모두 박승중이 한 일이다. 이에 이르러 간관이 논죄하여 쫓아내었다.

王楷 ▶ 1126년 5월 **척준경을 문하시중으로 삼았으나 사양하다**

척준경拓俊京을 문하시중門下侍中으로 삼았는데, 척준경이 차례를 건너뛰었다는 이유로 굳이 사양하고 임명을 받지 않았다[不拜].

王楷 ▶ 1126년 6월 **척준경 등을 관직에 임명하다**

척준경拓俊京을 추충정국협모동덕위사공신 검교태사 수태보 문하시랑 동중서문하평장사 판호부사 겸 서경유수사 상주국推忠靖國協謀同德衛社功臣 檢校太師 守太保 門下侍郎 同中書門下平章事 判戶部事 兼 西京留守使 上柱國으로 삼고 처 황씨黃氏를 제안군대부인齊安郡大夫人으로 삼고 의복·금 그릇과 은 그릇·베와 비단·안마鞍馬 및 노비 10구, 전 30결을 하사하였다. 이공수李公壽를 추충위사공신 판이부사推忠衛社功臣 判吏部事로 삼고 김향金珦을 위사공신 호부상서 지문하성사衛社功臣 戶部尙書 知門下省事로 삼고 최사전崔思全을 병부상서兵部尙書로 삼았다.

王楷 ▶ 1126년 6월 **허재와 아들 허순을 폄직하다**

허재許載를 내쫓아 풍주방어사豊州防禦使로 삼고 아들 허순許純은 금주방어판관金州防禦判官으로 삼았다. 처음에 간관이 논하기를 허재와 박승중朴昇中이 같은 죄라 하였는데 척준경拓俊京이 그를 비호하였다. 이에 이르러 곧 연좌되었다. 세상의 여론이 이를 통쾌하게 여겼다.

王楷 ▶ 1126년 6월 이자겸의 두 딸을 내치고 임원애의 딸을 왕비로 삼다

간관이 누차 소를 올려 말하기를, "이자겸李資謙의 두 딸은 상께 이모[從母]가 되니 진실로 왕비가 될 수는 없습니다."라고 하였다. 왕은 이에 두 왕비를 내치고 전중내급사殿中內給事 임원애任元敱의 딸을 들여 왕비로 삼았다. 왕비의 어머니는 이씨李氏로 문하시중門下侍中 이위李瑋의 딸이다. 왕비가 태어나던 저녁에 이위의 꿈에 황색의 큰 깃발이 그 집의 중문에 세워져 있는데, 기의 꼬리가 나부끼며 선경전宣慶殿의 치미鴟尾를 두르고 있었다. 왕비가 태어나자 이위가 그를 특별히 사랑하여 말하기를, "이 여자아이는 후에 선경전에서 놀 것이다."라고 하였다. 성년이 되자 평장사平章事 김인규金仁揆의 아들 김지효金之孝가 그에게 장가들게 되었다. 혼인 날 저녁에 김지효가 문에 이르자 왕비가 갑작스런 질병으로 거의 죽기에 이르렀기에 사실대로 사죄하고 보내었다. 다음날 점쟁이가 질병을 점치며 말하기를, "근심하지 마십시오. 이 여자아이의 귀함은 이루 말할 수 없으니 반드시 국모가 될 것입니다."라고 하였다. 이때 이자겸李資謙은 이미 두 딸을 들였으므로 그 말을 듣고는 그를 미워하여 곧 상주해서 임원애를 폄직하여 개성부사開城府使로 삼았다. 1년 남짓 지난 후에 부府의 관원이 꿈을 꾸었는데 태수太守 청사廳事의 대들보와 마룻대가 갈라져 큰 구멍을 만들었는데 황룡黃龍이 구멍을 따라 나왔다. 이튿날 아침에 관원이 조복朝服을 갖추고 임원애에게 가서 그 꿈을 자세히 진술하고 이를 하례하며 말하기를, "사군使君의 가문에 필히 특별한 경사가 있게 될 것이니, 공께서는 마땅히 이를 알고 계십시오."라고 하였다. 또한 왕이 일찍이 꿈을 꾸기를 깨[荏子] 5되와 누런 해바라기 씨[黃葵] 3되를 얻었는데 이를 척준경에게 말하였다. 척준경이 대답하여 이르기를, "깨[荏]라는 것은 임任이니 임씨 성의 후비를 들이게 될 조짐이고, 그 숫자가 다섯인 것은 다섯 아들을 낳을 상서입니다. 누런[黃] 것은 황皇이니 황왕皇王의 황皇자와 같고, 해바라기[葵]는 규揆이니 도로써 하늘을 헤아린다[道揆]의 규揆와 같습니다. 이른바 누런 해바라기라는 것은 황왕이 도로써 나라를 다스릴 상서이고 그 수가 셋인 것은 다섯 아들 중 세 아들이 나라를 다스릴 조짐입니다."라고 하였다. 그 말이 과연 영험하였다.

王楷 ▶ 1126년 6월 반란 평정에 공이 있는 이들에게 관직을 하사하다

정유황鄭惟晃 등 20인이 어가를 호위하고 역적을 잡은 공로가 있다고 하여 관직을 차등 있게 하사하였다.

王楷 ▶ 1126년 7월 송에서 사신을 보내 금을 협공하자고 하다

송宋이 합문지후閤門祗候 후장侯章, 귀중부歸中孚 등 60여 인을 보내 왔다. 조서에 이르기를,

"짐이 춘궁春宮에 10여 년 동안 기거하며 감히 게으르거나 안일하지 않았는데, 도군태상황제道君太上皇帝께서 재위하신 지 오래되어 정무의 번거로움에 염증을 느끼시고 곧 선양禪讓하시고자 논의하였기에, 짐은 사양하고자 하였으나 허락을 얻지 못하고 마침내 제위에 오르게 되었다. 조종祖宗의 위업의 위대함과 상황上皇의 부탁의 중대함을 깊이 생각하면 밤낮으로 삼가며 임무를 다하지 못할까 두려워하였는데, 금인金人이 무도하여 곽약사郭藥師의 배반을 틈타 연산燕山을 함락시키고 변경을 어지럽게 하다가 도성과 그 주위 지역까지 이르렀다. 바야흐로 짐이 즉위한 초기에 이런 놀랄 일을 만나 왕에게 미처 알리지 못하였다.

짐이 생각하건대 왕은 대대로 충과 효를 다하여 책冊을 받았고 역사가 오랜 변방의 나라로 오랫동안 국은國恩을 받아왔는데, 우리 열조烈祖 신종황제神宗皇帝께서 사신에게 명하여 수빙修聘하였을 때 예의禮意가 지극하여 정이 골육지친과 같았고 의는 군신과 같았으며, 우리 도군태상황제에 이르러서는 하사하는 물품[錫賚]이 측량할 수 없을 정도였고 등급을 올려 대우하였다.

짐이 생각하건대 중국과 왕은 요해遼海를 두고 멀리 떨어져 있으나 은혜와 예우가 이와 같으니 다른 이유가 있는 것이 아니고 어려움이 있을 때에 함께 분노하며 대적하기를 바랐던 것이다. 왕의 나라는 금과 서로 바라보는 거리가 수백 리도 되지 않는데 그 소굴을 소탕하여 중국에 보답하지 못하니 어찌 여러 대의 조정이 남달리 특별히 대우하던 뜻이겠는가. 금나라 사람은 본디 일찍이 왕에게 신속臣屬하며 바닷

가 모퉁이에 살던 추한 족속인데, 하늘을 배반하고 신을 거역해 거란契丹을 멸절시켰고 드디어 중국을 업신여기어 음란하고 포악함이 점점 더 심해지니, 만약 그들이 원하는 대로 된다면 왕에게는 무엇이 있겠는가. 고립된 군사가 깊이 들어왔으니 마땅히 쳐서 없애야 하겠으나, 짐은 그들이 위협하여 숙왕肅王을 인질로 삼아 데려갔기에 다만 장수와 병졸들에게 명하여 국경 밖으로 내쫓았을 뿐이다. 이제 곧 천하의 병사를 일으켜 작고 추한 족속을 문죄할 것이니 왕은 군대를 거느리고 서로 안팎이 되어 천벌을 내리도록 하라. 왕에게 죄를 진 자를 다스려 멀리하고 본조本朝에 포로를 바쳐 중국이 여러 대에 걸쳐 내린 은혜를 갚도록 하는 것이 큰 충성이고, 어지럽고 어두운 것을 공격하고 음란하고 포악한 것을 쳐서 사막의 바깥까지 위엄을 펴는 것은 큰 의리이며, 국경을 확장하고 그 소굴을 뒤엎어 교만하고 신하로서의 도를 지키지 않는 오랑캐에게 보복하는 것은 큰 위엄이다. 일거에 세 가지를 모두 얻을 수 있는데 왕은 무엇을 꺼리고 하지 않는가. 높은 작위와 후한 하사품은 짐이 왕에게 아까워하는 바가 없을 것이니 왕은 이를 힘쓰도록 하라."

라고 하였다. 후장이 관館에서 다시 글을 올려 이르기를,

"저희가 올 때에 황제의 성지聖旨를 받들었습니다. 조종이 요순堯舜의 도를 행하여 근본에 힘쓰고 교화를 돈독히 하여 본국과 우호를 맺은 지가 거의 200년인데 예가 갖추어지지 않을 때가 없었습니다. 우리 도군태상황제께서 이를 계승하여 은혜가 높고 더욱 두터웠는데 근래에 간악한 자들의 논의에 의해 모두 변방에서 분쟁을 일으켜 금나라 사람으로 하여금 까닭도 없이 어지럽게 날뛰게 하였는데 이름 없는 군사를 일으키고 오합지졸을 모아 방비도 없는 틈에 습격하여 우리 중국을 소란스럽게 만들고 약탈을 자행하였습니다. 이때 임금에게 충성을 다하는 병사 수백만이 있었으나 대신이 의견을 올리며 이르기를, '황하黃河의 남쪽에서 공격하지 않더라도 대하大河의 북쪽에서 칠 수 있으며, 이렇게 깊이 들어오면 대군大軍이 한 번 공격하여도 남김없이 물리칠 수 있을 것입니다.'라고 하였습니다. 지금은 황제께서 등극하신 초기로 효성스러우며 우애로우시고 공손하시며 검소하시고 밤낮으로 정무에 몰두하시고 어진 자에게 책임을 맡기시며 능력 있는 자를 부리시고 신의를 높이

시며 의리를 생각하시어 모조리 멸망시키지 않고자 하셨습니다. 이에 금나라 사람이 허물을 뉘우치고 화의를 청하며 길을 청하여 사막으로 돌아갈 것을 구하자 주상께서 금과 비단을 주어 군사들에게 음식을 주어 위로하도록 하시었으나, 만족하지 못하고 다시 욕심을 품어 하북河北의 관진關鎭에서 기회를 엿보니 사람과 신이 함께 노할 일입니다. 사세가 어쩔 수 없어 가을을 기다렸다가 필히 군사를 일으켜 토벌하려 하는데 이때가 되면 본국이 어찌 앉아서 보고만 있을 수 있겠습니까. 장병을 국경으로 보내어 함께 소탕한다면 이는 무궁한 우호를 맺는 것이며, 성공한다면 별도로 사신을 보내올 것입니다."

라고 하였다. 답하여 이르기를,

"본국은 선조 이래로 대대로 상국上朝를 섬겨 공손하고 순종하는 정성을 일찍이 감히 태만히 한 적이 없으며 신종황제께서 비록 요해를 두고 멀리 떨어져 있다 하여도 하늘의 태양빛이 비추지 못하는 곳이 없는 것 같이 사신을 내려 보내 수빙하시며 은혜와 예우를 더욱 후하게 해주셨고 도군태상황제께서 이를 계승하시어 등급을 올려 대우를 해주셨으며 하사하신 물품이 평상시의 갑절이 되었으니, 실로 백 번을 태어나도 보답하기 힘든 은혜입니다. 천지가 그 보답을 재촉하지 않아도 감격한 마음은 만 분의 일이나마 갚기를 원합니다.

오늘 엎드려 사신 선찬宣贊이 와서 전한 조서를 받들어 보니, 금나라 사람이 무도하고 음란하고 포악함이 심하여 이제 곧 천하의 병사를 일으켜 작고 추한 족속을 문죄하려 하니 소국으로 하여금 군대를 거느리고 서로 안팎이 되어 천벌을 내리려 한다고 하였습니다. 저는 처음 받들어 읽으면서부터 저도 모르는 사이에 눈물을 흘렸습니다. 생각하건대 금나라 사람의 근본은 본디 일찍이 우리나라에 신속하였으면서도 항상 약탈을 일삼아 우리나라는 변방을 막 안정시켜 사달을 일으키지 않고자 오면 곧 징계하여 방어하고 물러가면 곧 방비하여 지켰으니 근본이 견제[羈縻]에 있었을 따름입니다. 나의 할아버지 숙왕肅王 대에는 추장酋長 영가盈歌가 힘으로 흉악한 무리를 제어하고 위엄으로 여러 부족을 항복시켜 백산白山을 노려보고 우리 국경을 자주 침범하였고 오달吳達과 혜노惠奴가 서로 계승하여 일어나 흉악한 세력을 더욱 떨쳤습니다. 얼마 전에 포로가 되었던 사람이 대금大金에서 돌아와 말하기를, '상국上朝의 사신이 오랑캐의 땅에 왔는데 예수禮數가 일체 항복한 사신인 북요北遼의 예와 같았다.'고 하였습니다. 또 변방 사람의 말을 들으니 금나라 사람이 거란을 함락하고 드디어 상국의 지계를 침범하였다고 합니다.

황제께서 등극하신 초기로 다 멸망시키지 않고자 하여 그들이 화평을 청하자 이를 허락하였으니 중국의 큰 힘으로도 이와 같은데 하물며 소국은 고립된 처지에 장차 무엇을 의지하겠습니까. 올해 4월에 특별히 사신을 보내 수호하고 이미 여러 달이 지났으나 아직 회보回報가 없고 본국은 천재天災가 유행하여 부고府庫가 다 없어지고 방어할 병장기도 보유한 것이 없어 바야흐로 공인工人을 모아 부흥시키려고 논의하였습니다. 오늘 조서에서 자세히 유시諭示하신 대로 이는 실로 옛 치욕을 씻고 큰 은혜에 보답할 날입니다. 그러나 피폐한 병사로써 새로이 이긴 오랑캐를 당해내는 것은 억지로 시킨다 해서 할 수 있는 바가 아닐까 두려우니 다만 군사를 훈련시키고 병장기를 수리해 놓고 왕사王師가 저 국경에 임하여 제압하는 것을 기다린다면 폐국弊國이 감히 힘을 다하여 서로 안팎이 되지 않을 수 있겠습니까. 신령의 위엄에 가탁하여 오랑캐를 평정하는데 조력하는 것이 제가 원하는 바이니 하늘이 실로 이를 내려다 볼 것입니다. 사명을 받든 선찬이 복명하는 날에 마땅히 이 뜻을 주달奏達해 주십시오."

라고 하였다.

王楷 ▶ 1126년 7월 송 사신이 귀국하는 편에 금 협공을 거절하는 표문을 보내다

후장侯章이 돌아가자, 왕이 표문을 부쳐 아뢰었는데, 그 대략에 이르기를,

"생각하건대 우리나라(小藩)는 대대로 후한 덕을 받아 항상 상국에 보답하는 데에 충성을 다하기를 원하였으니 어찌 근왕勤王하는 데에 뜻이 없을 수 있겠습니까. 홀연히 조서[綸綍]를 받아 읽으니 다만 흐르는 눈물을 참는 것이 힘들었습니다. 마땅히 바로 명을 받아 군사를 갖추어 대비해야 하겠으나 단지 우리나라[弊封]는 본래 강성한 나라가 아닌데다, 근래에 재앙이 지나가 비축해 놓은 것이 모두 불에 타 재물과

식량을 쌓고 병장기를 보수하는 일이 필히 완료된 후에야 움직일 수 있으니, 짧은 시간에 도모하는 것은 진실로 힘듭니다. 하물며 적의 세력이 흉하고 강하여 가볍게 건드릴 수 없고 오랑캐의 땅이 험하니 어찌 쉽게 멀리 쫓아갈 수 있겠습니까. 그러나 황제의 명이 문에 임하니 회피할 도리가 없어 왕사王師가 적을 제압하는 것을 기다려 적게나마 위령威靈을 돕겠습니다."

라고 하였다.

王楷 ▶ 1126년 9월 송에 하등극사를 보내다

추밀원부사樞密院副使 김부식金富軾과 형부시랑刑部侍郎 이주연李周衍을 송宋에 보내어 등극을 하례하였다.

王楷 ▶ 1126년 9월 금 선유사가 와서 황제의 칙을 전하다

금金의 선유사宣諭使 동첨서추밀원사同僉書樞密院事 고백숙高伯淑과 홍려경鴻臚卿 오지충烏至忠 등이 왔다. 금 황제가 고백숙 등에게 칙勅하여 이르기를,

"고려가 사신을 보내 왕래하는 모든 일은 마땅히 모두 요의 옛 제도를 따르도록 하고 보주로保州路 및 변경의 인구로써 그쪽 경내에 사는 자를 취하여 반드시 모두 돌려보내도록 하라. 만약 하나하나 이르는 대로 잘 좇으면, 곧 보주保州 땅을 사여할 것이다."

라고 하였다. 보주는 곧 포주抱州이다.

王楷 ▶ 1126년 9월 태백성이 낮에 나타나 하늘을 가로지르다

경인. 태백성太白星이 낮에 나타나 하늘을 가로질렀다.

王楷 ▶ 1126년 10월 4일 왕의 생일을 맞아 신하들에게 잔치를 베풀다

경룡절慶龍節이라 하여 천복전天福殿에서 여러 신하에게 잔치를 베풀었다.

王楷 ▶ 1126년 10월 **금 사신을 전송하며 사례하는 표문을 부치다**

왕이 대명궁大明宮에서 금金의 사신을 전송하고, 회답의 표문을 부쳐 보내 사례하였는데, 모두 요를 섬기던 옛 제도대로 하였다.

王楷 ▶ 1126년 10월 **김찬을 다시 전중내급사로 삼다**

김찬金粲을 소환하여 전중내급사殿中內給事로 삼고, 홍관洪灌, 김진金縝, 지녹연智祿延의 아들과 사위에게 관작 1급을 하사하였다. 김찬은 후에 김안金安으로 개명하였다.

王楷 ▶ 1126년 10월 **왕이 남경에 가다**

남경南京에 행차하였다.

王楷 ▶ 1126년 11월 **신하들에게 잔치를 베풀다**

연흥전延興殿에서 여러 신하에게 잔치를 베풀었다.

王楷 ▶ 1126년 11월 **왕이 남경에서 돌아오다**

남경南京에서부터 이르렀다.

王楷 ▶ 1126년 윤11월 **사면령을 내리고 노인과 효자 등에게 잔치를 베풀다**

사면하고, 나이 80세 이상 및 환과고독鰥寡孤獨·효자孝子·순손順孫·절부節婦·의부義夫에게 잔치를 베풀고, 차등 있게 물품을 하사하였다.

王楷 ▶ 1126년 윤11월 **척준경의 화상을 공신당에 그리게 하다**

조서를 내려 척준경拓俊京의 화상을 공신당功臣堂에 그리도록 하였다.

王楷 ▶ 1126년 12월 **이자겸이 유배지에서 사망하다**

이자겸李資謙이 영광군靈光郡에서 죽었다.

王楷 ▶ 1126년 12월 **금에 사신을 보내어 선유에 사례하다**

위위경衛尉卿 김자류金子鏐와 형부낭중刑部郞中 유덕문柳德文을 금金에 보냈다. 선유宣諭에 감사하는 표문에 이르기를,

"고백숙高伯淑이 이르러 성지聖旨를 은밀히 전달하며 보주성保州城의 땅을 고려高麗에 속하게 한다는 허락을 주고 다시 수복하지 않겠다고 하였습니다. 삼가 생각하건대 고구려[勾麗]의 본래의 땅은 저 요산遼山이 주되었고 평양平壤의 옛 터는 압록鴨綠을 경계로 삼아 오랜 변천을 겪었는데, 우리 조종에 이르러 북국北國에 겸병당하여 삼한의 땅이 침범을 받았으니, 이웃 간의 우호를 강구하였어도 옛 강역을 돌려받지 못하였습니다. 천명天命이 새로워짐에 이르자 성왕聖王이 일어나셨고 병사가 의를 일으키는 것을 보자 성보城堡에 사람이 없기에 이르렀습니다. 신의 아비인 선왕의 때에는 대조大朝 변방의 신하 사을하沙乙何가 있었는데 와서 황제의 칙지勅旨를 전하여 이르기를, '보주는 본래 고려의 땅이니 고려가 거두는 것이 옳다.'라고 하였습니다. 선왕은 이에 따라 성과 못을 수리하고 민호民戶로 채웠습니다. 당시는 비록 작은 나라가 아직 상국에 신속臣屬하지는 않았는데도 선제께서 특별히 이웃 번방을 안무하고자 하시어 가르치는 말로 은혜를 내려주시고 옛 영토를 하사하셨습니다. 후사가 차례를 이음에 이르러 천명을 받은 성스러운 덕을 만나 덕음德音을 새겨듣고 신하의 직분을 공손히 수행하였습니다. 생각하건대 이 동쪽 끝의 작은 국토는 본디 하국下國의 변방으로 비록 일찍이 거란契丹에게 침탈된 일이 있으나 이미 선대에 은혜를 받았다 하여 특별한 은택으로 우리나라에 예속시켜 주셨으니 어찌 요행히 지금에 이른 것이겠습니까. 모두 황제의 특별한 은덕을 만났기 때문이니 깊은 인자함과 큰 의리는 이름지어 말할 수 없습니다. 약한 힘과 변변치 않은 재주로 은혜를 갚으려면 오직 봄가을의 일을 마땅히 갖추고 공납貢納의 상례를 지켜 온 나라가 기꺼이 정성을

다하며 자손에게 전하며 맹세하겠습니다. 하늘이 위에 있으니 정성을 다할 뿐 다른 마음은 없습니다."
라고 하였다.

王楷 ▶ 1126년 12월 김인존을 관직에 임명하다

　김인존金仁存을 익성동덕공신 검교태사 문하시중 감수국사 상주국 판예부사翊聖同德功臣 檢校太師 門下侍中 監修國史 上柱國 判禮部事로 삼았다.

인종 5년(1127년)

―인종공효대왕―

王楷 ▶ 1127년 1월 금에서 사신을 보내 왕의 생신을 하례하다

금金에서 고수高隨를 보내 와서 생신生辰을 하례하였다.

王楷 ▶ 1127년 2월 왕이 서경에 가다

서경西京에 행차하였다.

王楷 ▶ 1127년 2월 왕이 태조진전을 배알하다

태조太祖의 진전眞殿에 배알하였다.

王楷 ▶ 1127년 3월 사신이 귀국하며 금의 조서를 가지고 오다

김자류金子鏐·류덕문柳德文이 조서를 가지고 금金에서 돌아왔다. 조서에 이르기를, "경卿은 사람을 찾아 아직 효유하기도 전에 부속되기를 원하였고, 이미 통교한 후에는 더욱 분명히 부지런한 마음을 모아 아름다운 뜻으로 천자를 섬김이 있어서 일찍이 은혜를 베풀어 땅을 하사하였다. 근자에 공물을 진상하면서 다만 사례하는 글만을 올려, 받아보고 나니 비록 정성은 칭찬할 만하나, 오히려 호구에 대해서는 펑계를 대면서 아직도 별도로 맹세하는 문서를 보내지 않았으니, 다만 일마다 모두 이루고 대대로 충성하여 믿을 수 있게 하라. 효유한 말로 정해지지 않는다면 얻었던 땅을 장차 어찌 보장하겠는가."

라고 하였다. 간관諫官이 아뢰기를, "김자류가 금에 들어가서 아랫사람을 잘 거느리지 못하여 그 종자가 금나라 사람과 싸워서 상해를 입혀 〈금의〉 조정이 책문하고 도부서都部署 신석申錫을 잡아 장杖을 쳤다고 합니다. 청하건대 명을 욕보인 죄를 다스리십시오."라고 하였다. 이에 관직을 파하였다.

王楷 ▶ 1127년 3월 묘청 등의 말을 듣고 관정도량을 열다

서경西京의 요승妖僧 묘청妙淸과 일자日者 백수한白壽翰이 왕을 설득하여 상안전常安殿에 관정도량灌頂道場을 열었는데, 그 술법이 괴이하고 허황되어 알 수가 없었다.

王楷 ▶ 1127년 3월 왕이 흥복사에 갔다가 대동강에서 뱃놀이하다

왕과 왕비 및 두 공주가 흥복사興福寺에 행차하였으며, 마침내 재추宰樞 및 근신近臣들과 함께 대동강大同江 중류에 누선을 띄우고, 잔치하며 놀았다.

王楷 ▶ 1127년 3월 왕이 서경 홍범편과 열명편 등의 강론을 듣다

정당문학政堂文學 김부일金富佾에게 명하여 『서경書經』 「홍범洪範」 편을 강론하게 하고 또 승선 정항鄭沆에게 명하여 『서경』 「열명說命」 편과 「주관周官」 편을 강론하게 하였다.

王楷 ▶ 1127년 3월 척준경 등을 유배보내다

평장사平章事 척준경拓俊京을 암타도嵒墮島로, 상서좌승尙書左丞 최식崔湜은 초도草島로 유배 보냈고, 또 상주목부사尙州牧副使 이후진李侯進, 구주사龜州使 소억邵億, 낭장郎將 정유황鄭惟晃, 서재장판관西材場判官 윤한尹翰 등은 먼 곳으로 유배 보냈다. 척준경이 이자겸을 제거한 뒤에 그 공을 믿고 발호跋扈하였는데, 좌정언左正言 정지상鄭知常이 왕이 척준경을 꺼리는 것을 알고 이에 상소하여 이르기를,

"병오丙午년1126 봄 2월에 척준경이 최식 등과 함께 궁궐을 침범할 때에 주상께서 신봉문神鳳門의 문루에 임어하셔서 타이르시자 군사들이 모두 갑옷을 벗고 환호하였는데도 척준경이 혼자서 왕명[詔]을 받들지 아니하고 군사를 위협하여 전진시켰으며 심지어 화살이 폐하가 계신 곳[黃屋]을 지나가기까지 하였고 또한 군사를 이끌고 액문으로 돌입하여 궁궐에 불을 지르기까지 하였습니다. 다음날, 폐하를 남궁南宮으로 옮기고 좌우에서 모시는 자들을 모두 잡아다가 죽였으니 예로부터 난신 중에 이와 같은 자는 드물었습니다. 5월의 사건은 한 때의 공로이고, 2월의 사건은 만세의 죄입니다. 폐하께서 비록 남에게 차마 어찌하지 못하는 마음이 있다 하여도 어찌 한때의 공으로 만세의 죄를 덮을 수 있겠습니까."

라고 하였다. 그런 까닭에 이 명령이 있었다.

王楷 ▶ 1127년 3월 서경 무일편의 강론을 듣다

정지상鄭知常에게 명하여『서경書經』「무일無逸」편을 강론하게 하였고, 또한 시종侍從하는 신료臣僚들과 서경西京의 유신儒臣 25명을 불러 시를 짓게 하고 술과 음식을 하사하였다.

王楷 ▶ 1127년 3월 왕이 대동강에서 뱃놀이를 하다

왕과 왕비 및 두 공주가 대동강大同江에 용선龍船을 띄우고 물을 따라 내려가며 잔치하며 놀았는데, 재추宰樞와 시신侍臣을 불러 잔치를 베풀었다.

王楷 ▶ 1127년 3월 왕이 자책하고 백성을 위무하는 조서를 반포하다

조서를 내려 이르기를,

"짐이 천지의 크나큰 명령을 담당하고 조종이 남기신 기업을 이어받아 삼한을

모두 차지한 지가 이에 6년이 되었는데 지혜가 일을 도모할 만하지 못하고 사리를 밝게 판단할 능력이 없어[明無所觸] 재변이 잇달아 일어나 편안한 해가 거의 없었다. 지난해 2월에는 난신적자들이 이 틈을 타서 일어났지만 음모가 발각되어 짐이 부득이하게 모두 법에 따라 다스리기에 이르렀다. 이로부터 스스로 책임을 지고 자신을 책망하여보니 부끄러운 일이 많았다. 이제 일관日官의 건의에 따라 서경[西都]에 행차하여 기왕의 허물을 깊이 반성하고 유신惟新의 가르침이 있기를 바라며 중외中外에 널리 포고하여 모두 듣고 알게 하려고 하노라. 첫째, 방택方澤에서 지신地神에게 제사 지내 4교四郊에서 기운을 맞아들이라. 둘째, 사자를 지방에 보내어 자사刺史, 현령縣令의 현명함과 어리석음을 살펴 포폄襃貶하라. 셋째, 수레와 의복의 제도는 검약儉約하는 데 힘쓰라. 넷째, 쓸데없는 관원과 급하지 않은 사무를 없애라. 다섯째, 농사일을 권장하여 힘써 농사를 짓게 하여 이로써 백성들의 식량에 보탬이 되게 하라. 여섯째, 시종侍從하는 관료가 각각 한 사람씩을 천거하되, 천거된 사람이 형편없으면 〈천거자를〉를 죄주어라. 일곱째, 관곡官穀을 저축하는 데에 힘써서 백성을 진휼하는 데에 대비하라. 여덟째, 백성에게서 거두어들이는 데에 제도를 세워서 일정한 조세와 공물[租調] 이외에는 횡렴橫斂하지 못하게 하라. 아홉째, 군사를 무휼撫恤함이니, 정해진 때의 무예 사열 외에는 노역을 시키지 말라. 열째, 백성을 보살펴 땅에 정착하게 하여 도망하여 흩어지지 않게 하라. 열한째, 제위포濟危舖와 대비원에 저축을 두텁게 하여 질병에 걸린 자를 구제하라. 열두째, 국고에 묵은 식량을 빈민에게 억지로 나누어주고 그 이자를 강제로 거둠이 없게 할 것이며, 또한 썩은 곡식을 백성에게 주어 강제로 찧으라고 함이 없게 하라. 열셋째, 사士를 선발하는데 다시 시詩·부賦·논論을 쓰라. 열넷째, 여러 주에 학교를 세워 널리 도를 가르치게 하라. 열다섯째, 산림천택[山澤]에서 나는 이익은 백성들이 함께 공유하게 하며 침해하지 못하게 하라."

라고 하였다.

王楷 ▶ 1127년 4월 11일 **왕자 왕현이 태어나다**

왕자 왕현王晛이 태어났다.

王楷 ▶ 1127년 4월 **문공미들을 소환해서 복직시키다**

　문공미文公美를 이부상서吏部尚書로 삼고, 한안중韓安中을 상서우승尚書右丞으로 삼고, 한충을 예부시랑禮部侍郞으로 삼고, 문공유文公裕를 각문지후閤門祇候로 삼고, 이신의李神倚를 천우위상장군千牛衛上將軍으로 삼고, 정극영鄭克永을 동경유수사東京留守使로 삼고, 임존林存을 진주목부사晉州牧副使로 삼고, 최거린崔巨鱗을 상주목부사尙州牧副使로 삼았다. 문공미 등은 모두 이자겸李資謙이 유배 보낸 이들이었는데, 이때 이르러 소환召還하여 복직復職시켰다.

王楷 ▶ 1127년 5월 **최유적 등을 유배보내다**

　동지추밀원사同知樞密院事 최유적崔惟迪을 경주慶州로, 형부시랑刑部侍郞 채석蔡碩을 진도현珍島縣으로 유배하였다.

王楷 ▶ 1127년 5월 **신기군의 격구를 보다**

　영봉루靈鳳樓에 임어하여 양경兩京의 신기군神騎軍에게 명하여 격구擊毬를 하게 하고, 물품을 차등 있게 하사하였다.

王楷 ▶ 1127년 5월 **송에 보낸 사신들이 변경의 금군으로 인해 돌아오다**

　김부식金富軾 등이 송宋의 명주明州까지 갔다가, 마침 금金의 군대가 변주汴州에 들어가 길이 막혀 들어가지 못하고 돌아왔다. 이전에 변방에서 보고하여 전언傳言하기를, "금나라 사람들이 송을 침범하다가 패배하여 송군이 승세를 타고 금의 국경에 깊숙이 들어갔습니다."라고 하였다. 이때 정지상鄭知常, 김안金安이 아뢰어 말하기를, "때를 놓칠 수 없으니 청하건대 출병하여 마땅히 송의 군대와 접하여 큰 공을 세우고 주상의 공덕이 중국 역사에 실려 자손 만세에 전하게 하십시오."라고 하였다. 왕이 김인존金仁存에게 물으니 대답하여 말하기를, "전하여 들은 일은 항상 사실을 잘못 보는 경우가 많으니, 뜬소문을 듣고 군사를 일으켜 강한 적을 노엽게 하는 것은 옳지 않습니다. 또 김부식이 장차 돌아올 것이니, 청하건대 그를 기다려 진위를 알아보게 하십시오."라고 하였다. 이때 김부식이 돌아오니 변방의 보고가 과연 거짓이었다.

王楷 ▶ 1127년 5월 홍관 등을 추증하고 시호를 내리다

좌복야 홍관洪灌에게 추성보국공신 수태위 문하시랑동중서문하평장사 판예부사 상주국推誠報國功臣 守太尉 門下侍郎同中書門下平章事 判禮部事 上柱國을 추증하고 충평忠平이라는 시호를 내렸으며, 지추밀원사知樞密院事 김진金縝에게는 열직烈直이라는 시호를 내렸다.

王楷 ▶ 1127년 6월 왕좌재 등 33명에게 급제를 하사하다

왕좌재王佐材 등 33인에게 급제를 하사하였다.

王楷 ▶ 1127년 6월 김인존 등을 임명하다

김인존金仁存을 판이부사判吏部事로, 이공수李公壽를 판병부사判兵部事로, 김부일金富佾을 호부상서 판예부사戶部尚書 判禮部事로 삼고, 김향金珦을 검교태위 수사공檢校太尉 守司空으로, 김부식金富軾을 지추밀원사知樞密院事로, 최자성崔滋盛을 동지추밀원사同知樞密院事로, 최사전崔思全을 이부상서 지도성사吏部尚書 知都省事로 삼았다.

王楷 ▶ 1127년 7월 왕이 서경에서 돌아오다

왕이 서경西京으로부터 돌아와 차등 있게 은혜를 베풀었다.

王楷 ▶ 1127년 7월 송에서 교련사가 오다

송宋의 교련사教練使로 명주부사明州副使 장선張詵이 왔다.

王楷 ▶ 1127년 7월 **서경과 서북도에 누리가 발생하다**

서경西京과 서북도西北道에 누리가 발생하였다.

王楷 ▶ 1127년 8월 **이위를 중서령으로 삼다**

이위李瑋를 중서령中書令으로 삼았다.

王楷 ▶ 1127년 9월 **금에 하성절사를 보내다**

국자사업國子司業 이중李仲을 금金에 보내어 천청절天淸節을 하례하였다.

王楷 ▶ 1127년 9월 **한림학사 정극영이 사망하다**

한림학사翰林學士 정극영鄭克永이 사망하였다. 정극영은 성품이 총명하고 예리하였으며 학문을 성실히 하였고 문장을 잘 지었다.

王楷 ▶ 1127년 9월 **금에서 선경사가 오다**

금金의 선경사宣慶使로 영주관내관찰사永州管內觀察使 야율거근耶律居瑾과 진주단련사秦州團鍊使 장회張淮 등이 왔다. 조서에 이르기를,

"강한 적을 하늘을 받들어 없애고 〈군주를〉 세운 것은 대개 비상한 일이다. 제후는 짐의 울타리가 되기에 마땅히 널리 알리는 것이 이치이다. 처음에 변주汴州의 송宋이 유주幽州와 연주燕州을 돌려주기를 청하며 몰래 바다를 건너오는 부지런함을 닦으며 거듭 이웃과 더불어 우호를 다지려 한다고 결연하였다. 선황제께서 간절한 요청을 불쌍히 여기셔서 즉시 허락하여 주셨다. 〈송은 우리가〉 일찍이 굳은 맹약으로 〈은혜를〉 베푼 것을 알지 못하고, 뒤집어 변경하고 망명자를 받아들여 원수가 되었다. 조환趙桓, 흠종이 계승하기에 이르자, 다시 조길趙佶, 휘종의 말과 행동을 되풀이하였다. 이에 오랫동안 넓게 포용함을 보였으나, 끝내 잘못을 후회하는 것을 듣지 못하였으니, 이 때문에 사람과 신이 함께 분노하였고 하늘과 땅이 용납하지 않을

지경에 이르렀다.

　다만 장수를 한 번 보내어 정벌하는 수고로 곧 소굴을 뒤집어엎는 데에 이르렀으니, 종묘가 지킴을 잃고 아비와 아들이 사로잡혔다. 오랫동안 쌓인 감정이 깊었기 때문에 역성易姓의 일이 있기에 이르렀다. 군주의 자리[神器]에 주인이 없어서는 안 된다고 하므로, 새로 책봉하여 내려 보낼 것을 의논하였는데, 더욱이 나라의 백성들이 지극히 어진 사람을 마음에 품어두었다가 다 같이 옛날의 재상을 추대하였다. 이미 금년 3월에 원수부元帥府에 선유宣諭하여 사람을 보내어 조씨 임금 부자를 왕족 470여 인과 함께 압송하여 궐에 오게 하고, 예의를 갖추어 명하여 망한 송의 태재大宰였던 장방창張邦昌을 대초황제大楚皇帝로 삼아 금릉金陵에 도읍하도록 하였다.

　아아, 악이 가득 찬 악인의 수괴를 붙잡으니, 이에 타이름을 이루고 만물을 짓는 모든 공로를 마쳤으니 마땅히 함께 경하할 바이다. 이제 경에게 옷과 허리띠, 서각犀角, 금과 은, 각종 비단[絹匹段] 등의 물건을 하사하니, 도착하는 대로 받으라."

　라고 하였다.

王楷 ▶ 1127년 10월 이자겸 일족의 토지와 노비를 본 주인에게 돌려주다

　유사에 명하여 여러 이씨가 빼앗은 다른 사람의 땅과 밭 및 노비를 추쇄하여 모두 본래 주인에게 돌려주도록 하였다.

王楷 ▶ 1127년 10월 백좌도량을 열고 승려 3만 명에게 반승하다

　천성전天成殿에서 백좌도량百座道場을 열고, 중앙과 지방[內外]에 명하여 승려 30,000명에게 반승[齋僧]하였다.

王楷 ▶ 1127년 11월 금에 사신을 보내 생신 축하에 사례하고 신년을 하례하다

　석준石㕀을 금金에 보내어 생신을 하례한 것을 사례하고, 이진李瑱은 새해를 하례하였다.

王楷 ▶ 1127년 12월 **문하시중 김인존이 사망하다**

문하시중門下侍中 김인존金仁存이 사망하였다. 김인존은 평장사平章事 김상기金上琦의 아들로 성품이 총명하고 예리하였다. 어려서 과거에 급제하였으며 오랫동안 내시內侍가 되어 아뢰는 일을 관장하였다. 요遼의 사신으로 학사學士 맹초孟初가 왔을 때 김인존이 접반사接伴가 되었는데, 맹초가 그를 보고 옛날부터 알던 사람인 것처럼 하더니, 작별할 때에 금으로 된 띠를 풀어 그에게 선물하였다. 예종睿宗이 동궁에 있을 때에 『논어論語』를 읽는데, 김인존이 시독학사侍讀學士가 되어 『신의新義』를 편찬하여 진강進講하였다. 어려서부터 학문에 힘썼고 나이 들어서도 책을 내려놓지 않았으며, 당대의 사명詞命 가운데 그의 손에서 나온 것이 많았다. 이자겸李資謙이 권력을 장악하자 은퇴하기를 간청하여 집에 머물렀다. 이자겸이 패망하자 왕이 예종의 유명이라 하여 일으켜 수상으로 삼았는데, 조지詔旨가 간절하고 지극하였다. 김인존이 마지못하여 일을 보았다. 시호는 문성文成이었다.

王楷 ▶ 1127년 12월 **이공수 등을 임명하다**

이공수李公壽를 판이부사 감수국사判吏部事 監修國史로, 김부일金富佾을 중서시랑동중서문하평장사中書侍郞同中書門下平章事로 삼고, 김향金珦과 최자성崔滋盛을 참지정사參知政事로, 문공미文公美를 동지추밀원사同知樞密院事로 삼았다.

인종 6년(1128년)

-인종공효대왕-

王楷 ▶ **1128년 1월 금에서 사신을 보내 왕의 생신을 하례하다**

금金에서 소희옥蕭懷玉을 보내 와서 생신을 하례하였다.

王楷 ▶ **1128년 1월 이자겸의 처 최씨를 소환하다**

이자겸李資謙의 아내 최씨崔氏를 소환하였다.

王楷 ▶ **1128년 1월 인덕궁에 화재가 발생하다**

인덕궁仁德宮에 불이 났다.

王楷 ▶ **1128년 2월 남경 궁궐에 화재가 발생하다**

남경南京의 궁궐에 불이 났다.

王楷 ▶ **1128년 3월 이공수 등을 임명하다**

이공수李公壽를 문하시중門下侍中으로 삼고, 김부일金富佾을 수사도 판상서병부사守司徒 判尙書兵部事로, 김향金珦을 동중서문하평장사同中書門下平章事로, 이숙李璹을 검교사도 수사공 좌복야 판예부사檢校司徒 守司空 左僕射 判禮部事로, 최자성崔滋盛을 판공부사判工部事로 삼았다.

王楷 ▶ 1128년 3월 정주에 흉년이 들어 구휼하다

정주定州에 흉년이 들었다. 조서를 내려 창고를 열어 구휼하였다.

王楷 ▶ 1128년 3월 최사전을 관직에 임명하다

최사전을 추충위사공신 수사공 상서좌복야推忠衛社功臣 守司空 尙書左僕射로 삼았다.

王楷 ▶ 1128년 3월 조서를 내려 농상을 권장하게 하다

조서를 내려 이르기를,

"농상農桑을 권장하여 의식을 풍족하게 하는 것은 성왕聖王이 급선무로 여긴 바이다. 지금 수령들 중에 백성들의 재물을 함부로 거두어[聚斂] 이익으로 삼는 자가 많고, 근검하며 백성을 위로하는 사람은 드물다. 창고가 텅 비고 백성들은 궁핍한데, 이들에게 역역力役을 더하니, 민民들은 손발을 둘 곳이 없어서 서로 모여 일어나 도적질을 하고 있다. 참으로 나라를 부유하게 하고 백성을 안정시키는 뜻이 아니로다. 주군에 명하여 쓸데없는 일을 멈추고 급하지 않은 일은 파하라."

라고 하였다.

王楷 ▶ 1128년 4월 조서를 내려 각종 은택을 베풀어 재해를 물리치게 하다

조서를 내려 이르기를,

"요즈음 천문에 변화가 있고 날씨가 고르지 못하니 마땅히 유사에 영을 내려 죄수들을 살피어 2죄 이하는 사면하고, 국내의 산천에 망사望祀를 올리며, 기로耆老와 독질毒疾·폐질廢疾, 절부節婦·의부義夫·효자孝子·순손順孫과 환과고독鰥寡孤獨에게 잔치를 베풀고 물건을 차등 있게 하사하라."라고 하였다.

王楷 ▶ 1128년 4월 대방공 왕보가 사망하다

대방공帶方公 왕보王俌가 경산부京山府에서 사망하였다. 이자겸李資謙이 이미 패하자, 왕이 소환하고자 하였으나 명령이 이르기 전에 사망한 것이다.

王楷 ▶ 1128년 4월 21일 태백성이 낮에 나타나 하늘을 가로지르다

태백성太白星이 낮에 나타나 하늘을 가로질렀다.

王楷 ▶ 1128년 4월 척준경 등을 유배지에서 고향으로 옮겨두게 하다

조서를 내려 이르기를,
"유배된 사람 척준경이 비록 병오丙午(1126년) 2월의 죄를 받았으나 그해 5월의 공 또한 적지 아니하고, 최유적崔惟迪은 아들의 죄에 연좌되었으나 실은 자신이 지은 죄가 아니며, 박승중朴昇中은 비록 죄가 있으나 문한文翰으로 누대에 걸쳐 대대로 벼슬하여 명성이 매우 두드러지니, 모두 고향 마을田里에 양이量移할 것을 허락한다."라고 하였다. 척준경은 곡주谷州로 옮겨지고, 박승중은 무안현務安縣으로 옮겨졌는데, 박승중은 곧 죽었다.

王楷 ▶ 1128년 4월 이원철 등 29명에게 급제를 하사하다

이원철李元喆 등 29인에게 급제를 하사하였다.

王楷 ▶ 1128년 4월 조서를 내려 각종 은택을 베풀어 재해를 물리치게 하다

조서를 내려 이르기를,
"요즈음 천문에 변화가 있고 날씨가 고르지 못하니 마땅히 유사에 영을 내려 죄수들을 살피어 2죄 이하는 사면하고, 국내의 산천에 망사望祀를 올리며, 기로耆老와 독질毒疾·폐질廢疾, 절부節婦·의부義夫·효자孝子·순손順孫과 환과고독鰥寡孤獨에게 잔치를 베풀고 물건을 차등 있게 하사하라."라고 하였다.

王楷 ▶ 1128년 5월 **종묘와 사직 등에 비를 빌다**

종묘宗廟·사직社稷과 산천山川에 비 내리기를 기도하였다.

王楷 ▶ 1128년 6월 **최홍재를 문하시랑평장사로 삼다**

최홍재崔弘宰를 문하시랑평장사門下侍郞平章事로 삼았다. 처음에 이자겸李資謙이 한안인韓安仁을 유배 보낼 때에 최홍재도 모의에 함께하였다. 이때 이르러 간관諫官이 논박하였기에 가장 나중에 부른 것이다.

王楷 ▶ 1128년 6월 **송에서 사신이 오다**

송宋에서 형부상서 양응성楊應誠과 제주방어사齊州防禦使 한연韓衍 등을 보내 왔다. 이전에 양응성이 벽란정碧瀾亭에 이르러 접반소接伴所에 첩牒을 보내어 이르기를,

"귀국貴國의 예의가 부지런하고 두터우니, 만약 미리 말씀드리지 아니한다면 반드시 헛되이 번거롭게 수고하는[煩勞] 일이 있을까 싶습니다. 2성二聖, 송 휘종徽宗과 흠종欽宗이 멀리 계신 까닭에 신하로서 차마 음악을 들을 수 없으니, 조서를 맞아들이고 표문을 올리는 날을 제외하고는 음악을 사용하지 말아 주시고, 아울러 의대衣帶와 화주花酒도 보내지 말아 주십시오."

라고 하였다.

왕이 수창궁壽昌宮에서 조서를 맞아들이니, 조서에 이르기를,

"나라의 운수가 중도에 쇠약하고 미약해져서 변방에 변란이 생겼기에, 드디어 짐이 나라를 계승하여 바야흐로 〈국가가〉 평안하기를 도모하였다. 생각하건대 삼한三韓의 옛 나라는 실로 여러 대에 걸쳐 동맹을 맺은 나라이다. 지난번에 번거롭게도 사절이 와서 힘써서 공물을 바쳤는데[充庭], 뜻밖에 어려운 상황으로 인하여 오랫동안 보빙報聘이 늦어졌다. 생각하건대 또한 〈우리에게〉 변고가 많았음을 헤아린다면, 마땅히 평소의 마음을 바꾸지 않을 것이다. 이제 대금大金에 가는 서신을 받들고 특별히 사신 일행을 보내므로, 바다를 건너고 국경을 넘는 데에 진실로 수고로움과

혼란이 있을 것이지만, <국가를> 재난에서 구하며 백성을 진휼하는 것이니 반드시 도움을 더하여 주라. 약소한 물건을 가져가니 평상시의 전례에는 미치지 못하지만 이르는 대로 받으라."

라고 하였다.

양응성 등이 또 차자箚子를 올렸는데 이르기를,

"옛날 주나라 왕실[周室]에 많은 재난이 닥치자 어떤 사람이 진晉 문공文公에게 말하기를, '제후諸侯를 모으려면 왕실을 위해 충성하는 것[勤王]만한 것이 없으니, 제후들은 그것을 믿을 것이며 또 크게 의로운 일입니다.'라고 하였다고 합니다. 진 문공은 왕실을 안정시킨 후에 그로 인하여 패업敗業을 이루었으니 이것이 책에 실려 끝없이 빛나고 있습니다. 가만히 생각하건대, 귀국은 해동海東에 있으면서 가장 큰 나라로 알려져 있고 대대로 충순忠順함을 드러내어, 사절이 통교한 이래로부터 우리나라에서 귀국을 대우하는 데에 은혜를 베풀고 예우하기를 두텁게 함이 처음부터 조금도 쇠하지 아니하였습니다.

요즈음 괴롭고 고생스러운 때를 만나서 국가에 일이 많더니 뜻밖에 오랑캐가 속임수를 부려 마침내 두 성인聖人이 멀리 가 계시는 괴로움에 상하가 근심과 걱정으로 평안히 있을 겨를이 없었습니다. 거듭 생각하건대 귀국은 예의를 지키고 의를 중히 여겼고, 또 우리나라가 극진히 대우한 것이 여러 해가 되었으니 다른 나라와 비교가 되지 않습니다. 바야흐로 이 위급한 때에 의리로 마땅히 책망責望하며 바로 대의에 의지하여 왕실을 위해 충성할[勤王] 때입니다. 지금 황제께서는 처음 보위에 등극하시고 사신을 보내어 국왕을 위문하셨으며, 나아가 번거롭게도 뱃길을 열어 두 분 황제를 모셔오도록 간청하셨습니다. 조서를 받던 날에 이미 얼굴을 맞대고 일일이 말씀드렸고 이어서 공첩公牒을 재차 번거롭게 보내어 정성과 간절함을 지극하게 갖추었으니, 모든 것을 잘 살피시리라 믿습니다.

귀국에서 이르기를, '금에 가는 도로가 험하고 막혀있어 갈 수 없다.'라고 하였습니다. 조종 때에 금나라 사람들이 귀국의 사신과 함께 입공入貢한 적이 있었으니 당시에는 길이 통하였는데 다닐 수 없다는 말은 들은 적이 없습니다. 귀국은 또한 금나라 사람들이 이 길을 통해 사신을 보낼까봐 두려워 하지만, 금나라 사람들은 거란契丹을 없앤 후로부터 모두 하동河東과 산북山北을 통하여 사신을 보내니 필경 이 길을 통하여 오지는 않을 것입니다. 만약 귀국이 금나라 사람들이 이로 말미암아 문제를 일으킬까 염려하는 것이라면 양응성 등이 이번에 사신으로 가는 데 다만 호위하는 군사 110인으로 국서와 예물을 가지고 먼저 가서 화친을 맺기만 하고 전투를 하지는 않겠습니다. 귀국에서는 다만 사람을 시켜 수로水路를 통하여 일행이 국경선 상에 이르게 하면, 먼저 금나라 사람들에게 알려주어 그 가부를 듣고 혹 인원을 줄이라고 하면 일체를 따를 것이니 이로부터 문제가 생길 리 없을 것입니다.

만약 사신이 귀국의 길을 통하여 두 분 황제를 맞아들인다면, 200년의 충순한 의리가 어긋나지 않을 것이고 또한 여러 임금이 특별히 대우한 은혜에 보답하는 것이며, 국가에서 보답하는 것도 종전의 배倍가 될 것이고 사방의 여러 나라가 더욱 높은 명성을 우러러볼 것이며, 높은 의리를 믿고 복종할 것이니, 실로 끝없는 행복이 있을 것이고 귀국의 중신들도 모두 협찬協贊하고 받들어 모시는 충성을 가질 것이며, 국가에서 포상하는 은전이 영구히 전할 것입니다. 한 때의 사신이 자신의 사사로운 이익을 좇는 것이 아니고 감히 마음속에 있는 것을 모두 드러내었으니, 바라건대 국왕께서는 중신들과 함께 의논하셔서, 이 일에 한 마음으로 협력하여 갑자기 일어난 오랑캐로 중국[華夏]과의 오랜 맹약을 잃음이 없게 하십시오. 서둘러 결정하여 계류稽留하는 데 이르지 않기를 바랍니다."

라고 하였다.

왕이 글로써 답하기를,

"우리나라가 조종 이래로 대국을 정성스럽게 섬겼기에 신종神宗으로부터 태상도군황제太上道君皇帝에 이르기까지 한 집안으로 생각해왔으니, 기이한 은혜와 두터운 예우에 대해 어찌 쉽게 말하겠습니까. 생각하건대 황제께서는 그 보답을 바라지 않으셨지만 우리가 감격한 뜻은 만분의 일이라도 나타내고자 하였습니다. 삼가 듣건대 두 분 황제께서 멀리 가셔서 온 나라가 근심하고 분하게 여기는데 비록 봉토를 다스리느라[旬宣] 제때에 달려가 위문하지는 못하였지만 신하된 마음에 어찌 편안하게 있을 겨를이 있었겠습니까. 또한 황제의 효제孝悌와 군공群公의 충의는 반드시 천지를 움직이고 귀신을 감동시켜서 천지와 귀신이 함께 서로 협조하며 도울 것이니 어찌 두 황제께서 오랫동안 사막에서 고생하시겠습니까. 매일 빨리 서울 궁궐에 돌아오시어 천하의 바람에 부응하기를 축원하고 있습니다. 황제께서 처음 보위에 오르시면서 먼저 시신侍臣을 보내셔서 조서를 전하면서 우리나라[小國]에 명령하여 수로를 통하여 두 분 황제를 모셔서 맞아들이기를 바라셨습니다. 또 사신과 부사가 조서를 전하던 날에 낱낱이 대면하며 말하였고, 계속 공첩을 보내어 정성과 간절함을 지극히 갖추었으니 감히 영을 받지 못하겠습니까.

그런데 여진女眞은 처음에는 부락에 흩어져 살아 일정한 군주가 없었기에 일찍이 우리나라에 신속臣屬하여 간혹 우리 사신을 따라 상국에 입공入貢하였습니다. 이후에 점점 강성해져서 항상 변경의 우환이 되었습니다. 근자에는 대요大遼를 함몰陷沒하고 상국을 침범하여 이로부터 군대의 위세가 더욱 커져서 우리나라로 하여금 신하를 칭할 것을 강요하고 의례를 약정하는 데에 일체를 요를 섬기던 옛 예절에 의거하였으며, 우리나라는 부득이하게 그것을 따랐습니다. 그러나 그 풍속이 전쟁을 좋아하며 항상 우리가 즐거이 상국을 따르는 것을 시기하였는데 근자에는 국경에 성루를 보수하고 병사를 모아 주둔하니 우리나라를 침략하고자 하는 뜻이므로 만약 사절이 길을 빌려 국경으로 들어간다는 것을 듣는다면 반드시 시기하고 의심하여 일이 일어날 것입니다.

다만 이뿐만 아니라, 반드시 보빙報聘한다는 명분으로 우리나라[小邦]에 길을 빌려 사절을 보내 입조하겠다고 하면 우리가 장차 무슨 말로 거절할 수 있겠습니까. 만약 바닷길의 편리함을 알게 된다면 우리나라의 보전이 어려울 것이고, 회남淮南·양절兩浙의 연해緣海의 지역도 그들이 틈을 엿보는[窺覘] 우려를 얻을 것이니 만일 그렇지 아니하다면 우리나라가 어찌 감히 태연히 명을 따르지 않겠습니까. 이 문제는 진실로 중요하여 감히 말을 꾸미는 것이 아니니 생각하건대 사절과 부사는 〈우리의〉 진심을 곡진히 살펴 조금이나마 뜻을 돌이켜 돌아가 궐하에 아뢰어 주십시오."
라고 하였다.

王楷 ▶ 1128년 7월 **참지정사 이숙을 파직시키다**

참지정사參知政事 이숙李璹을 파직하였다. 이숙의 아내 김씨가 그의 동모제[母弟] 김인규金仁揆와 재산을 두고 다투어 화목하지 못하였다. 이숙의 아들 이온경李溫卿이 익명서를 만들어 김인규의 죄를 무고로 엮어, 밤에 어사대御史臺에 투서하다가 순검에게 잡혔으니, 부자가 모두 연좌되었다.

王楷 ▶ 1128년 8월 **송 사신이 돌아가는 길에 표문을 보내 사례하다**

송宋 사신 양응성楊應誠 등이 돌아갔다. 왕이 표문을 부쳐 사례하여 말하기를, "제실帝室에 어려움이 많아 황제의 수레[鑾輿]가 멀리 순시하니 다만 더욱 놀랍게 여기기만 할 뿐 일의 본말[端倪]을 알지 못하며 날아서 갈 방법이 없고 계신 곳에 문안을 드리는 것이 막힌 것을 원망합니다. 불행을 나누고 환난을 구제함에 마땅히 적개敵愾하는 충성을 바쳐야 하지만 힘이 약하고 재주가 척박하여 근왕의 성과를 펼치기에는 어려워, 걱정과 부끄러움이 더욱 더 심해졌음은 신명神明이 알아보실 것입니다. 신이 그릇되게 왕위를 계승함으로 인하여 액회厄會를 맞아 재난과 흉년이 거듭 일러 사람과 물건이 쇠잔한데 안으로는 역신들이 발호하는 흉한 일을 당하였고, 밖으로는 강국强國이 〈침략의 기회를〉 엿보는 틈이 될까 걱정하였습니다. 바야흐로 이제 난을 평정하고 또한 이웃나라와 강화하였으니 성공하였다고 할 수는 없으나 다행히 문제는 일으키지 않게 되었습니다. 우리나라[弊邑]를 들어 조정의 교명敎命에 따르며 미약한 노력을 다하여 여러 대의 은택에 보답하는 것임을 모르는 것은 아니나, 시세가 편하지 못하여 몸소 따르기에는 일이 어렵습니다. 다만 바라건대 너그러우신 성상[睿聖]께서는 〈저의〉 진심과 성의를 잘 굽어 살피셔서 신이 마침 곤란한 위기에 처한 것을 살펴 주시고, 신이 실제로 태만하고 도망치지 않았음을 보아 주시어, 앞으로도 관용의 덕을 더욱 베풀어 마침내 나라를 보전해 주신다면 밝은 태양을 두고 마음으로 맹세할 것이니, 바라건대 하늘처럼 밝게 드리워 주십시오."
라고 하였다. 이때 양응성 등이 그치지 않고 왕복하므로, 또 답장하여 이르기를,

"중국上朝에서 이전에 조서를 내려 우리나라小國에 명하여 여진에 가서 회유하예[往諭] 내조來朝하도록 하라 하였으나, 우리나라는 여진으로 하여금 중국의 부유함과 강성함富盛을 엿보게 해서는 불가하다고 생각하여 감히 조서를 받들지 못하였는데, 조정에서는 그렇게 여기지 않고 마침내 여러 방도로 초유招諭하고 금과 비단을 후하게 하사하였습니다. 저들은 이미 중국의 허실虛實을 알고 훔치려는 마음이 한번 움직여 멀리 달려 깊숙이 들어와 경사京師에 소요騷擾를 일으켰습니다. 우리나라는 금나라와 영토가 서로 접하여 진정과 거짓을 매우 상세히 아는데 이제 사신이 이곳을 통하여 간다면 시기와 의심으로 분쟁이 일어나 발길을 돌리지[旋踵] 못하고 화가 닥칠 것인데, 가령 사절이 여기서 저기로 간다면 저들도 반드시 이곳을 거쳐 답례를 할 것입니다. 하물며 그 나라는 동쪽으로 큰 바다에 닿아 있어 수전水戰을 매우 잘하니, 저들이 회답의 사절을 핑계로 회수淮水와 절강浙江의 형세를 자세히 알게 되어 만일 전함을 준비하고 바다로 내려와 불의에 공격한다면 가만히 생각하건대 북으로는 육전陸戰의 고통으로, 남으로는 수전의 고통으로 머리와 꼬리에 적을 맞아 위험이 반드시 클 것이 두려우니, 일이 이렇게 이른다면 후회하더라도 구할 수 있겠습니까. 우리나라가 조서를 받들 수 없는 것은 천지가 꿰뚫어 살펴보고 있고 감히 말로 꾸미지 않았으니, 비록 여러 날 오랫동안 기다리더라도 다시 감히 달리 의논하지 못합니다."

라고 하였다. 이에 날을 택하여 회답하는 표문을 부치기를 청하였다. 양응성 등이 대답하기를, "귀국의 군신君臣은 반드시 해가 있다고만 여기고 따르지 않으며, 단지 사절로 온 사람을 돌아가게 하려고만 하니 이는 마침내 허락하지 않겠다는 것입니다."라고 하였다. 끝내 부치는 표문을 받지 않고 법식에 따라 베푼 잔치와 폐백과 의대衣對·예물禮物을 또한 모두 받아들이지 않고 갔다.

王楷 ▶ 1128년 8월 송에 사신을 보내 길을 빌려주지 못하는 데에 유감을 표하다

예부시랑禮部侍郞 윤언이尹彦頤를 송宋에 보내어 표문을 올려 이르기를,

"이전에 두 황제께서 파천播遷하셨다는 소식을 듣고 모든 삼한三韓이 비통悲痛해

하였습니다. 그러는 동안에 봉토를 다스리느라[官守] 달려가 위문을 드려 신하의 성의를 펼 수가 없었고 또한 의병을 먼저 일으켜서 국가의 환란을 구하지도 못하였습니다. 이제 엎드려 폐하를 맞이하니 〈폐하께서는〉 원수부元帥府로부터 몸을 일으키셨고 선왕의 기업을 영광되게 승습承襲하셨으며, 이제 신민과 더불어 멀리 계신 두 분 황제를 맞아들이려 하시니, 조서가 내려오자 노인과 어린아이[老幼]까지 눈물을 흘렸으며 은덕은 형상하여 천하 사람이 마음으로 새겨두었으니, 지극한 정성은 귀신도 감응하는데 어찌 그것에 응함이 없겠습니까. 두 황제가 돌아오심은 바로 지금 이야말로 그 때입니다. 신은 집안이 분탕焚蕩된 다음인지라 국가가 어수선할 때를 당하여 경하하는 의례를 할 만한 여력이 없어서 부끄러웠는데 황공하게도 먼저 사신[皇華]을 보내주셨습니다. 비록 명이 엄중하게 나왔으나 사정이 좇아 따르기에는 어렵습니다. 대저 금나라는 우리 압록강鴨綠江과 접해 있는데, 중국을 어지럽힌 위세를 타고 또한 이웃나라를 침해할 뜻이 있습니다. 항상 비밀리에 첩자에게 명하여 싸움의 시초[釁端]를 기다리는데 만약 사절이 길을 빌려서 갔다는 이야기가 들린다면 반드시 곧바로 일을 일으키거나 혹은 군사를 동원하여 두렵게 한 뒤 책망을 가할 수도 있으며, 혹은 답례를 명분으로 삼아 통행을 요구할 것이니, 이 도로의 요충지대에 있어 장차 어떻게 거절할 수 있겠습니까. 저들은 많고 우리는 적으니 서로 싸우기도 어렵고 입술이 없어지면 이가 시리다 하니[脣亡齒寒] 그것이 화가 아니라는 것을 어찌 알 것이며, 어찌 오늘만 분할 뿐이겠습니까. 분명 다른 때에 후회함이 있을 것입니다. 이 일 때문에 곤란함이 많다 한 것이지 태만하고자 하는 것은 아니니, 삼가 바라건대 신이 속으로 존경하는 마음[嚮慕]을 품었으되 신이 밖으로 침략의 위협에 빠진 것을 불쌍하게 생각하시고 산과 숲 같은 아량을 보이시어 우레같은 노여움을 거두어 주십시오. 우리나라[小國]도 다행히 보전되고 중국[上朝]도 변방의 위험이 없게 되면, 제후諸侯를 거느리고 주왕周王을 높이던 제齊 환공桓公, 진晉 문공文公의 옛일은 감히 약속하지 못하나, 봉토에 임하여 우공禹貢이 세운 청주靑州와 서주徐州의 옛 법식을 잃지 않기를 원합니다."

라고 하였다.

王楷 ▶ 1128년 8월 **최사전을 삼한후벽상공신 다음에 두게 하다**

선지宣旨하여 이르기를,

"짐이 어린나이에 왕위에 임하자 외척이 권력을 오로지하고 위세와 복덕을 부려 중상을 당한 자가 많았다. 한안인韓安仁을 죽이고 문공미文公美와 최홍재崔弘宰 등 50여 인을 유배하였으니, 조정이 모두 비어 과인이 고립되기에 이르렀다. 이때부터 붕당朋黨을 많이 만들어 화禍가 장차 헤아릴 수 없게 되었다. 병오년1126 2월에 이르러 측근에서 시중들던 관원들과 한두 명의 대신들이 그 권세를 제거하기를 청하여 짐이 감히 따르지 않을 수 없었으나, 그는 이에 방자하고 악독한 짓을 하여 궁궐을 범하였고, 궁궐의 전각殿閣, 부서府署, 창고倉庫를 남김없이 싹 불태워 버렸으며, 짐이 연덕궁延德宮에 나가 임어하게 되자 모든 좌우의 시종侍從과 군사를 혹은 베어 죽이고 혹은 유배하여 흉악한 불꽃이 더욱 성하였고, 화변을 헤아리기가 어려웠다. 최사전崔思全이 은밀히 척준경拓俊京을 타일러 마음을 합하고 방책을 정하여 흉악한 역도들을 소탕하고 종묘宗廟와 사직社稷을 다시 평안히 하였으니 공로를 잊을 수 없다. 마땅히 유사에 명하여 삼한후벽상공신三韓後壁上功臣의 다음에 쓰게 하라."

라고 하였다.

王楷 ▶ 1128년 8월 **왕이 묘청 등의 말을 듣고 서경에 가다**

서경西京에 행차하였다. 중 묘청妙淸과 분사 검교소감分司檢校少監 백수한白壽翰이 스스로 음양陰陽의 술법을 안다고 칭하여 허황되고 불경不經한 말로 여러 사람을 현혹시켰다. 정지상鄭知常은 역시 서경 사람이라 그 말을 깊이 믿고 이르기를, "상경上京의 기업이 이미 쇠퇴하였고 궁궐이 모두 타서 남은 것이 없으나, 서경에는 왕기가 있으니 마땅히 이어移御하시어 상경으로 삼아야 한다."라고 하였다. 마침내 근신 김안金安과 모의하기를, "우리가 만약 주상을 받들어 서도西都로 이어하여 상경으로 삼는다면 마땅히 중흥공신中興功臣이 될 것이니, 단지 일신만이 부귀富貴할 뿐만 아니라 또한 자손에게도 끊임이 없는 복이 될 것이다."라고 하였다. 드디어 말을 퍼뜨리고 서로 칭찬하며 근신近臣 홍이서洪彝敍·이중부李仲孚 및 대신 문공인文公仁·임경청林景淸이 따라서 호응하였으니, 마침내 올려 아뢰어 말하기를, "묘청은 성인이고 백수한도 또한 그 다음이니, 국가의 일을 모두 물은 후에 행하시고 그들이 진청陳請하는 것은 불용함이 없이 받아들이시면 정치가 이루어지고 일이 갖추어져 국가를 보전할 수 있을 것입니다."라고 하였다. 이에 지나가며 여러 관원들에게 서명을 청하니, 평장사平章事 김부식金富軾, 참지정사參知政事 임원애任元敱, 승선承宣 이지저李之氐만은 서명하지 않았다. 글이 올라가니 왕은 비록 의심하였지만 여러 사람이 힘을 주어 말하므로 믿을 수밖에 없었다. 이때 묘청 등이 상언하기를, "신 등이 서경의 임원역林原驛 땅을 관찰하니 이곳이 음양가陰陽家들이 이른 바 큰 꽃모양大花의 형세이니, 만약 궁궐을 세우고 그곳에 임어하신다면 천하를 병합할 수 있고, 금나라가 폐백을 가지고 스스로 항복할 것이며, 36국이 모두 신첩이 될 것입니다."라고 하였다. 이 때문에 이 행차가 있었다.

王楷 ▶ 1128년 9월 **금에 하성절사를 보내다**

이유李愈를 금金에 보내어, 천청절天淸節을 하례하였다.

王楷 ▶ 1128년 9월 **임원역 부근에서 새 궁궐터를 살피게 하다**

행차를 따라온 재추宰樞에게 명하여 묘청妙淸·백수한白壽翰과 함께 임원역林原驛 땅에 새 궁궐 자리를 가려 정하게 하였다.

王楷 ▶ 1128년 9월 **임경청을 추밀원부사로 삼다**

임경청林景淸을 추밀원부사樞密院副使로 삼았다.

王楷 ▶ 1128년 10월 **동남해안무사가 해적들이 투항했음을 보고하다**

동남해안무사東南海安撫使 정응문鄭應文이 아뢰기를,
"명진현溟珍縣·송변현松邊縣·아주현鵝洲縣 세 개의 현에 해적 좌성佐成 등 820명이 항복하였기에, 이미 합주陜州 삼기현三岐縣에 귀후장歸厚場·취안장就安場의 두 개의 장과, 진주晉州 의령현宜寧縣에 화순장和順場을 설치하여 그곳에 거처하게 하였습니다."

라고 하였다. 여러 신하들이 진하陳賀하였다.

王楷 ▶ 1128년 10월 왕이 서경에서 돌아오다

왕이 서경西京으로부터 돌아왔다.

王楷 ▶ 1128년 10월 금에 사신을 보내 선경사 파견에 사례하다

이부상서吏部尙書 최유崔濡와 위위소경衛尉少卿 송근宋覲을 금金에 보내어 경사를 알린 것[宣慶]에 사례하고 방물方物을 진상하였다.

王楷 ▶ 1128년 11월 금에 왕 생일 축하에 대한 사은사와 하정사를 보내다

유원서兪元胥를 금金에 보내어 생신을 하례한 데에 사례하고, 김택金澤은 신정을 하례하였다.

王楷 ▶ 1128년 11월 임원역 자리에 새 궁궐을 짓다

임원역林原驛을 옮기고 새 궁궐을 짓는데 내시낭중內侍郎中 김안金安에게 명하여 공사를 감독하게 하였다. 이때 마침 매우 추워서 백성이 심히 원망스러워하며 탄식하였다.

王楷 ▶ 1128년 12월 송에서 고려의 입장을 이해한다는 조서를 보내다

윤언이尹彦頤가 송宋으로부터 돌아왔다. 조서에 이르기를,

"짐朕이 얼마 전에 사신을 보내 긴급하게 먼 지방으로 달려가게 한 것은, 부형께서 먼 곳으로 쫓겨나셨는데 물과 육지가 서로 바라보듯이 멀어서 길을 빌려서 따르지 못하니 문안이 더욱 간절하게 생각났기 때문이다. 이에 은혜 입었던 번국의 과거

를 생각하고, 바라건대 영토를 통과하고자 하였는데, 갑자기 글을 올려 간하는 것에 지극한 정성을 갖추니 여러 날 동안 살펴보고 마음속으로는 개탄하였다. 돌아보건대 효성하고 우애하는 생각은 비록 나의 뜻을 이루고자 한 것이나 사전에 염려하는 마음 또한 인정에 마땅히 다하는 것이니, 이미 공손하고 부지런한 태도를 살펴 알았으니, 변방을 지킬 것을 잊지 말라."

라고 하였다.

王楷 ▶ 1128년 12월 **최사전 등을 임명하다**

최사전崔思全을 참지정사參知政事로, 한충韓冲을 추밀원부사樞密院副使로 삼았다.

王楷 ▶ 1128년 12월 **금에서 사신을 보내다**

금金에서 금주관내관찰사錦州管內觀察使 사고덕司古德과 위위소경衛尉少卿 한방韓昉 등을 보내 와서 조서를 내렸는데, 그 대략에 이르기를,

"송宋의 태상황太上皇 조길趙佶과 소제少帝 조환趙桓이 은혜를 배반하고 신의를 잃었기에 토벌에 이르니 포로가 되어 근래에 조서를 내려 궁궐에 불러 그 과실을 직접 책망하였다. 그러나 죄는 용서할 수 있으며 어리석음은 불쌍히 여길 수 있기에, 마침내 그를 차마 버리지는 못하였다. 다만 명분이 바르지 않으면 말이 이치에 순하지 않으므로 또한 작호爵號를 이미 더하여 감봉하기를 조길을 혼덕공昏德公이라 이르고, 조환을 중혼후重昏侯라고 일렀다. 일이 새롭게 된 후에 이치상 마땅히 알려야 할 것이다. 따라서 옷과 허리띠, 비단匹段, 은그릇 등을 하사한다."

라고 하였다. 사고덕 등이 직접 어록語錄을 받았는데 그 대략에 이르기를,

"추밀원樞密院의 차자箚子를 받들었는데, '성지聖旨를 받들었는데, 「보주保州의 땅은 이전에 조서로써 효유함詔諭이 있었으며 다시 거두어들이지 않은 것은 귀국貴國이 필시 옛 법을 따라 왕실을 받들 수 있으리라고 여겼기 때문이다. 이에 조정에서 그 땅을 아끼지 않고 특별히 할양하여 하사한 것인데, 그 후에 몇 년이 지나도록 귀국에서는 아직도 서표誓表를 바치지 아니하였으며, 위의 주州와 성城에 근거하며 지

키니 도리에 어찌 온당하고 원만하다[穩便] 하겠는가. 또 위협을 당하여 왔거나 도망하여 옮겨 사는 호구[戶口]가 그 수가 자못 많은데 모두 사망하였다고 칭하니 거의 믿을 수 없다. 귀국이 과연 정성스러운 마음으로 상국을 섬긴다면, 즉시 맹세하는 표문을 올리라. 조정에서도 또한 마땅히 서약하는 조서[誓詔]를 회답하여 내릴 것이고 겸하여 따로 지휘[指揮]를 내려 경계를 구분할 것이며 이 모든 것을 관대하게 하도록 힘쓸 것이니, 장구한 계책을 이루도록 하라.」라고 하였다.'라고 하였다."

라고 하였다. 왕이 대답하기를,

"명을 들으니, 감사하고 송구스러움을 이길 수 없습니다. 뒤에 마땅히 표문을 올려 알리겠습니다."

라고 하였다.

인종 7년(1129년)

−인종공효대왕−

1129년 1월 금에서 사신을 보내 왕의 생신을 하례하다

금金에서 영주관내관찰사寧州管內觀察使 양공효楊公孝를 보내와서 생신을 하례하였다.

1129년 1월 추밀원부사 한충이 사망하다

추밀원부사樞密院副使 한충韓沖이 사망하였다. 한충은 성품이 강직하고 학문에 충실하고 문장에 능하였으며 정사에서는 청렴과 은혜를 숭상하여 이르는 곳마다 명성과 공적이 있었다.

1129년 1월 서경의 새 궁궐이 완성되다

서경西京의 새 궁궐이 완성되었다.

1129년 2월 왕이 서경 새 궁궐에 들어가다

서경西京에 행차하여 새 궁궐에 임어하였다. 이때 어떤 사람은 표문을 올려 왕에게 황제를 칭할 것과 연호를 정할 것[稱帝建元]을 권하였고, 어떤 사람은 제齊와 동맹하여 금金을 협공하여 멸하자고 청하였다. 식자들이 그를 비난하였으나, 묘청의 무리는 교묘한 말로 이야기를 술술 하였다. 왕이 끝내 듣지 않았다.

王楷 ▶ 1129년 3월 **서경 궁궐에서 신료들의 하례를 받다**

새 궁궐의 건룡전乾龍殿에 임어하여 여러 신료들의 하례를 받았다. 묘청妙淸·백수한白壽翰·정지상鄭知常 등이 말하기를, "바야흐로 상께서 전각에 앉으시자 공중에서 풍악을 부르는 소리가 있음을 들었사온데, 이 어찌 새 궁궐에 임어하신 상서로운 징조가 아니겠습니까."라고 하였다. 드디어 하례하는 표문을 초하여 재추宰樞에게 서명하기를 청하였다. 재추들이 답하며 말하기를, "우리들이 비록 늙었으나 귀는 아직 어둡지 아니한데, 공중의 풍악소리를 일찍이 들어본 바가 없다. 사람은 속일 수 있어도 하늘은 속일 수 없는 것이다."라고 하였다. 끝내 따르지 않았다. 정지상이 성을 내며 말하기를, "이는 예사롭지 않은 아름다운 상서嘉瑞이니 마땅히 청사靑史에 기록하여 후세에 밝게 보여야 할 터인데 대신들이 이와 같으니 매우 탄식할만하다."라고 하였다. 끝내 〈표문을〉 올리지 못하였다.

王楷 ▶ 1129년 3월 **신하들에게 잔치를 베풀다**

여러 신하에게 잔치를 베풀었다.

王楷 ▶ 1129년 3월 **서경민을 진휼하고 금년 조세를 면제해주다**

서경西京의 백성이 궁궐을 짓는데 애썼다고 하여, 창고를 열어 그들을 진휼하였고 금년의 조세를 면제하여 주었다.

王楷 ▶ 1129년 3월 **왕이 서경에서 돌아와 사면령을 내리고 은혜를 베풀다**

서경西京으로부터 돌아왔다. 사면하였고, 지나온 주현州縣의 기로耆老와 효자孝子·순손順孫·절부節婦·의부義父 및 환과고독鰥寡孤獨, 독질자篤疾者·폐질자廢疾者에게 술과 음식을 내리고 또한 물건을 차등 있게 하사하였으며, 금년의 조세를 면하여 주었다. 시종관侍從官 및 서경의 문무관과 새 궁궐을 지었던 관리들에게 모두 작爵을 1급級 올려주었으며 아래로 복례[僕隷]들에게까지 모두 은택을 입게 하였다.

王楷 ▶ 1129년 3월 왕이 국학을 둘러보고 석전을 지내다

왕이 국학을 둘러보고 선성先聖에게 석전釋奠을 지냈으며 은반銀盤 두 벌과 능견綾絹 30필을 바쳤다. 돈화당敦化堂에 임어하여 대사성大司成 김부철金富轍에게 명하여 『서경書經』의 「무일無逸」편을 강론하게 하고, 기거랑起居郎 윤언이尹彥頤 및 여러 생도들에게 따지어 묻게 하였으며, 재추宰樞와 시신侍臣, 학관學官과 여러 생도들에게 술과 음식을 내렸다. 학관과 여러 생도들이 표문을 올려 하례하였다.

王楷 ▶ 1129년 4월 불사리를 인덕궁에 안치하다

대안사大安寺에서 부처사리[佛骨]를 맞이하여 인덕궁仁德宮에 두었다.

王楷 ▶ 1129년 5월 윤언이 등이 시정의 득실을 논하다

기거랑起居郎 윤언이, 좌사간左司諫 정지상鄭知常, 우정언右正言 권적權適이 상소하여 현 정치의 잘잘못을 논하였다. 왕이 기꺼이 받아들였다.

王楷 ▶ 1129년 5월 임씨를 책봉하여 왕비로 삼다

임씨任氏를 책봉하여 왕비로 삼았다.

王楷 ▶ 1129년 5월 조서를 내려 검소한 기풍 확립을 강조하다

조서를 내려 이르기를,

"옛날 왕들의 법은 형명刑名을 바르게 하고 분수分守를 상세히 하여 관면冠冕의 법식과 의복의 제도에 상하에 구별이 있었고 존귀함과 비천함이 같지 않았기에, 귀한 이는 핍박하지 않고 천한 이는 감히 넘어서려 하지 않으니 인심이 안정되었다. 덕이 아래로 내려오면서 쇠약해지고 법이 시대에 따라 폐단이 생겨 의복에 등급이 없어지고, 따라서 사람들은 절약과 검소함을 알지 못하게 되었다. 우리 태조太祖께서 나라를 세울 때에 몸가짐을 삼가고 검약儉約하는 덕을 지키셨고, 오직 영구한 계책을 품으시고 중국[華夏]의 법식을 받아들여 행하는 한편 거란 오랑캐[丹狄]의 습속은 엄히 금지하셨다. 이제 위로는 조정으로부터 아래로는 백성에 이르기까지 화려한 풍속을 다투고 거란 오랑캐의 습속을 따르며 줄곧 돌이키지를 못하니 매우 통탄할 만하다. 이제 짐이 바라건대 솔선하여 말단의 풍속을 바꿀 것이니, 수레와 의복 그리고 사용하는 물건을 모두 화려한 것은 버리고 소박한 것을 숭상할 것이다. 아아, 너희 공公·경卿·대부大夫들은 짐의 뜻을 알아서 받들어 행하도록 하라.”

라고 하였다.

王楷 ▶ 1129년 6월 충주를 군으로 강등시키자는 건의를 물리치다

중서문하中書門下에서 아뢰어 말하기를,

"충주忠州 사람 유정劉珽이 아비를 시해하였습니다. 그곳 지방관[牧守]과 주리州吏가 백성을 가르치지 못한 것이니, 청하건대 모두 법리法吏에게 내리고 주를 강등하여 현으로 삼으십시오.”

라고 하였다. 왕이 좌우에 물으니 대답하기를, "『예기禮記』에 이르기를 '주루邾婁의 정공定公 때에 아비를 시해한 자가 있었는데 그를 죽이고 그 집을 헐어버렸으며 집터를 파서 연못을 만들었고 그만두었다.'라고 하였습니다. 그가 살던 고을에 대해서는 언급하는 바가 없으니 주를 강등시켜 군으로 만드는 것은 옛 법이 아닙니다.”라고 하였다. 이를 따랐다.

王楷 ▶ 1129년 7월 1일 태백성이 낮에 나타나 하늘을 가로지르다

가을 7월 정축 초하루. 태백성이 낮에 나타나 하늘을 가로지르다가 15일 후에 없어졌다.

王楷 ▶ 1129년 8월 왕이 서적소에 가서 충의집을 강론하게 하다

서적소書籍所에 임어하여 승선承宣 정항鄭沆에게 명하여 『송조충의집宋朝忠義集』을 강론하게 하였다. 이전에 왕이 정사를 보는 사이에 여러 학사學士와 더불어 강학講學하고자 하여 수창궁壽昌宮 옆 시중侍中 소태보邵台輔의 집을 서적소로 만들어 문서를 모으고 대사성大司成 김부철金富轍, 예부원외랑禮部員外郞 임완林完에게 명하여 여러 유신들과 함께 번갈아가며 당직을 서게 하였다.

王楷 ▶ 1129년 8월 산천과 사찰에서 기청제를 지내다

오래도록 비가 오기에 산천과 사찰에 날이 개기를 빌었다.

王楷 ▶ 1129년 윤8월 금에 하성절사를 보내다

윤최관崔瓘을 금金에 보내어 천청절天淸節을 하례하였다.

王楷 ▶ 1129년 9월 1일 일식이 일어나다

일식이 있었다.

王楷 ▶ 1129년 9월 백좌도량을 열고 승려 3만명에게 반승하다

법왕사法王寺에 백좌도량百座道場을 3일 동안 열어, 중앙과 지방에 명령하여 30,000명에게 반승[齋僧]하였다.

王楷 ▶ 1129년 10월 동계와 북계에 사신을 보내 병장기를 점검하다

동북東北 양계兩界에 사신을 나누어 보내어 여러 성의 관리에게 선유宣諭하여 백성의 질병과 고통을 조사하고 병장기를 점검하였다.

王楷 ▶ 1129년 11월 16일 안개가 짙어 낮에도 어둡다

안개가 짙게 끼어서 낮에도 어두웠다.

王楷 ▶ 1129년 11월 **금에 하정사를 보내고 충성을 맹세하는 표문을 보내다**

호인영胡仁穎을 금金에 보내어 새해를 하례하고, 노영거盧令琚와 홍약이洪若伊는 서약하는 표문誓表을 바쳤는데, 이르기를,

"사절이 와서 가르치는 말씀과 은근히 타일러 주심에 엎드려 명을 들으니 마음이 떨려서 어찌해야 할지 모르겠습니다. 삼가 생각하건대 『주례周官』에 사맹司盟은 맹약의 법을 관장하는 것으로 가까운 나라가 협력하지 않거나 백성들이 금령을 어기는 것을 맹세하여 그 믿지 못하는 것을 저주할 뿐이었습니다. 쇠퇴한 춘추春秋 시대에 이르러서는 열국列國이 서로 시기하고 의심하여 진실되게 믿을 수 없으므로 오직 맹세하는 것을 우선으로 삼게 하였기에, 시인詩人이 여러 차례의 맹세를 비난하였고, 공자夫子는 서명胥命에 찬성하였습니다. 삼가 생각하건대 황제폐하께서는 지극한 덕은 앞선 황제들보다 높고, 큰 신의는 천하에 자라서 빛나게 통일을 이루시고 사방四方을 모두 차지하셨으니, 큰 나라는 그 위세를 두려워하며 작은 나라는 그 은혜를 생각하고 있습니다. 이 작은 나라小國는 한 귀퉁이에 끼어 있으면서 진인眞人이 일어나셨다는 말을 듣고 여러 지역보다 먼저 조회朝會하고 하례賀禮하였기에, 방풍씨防風氏와 같은 죄를 면할 수 있었고, 황공하게도 의보儀父의 포상을 받았으니, 모든 자그마한 일은 생략하셨고, 특별하게 예우하시며, 변경의 땅을 하사하시고 공물 보내는 법식까지 타일러 주셨는데, 〈귀국〉 조정에 다시 다른 사고가 없으니, 속국屬國이 감히 다른 마음이 있겠습니까. 엄한 명령을 계속 이르시니 감히 공손히 이행하지 않겠습니까. 삼가 마땅히 군신의 의리로 맹세하여 대대로 변방 제후의 직임을 수행할 것이니, 충성스럽고 믿을만핚忠信 마음은 밝은 해와 같습니다. 만약 혹 변한다면 신이 저를 죽일 것입니다."

라고 하였다.

王楷 ▶ 1129년 11월 **대원공 왕효를 소환하다**

대원공大原公 왕효王侾를 소환하였다. 예전에 이자겸李資謙에게 축출 당하였다.

王楷 ▶ **1129년 11월 금에 사신을 보내 왕의 생신 축하에 사례하다**

문공유文公裕를 금金에 보내어 생신을 하례한 것에 사례하였다.

王楷 ▶ **1129년 12월 동교에서 크게 사열하다**

동교東郊에서 크게 사열하였다.

王楷 ▶ **1129년 12월 대원공 왕효 등을 임명하다**

대원공大原公 왕효王侾를 겸상서령 상주국兼尚書令 上柱國으로, 최자성崔滋盛을 참지정사參知政事로, 문공인文公仁을 지문하성사知門下省事로, 임경청林景淸을 동지추밀원사同知樞密院事로, 이준양李俊陽을 추밀원부사樞密院副使로 삼았다.

인종 8년(1130년)

－인종공효대왕－

王楷 ▶ 1130년 1월 **금에서 사신을 보내 왕의 생신을 하례하다**

금金에서 유변劉卞을 보내 와서 생신을 하례하였다.

王楷 ▶ 1130년 4월 **송에서 사신 파견을 연기하라는 조서를 보내다**

송宋에서 진무교위進武校尉 왕정충王政忠을 보내 왔다. 조서에 이르기를, "생각하건대 왕은 대대로 왕업을 이어받아 일찍부터 문화를 같이하였는데, 이제 바닷길로 사신을 보내어 공물을 바치는 예를 닦기를 원하니 오직 충순할 뿐 다른 마음이 없어서 신명에게 물어보아도 부끄러움이 없겠으며, 마침 관계된 소문을 들으니 진실로 아름다움을 찬탄할 만하다. 생각하건대 근년 들어 실로 변고가 많아 온 중원中原의 백성이 강한 적의 침략을 맞이하였으며, 이미 국토를 건너 깊숙이 침투하였으니, 다만 전쟁이 끝나지 않았을 뿐 아니라 이에 황궁伙衛을 떠나 잠시 강호江湖에 머물고 있다. 만약 사절이 바야흐로 올 때에 유사에서 경계하지 못할까 두려우니, 변경의 경비가 그치기를 기다려 마땅히 사절을 보낼 시기를 물어야 할 것이다. 진晉의 관사晉館을 헐고 수레를 들여놓았던 것과 같이 후회함이 없기를 바라고, 한漢이 관문을 닫고 사신을 사양한 것과 같은 전례를 쓰지 않겠으니, 너희는 평소의 회포를 잘 헤아려, 나의 성의를 알아주기를 바란다."라고 하였다.

> 王楷 ▶ 1130년 4월 **태묘에서 체제를 지내다**

태묘大廟에 체제[禘]를 지냈다.

> 王楷 ▶ 1130년 4월 **이주연 등이 시정의 폐단을 상소하다**

지어사대사知御史臺事 이주연李周衍, 중승中丞 임원준任元濬, 잡단雜端 황보양皇甫讓, 시어사侍御史 고당유高唐愈, 전중시어사殿中侍御史 문공원文公元 등이 상소하여 시정의 폐단을 말하였다. 왕이 그 중에서 따른 것은 두세 가지뿐이었다.

> 王楷 ▶ 1130년 4월 **박동주 등 32명에게 급제를 하사하다**

박동주朴東柱 등 32인에게 급제를 하사하였다.

> 王楷 ▶ 1130년 4월 **동산처사 곽여가 사망하다**

동산처사東山處士 곽여郭輿가 사망하였다. 곽여는 어려서부터 힘써 공부하여 문장을 잘 지었고 도교·불교·의약·음양술·말타기·활쏘기·거문고·바둑 등을 익히지 않은 것이 없었다. 과거에 급제하여 여러 벼슬을 거쳐 예부원외랑禮部員外郎이 되었다가 금주金州의 집에 돌아가 은거하였다. 예종睿宗이 즉위하자 옛날의 벗이라 하여 불러다가 곁에 두고 항상 더불어 조용히 불러 이야기를 하고 시를 주고받았으며, 곽여가 오랫동안 궁중에 있는 까닭에 혹시 나갈 생각을 할 까봐 서화문西華門 밖에 별장別莊을 하사하기도 하였다. 얼마 후에 곽여가 굳이 물러나 살기를 청하자 경성京城 동쪽 약두산若頭山 한 봉우리에 집을 지어 하사하여 살게 하고 '동산재東山齋'라고 이름 붙였다. 왕이 하루는 미행을 나가 산재에 이르렀는데 곽여는 마침 성 안으로 들어가 있었다. 왕이 오랫동안 그곳을 배회하다가 시를 지어 벽에 쓰고 돌아왔다. 그 후에 또 산재에 행차하여 그의 손을 잡고 구호口號를 짓게 하였으니 그 총애 받은 대우가 이와 같았다. 곽여가 죽자 왕이 근신近臣을 보내 제사지내게 하고 정지상鄭知常에게 명하여 『산재기山齋記』를 짓게 하고 비석을 세웠다. 곽여는 젊어서부터 부인을 얻지 않았는데 홍주洪州를 다스릴 때에 기생을 한 명을 사랑하다가 임기가 거의 차자 약을 마시게 하고는 신선이 되어 가버렸다고 거짓으로 꾸며 말하고 몰래 데리고 경성에까지 왔다가 미색이 쇠하자 돌려보냈다. 또 산재에서 항상 비첩이 그를 따르고 있었기에 세상의 여론이 그를 기롱하였다.

王楷 ▶ 1130년 6월 **김부일의 치사 요청을 물리치고 김부식 등을 임명하다**

평장사平章事 김부일金富佾이 병으로 세 번이나 표문을 올려 퇴직할 것을 간청하였다. 수태위 판비서성사 주국守太尉 判秘書省事 柱國으로 바꾸어 제수하고, 김부식金富軾을 판삼사사判三司事로 삼았다.

王楷 ▶ 1130년 6월 **명경업을 장려하게 하다**

국학에서 아뢰기를, "근년 이래로 명경明經이 점차 쇠약해지고 있습니다. 마땅히 30인 이하의 인원을 뽑아서 입학시켜 기르고, 겸하여 교도관教導官으로 참상參上·참외參外 각 1원員을 뽑아 학업을 장려하도록 하십시오."라고 하였다. 이를 따랐다.

王楷 ▶ 1130년 7월 **국자감 학생들이 국학 생도를 줄이지 말 것을 청하다**

국학國學의 여러 학생이 대궐에 나아와 상서하여 이르기를,

"신 등이 삼가 듣건대, 어사대御史臺에서 아뢰기를, '국학에서 선비를 기르는 것이 너무 많아 공급하는 비용이 심히 많으니 청하건대 행실이 뛰어나고 학업을 성취한 사람 약간 명만 구별하여 남기고 나머지는 모두 쫓아내십시오.'라고 하였다고 합니다. 신 등은 위로 국가를 위하여 이를 유감스럽게 여깁니다. 무릇 학문을 숭상하고 인재를 기르는 것은 나라를 다스리는 근본이기 때문에 삼대三代 이래로 선왕의 정치에는 반드시 이것을 급선무로 삼았으니 모두 근본이 되는 바를 알았기 때문입니다. 옛날에 우리 공자孔子께서 비록 지위를 얻지 못하시고 사방을 두루 떠돌아 다니셨지만 오히려 3,000명의 제자를 기르셨습니다. 당唐의 한문공韓文公이 마침 조주

潮州에 수령으로 있을 때에 조주는 조그마한 주였지만 오히려 말하기를, '주학州學이 폐지된 지 오래되어 학문을 성취시켜 조정에 바쳤다는 말을 듣지 못하였으니 또한 군郡의 수치이다.'라고 하였습니다. 이에 수재秀才 조덕趙德에게 명하여 주학을 맡게 하여 생도를 모았고, 자신의 봉급을 내어 먹을 것을 공급하였습니다. 하물며 우리 나라는 삼한을 모두 다 차지하여 이미 재산은 많고 사람의 수도 많으니 학교를 일으키고 인재를 길러 풍속과 문물이 한번 변하여 도가 지극하게 되었는데, 이제 국가 생도의 수가 200명을 넘지 못하는데 유사가 재물을 헛되이 쓴다고 하면서 생도의 수를 줄이고자 하니 어찌 우리 임금께서 도를 높이고 유교를 숭상하는 뜻이겠습니까. 또 불교의 사찰은 내외內外에 두루 퍼져있어 일반 백성들이 역을 피하여 배불리 먹고 한가로이 보내는 자가 몇 천, 몇 만이 되는 줄도 모르는데, 유사가 일찍이 이런 것은 생각하지 못하고 도리어 세상에 보탬이 되는 도를 내치고자 하니 공정한 말과 지극한 언론이 아닙니다. 원하건대, 폐하께서는 물리치고 받아들이지 마시기 바랍니다."

라고 하였다. 이를 따랐다.

王楷 ▶ 1130년 7월 **사리를 중화전에 공양하다**

부처사리[佛骨]를 중화전重華殿에 모셨다.

사신史臣이 말하기를, "당唐의 헌종憲宗이 부처사리를 궁궐에 맞아들이자 한유韓愈가 극렬히 간하기를 '부처 섬기기를 점점 더 극진히 할수록 연대가 더욱 단축되었습니다.'라고 하였다. 대개 부처를 섬기는 것은 장차 복과 장수[福壽]를 구하려고 함이니 권유하는 자는 충성된 것 같고 저지하는 자는 불충한 것 같다. 마침내 진홍지陳弘志의 화가 매우 참혹하기에 이르러 당 황실의 어지러움이 실로 여기로부터 비롯되었으니, 그러므로 한유가 가로막은 것은 지극히 충성스럽다 하겠고, 황제에게 부처사리를 맞아들이라고 권유한 자는 지극히 불충스럽다 하겠다. 이는 이미 지나간 사람의 실패한 자취이며 후세의 임금들이 마땅히 본보기로 삼아야 할 바인데, 왕이 어진데도 이를 경계하지 않고 썩고 부패한 뼈를 받들어 맞이하여 엄히 금해야 할 곳에 두었으니 또한 무슨 마음이었는가. 이후에 묘청妙淸이라는 요망한 중이 서경西京에서 반란을 일으켜 전쟁이 계속되어 끝나지 않아 오히려 충신과 의사의 힘에 의지하여 겨우 진멸殄滅시킬 수 있었으니 이른바 부처를 섬겨 복을 구한다는 것이 과연 어디에 있는 것이겠는가. 진흥지와 같은 화를 면할 수 있었던 것은 근검하고 자애롭고 인자하며 현인을 임명하고 백성을 긍휼이 여긴 까닭이며, 부처가 또한 얼마나 이익이 되었겠는가."라고 하였다.

王楷 ▶ 1130년 7월 **시어사 고당유를 좌천시키다**

시어사侍御史 고당유高唐愈를 좌천하여 공부원외랑工部員外郞으로 삼았다. 이전에 이자겸李資謙이 권력을 장악하였을 때에 산승山僧 선서善諝의 말을 들어 홍경원弘慶院을 보수하였다. 승정僧正 자부資富와 지수주사知水州事 봉우奉佑가 그 일을 담당하였는데, 주현州縣의 장정을 징발하여 해로움이 되는 것이 매우 컸다. 이자겸이 망하자 자부는 연좌되어 섬으로 유배되었으나 오직 봉우는 본디부터 환관들과 결탁하였기에 요행히도 복직되었다. 고당유는 불가하다고 고집하며 두세 번이나 상소하여 논박하였기에 그 때문에 좌천되었다.

王楷 ▶ 1130년 8월 **금에 하성절사를 보내다**

최재崔梓를 금金에 보내어 천청절天淸節을 하례하였다.

王楷 ▶ 1130년 8월 **왕이 서경에 가다**

서경西京에 행차하였다.

王楷 ▶ 1130년 9월 **묘청의 말에 따라 도량을 열다**

명하여 홍경원弘慶院에서 가타파구신도량呵吒波拘神道場을, 선군청選軍廳에서 반야도량般若道場을 열기를 모두 27일 동안 하였는데, 묘청妙淸의 말을 따른 것이었다.

王楷 ▶ 1130년 9월 **서경 중흥사 탑에 불이 나다**

서경西京 중흥사重興寺의 탑이 불에 탔다. 어떤 사람이 묘청妙淸에게 물어 이르길, "대사께서 서경에 행차하자고 청하신 것은 재앙을 진정시키기 위함인데 어찌 이같이 큰 재앙이 있을 수 있습니까."라고 하였다. 묘청이 얼굴을 붉히며 부끄러워하였으나 대답하지를 못하며 한참동안 머리를 숙이고 있다가 주먹을 쥐며 얼굴을 들고 말하기를, "주상께서 만약 상경에 계셨다면 재앙이 이보다 크게 있었을 것인데 이제 여기에 행차하셨기 때문에 재앙이 밖에서 일어나서 옥체聖躬가 편안하신 것이다."라고 하였다. 묘청을 믿는 자들이 말하기를, "이와 같거늘 어찌 믿지 않을 수 있겠는가."라고 하였다.

王楷 ▶ 1130년 10월 **왕이 서경에서 돌아와 사면령을 내리고 은혜를 베풀다**

왕이 서경西京으로부터 돌아와서 사면을 내리고 지나온 주현州縣의 금년의 조세를 덜어주었고, 기년耆年 및 효자孝子·순손順孫·절부節婦·의부義夫 및 환과고독鰥寡孤獨과 독질篤疾·폐질廢疾에게 잔치를 베풀고 물건을 차등 있게 하사하였으며, 척준경拓俊京의 처자를 한 곳에 모여 살도록 명하였다.

王楷 ▶ 1130년 10월 **무능승도량을 열다**

선군청選軍廳에서 무능승도량無能勝道場을 21일[三七日]동안 열었으니, 묘청妙淸의 말을 따른 것이었다.

王楷 ▶ 1130년 10월 **재추들에게 잔치를 베풀고 국정을 자문하다**

왕이 편전에서 재추宰樞에게 잔치를 열어주고 정사를 묻고 상의하다가 한밤중에야 이를 파하였다.

王楷 ▶ 1130년 11월 **금에 사은사와 하정사를 보내다**

합문부사閤門副使 이저李詝를 금金에 보내어 생신을 하례한 것을 사례하였고, 전중내급사殿中內給事 최윤숙崔允淑은 새해를 하례하였다.

王楷 ▶ 1130년 11월 **안직숭 등이 상소하여 시정을 논하다**

간의簡儀 안직숭安稷崇 등이 상소하여 지금의 정사를 논의하였다.

王楷 ▶ 1130년 12월 **시종관에게 인재 1명씩을 천거하게 하다**

시종관侍從官에게 조서를 내려 각각 등용되지 않은 유능한 사람[遺逸] 1인을 천거하도록 하였다.

王楷 ▶ 1130년 12월 **이자겸과 척준경 무리의 죄를 기록해 보관하게 하다**

3품 이상과 대성臺省, 시신侍臣들을 도성都省에 모아 이자겸李資謙, 척준경拓俊京의 무리와 그 자손의 죄를 기록하여 담당 관아에 보관하게 하였다.

王楷 ▶ 1130년 12월 **금에 보주로 들어온 인구 추색을 면제해 주기를 청하다**

좌사낭중左司郎中 김단金端을 금金에 보내어 보주保州에 들어온 인구를 찾아 보내도록 한 것을 면제해 줄 것을 청하였다.

王楷 ▶ 1130년 12월 **문공인 등을 임명하다**

문공인文公仁을 참지정사參知政事로, 김부식金富軾을 정당문학政堂文學으로 삼고, 임경청林景淸을 지추밀원사知樞密院事로, 이준양李俊陽을 동지추밀원사同知樞密院事로, 임원애任元敱를 추밀원부사樞密院副使로 삼았다.

인종 9년(1131년)

-인종공효대왕-

王楷 ▶ 1131년 1월 **금에서 사신을 보내 왕의 생신을 하례하다**

금金에서 이거열李鉅烈을 보내 와서 생신을 하례하였다.

王楷 ▶ 1131년 1월 **정점 등이 상소하여 시정의 득실을 논하다**

어사잡단御史雜端 정점鄭漸 등이 상소하여, 시정의 잘잘못을 논하였다.

王楷 ▶ 1131년 2월 **최사전에게 저택을 하사하다**

평장사平章事로 치사致仕한 최사전崔思全에게 큰 저택[甲第] 한 채를 하사하고 조서를 내려 주어 칭찬하였다.

王楷 ▶ 1131년 2월 **제안공 왕서가 사망하다**

제안공齊安公 왕서王偦가 사망하였다. 이자겸李資謙은 권력을 장악하자 종친을 시기猜忌하여 아뢰어 대방공帶方公과 대원공大原公의 두 공을 쫓아내었다. 왕서는 이에 호위하는 인원을 없애기를 청하고 문을 닫고 손님을 보지 않았으며, 술을 흠뻑 마시며[縱酒] 스스로 감추어 나타나지 않았기에[自晦] 화를 면할 수 있었다.

王楷 ▶ 1131년 윤3월 **고위관리들에게 봉사를 올리게 하다**

제서를 내려,

"문관 상참常參 이상과 한림翰林·사관史館·국학國學·보문각寶文閣·식목도감式目·도병마사都兵馬·영송도감迎送都監·행영녹사行營錄事·군후원軍候員과 무관武官의 4품 이상은 각각 봉사封事를 올려 군사軍事와 국정國政의 이로움과 해로움을 말하라."

라고 하였다.

王楷 ▶ 1131년 윤3월 **정준후 등이 상소하여 국사를 논하다**

우산기상시右散騎常侍 정준후鄭俊侯, 지어사대사知御史臺事 이주연李周衍 등이 상소하여 일을 논하였다.

王楷 ▶ 1131년 윤3월 **벌목 금지와 민의 질병 구제 등을 명하다**

제서를 내리기를,

"나무를 베지 말고 짐승의 새끼와 알을 가져오지 말며, 버려진 시신을 수습해 주며[掩骼埋胔], 동서대비원東西大悲院과 제위포濟危鋪를 수리하여 민民들의 질병을 구제하라."

라고 하였다.

王楷 ▶ 1131년 윤3월 **학생들이 노자와 장자의 학문을 익히는 것을 금하다**

여러 학생들이 노자老子와 장자莊子의 학문을 익히는 것을 금지하였다.

王楷 ▶ 1131년 4월 **김안이 백수한의 3정설에 대해 신료들이 논주하게 할 것을 청하다**

내시소경內侍少卿 김안金安이 아뢰어 성지聖旨를 받아서, 백수한白壽翰이 아뢴 천天·지地·인人 3정庭의 사의事宜에 대한 장狀을 시종하는 관료에게 전하여 보이고 그 장을 세 부를 써서, 한 부는 중서문하성[省]에 붙이고, 한 부는 어사대[臺]에 붙이고, 한 부는 여러 관청의 지제고知制誥에게 부쳐주며 그들로 하여금 각각 논의하여 아뢰게 하였다. 백수한은 스스로 묘청妙淸의 제자라 일컫고 괴이하고 불경스러운 말로 시대에 영합하고 민중을 현혹하니 김안金安과 정지상鄭知常으로부터 대신大臣인 문공인文公仁에 이르기까지 모두 성인이라고 칭하였는데, 3정의 설도 또한 이와 같은 류類였다.

王楷 ▶ 1131년 4월 송 사신이 와서 개원하였음을 전하다

송宋의 도강都綱 탁영卓榮이 와서 아뢰어 이르기를,

"양절兩浙로부터 하북河北에 이르기까지는 겨우 평안해졌고 황제께서는 월주越州에 잠시 머무르고 계시며 건염建炎 5년1131을 고쳐 소흥紹興 원년1131이라고 하였습니다."

라고 하였다. 왕이 재상들에게 선유하여 이르기를,

"전에 후장侯章과 귀중부歸中孚가 와서 구원을 요청하였는데 따를 수 없었고 또한 양응성楊應誠이 길을 빌려 금에 들어가고자 한 것도 또한 따르지 못하였다. 스스로 생각하건대 조종 이래로 송과 좋은 의를 맺어 은혜를 입은 것이 지극히 두터운데 두 번이나 명을 따르지 못하였으니 어찌 신의가 있다 하겠는가."

라고 하였다. 최홍재崔弘宰 등이 모두 말하기를, "사신을 보내어 아뢰는 것이 편하겠습니다."라고 하였다.

王楷 ▶ 1131년 4월 서경 임원궐에서 곳곳에서 새 발자국이 발견되다

서경西京 임원궐林原闕의 안쪽의 섬돌 아래 모래흙에서부터 궁궐 내부의 깊숙한 곳에 이르기까지 먼지가 있는 곳에 모두 새의 발자국이 있었다. 사람들이 이를 장차 폐허가 되어 새나 짐승이 모여들 징조라고 여겼다.

王楷 ▶ 1131년 5월 30일 **태백성이 낮에 나타나 100일동안 하늘을 가로지르다**

태백성이 낮에 나타나 하늘을 가로지르기를 백여 일 동안 하였다.

王楷 ▶ 1131년 5월 **사계절의 첫달에 처음 조회를 볼 때 시령을 읽게 하다**

제서를 내려,
"사계절의 첫 달[四孟月]에 처음 조회를 볼 때, 관원에게 명하여 시령時令을 읽게 하라."
라고 하였다.

王楷 ▶ 1131년 5월 **궁궐 중수 감독관을 줄이다**

중서문하성에서 아뢰기를,
"이번에 궁궐宮闕을 중수重修하는 데 양부兩府의 재신과 추밀[宰樞]에게 명하여 감독하게 하셨는데, 이는 이른바 열 마리의 양에 아홉 명의 목동을 둔 것이니 마땅히 관원의 수[員數]를 감하십시오."
라고 하였다. 왕이 그것을 따르고, 이에 평장사平章事 최홍재崔弘宰, 참지정사參知政事 문공인文公仁, 지추밀원사知樞密院事 임경청林景淸에게 그 역을 감독하게 하였다.

王楷 ▶ 1131년 5월 **비단에 수 놓는 공예를 10년 간 정지시키다**

내외內外에서 비단에 수를 놓는 공예를 하는 것을 10년을 기한으로 정지시켰다.

王楷 ▶ 1131년 5월 **태조의 계백료서를 필사해 백관 자손을 훈계하게 하다**

제서를 내려,
"백관에게 명하여 각기 태조太祖의 「계백료서誡百寮書」를 필사하여 자손들을 훈계하도록 하라."라고 하였다.

王楷 ▶ 1131년 5월 **서인의 비단옷 착용과 도성 내 말타기 등을 금하다**

서인庶人이 비단옷과 명주 바지를 입는 것, 도성 안에서 말 타는 것과 노비[奴隷]가 허리띠 차는 것을 금지하였다.

王楷 ▶ 1131년 6월 **어사대와 금오위에게 승려들의 작폐를 순검하고 금하게 하다**

음양회의소陰陽會議所에서 아뢰기를,
"근래에 승려와 속인의 잡류들이 모여 무리를 이루어 만불향도萬佛香徒라고 칭하면서 혹은 염불하고 독경하며 괴이하고 허황된 짓을 하고, 혹은 내외內外의 사찰에서 승려들이 술과 파를 팔며 혹은 무기를 지니고 악한 짓을 하며 뛰어다니면서 장난치니, 가히 강상을 무너뜨리고 습속을 파괴한다고 이를 만합니다. 청하건대 어사대御史臺와 금오위金吾衛로 하여금 순검巡檢하고 금지하게 하십시오."
라고 하였다. 이를 따랐다.

王楷 ▶ 1131년 6월 **가뭄이 든 염주를 진휼하다**

염주鹽州에 가뭄이 들어 굶주리자 용문창龍門倉의 곡식을 옮겨다가 진휼하였다.

王楷 ▶ 1131년 6월 **궁궐 신축 과정에서 사망한 역군들의 처자식에 부의하다**

제서를 내려 이르기를,
"『좌전左傳』에 이르기를, '나라가 장차 흥하려면 백성들을 자식처럼 여기고, 망하려면 백성들을 초개같이 여긴다.'라고 하였다. 따라서 선왕께선 사람을 측은히 여기는 마음으로 사람을 측은히 여기는 정사를 행하셨다. 지난 겨울에 궁궐을 짓는 일로 3도에서 나무를 베었는데, 백성 가운데 역을 하다가 죽은 자들이 자못 많았으니, 마땅히 관청의 곡식을 풀어서 그 처자식들에게 부의賻儀하라."
라고 하였다.

王楷 ▶ 1131년 6월 **참지정사 이숙이 사망하다**

참지정사參知政事 이숙李璹이 사망하였다.

王楷 ▶ 1131년 7월 **빈민을 진휼하다**

대창大倉을 열어 빈민을 진휼하였다.

王楷 ▶ 1131년 7월 **사형수를 감형해주다**

옥에 갇힌 죄인들을 조사하여 사형수 56명을 감하여 장을 치고 유인도로 유배 보냈다.

王楷 ▶ 1131년 7월 **문하시중 이공수가 치사를 청하여 허락하다**

문하시중門下侍中 이공수李公壽가 나이가 많으므로 은퇴하기를 간청하기가 세 번에 이르렀다. 이를 허락하였다.

王楷 ▶ 1131년 8월 **양부 재신에게 군국 사무를 묻다**

양부의 재신宰臣을 편전便殿에 불러서 군국의 일에 대해 물었다.

王楷 ▶ 1131년 8월 **음사를 금지시켰다가 금령을 완화시키다**

일관日官이 아뢰기를,
"근래에 무당의 풍습이 크게 유행하여 음사淫祀가 날로 성행하고 있습니다. 청하건대 유사로 하여금 여러 무당들을 먼 곳으로 내쫓게 하십시오."
라고 하였다. 왕명으로 허락하였다[詔可]. 여러 무당들이 이를 근심하여 은병 100여 개를 거두어 권세가權貴에게 뇌물로 주었다. 권세가가 아뢰어 말하기를, "귀신이란 형체가 없으니 그 허실을 알지 못할까 두렵습니다."라고 하였다. 왕이 그럴듯하게 여기고 금령을 느슨하게 하였다.

王楷 ▶ 1131년 8월 **서경 임원궁에 팔성당을 설치하다**

내시內侍 이중부李仲孚를 보내어 서경西京의 임원궁林原宮에 성을 쌓고 팔성당八聖堂을 궁궐 안에 설치하였으니, 첫째는 호국백두악 태백선인 실덕문수사리보살護國白頭嶽 太白仙人 實德文殊師利菩薩이고, 둘째는 용위악 육통존자 실덕석가불龍圍嶽 六通尊者 實德釋迦佛이었으며, 셋째는 월성악 천선 실덕대변천신月城嶽 天仙 實德大辨天神이었고, 넷째는 구려평양 선인 실덕연등불駒麗平壤 仙人 實德燃燈佛이었으며, 다섯째는 구려목멱 선인 실덕비바시불駒麗木覓 仙人 實德毗婆尸佛이었고, 여섯째는 송악 진주거사 실덕금강색보살松嶽 震主居士 實德金剛索菩薩이었으며, 일곱째는 증성악 신인 실덕늑차천왕甑城嶽 神人 實德勒叉天王이었고, 여덟째는 두악 천녀 실덕부동우파이頭嶽 天女 實德不動優婆夷였는데, 모두 화상을 그렸다. 묘청妙淸의 요사한 말을 따른 것이다. 김안金安·이중부·정지상鄭知常 등은 이것을 성인의 법이고 나라를 이롭게 하며 기업을 연장하는[延基] 술법이라고 말하였다.

王楷 ▶ 1131년 8월 **금 동경에 보낸 사신이 중도에 돌아오다**

지례사 각문지후持禮使 閣門祇候 유퇴庾俀를 보내 금金의 동경東京에 갔으나 금金 임금이 동경에 행차하였기에 이르지 못하고 돌아왔다.

王楷 ▶ 1131년 8월 **금에 하성절사를 보내다**

병부낭중兵部郎中 왕수王洙를 금金에 보내어 천청절天淸節을 하례하였다.

王楷 ▶ 1131년 9월 **이공수 등을 치사하게 하고 최홍재 등을 임명하다**

이공수李公壽를 추충위사동덕공신 검교태사 수태부 문하시중推忠衛社同德功臣 檢校太師 守太傅 門下侍中으로 삼고, 최사전崔思全을 수태위 문하시랑평장사守太尉 門下侍郎平章事로, 김향金珦을 위사공신 검교태위 수사공 문하시랑동중서시랑평장사衛社功臣 檢校太尉 守司空 門下侍郎同中書侍郎平章事로 삼고 이어 모두 치사하도록 명하고, 최홍재崔弘宰를 판이부사判吏部事로, 최자성崔滋盛을 중서시랑동중서문하평장사中書侍郞同中書門下平章事로 삼고, 문공인文公仁을 중서시랑평장사中書侍郞平章事로 삼고, 김부식金富軾을 참지정사參知政事로, 최유崔濡와 임원애任元敱를 동지추밀원사同知樞密院事로 삼았다.

王楷 ▶ 1131년 9월 안직숭 등이 최봉심이 서장관에 부적합함을 간언하다

직문하성直門下省 안직숭安稷崇, 우간의右諫議 이중李仲, 중서사인中書舍人 임존林存, 좌사간左司諫 최함崔諴 등이 아뢰기를, "동경지례사 서장관東京持禮使 書狀官 최봉심崔逢深은 본래 무과 출신의 사람으로 서장은 그의 직임이 아니며 또한 평소에 상식에 어그러지는 말을 하며 금나라를 가볍게 여기는 뜻이 있었으니, 가만히 생각하건대 문제를 일으킬까 염려되므로 마땅히 보내서는 안 됩니다."라고 하였다. 합문에 엎드려 굳게 간쟁하기를 3일 동안 하였지만 왕이 윤허하지 않았다. 최봉심은 정지상鄭知常과 친하게 지내며 묘청妙淸을 스승으로 높여 일찍이 상언하기를, "폐하께서 삼한三韓을 평안하게 다스리고자 하신다면 서경의 세 성인을 버리고서는 그것을 더불어 함께 할 수 없습니다."라고 하였다. 이는 즉 묘청, 백수한白壽翰, 정지상을 가리킨 것이다. 또한 장담하기를, "나라에서 나에게 장사 1,000명만 준다면 금나라에 들어가 그 군주를 사로잡아 바칠 수 있다."라고 하였다. 그 망령됨이 이와 같았다.

王楷 ▶ 1131년 9월 임원궐 팔성에 제사를 지내다

김안金安 등이 아뢰어 임원궐林原闕 안의 팔성八聖에게 치제致祭하기를 청하였다. 정지상鄭知常이 그 제문을 지어 이르기를,

"급히 달리지 않아도 빠르며 가지 않아도 이르니, 이는 득일得一의 신령이라 이름하는 것이며, 없으면서도 있고 실하면서도 허한 것은 대개 본래의 부처라고 하는 것입니다. 오직 천명天命만이 만물을 제어할 수 있으며 오직 토덕土德만이 사방에 왕 노릇을 할 수 있으니, 드디어 평양平壤의 중앙에 이 대화大花의 세勢를 헤아려 새로이 궁궐을 지어 삼가 음양에 순종하였습니다. 그 사이에 여덟 명의 선인을 모시고 백두白頭를 받들어 시작으로 삼았으니, 빛이 밝게 살아있는 것 같고 신묘한 작용이 눈앞

에 나타나는 것 같으니, 황홀하옵니다. 지진至眞은 비록 형상할 수는 없어도 고요한 것이 오직 실재의 덕[實德]이시니 바로 이것이 여래如來입니다. 명하여 그림을 그려 장엄하게 하였으니, 현묘한 문玄關을 두드려 흠향하시기를 기원합니다."

라고 하였다. 허황되게 꾸미는 말이 이와 같았다.

王楷 ▶ 1131년 10월 왕이 법왕사에 가서 백좌도량을 열다

법왕사法王寺에 행차하여 백좌도량百座道場을 3일 동안 열고, 중앙과 지방에 명하여 중 30,000명에게 반승[齋僧]하도록 하였다.

王楷 ▶ 1131년 10월 17일 왕자 왕호가 태어나다

왕자 왕호王晧가 태어났다.

王楷 ▶ 1131년 11월 금에 하성절사와 하정사를 보내다

예부낭중禮部郎中 고당유高唐愈를 금金에 보내어 생신을 하례한 것을 사례하고, 상의봉어尙衣奉御 이중연李仲衍은 새해를 하례하였다.

王楷 ▶ 1131년 12월 금 동경에 사신을 보내다

다시 지례사持禮使 유퇴庾價를 금金의 동경東京에 보냈다.

王楷 ▶ 1131년 12월 최홍재를 관직에게 관직을 더해주다

최홍재崔弘宰에게 좌리공신 검교태부佐理功臣 檢校太傅를 더해주었다.

인종 10년(1132년)
-인종공효대왕-

王楷 ▶ 1132년 1월 **금에서 사신을 보내 왕의 생신을 하례하다**

금金에서 영주관찰사永州觀察使 고성산高成山을 보내 와서 〈왕의〉 생신을 하례하였다.

王楷 ▶ 1132년 1월 **궁궐 공사를 하다**

비로소 궁궐공사를 하였다. 그 터를 닦을 때에 묘청妙淸이 평장사平章事 최홍재崔弘宰 등 재신宰臣 서너 명과 공사를 담당하고 있는 관리들로 하여금 모두 공복公服을 입고 차례대로 서게 하고는 장군 네 명에게는 갑옷을 입고 칼을 차고 사방에 서게 하고, 군졸 120인은 창, 300인은 횃불, 20인은 촛불을 들고 빙 둘러싸고 서게 하였다. 묘청이 가운데서 하얀 삼베노끈 네 줄을 길이 360보로 만들어 사방에서 잡아당기는 의식을 설행하였다. 스스로 말하기를, "이 태일옥장보법太一玉帳步法은 선사禪師 도선道詵이 강정화康靖和에게 전해주고, 강정화가 내게 전해주었으며, 〈내가〉 늙어 백수한白壽翰이 전해 받았으니 뭇사람들이 알 바가 아니다."라고 하였다.

王楷 ▶ 1132년 2월 **송에 사신을 보내 표문을 바치다**

예부원외랑禮部員外郞 최유청崔惟淸, 합문지후閤門祗候 심기沈起를 송宋에 보냈다. 표문表文을 올려 말하기를,

"두 황제[兩聖]가 멀리 가셨을 때 달려가 문안하여 관리로서 직책을 지키지[官守] 못하였고, 새 황제[大士]가 빛을 계승함에 미쳐서는 또한 경하드리는 대궐 뜰에 참여하지 못하였습니다. 지난 무신년1128에 국신사[國信使] 양응성[楊應誠]이 길을 빌려 금[金]에 들어가고자 하였는데, 명령은 비록 엄중하게 나왔으나 일은 명령을 받기에 진실로 어려워 얼마 후 사람을 보내어 정성을 바쳤습니다. 또 경술년1130에 왕정충[王政忠]이 와서 조지[詔旨]를 전하였는데, 변방의 사태가 그치기를 기다려 사신이 방문할 날짜를 알리는 것이 좋겠다는 말씀이 있었습니다. 신은 말씀이 뜻하시는 바[訓旨]가 매우 간곡함을[丁寧]을 체득하고 감히 천자께 조회하는 의례[朝宗之禮]는 치르지 못하였으나 두터운 은혜와 진심[恩靈]에 감격하여〈귀국에〉귀의하는[歸闕] 정성을 간절하게 펴고자 하여 마침내 땅강아지와 개미 같이 작은 마음[螻蟻之心]을 적어 하늘의 구름 앞[雲天之鑑]에 아룁니다. 주나라 왕실[周室]을 높임이 예전에 진[晉] 문공[文公伯]의 공적을 따르지 못함을 부끄럽게 여기오나 한나라 조정[漢庭]에 복속[內屬]했던 조선[朝鮮]의 옛 일을 잃지 않기를 바랍니다."

라고 하였다.

王楷 ▶ 1132년 2월 **왕이 서경에 가다**

서경[西京]에 행차하였다. 당시 묘청[妙淸]과 백수한[白壽翰]이 아뢰어 말하기를, "개경[上京]의 지세가 쇠하였기 때문에 하늘이 재앙을 내려 궁궐이 불탄 것이니 자주 서경에 임어[臨御]하시어 무궁한 왕업을 누리소서."라고 하였다. 왕이 여러 일관[日官]에게 물으니 모두 불가하다 말하였다. 정지상[鄭知常]·김안[金安] 및 대신들이 말하기를, "묘청이 말한 것은 곧 성인의 법이니 어길 수가 없습니다."라고 하였다. 왕이 이에 묘청을 수가복전[隨駕福田]으로 삼고 백수한은 내시[內侍]로 들였다. 행차가 국학[國學]을 지나는데, 여러 학생들이 앞길에 마중 나와 뵈었으며, 양정재[養正齋] 생도 최광원[崔光遠]은 소疏를 올려 시사[時事]를 말하였다. 행차가 금암역로[金岩驛路]에 이르자 바람과 비가 갑자기 일어나며 낮이 홀연히 어두워져 지키는 군사들이 엎어지고 자빠졌고 왕은 고삐를 쥔 채 길을 잃어 혹은 진창에 빠지기도 하고 혹은 나무와 돌에 부딪히기도 하였는데,

시종들은 왕이 간 곳을 찾지 못하고, 궁인들 중에는 곡을 하며 우는 자도 있었다. 저녁이 되어서는 눈비가 내리고 추위가 심하여 사람과 말, 낙타 가운데 죽은 것이 한둘이 아니었다. 묘청이 말하기를, "내가 일찍이 이날 바람과 비가 있을 것을 알고 우사雨師와 풍백風伯에게 명하여 이르기를, '임금의 행차가 길에 있을 때는 바람과 비를 일으키지 말라.'라고 하였다. 이미 그것을 허락하였는데, 약속을 지키지 않는 것이 이와 같으니 매우 가증스럽다."라고 하였다. 그의 거짓됨이 이와 같았다.

王楷 ▶ 1132년 3월 신하들에게 잔치를 베풀다

건룡전建龍殿에서 여러 신하에게 잔치를 베풀었다.

王楷 ▶ 1132년 3월 이제정 등이 존호를 칭하고 연호를 정하기를 청하다

서경西京 노인인 검교태사檢校太師로 치사致仕한 이제정李齊挺 등 50인이 표문을 올려 존호를 칭하고 연호를 정할 것을 청하였는데, 묘청妙淸과 정지상鄭知常의 뜻을 받든 것이다. 정지상 등이 이 말에 따라 왕에게 말하기를, "대동강에 상서로운 기운이 있으니 이것은 신룡神龍이 침을 토한 것으로 천년 동안에 거의 만나기 어려운 것입니다. 청하건대 위로는 천심天心에 응하시고 아래로는 사람들의 바람을 좇아서 금나라를 누르시기 바랍니다."라고 하였다. 왕이 이지저李之氐에게 물으니 대답하여 말하기를, "금나라는 강적이니 가벼이 여길 수 없습니다. 양부兩府의 대신이 개경上都에 머물러 지키고 있으니 편벽되게 한두 사람의 말만 듣고 대의大義를 결정할 수 없습니다."라고 하였다. 왕이 그러하다고 여겼다.

王楷 ▶ 1132년 3월 주역 건괘와 예기 중용편 등을 강의하게 하다

기린각麒麟閣에 임어臨御하여 국자사업國子司業 윤언이尹彦頤에게는 『주역周易』의 건괘乾卦를 강의하도록 명하였고, 정항鄭沆은 『예기禮記』 중용편中庸篇을 강의하도록 명하였다. 또 시제를 주어 태학박사大學博士 곽동순郭東珣 등 18인으로 하여금 시를 짓게 하였다.

王楷 ▶ 1132년 3월 금 동경지례사가 오다

금金 동경지례사東京持禮使 오언정烏彥貞이 왔다.

王楷 ▶ 1132년 3월 기마군과 보군을 사열하다

기마군과 보군을 단봉문丹鳳門 밖에서 사열하였다.

王楷 ▶ 1132년 4월 김부일이 사망하다

수태위 판비서성사守太尉 判秘書省事 김부일金富佾이 사망하였다. 그의 조상은 신라의 왕족公族이었다. 어려서 학문에 힘을 쏟아 과거에 급제하였다. 예종이 보문각寶文閣을 설치하고 날마다 유신儒臣과 함께 경서와 역사를 강론講論하였는데, 김부일이 힘있고 뛰어난 변론으로 서로 다른 의견들을 잘 조정하니 사람들이 대적하지 못하였고 당시 세상에 이름이 높았다. 문장이 화려하고 풍부해서 무릇 국가의 명령[詞命]는 반드시 〈그에게〉 명하여 윤색하도록 하였다. 일찍이 팔관치어구호八關致語口號를 지었는데, 예종이 그것을 살펴보고 크게 기뻐하여 조서를 내려 항상 사용하며 바꾸지 말도록 하였다. 송나라 악인樂人 기중립夔中立이 내투來投하여 악관樂官이 되었다. 〈기중립이 송에〉 돌아가 황제 앞에서 그 사詞를 읊었다. 이자량李資諒이 입조入朝하자 황제가 묻기를 "팔관치어구호는 누가 지었는가. 참으로 아름다운 글이다."라고 하였다. 예종은 김부일·김부식金富軾·김부철金富轍 형제 3인이 모두 문한시종文翰侍從이 되었다고 하여 그의 어머니를 대부인大夫人에 봉하고 유사有司에 명[勅]하여 매년 관청의 미곡[廩粟] 40석을 하사하였다. 〈김부일의〉 어머니는 생각하기를 "이미 여러 아들의 녹봉으로 봉양을 받으니 이 또한 국가의 은혜가 셀 수 없이 크거늘 어찌 감히 욕되게 후한 하사를 더 입겠는가."라고 하였다. 마침내 받지 않았다. 임금이 즉위할 때에 이르러 권신權臣이 나라를 전단하였다. 임금이 그 무리를 죽이거나 유배 보내고 이에 김부일을 재상으로 삼았다. 김부일은 일찍이 중풍에 걸려 허약함으로 여러 차례 표문을 올려 사직을 청하였다. 왕이 그의 뜻을 어기기 어려워 그에 따랐다. 사람됨이 너그럽고 후하며 절약하여 낭비하지 않았고, 인물의 선악을 〈말하기를〉 즐거워하지 않았으며, 또 생업을 일삼지 않았다. 시호는 문간文簡이다.

王楷 ▶ 1132년 4월 경연에서 정항 등의 강론을 듣고 화서대를 하사하다

정항鄭沆·윤언이尹彦頤·정지상鄭知常으로 하여금 재차 경연經筵에 나아가 경전의 뜻을 해석하게 하고 모두 화서대花犀帶 1개씩 하사하였다. 정지상이 왕이 오래 서경에 임어臨御하게 하고자 간관諫官에게 넌지시 알려 개경[上京]의 궁궐 수리를 중지하기를 청하였다. 정항이 재차 소를 올려 옛 궁을 수리하여 임금이 개경[上京]으로 돌아가기를 요청하였는데 말이 매우 정성스럽고 곧았다. 왕이 그렇게 여겼다.

王楷 ▶ 1132년 4월 왕이 대동강에서 뱃놀이를 하며 음악을 연주하다

왕이 대동강大同江에서 용주龍舟를 탔다. 예종의 기월忌月이어서 악기를 늘어놓고 연주하지 않았다. 정지상이 아뢰기를,

"예에 기일은 있어도 기월이 있다는 것은 듣지 못하였습니다. 만약 기월이 있다면 기년忌年도 있어야 할 것입니다. 청하건대 음악을 연주하여 도성 사람들의 바람에 부응하시기 바랍니다."

라고 하였다. 이를 좇았다.

王楷 ▶ 1132년 윤4월 왕이 서경에서 돌아와 사면령을 내리다

서경으로부터 돌아와 사면령을 내렸다.

王楷 ▶ 1132년 윤4월 최광원 등 25명에게 급제를 하사하다

최광원崔光遠 등 25명에게 급제를 하사하였다. 이전에 평장사平章事 최자성崔滋盛이

지공거知貢擧가 되고, 이부시랑吏部侍郞 임존林存이 동지공거同知貢擧가 되었는데, 임존이 부賦의 시제를 내어 이르기를, "성인은 능히 천하를 한 집안으로 삼는다."라 하였다. 성관省官이 아뢰기를,

"살펴보니 내耐는 옛날의 능能자인데, 지금 내耐자로 운을 삼는 것은 옳지 않습니다. 청하건대 다른 사람에게 명하여 다시 시험을 보게 하시기 바랍니다."

라고 하였다. 윤허하지 않았다. 이에 최자성 등에게 명하여 다시 시험을 보았다. 재차 시제를 정하여 이르기를 "천도天道는 막혀있지 않아서[不閉] 능히 오래 간다."라고 하였다. 성대省臺에서 또 아뢰기를,

"『예기禮記』를 살펴보니 '天道는 막혀있지 않아서[不閉] 능히 오래 간다.'라고 하였습니다. 향본鄕本『가어家語』에서 불폐不閉를 불한不閑이라 한 것은 대개 오류입니다. 지금 공원貢院에서는 올바른 경서를 상고하지 않고 잘못된 판본[錯本]에 의거하고 있습니다. 청하건대 최자성 등은 파직하고 금년의 선거選擧는 정지하시기 바랍니다."

라고 하였다. 왕은 다만 경의經義와 논論으로 취할 만한 자 25인을 취할 것을 명령하였다.

王楷 ▶ 1132년 윤4월 묘청 등이 기름을 넣은 떡으로 속임수를 쓰다

묘청妙淸·백수한白壽翰 등이 몰래 큰 떡을 만들고 그 가운데를 비게 하여 구멍을 뚫고 숙유熟油를 담아 대동강에 넣었다. 기름이 수면으로 나와 뜨니 바라보면 마치 오색과 같았다. 백수한 등이 말하기를,

"신룡神龍이 침을 토해 오색 구름을 만들었습니다. 이것은 심상치 않은 상서입니다. 청하건대 백관으로 하여금 표문을 올려 하례하게 하십시오."

라고 하였다. 왕이 평장사 문공인文公仁, 참지정사參知政事 이준양李俊陽 등을 보내 그것을 살펴보게 하였다. 이때, 말다래에 기름칠하는 것을 업으로 하는 이가 있어 보고하며 말하기를, "숙유熟油가 물에 뜨면 이상한 색이 납니다."라고 하였다. 이에 헤엄을 잘 치는 사람으로 하여금 〈떡을〉 찾아내어 얻으니 이에 사기임을 알았다.

王楷 ▶ 1132년 5월 **어사대에서 과거 재시행을 청했으나 허락하지 않다**

어사대부御史大夫 임원준任元濬 등이 금년에 급제한 이들의 명패名牌를 추탈追奪하고 시험을 다시 볼 것을 청하였다. 대답하지 않았다. 임원준 등이 물러나 죄를 받을 것을 기다리니 어사대御史臺가 무릇 7일간 비었다. 또 국학생國學生 정언백井彦伯 등 50인이 상서上書하여 시험을 다시 볼 것을 청하였다. 국자사업國子司業 이지저李之氐에게 명하여 여러 학생들을 타이르며 말하기를, "조정을 비방하는 것에는 본래 일정한 형벌이 있으나 이번에는 일시적으로 사면하여 준다. 너희들은 마땅히 행실과 학문을 정성스럽게 닦아 다음번 과거를 기다리도록 하라."라고 하였다.

王楷 ▶ 1132년 5월 **귀국하는 사신이 송 황제의 조서를 가지고 오다**

최유청崔惟淸 등이 송宋으로부터 돌아왔는데 회답하는 조서에서 말하기를,
"짐이 살펴 방향을 남쪽 나라로 하니[省方] 고려[東藩]와 길이 통하였다. 공물을 보내 받드는 것도 거듭 가상한데, 거듭 관광을 하겠다는 요청이 있다. 정사를 보는 것을 재상들에게 위임한 것은 장차 부지런함과 정성에 힘쓰도록 하려 함이요, 제후를 도산塗山에 모으려 하니 다시금 덕이 적음이 부끄럽다. 이에 천자의 수레[乘輿]가 행차하는 곳이 모름지기 사신이 오는 조정이다. 생각하건대 가을은 변방의 말이 살찌니 혹여라도 계엄에 겨를이 없을까 하며, 봄 조수에는 배가 평안하니 바라건대 항해에 걱정이 없을 것이다."
라고 하였다.

王楷 ▶ 1132년 6월 **최자성과 임존을 파직하다**

최자성崔滋盛·임존林存을 파직하였다.

王楷 ▶ 1132년 7월 **최자성을 중서시랑동평자로 삼다**

다시 최자성崔滋盛을 중서시랑동평장사中書侍郞同平章事로 삼았다.

王楷 ▶ 1132년 7월 **개경에 기근이 들다**

개경[경성]에 기근이 들어 굶어 죽은 시체가 잇달아 있었다.

王楷 ▶ 1132년 8월 **큰 홍수가 나다**

큰 홍수가 나 집이 떠내려가고 침수되었다.

王楷 ▶ 1132년 8월 **임원애가 묘청 등을 물리칠 것을 청하다**

동지추밀원사同知樞密院事 임원애任元敱가 상서上書하여 말하기를, "묘청妙淸·백수한白壽翰 등은 간사한 모의를 방자하게 하여 괴이하고 헛된 말로 뭇 사람들의 마음을 속이고 홀렸습니다. 한두 명의 대신과 〈임금을〉 가까이서 모시는 사람들도 그 말을 깊이 믿어 위로 임금이 듣는 바를 미혹시키고 있습니다. 신은 장차 불측한 우환이 있을까 두렵습니다. 청하건대 묘청 등을 저자에서 죽여 화의 싹을 잘라버리시기 바랍니다."라고 하였다. 〈임금이〉 대답하지 않았다.

王楷 ▶ 1132년 8월 **박정유가 사흘동안 시사를 아뢰다**

좌정언左正言 박정유朴挺蕤가 합문 앞에 엎드려 상소하며[伏閣上疏] 사흘 동안 시사時事를 아뢰었다. 〈임금이〉 대답하지 않았다.

王楷 ▶ 1132년 8월 **혜성이 나타나다**

혜성이 나타났다.

王楷 ▶ 1132년 11월 **서경에서 법사를 행하게 하다**

중서시랑평장사中書侍郎平章事 문공인文公仁과 내시 예부원외랑內侍 禮部員外郎 이중부李仲孚가 어의御衣를 받들고 서경西京에 가서 법사法事를 행하였다[行法事]. 당시 묘청妙淸 등이 말하기를, "주상께서는 마땅히 대화궐大華闕에 오래 머무셔야 하지만, 그렇지 못하다면 근신近臣를 보내어 예의禮儀를 갖추고 어좌御座를 설치하고 어의御衣를 두고서 임금이 〈그곳에〉 계신 것처럼 극진하게 공경한다면 복과 경사가 임금이 친히 계시는 것과 다르지 않을 것이니 이를 일러 법사法事를 행한다[行法事]고 하는 것입니다."
라고 하였다.

王楷 ▶ 1132년 11월 서경에 대화궐을 짓게 하다

제서를 내려 이르기를,

"짐이 덕이 부족[涼德]함에도 조업祖業을 얻어 계승하였는데, 마침 〈국운이〉 약해지는 말세를 당하여 여러 차례 변고變故가 계속되니 밤낮으로 힘써 〈나라를〉 중흥하고자 한다. 옛 사람의 가르침에 이르기를, '수만 년이 쌓이면 반드시 동지冬至가 갑자甲子가 되고 해와 달과 오성五星이 모두 자방子方에 모이게 되니 이를 일러 상원上元이라 하고 역曆의 시초가 된다.'라고 하였다. 이번 11월 초6일이 동지로, 이날 밤중이 갑자甲子에 해당하여 삼원三元의 시작[三元之始]이 되니 가히 옛 것을 고치고 새 것을 세울 만하다. 이에 유사에 명령하여 옛 성현이 남긴 가르침을 들어 서경西京에 대화궐大華闕을 개창하게 하였다. 아아, 너희 삼사대부三事大夫와 백관서사百官庶事는 함께 유신의 정치를 도모하여 영원한 경사[永世之休]를 더하도록 하라."
라고 하였다.

王楷 ▶ 1132년 11월 이자겸 난등에 관련된 자들에 관대한 처분을 내리다

제서를 내려 이르기를,

"짐이 어린 나이에 즉위하여 국가의 많은 어려움을 감당하지 못하였다. 비록 정치에 임함에 잘 다스려지기를 원하여 편안할 겨를이 없었으나 진실로 덕이 없이 일이 처리되어 대개 시행하는 바가 천심天心을 감당하지 못하였다. 이에 산이 무너지고 샘이 솟아오르는 이변[變異]가 계속 일어나 벌벌 떨며 두려워 마치 장차 깊은 연못에 빠지는 것 같았다. 〈그러나〉 오히려 늙은[耆舊] 신하들과 충의忠義로운 신하들의 바로잡아 구제하는 힘에 의지하여 옛날의 잘못을 혁거革去하고 정치[政理]를 일신一新

하였다. 다만 내가 처치를 잘 하지 못하여 일의 대소大小에 상관없이 일을 할 때마다 나래[國體]에 해가 되는 것이 많았다.

그러나 가장 애석한 것은 생각하건대 병오년1146의 한 가지 일이다. 생각하건대 외가外家의 세력[形勢]이 매우 성하여 분수에 어긋나는 것[僭忒]이 도리를 넘어 반역[不軌]을 도모하여 제위[神器]를 몰래 엿보았다. 〈그리하여〉 조종祖宗의 기틀[基緒]이 거의 실추되기에 이르렀다. 그러므로 부득이하게 유사有司의 논의를 듣고 법에 따라 죄를 다스렸다. 아, 대의大義로 인해 친척을 멸함은 옛날에도 또한 있었다. 그러나 친족을 사랑하는 정[親親之恩]은 천성天性에서 자연히 나오는 것이다. 매번 〈그 일을〉 생각할 때마다 매우 마음이 아프고 슬픔이 뼈에 저린다. 또한 소위 당여黨與라는 이들은 비록 권세에 붙어 의탁하였으나 어찌 그들이 모두 함께 반역[不軌]를 도모였겠는가. 그러므로 너그러이 용서하라는 명을 자주 내렸지만 유사有司에서 짐의 마음을 체득하지 못하고 아뢰기를[上言] 그치지 않고 반드시 신하의 도리를 지키지 못한 것[不臣]을 죄주려 하니 인심人心을 선동함에 이르고 화기和氣를 상하게 함에 이르렀다.

이미 귀양보낸 자로 죄가 정해져 사적史籍에 이름이 오른 것을 제외하고 무릇 형벌을 논한 문건[刑駁文簿]으로 유사有司에 있는 것은 모두 다 〈대궐의〉 바깥 뜰[外庭]에서 태워 〈과거의〉 허물을 씻고 스스로를 새롭게 할 길을 활짝 열어주도록 하라.

척준경拓俊京과 같은 이는 죄악이 매우 무거우나 그 공 또한 기록할 만하므로 법에 의하면 공과 죄가 서로 상쇄되니 그 아들에게 직전職田을 돌려줌이 가하다. 채석蔡碩과 이후진李侯進을 제외하고는 그 처자를 연좌시키지 말라. 이 또한 죄인에게 처자를 연루시키지 않는다는 뜻이다. 『서경書經』에 이르기를, '명령이 내리면 시행할 뿐이요, 반대하지 말라'라고 하였다. 병오년 이래로 서너 차례 명[旨]을 내렸으나 유사에서 봉행하지 않았으니 신하가 임금의 명을 행하지 않는 것은 국체國體가 점차 경시된 까닭이다. 짐은 이를 매우 우려한다. 이후 감히 이 일을 말하는 이가 있으면 왕명[制]을 어긴 것으로 논죄할 것이다."

라고 하였다.

王楷 ▶ 1132년 12월 **김부식 등을 임명하다**

김부식金富軾을 수사공 중서시랑동중서문하평장사守司空 中書侍郞同中書門下平章事로, 이준양李俊陽을 상서좌복야尙書左僕射로 삼고, 이총린李寵麟을 참지정사參知政事로, 최유崔濡를 지추밀원사知樞密院事로 삼았다.

인종 11년(1133년)
―인종공효대왕―

王楷 ▶ **1133년 1월 금에서 사신을 보내 왕의 생신을 하례하다**

금金에서 고진가高陳可를 보내 와서 〈임금의〉 생신을 하례하였다.

王楷 ▶ **1133년 2월 원자 왕철을 왕태자로 책봉하다**

원자 왕철王徹을 책봉하여 왕태자로 삼았다. 후에 왕현王晛으로 개명하였다.

王楷 ▶ **1133년 2월 송에 보낸 사은사들이 풍랑을 만나 돌아오다**

한유충韓惟忠과 이지저李之氐를 송宋에 보내어 사은謝恩하였는데, 홍주洪州 해상에 이르러 풍랑을 만나 가지 못하고 돌아왔다.

王楷 ▶ **1133년 3월 태자를 책봉했다 하여 사면령을 내리다**

태자로 책봉하였다 하여 사면령을 내렸다.

王楷 ▶ **1133년 4월 최자성 등을 임명하다**

중서시랑평장사中書侍郎平章事 최자성崔滋盛이 치사致仕하였다. 문공인文公仁을 판상서병부사判尙書兵部事로, 최유崔濡, 임원애任元敱를 참지정사參知政事로, 임경청林景淸은 상서우복야尙書右僕射로 삼았고, 임원준任元濬은 동지추밀원사同知樞密院事로, 한유충韓惟忠은 추밀원부사樞密院副使로 삼았다.

王楷 ▶ 1133년 4월 가뭄이 계속되므로 죄수들에게 관용을 베풀게 하다

제서를 내려 이르기를,

"볕만 계속 내리쬐어 요기[沴]를 만들어 심한 가뭄[亢旱]으로 재앙이 발생하고 있다. 정령政領이 번거롭고[煩苛] 형법刑法이 참혹하여, 혹은 감옥에서 괴로워하는 등 사람들이 고통을 감당하지 못해서 그러한가 염려가 된다. 경관京官 및 양경兩京의 유수留守, 양계兩界의 병마사兵馬使, 여러 도의 안렴사按廉使는 직접 감옥[牢獄]을 둘러보고 중죄인에게는 관용을 베풀고 가벼운 죄인은 풀어주도록 하라."

라고 하였다.

王楷 ▶ 1133년 5월 왕이 조서를 내려 재변을 경계하다

조서를 내려 이르기를,

"짐이 박덕한데 때마침 재앙을[厄會]을 만나 궁실宮室이 불에 타고 창고[倉廩]는 비었으며, 정치에서는 수단이 부족하고, 대책을 세우는 데는 방법이 어그러졌다. 인심은 날로 고루하고 비루해지고[頑鄙], 백성들의 생업은 날로 시들어 쇠잔하다[凋殘]. 밤낮으로 염려하고 두려워하여 편히 지낼 겨를이 없다.

이제 간관諫官이 아뢰어 말하기를, '경기 지역의 산과 들에서 누리떼[蝗蟲]가 소나무를 먹고 있습니다. 옛사람이 이르기를, 「신하가 녹祿과 지위에 안주하는 이를 탐貪이라 이르니 그 재앙은 벌레가 뿌리를 먹고, 덕이 한결같지 못하면 이를 번거롭다[煩] 하니 〈그 재앙은〉 벌레가 잎을 먹는 것이다. 덕이 없는 이를 쫓아내지 못하면 벌레가 근본을 먹고, 농사일[東作]과 다투면 벌레가 줄기를 먹고, 악한 것을 가려 재앙이 생기면 벌레가 마음을 먹는다.」라고 하였습니다. 옛날 진晉 무제가 가충賈充과 양준

楊駿을 총애하고 신임하자 누리떼의 피해[蟲蝗]가 있었습니다. 이것은 덕이 없는 이를 쫓아내지 않은 징험입니다. 양梁 대동大同 초년에 누리가 소나무와 측백나무의 잎을 먹었는데, 〈한漢의〉 경방京房이 말하기를, 「녹을 먹고도 성스러운 교화에 이익을 주지 못하면 하늘이 벌레로써 〈재앙을〉 보여준다.」라고 하였습니다. 벌레는 사람에게 이익이 없고 만물萬物을 먹는 것입니다. 이는 공경公卿이 녹을 먹을 뿐 이익이 없음에 부응하는 것입니다. 청하건대 어진 이를 등용하고 불초不肖한 이들을 물리치시며 과감하게 결단을 내리시고 의심하지 마십시오.'라고 하였다.

이는 곧 유사有司가 좋은 것은 임금의 일로 일컫고 허물은 자기의 일로 일컬어 허물을 자기가 지고[引咎] 스스로 진술한 것일 뿐이다. 짐이 다스림을 구함이 비록 절박하나 덕이 실로 그러하지 못하여 정치가 피폐하고 백성들은 쇠잔하였으며 간특[姦慝]한 이들이 나아와 등용되고 충성스럽고 근실한[忠謹] 이들은 물러나 숨어버렸으니 이것이 하늘[上天]이 재앙을 내린 까닭이다. 이제 재상[宰輔]과 여러 공公이 옛 일을 끌어다가 논하고 열거하며 바른 의논[讜議]을 주장하니 어찌 즐겁게 따르지 않겠는가.

무릇 내외의 관료 중 욕심이 많고[貪汚] 이익을 꾀하며[謀利], 포악하고 비겁[儒怯]한 자가 있음을 알지 못하는 것은 아니다. 그러나 가르치지 않고 죄주는 것은 짐이 차마 하지 못하는 바이다. 유사有司는 간곡하게 타일러[告諭] 그들이 스스로를 새롭게 하도록 하라. 진실로 오랜 악행[長惡]을 고치지 않는 자는 친소親疎와 귀천貴賤을 물론하고 모두 법으로 다스릴 것이다. 그 중 청렴[淸白]하게 나랏일을 받들고 절의가 남다른 이가 있으면 각각 포상하고 천거함이 마땅하다."

라고 하였다.

王楷 ▶ 1133년 5월 **가뭄으로 시장을 옮기다**

가뭄으로 인해 시장을 옮겼다.

王楷 ▶ 1133년 5월 **김부식에게 주역과 상서를 강론하게 하다**

숭문전에 임어臨御하여 평장사平章事 김부식金富軾에게 명하여 『주역周易』과 『상서

『尙書』를 강론하게 하고 한림학사 승지翰林學士承旨 김부의金富儀, 지주사知奏事 홍이서洪彝敍, 승선承宣 정항鄭沆, 기거주起居注 정지상鄭知常, 사업司業 윤언이尹彦頤 등으로 하여금 어려운 부분을 질문하게 하였다. 김부의金富儀는 곧 김부철金富轍이다.

王楷 ▶ 1133년 5월 **김부의와 윤언이에게 각각 상서 홍범편과 중용을 강론하게 하다**

김부의金富儀에게 명하여 『상서尙書』「홍범洪範」을 강론하게 하고, 윤언이尹彦頤에게는 『중용中庸』을 강론하게 하였다.

王楷 ▶ 1133년 6월 **상장례의 풍속을 바로잡게 하다**

제서를 내려 이르기를,

"근래 세도世道가 점점 낮아지고 풍속은 경박[澆薄]하여 효도하지 않고 우애하지 않으며 혹은 부모 잃은 어린 아이[孤幼]를 버리고, 처첩을 쫓아내며, 혹은 부모의 상喪을 당해서도[居憂] 방탕하게 놀고, 부모의 유골[骸骨]은 절에 임시로 두고서 여러 해가 되도록 장례지내지 않는 자도 있다. 마땅히 유사有司에 명하여 검찰檢察하여 죄를 다스리게 할 것이며, 만약 가난하여 장례[襄事]를 치르지 못하는 자가 있으면 관에서 장례비용을 지급하도록 하라."

라고 하였다.

王楷 ▶ 1133년 6월 **중서시랑평장사 최홍재를 좌천시키고 이준양으로 대신하다**

간관諫官 최유청崔惟淸 등이 상소하여 논하기를,

"중서시랑평장사中書侍郎平章事 최홍재崔弘宰는 탐욕스럽고 포악하여 법을 어지럽혀 나라의 큰 해가 되었습니다. 근년 이래 가뭄과 벌레의 피해가 함께 일어나 오래도록 그치지 않고 있습니다. 이는 대개 탐욕스럽고 간사한 이가 지위에 있으면서 나라를 좀먹고 백성들을 병들게 한 소치입니다. 관직을 삭탈하고 벌을 주어 하늘의 경계하심[天戒]에 답하심이 마땅합니다."

라고 하였다. 이에 〈최유청을〉 수사공 우복야守司空右僕射로 좌천하고 이준양李俊陽으로 하여금 그를 대신하게 하였다.

王楷 ▶ 1133년 7월 김부식에게 주역 건괘와 태괘를 강론하게 하다

수락당壽樂堂에 임어臨御하여 김부식金富軾에게 명하여 『주역周易』 건괘乾卦를 강론하게 하였고, 또한 태괘泰卦를 강론하도록 하였다.

王楷 ▶ 1133년 8월 김우번 등 25명에게 급제를 하사하다

김우번金于蕃 등 25인에게 급제를 하사하였다.

王楷 ▶ 1133년 9월 금에 하성절사를 보내다

예빈소경禮賓少卿 정택鄭澤을 금金에 보내어 천청절天淸節을 하례하였다.

王楷 ▶ 1133년 9월 문하시중으로 치사한 이위가 사망하다

문하시중門下侍中으로 치사致仕한 이위李瑋가 사망하였다. 이위는 시중侍中 이정공李靖恭의 아들이다. 부자가 서로 이어 총재冢宰가 되었다. 딸은 임원애任元敱에게 시집가서 왕비를 낳았다. 집안[門戶]이 귀하고 번성하였으나 재물을 모으고 인색하였다.

王楷 ▶ 1133년 10월 백좌도량을 열고 승려 3만 명에게 반승하다

백좌도량百座道場을 열고 내외에 명하여 3만에게 반승[齋僧]하였다.

王楷 ▶ 1133년 10월 노인과 효자 등에게 잔치를 열고 물품을 하사하다

나이 80세 이상인 노인과 효자·순손順孫·절부節婦·의부義夫·환과고독鰥寡孤獨·독질

篤疾·폐질廢疾에게 친히 잔치를 베풀고 물건을 차등있게 하사하였다.

王楷 ▶ 1133년 11월 금에 하성절사와 하정사를 보내다

낭중郎中 김영석金永錫을 금金에 보내어 생신을 축하해준 것에 대해 사례하였고, 신화지愼和之는 신정을 하례하였다.

王楷 ▶ 1133년 11월 문공유 등이 묘청과 백수한을 멀리하기를 청하다

직문하성直門下省 이중李仲과 시어사侍御史 문공유文公裕 등이 상소하여 말하기를, "묘청妙淸과 백수한白壽翰은 모두 요사스러운 사람들입니다. 그 말이 괴이하고 허탄하니 믿을 수가 없습니다. 근신近臣 김안金安·정지상鄭知常·이중부李仲孚, 환자宦者 유개庾開가 〈그와〉 맺어 심복이 되어 여러 차례 서로 천거하고 〈그를〉 가리켜 성인聖人이라 일컬었습니다. 또한 대신도 따르고 그를 믿고 있습니다. 이런 까닭에 주상께서 의심하지 않으십니다. 정직한 사람들과 곧은 선비들은 모두 그를 미워하며 원수로 여깁니다. 원컨대 속히 배척하고 멀리하십시오."라고 하였다. 말이 심이 간절하고 곧았다. 〈임금이〉 답하지 않았다. 이중 등이 물러나 처벌을 기다렸다[待罪].

王楷 ▶ 1133년 12월 안개가 계속되고 나무에 얼음이 얼다

안개가 5일 동안 계속되었고 나무에 얼음이 얼었다.

王楷 ▶ 1133년 12월 대간을 복직하게 하다

대간臺諫을 불러 복직復職하게 하였다.

王楷 ▶ 1133년 12월 김부식과 임원준을 관직에 임명하다

김부식金富軾을 판병부사判兵部事로, 임원준任元濬을 지추밀원사知樞密院事로 삼았다.

인종 12년(1134년)

−인종공효대왕−

王楷 ▶ 1134년 1월 **금에서 사신을 보내 왕의 생신을 하례하다**

금金에서 간의대부諫議大夫 장호張浩를 보내 와서 〈왕의〉 생신을 하례하였다.

王楷 ▶ 1134년 1월 28일 **흰 무지개가 해를 꿰뚫다**

흰 무지개가 해를 꿰뚫었다.

王楷 ▶ 1134년 1월 **묘청을 삼중대통 지누각원사로 삼다**

묘청妙淸을 삼중대통 지누각원사三重大統 知漏刻院事로 삼고 자의紫衣를 하사하였다 [賜紫].

王楷 ▶ 1134년 2월 **왕이 서경에 가다**

서경에 행차하였다.

王楷 ▶ 1134년 2월 **왕이 대동강에서 뱃놀이를 하다가 큰 바람으로 돌아오다**

어가가 대동강大同江에 이르러 〈임금이〉 용선龍船에 임어臨御하여 여러 신하들에게 잔치를 베풀었다. 갑자기 북풍(北風)이 거세게 불어 장막(帷幕)과 그릇들이 모두 진동하였고, 날씨[天氣]가 크게 추워졌다. 왕이 갑자기 일어나 옷을 갈아입고 어가를 재촉하여 궁으로 들어갔다.

王楷 ▶ 1134년 3월 10일 눈이 오다

눈이 왔다.

王楷 ▶ 1134년 3월 왕이 서경에서 돌아오다

왕이 서경(西京)에서 돌아왔다.

王楷 ▶ 1134년 3월 효경과 논어를 민간의 아이들에게 나누어주다

『효경(孝經)』과 『논어(論語)』를 여항(閭巷)의 아이들에게 나누어 하사하였다.

王楷 ▶ 1134년 3월 왕이 대화궐로 옮기다

대화궐(大華闕)로 이어(移御)하였다. 어가가 처음 출발하는데 폭풍이 불어 먼지를 일으켜 사람과 말이 앞으로 갈 수 없었다.

王楷 ▶ 1134년 4월 19일 서리가 떨어지다

서리가 떨어졌다.

王楷 ▶ 1134년 4월 임원애를 중서시랑평장사로 삼다

임원애(任元敱)를 중서시랑평장사(中書侍郞平章事)로 삼았다.

王楷 ▶ 1134년 4월 25일 장작감 주부가 벼락에 맞다

갑진. 크게 우레가 치고 비가 내렸는데 장작감 주부將作監 注簿 최효숙崔孝淑에게 벼락이 떨어졌고, 또 나무 40여 그루에 벼락이 떨어졌다.

王楷 ▶ 1134년 5월 29일 지진이 일어나다

지진이 일어났고 광주廣州에는 핏빛 비가 내렸다.

王楷 ▶ 1134년 5월 가뭄이 들다

가뭄이 들었다.

王楷 ▶ 1134년 5월 허홍재 등 29명에게 급제를 하사하다

허홍재許洪材 등 29인에게 급제를 하사하였다.

王楷 ▶ 1134년 5월 천변가 가뭄으로 신하들에게 봉사를 올리게 하다

조서를 내려 이르기를,

"근래 천변天變이 이상하고 가뭄 또한 심하니 아침저녁으로 걱정을 하나 어찌할 바를 모르겠다. 생각하건대, 너희 3품 이상은 각기 봉사封事를 올려 정치의 폐단과 백성의 고통을 진술하되 숨기는 바가 없도록 하라."

라고 하였다.

王楷 ▶ 1134년 5월 국자사업 임완이 상소하여 간언하다

국자사업國子司業 임완林完이 상소하였는데, 그 대략에 말하기를,

"신은 일찍이 말씀드리기를, '말씀을 올리는 것은 어렵지 않으나 그 말을 듣는 것은 어려우며, 말을 듣는 것은 어렵지 않으나 그 말을 이행하는 것은 더욱 어렵습니

다.'라고 하였습니다. 그러므로 말하기를, '충신은 임금을 섬길 때에 말이 간절하고 곧으면 〈그 말이〉 쓰이지 못하고 몸이 위태롭게 되며, 간절하고 곧지 않으면 도를 밝히기에 부족하다.'라고 하였습니다. 옛날 한漢 문제文帝의 때에는 천하에 일이 없었다고 할 수 있는데도 가의賈誼는 오히려 통곡하고 눈물을 흘리며 길게 한숨이 나온다고 말하였습니다. 근래 천변天變이 이상하여 폐하께서 천명天命을 공경하고 두려워하여 직언直言을 듣고자 생각하시고 조서詔書를 내려 〈바른〉 말을 구하셨으니 이는 만세萬世의 복입니다.

신이 일찍이 동중서董仲舒의 책문策文을 보니 이르기를, '국가가 장차 도를 잃고 패망함이 있으려 할 때 하늘은 이에 먼저 재이災異를 내어 그를 꾸짖고 경고하나 스스로 반성할 줄을 알지 못하고 또 괴이怪異함을 내어 그를 경계하고 두렵게 하나 그럼에도 오히려 변할 줄을 알지 못하면 손상되고 패망함이 이에 이르게 되니 이는 천심天心이 임금人君을 사랑仁愛하여 그 어지러움을 그치게 하고자 함을 보여주는 것이다. 진실로 크게 무도無道한 세상이 아니라면 하늘은 다 붙들어 온전하고 편안하게 하고자 하니 임금人君이 위로 하늘의 경고天譴에 답하는 것은 힘써 실지로 그것에 응하지 않으면 안 된다.'라고 하였습니다.

옛 글에 이르기를[傳曰], '하늘에 응하는 것은 실지로 하는 것이지 형식으로 하는 것이 아니다.'라 하였습니다. 소위 실지[實]라는 것은 덕德이고 소위 형식[文]이라는 것은 지금의 도량道場·재초齋醮의 종류와 같은 것들이 이것입니다. 임금人君이 덕을 닦아 하늘에 응하면 복을 기약하지 않아도 복이 저절로 이르고, 만약 〈임금이〉 덕을 닦지 않고 다만 헛된 형식만 일삼으면 단지 이익이 없을 뿐만 아니라 전적으로 하늘을 모독하는 것에 이르게 될 뿐입니다. 『서경書經』에 이르기를, '하늘은 사사롭게 친함이 없고 오직 덕이 있는 이만 돕는다.'라고 하였습니다. 또 말하기를, '기장黍稷이 향기로운 것이 아니라 밝은 덕[明德]이 오직 향기롭다.'라고 하였습니다. 소위 덕德이라는 것을 어찌 다른 것에서 구하겠습니까. 임금人君의 마음 씀과 일을 행하는 것에 있을 뿐입니다. 하늘이 인간에 있어 서로 거리가 멀고 간격이 있어 말로는 깨우칠 수가 없지만 선한 이를 복주고 간사한 이에게 화를 주는 것은 그림자나 메아리 같이 빠릅니다.

근년 이래 재변災變이 여러 차례 일어나고 기근이 거듭 되었습니다. 근래 흰 무지개가 해를 꿰뚫었고, 4월[正陽之月]에 벼락과 천둥이 침은 특히 이상하니 하늘의 경계와 경고가 이와 같은 것은 천심天心이 폐하를 사랑하심[仁愛]을 보여 붙들어 평안하고 보전하게 하고자 함이 간절함입니다. 폐하는 어찌 한갓 재초齋醮를 일삼고 몸을 기울여 수행함으로써 하늘의 경계에 답하지 않으십니까.

그 도는 태조太祖의 유훈遺訓을 좇고, 문종의 구전舊典을 거행하는 것에 불과할 뿐입니다. 문종의 유풍遺風과 공덕[餘烈]은 그 시기가 지금에서 멀지 않아 때때로 혹은 선생先生과 나이 많은 이들의 말을 들으면 저도 모르는 사이에 눈물이 흘러 옷깃을 적십니다. 보건대 〈문종께서는〉 몸소 절약과 검소함을 행하시고, 어질고 재주 있는 이를 등용하여 관직[名器]을 적임이 아닌 사람[匪人]에게 빌려주지 않고 위세와 권위를 측근에게 맡기지 않으시니 비록 향리鄕里에 사는 친척의 가까운 이라도 공이 없는 자에게는 함부로 상을 주지 않으셨고, 좌우의 총애하는 이라도 죄가 있으면 반드시 벌을 주었습니다. 환관宦官과 급사給事는 근신謹愼하는 이를 택하니 불과 수십 명의 무리로 청소를 하게 갖추었습니다. 내시內侍는 반드시 그 공로와 재능이 있는 자로 선발하였으니 20여 인에 불과하였습니다. 담당 관청의 여러 관원들[所司庶官]은 각기 그 능력을 다하였으며 쓸데없는 관직[冗官]을 줄여 일을 간단하게 하고, 비용을 절약하여 나라를 부유하게 하였으므로 창고에는 곡식이 계속해서 쌓이고 집에서는 사람들이 넉넉하게 지급되므로 당시를 태평太平이라 일컬으니 이는 우리 왕조의 어진 성군[賢聖之君]이셨습니다.

근래 이래로 모든 일이 이에 반대가 되니, 모든 관리[凡百執事]는 수가 이전의 배가 되며, 교만과 사치는 날이 갈수록 더하고 염치와 도덕은 없어졌으며, 권세를 끼고 세력을 믿고서 〈백성들을〉 해치고 재물을 빼앗고[剝削誅求], 그에 더하여 세금을 무겁게 거두고 부역을 하게 하니 인심이 모두 원망하고 있습니다. 만약 가의가 오늘의 정황을 본다면 어찌 크게 탄식하고 눈물을 흘리며 통곡만 할 뿐이겠습니까. 엎드려 바라건대 폐하께서 지극한 정성으로 선정善政을 베푸시고 좌우에서 〈폐하를〉 속이고 〈성총聖聽을〉 가로막는 간신들을 물리치시고 음양陰陽의 괴이하고 허탄한 설을 끊어내셔서 매일매일 근신하며 만세토록 끝이 없는 경사를 이루십시오.

신이 묘청妙淸을 보건대 오직 간교한 사기를 일삼아 임금을 기망欺罔함이 송宋나라의 임영소林靈素와 다르지 않습니다. 임영소는 잘못된 도[左道]를 가지고 황제[上皇]를 현혹함으로써 화란禍亂이 빨리 닥쳤으니 이는 폐하께서도 직접 들으신 바입니다. 폐하께서 묘청을 총애하고 믿으시니 좌우의 근신近臣으로부터 대신에 이르기까지 서로 번갈아가며 〈묘청을〉 천거하고 칭찬하며 성인聖人이라 하니 뿌리가 깊고 꼭지가 단단해져 견고함은 뽑을 수가 없을 정도입니다. 태화궁太華宮 공사[大華之役]가 시작되면서부터 지금에 이르기까지 7~8년 동안 재변災變이 거듭된 것은 하늘이 반드시 이로써 폐하를 타이르고 깨닫게 하려 함입니다. 폐하께서는 어찌 일개 간신을 아끼면서 하늘의 뜻을 어기시렵니까. 원컨대 그의 목을 베어 하늘의 경계에 답하시고 백성의 마음을 안심시켜 주소서."

라고 하였다.

王楷 ▶ 1134년 5월 왕이 종묘와 사직에 비를 빌고 태조진전을 배알하다

종묘와 사직과 산천에서 비를 빌고, 왕이 태조의 진전眞殿에 배알하여 눈물을 흘리며 고하여 말하기를,

"신이 실로 부덕不德하여 능히 선왕의 헌정憲政을 따르지 못하였고 천지를 밝히고 음양의 조화를 이루는 데에도 부족하였습니다. 이 때문에 하늘에서 재앙을 내리니 3월에 눈이 오고, 4월에 서리가 내렸으며, 40여 곳의 사람과 사물에 천둥과 벼락이 떨어졌으며, 몇 달이 지나도 비가 오지 않아 초목이 자라지 않는 땅[赤地]이 천리에 이르러 굶어 죽은 시체가 서로 누워 있는데, 죄는 실로 신에게 있으니 창생蒼生에게 무슨 허물이 있겠습니까. 바라건대 마음을 씻고 잘못을 뉘우쳐 선조의 유훈을 본받으려 합니다. 『시경詩經』에 이르기를, '부모와 선조가 어찌 차마 내게 이리 하십니까.'라고 하였습니다. 엎드려 바라건대 성스러운 자비로 돌아보시어 화기和氣를 불러 모아 만령萬靈을 고무시켜 세차게 비가 내리게 해 주시고 나 소자로 하여금 군신

백성과 함께 그 복을 받게 하여 주시면 신神도 또한 영원히 의지할 곳이 있으실 것입니다."
라고 하였다. 이날 사면령을 내렸다.

王楷 ▶ 1134년 6월 1일 동경에 지진이 일어나다

동경東京에 지진이 있었다.

王楷 ▶ 1134년 6월 3일 김부의에게 월령을 강론하게 하다

〈임금이〉 대명궁大明宮 수락당壽樂堂에 임어臨御하여 한림학사翰林學士 김부의金富儀에게 명하여 「월령月令」을 강론하게 하였다.

王楷 ▶ 1134년 6월 태백성이 낮에 나타나 하늘을 가로지르다

태백성太白星이 낮에 나타나 하늘을 가로질렀다.

王楷 ▶ 1134년 6월 6일 서경 대화궐에 벼락이 치다

서경西京 대화궐大華闕 건룡전乾龍殿에 벼락이 쳤다.

王楷 ▶ 1134년 6월 왕이 영통사에 가서 비를 빌다

영통사靈通寺에 행차하여 비를 빌었다.

王楷 ▶ 1134년 6월 왕이 정항에게 시경 칠월편을 강론하게 하다

수락당壽樂堂에 거동하여 한림학사翰林學士 정항鄭沆에게 명하여 『시경詩經』 칠월편七月篇을 강론하게 하였다.

王楷 ▶ 1134년 6월 **청풍현 연못물이 핏빛으로 변해 한강까지 흘러오다**

청풍현靑楓縣의 큰 연못물이 핏빛으로 변했는데, 흘러서 한강에 이르렀다.

王楷 ▶ 1134년 7월 **윤언이에게 월령을 강론하게 하다**

보문각 직학사 윤언이尹彦頤에게 명하여 「월령月令」을 강론하게 하였다.

王楷 ▶ 1134년 7월 **소대현에 운하를 파게 했으나 완공하지 못하다**

안흥정安興亭 아래의 바닷길은 몰려드는 물살이 거세고 또한 험한 암석이 있어 왕왕 배가 전복되었다. 혹자가 의견을 올리기를 소대현蘇大縣 경계에서 운하를 뚫으면 조운길[漕路]이 통할 수 있을 것이라 하니 이에 내시內侍 정습명鄭襲明을 보내어 인접한 군[旁郡]의 군졸 수천인을 징발하여 뚫게 하였으나 결국 이루지 못하였다.

王楷 ▶ 1134년 8월 **김부의에게 서경 열명편을 강론하게 하다**

명인전明仁殿에 임어臨御하여 한림학사翰林學士 김부의金富儀에게 명하여 『서경書經』 「열명說命」을 강론하게 하였다.

王楷 ▶ 1134년 8월 **금에 하성절사를 보내다**

차예부시랑借禮部侍郞 박경산朴景山을 금金에 보내어 천청절天淸節을 하례하였다.

王楷 ▶ 1134년 9월 **왕이 서경에 가지 않고 장원정에 가다**

장원정長源亭에 행차하였다. 당시 묘청妙淸의 무리가 굳이 서경西京으로 순행하기를[西巡] 요청하였는데, 역모를 이루기 위해서였다. 왕이 양부兩府에 내려 그것을 의논하게 하니 김부식金富軾이 아뢰어 말하기를,

"이번 여름에 건룡전乾龍殿에 천둥과 벼락이 떨어졌으니 이는 길조가 아닌데〈벼

락친〉 그곳에서 재앙을 피한다는 것은 또한 잘못된 것이 아니겠습니까. 하물며 지금 가을철 수확이 아직 거두어지지 않았는데, 임금님의 수레가 만약 출행한다면 반드시 벼를 밟게 될 것이니 백성을 사랑하고 물건을 아끼는 뜻이 아닙니다."

라고 하였다. 이에 간관諫官과 함께 상소하고 극언極言하였다. 임금이 말하기를, "말한 바가 지당하니 짐은 감히 서경으로 행차하지[西行] 않겠다."

라고 하였다. 이에 일관日官이 아뢴 바를 따라 장원정에 임어하여 나온 것이다.

王楷 ▶ 1134년 10월 13일 **흰 무지개가 해를 꿰뚫다**

흰 무지개가 해를 꿰뚫었다.

王楷 ▶ 1134년 10월 **백관에게 조서를 내려 각자의 직무를 잘 하게 하다**

백관百官에게 조서를 내려 타이르기를 각자 그 직무를 잘 하도록 하였다.

王楷 ▶ 1134년 11월 **금에 사은사와 하정사를 보내다**

원외랑員外郞 김영관金永寬을 금金에 보내어 생신을 하례한 것에 대해 사례하였고, 호부원외랑戶部員外郞 이식李軾은 신정을 하례하였다.

王楷 ▶ 1134년 11월 **태백성이 낮에 나타나 하늘을 가로지르다**

10월부터 이달까지 태백성太白星이 낮에 나타나 하늘을 가로질렀다.

王楷 ▶ 1134년 12월 **황주첨이 칭제건원을 청하다**

우정언右正言 황주첨黃周瞻이 묘청妙淸과 정지상鄭知常의 뜻에 영합하여 황제로 칭하고 연호를 제정하기를[稱帝建元] 주청奏請하였다. 〈임금이〉 대답하지 않았다.

인종 13년(1135년)

—인종공효대왕—

王楷 ▶ 1135년 1월 1일 **일식이 있었으나 구름 때문에 보이지 않다**

일식이 있었으나 구름이 짙어 보이지 않았다.

王楷 ▶ 1135년 1월 4일 **묘청 등이 서경에서 반란을 일으키다**

묘청妙淸과 유참柳旵이 분사시랑分司侍郎 조광趙匡 등과 함께 서경西京에서 반란을 일으켰다. 왕명을 거짓으로 꾸며[矯制] 유수留守와 관리[員僚]들을 가두었다. 또 가짜 승선[僞承宣] 김신金信을 보내 서북면병마사西北面兵馬使 이중李仲 등 여러 성의 군사 장교를 잡아두고 무릇 개경[上京] 사람으로 서경[西都]에 있는 자는 귀천을 가리지 않고 또한 모두 구류하였다. 군사를 보내어 절령도岊嶺道를 차단하고 또 사람을 보내어 여러 성의 군사들을 위협하여 징발하고는 국호를 대위大爲라 하고 연호를 천개天開로 하였으며 관속官屬을 두었고 그 군대는 천견충의天遣忠義라고 이름하였다. 묘청妙淸이 조광趙匡 등과 함께 관풍전觀風殿에 모여 군마軍馬를 호령하고 몇 군데 길로 나누어 곧바로 개경[上京]으로 향하고자 하였다. 백수한白壽翰의 아들 백청白淸이 서경으로부터 〈개경으로〉 오는데 백수한의 친구가 글을 보내 〈백수한을〉 불러 말하기를, "서경에 이미 반란이 일어났으니 몸을 빼서 오는 것이 좋겠다."라고 하였다. 백수한이 그 글을 왕에게 아뢰니 〈임금이〉 문공인文公仁을 불러 보여주었다. 문공인이 말하기를, "이 일은 의심스러워 진위眞僞를 헤아리기가 어려우니 잠시 비밀로 하십시오."라고 하였다. 신해. 군인 최언崔彥과 한선韓善 등이 황주黃州에서 와서 아뢰어 말하기를, "서경 사람이 군사를 이끌고 동선역洞仙驛에 와서 사록司錄 고보정高甫正을 잡아갔고, 또 역마驛馬를 취하여 서경에 보냈으며 사람들이 개경[京城]에 왕래하는 것을 금지하고 있어서 저희들은 낮에는 숨고 밤에는 걸어 사잇길로 왔습니다."라고 하였다. 왕이 재추宰樞를 소집하여 의논하고 평장사平章事 김부식金富軾, 참지정사參知政事 임원애任元敱, 추밀원 승선樞密院 承宣 김정순金正純에게 명하여 병부兵部에 앉아 군사를 다스려 적을 토벌할 계획을 세우라고 하였다. 이에 조서를 내려 김부식金富軾과 임원애任元敱를 중군수中軍帥로 삼고, 김정순金正純·정정숙鄭旌淑·노영거盧令琚·임영林英·윤언이尹彥頤·이진李瑱·고당유高唐愈·유영劉英을 그 보좌로 삼았으며, 이부상서吏部尚書 김부의金富儀를 좌군左軍을 이끌게 하고 김단金旦·이유李愈·이유개李有開·윤언민尹彥旼을 그 보좌로 삼았으며, 지어사대사知御史臺事 이주연李周衍으로 우군右軍을 이끌게 하고 진숙陳淑·양우충梁祐忠·진경보陳景甫·왕수王洙를 그 보좌로 삼았다. 임자. 유언비어가 돌았는데[訛言] 서경의 군대가 금교역金郊驛에 도착했다 하여 서교西郊에 거하는 백성들이 놀라고 두려워하여 모두 가솔들을 이끌고 성안으로 들어왔다. 왕이 내시內侍 유경심柳景深·조진약曹晉若·황문상黃文裳에게 명하여 서경에 가서 타이르게 하니 서경의 반란군[西賊]이 성문을 열고 관풍전으로 들어오게 하였다.

유참·조광·묘청이 문무 양반을 거느리고 있었는데, 모두 융복戎服을 입고 있었다. 유경심 등이 관풍전 문에 이르니 유참 등이 뜰에 내려와 절하며 성체聖體의 안부를 묻고 술과 음식을 대접하고 돌려보내면서 이르기를, "마땅히 표문을 올려 아뢰어야 하지만 창졸간이라 하지 못하였으니 먼저 이것을 가지고 돌아가 〈임금께〉 아뢰어 주기를 청합니다."라고 하였다. 편지 한 통을 부쳐 왔는데, 이르기를, "주상께서 이 도읍으로 옮기시기를 원하며, 그렇지 않다면 반드시 변고가 생길 것입니다."라고 하였다. 말이 매우 불손不遜하였다. 왕이 서경의 반란군[西賊]이 왕명을 거짓으로 꾸며[矯制] 양계兩界의 군사를 징발하였다는 것을 듣고 급히 진숙·이주연·진경보·왕수를 보내어 우군右軍의 군졸軍卒 2,000인을 나누어 이끌고 동로東路의 여러 성에 가서 회유하고 적의 사자(賊使)를 체포하였으며, 김부의에게 좌군을 인솔하여 먼저 서경으로 향하라고 명령하였다.

王楷 ▶ 1135년 1월 9일 김부식을 원수로 삼아 서경의 반란을 진압하게 하다

홍이서(洪彝敍)와 이중부(李仲孚)가 서경 반란군의 당여(西賊黨)라고 여겨 〈그들에게〉 교서(敎書)를 주어 가서 회유하게 하였는데, 홍이서가 천천히 가서 4일이 되어서야 비로소 생양역(生陽驛)에 도착하였으나 두려워하며 더 나가지 못하고 역리(驛吏)로 하여금 교서를 전달하게 하였다. 서경 반란군(西賊)이 검교첨사(檢校詹事) 최경(崔京)을 보내 표문을 올렸는데, 대략에 이르기를,

"폐하께서 음양(陰陽)의 지극한 말을 믿으시고 도참(圖讖)의 비설(秘說)을 고찰하시어 대화궁궐(大華之宮闕)을 창건하시고 균천(鈞天)의 천제(天帝)의 도성을 본떠 만드셨습니다. 신들은 누경(婁敬)이 〈도읍을 옮길〉 계책을 베풀었던 것과 같이 하여 경반(盤庚)이 도읍을 옮긴 것처럼 되기를 바랐으니, 어찌 신하가 천자의 마음(宸衷)을 알지 못하고 다만 안락한 거처(懷土)로 인해 다시 옮기는 것을 그르다 하며 또한 공을 막고 일을 해치는 것을 기대하였겠습니까? 인심은 두려운 것이며 군중의 분노는 막기 어려우니 거가(車駕)가 만약 〈이곳에〉 임한다면 병란은 그칠 것입니다."

라고 하였다. 표문이 오니 모두 말하기를,

"신하가 임금을 부르니 그 사자를 베는 것이 옳습니다."

라고 하였다. 왕은 병란을 중지시키고자 최경에게 술과 음식과 폐백을 하사하고 명령하여 〈최경을〉 분사호부원외랑(分司戶部員外郞)으로 삼고 위로하고 효유하여 돌려보냈다.

갑인. 양부(兩府)의 대신을 불러 묻고 장차 이날 출병하려 하니 김부식(金富軾) 등 여러 장수가 대궐로 나아가 명령을 기다렸다. 김안(金安) 등이 출병 시기를 늦추어 반역(不軌)를 도모하고자 모의하여 이에 아뢰어 말하기를,

"금(金) 사신을 불러들여 만나시고(引見) 조서를 받은 뒤에 장수를 보내도 오히려 늦지 않습니다."

라고 하였다. 어떤 이가 김안 등이 몰래 무기를 모으고 사사로이 서로 짝지어 이야기[偶語]하므로 음모를 헤아릴 수 없다고 고하니 김부식이 여러 재상들과 함께 의논하여 말하기를, "서도西都의 반역은 정지상鄭知常·김안·백수한白壽翰 등이 함께 모의한 것이니 이 사람들을 제거하지 않고는 서도를 평정할 수 없다."라고 하였다. 여러 재상들이 매우 그러하다고 여기고 정지상 등 3인을 불러 〈그들이〉 이르자 김정순金正純에게 몰래 명령을 내려[密諭] 용사勇士 3인을 이끌고 나아가 궁궐문 밖에서 베고 이에 아뢰었다. 사람들이 말하기를, 김부식은 평소에 정지상과 문자文字에 있어서 명성을 나란히 했는데 그 사이에 불평이 쌓여 이에 이르러 〈반역에〉 내응하였다는 핑계를 대고 그를 죽였다고 하였다. 왕이 임원애任元敱에게 도성에 머물러 호위하라고 명령하고 김부식에게는 부월鈇鉞을 하사하고 보내며 이르기를,

"도성 밖[闈外]의 일은 장군이 처리하라. 그러나 서경의 반란군[西賊]도 모두 나의 적자赤子이니 그 수괴[渠魁]만을 죽이고 절대 많이 죽이지 말라."

라고 하였다.

王楷 ▶ 1135년 1월 11일 **묘청의 당여를 유배보내다**

묘청의 당여인 최봉심崔逢深·음중인陰仲寅·이순무李純茂·오원사吳元師를 먼 섬으로 유배보냈다. 중군中軍이 금교역金郊驛에 이르자 때마침 하늘에서 눈이 쏟아져 군사와 말이 얼고 굶주려 무리들의 마음이 해이해졌다. 김부식이 위무하고[拊循] 구휼하니 군대의 상황이 이에 안정되었다. 순라巡邏 도는 기병[邏騎]이 서경의 첩자 전원직田元稷을 생포하였는데, 김부식이 결박한 것을 풀어주고 위로하고 그를 돌려보내며 말하기를, "너는 돌아가 너희 성 안에 있는 이들에게 말하되, 대군이 이미 출발했으니 능히 스스로 뉘우쳐 새롭게 되어[自新] 귀순하여 따르는 자가 있으면 목숨[性命]을 보전할 것이다."라고 하였다. 이날 서경의 장군 일맹一孟이 와서 적의 상황을 매우 상세하게 고하니 왕이 벼슬을 상으로 주고 집을 하사하였다.

王楷 ▶ 1135년 1월 12일 **성주와 연주 등 민들이 서경 반란군을 사로잡다**

홍이서와 이중부가 서경에서 돌아오니 김부식은 홍이서가 역리를 보내어 조서를 전달했다고 하여 그를 평주平州에 가두고 이중부는 백령진白翎鎭에 유배 보내었다. 서경의 반란군들이[西賊] 성주成州에 이르러 왕명을 거짓으로 꾸며[矯制] 방어주의[防禦] 관료들을 붙잡아 결박하고 인가에 흩어져 들어가 음식을 취하였다. 성주 사람들은 그것이 거짓임을 알고 5~6인을 격살擊殺하고 20여 인을 가두고서 갖추어 말을 달려가 아뢰니 조서를 내려 장려하며 타이르고 관료에게는 각각 약 1은합銀合을 하사하고 장리長吏와 장교將校에게는 폐백을 차등있게 하사하였다. 또 연주漣州의 호장戶長 강안세康安世와 중랑장中郞將 김인감金仁鑑이 가짜 병마부사[僞兵馬副使] 이자기李子奇와 장군將軍 이영李英 등 군졸 600여 인을 사로잡았으므로 교서를 내려 장려하며 타이르고 비단과 채백을 하사하였다. 여러 성에서 이를 듣고 서경 반란군[西賊] 1,200여 인을 사로잡아 죽였다.

王楷 ▶ 1135년 1월 13일 **토벌군이 전략회의를 하다**

중군이 보산역寶山驛에 이르러 사흘 동안 열병閱兵하고 또 장수와 보좌[將佐]들을 모아 대책을 물으니 모두 말하기를, "군사는 신속함이 중요하니 마땅히 말을 재촉하여 갑절로 길을 달려가 적이 방비하기 전에 불시에 공격한다면 보잘 것 없는 소인배들[最爾小醜]은 며칠 내로[計日] 사로잡을 수 있을 것입니다. 만일 가는 곳마다 오래 머무르면 반드시 기회를 잃을 것이며 또 적들로 하여금 이익을 얻는 계획을 할 수 있게 하게 될 것이니 우리에게 이롭지 않습니다."라고 하였다. 김부식이 말하기를, "그렇지 않다. 서경에서 반란을 도모한 것이 이미 5~6년이니 음모陰謀가 이르지 않은 바가 없을 것으로 반드시 전쟁과 수비를 충분히 구분한 뒤에 거병하였을 것이다. 이제 그들이 대비하지 않았을 때 치고자 하는 것은 벌써 늦지 아니한가. 또 아군我軍은 적을 가볍게 여기는 마음이 있고 무기[器仗]도 정비되지 못하였는데 몰래 출병한 복병伏兵과 갑자기 만난다면 첫 번째로 위태한 일이다. 견고한 성 아래 군대를 머무르게 하였으나 날이 춥고 땅이 얼어 울타리와 진[壁壘]도 미처 이루지 못했는데, 갑자기 적들이 틈을 탄다면 이것이 두 번째로 위태로운 일이다. 또 들으니 적도賊徒들이 왕명을 거짓으로 꾸며[矯制] 양계의 병사들을 징발하는데 여러 성에서 의심해서 결정하지 못하고[狐疑] 진위眞僞를 판별하지 못하니 만일 간사한 이가 그에 응해서 안팎으로 서로 연결하여 도로가 막힌다면 이보다 더 큰 화가 없다. 지금으로서는 군대를 끌고 사이길을 따라 적의 등 뒤로 돌아 여러 성의 군수물[軍資]를 취하여 대군을 먹이고 순順과 역逆으로 타일러[告諭] 서경의 반란군[西賊]과의 교류를 끊도록 한 연후에 군대를 늘리고 군사들을 쉬게 하여 나라의 위엄을 선양하고 적진에 격문을 보내 서서히 대군이 그곳에 임하게 한다면 이것이 아주 안전한 계획일 것이다."라고 하였다.

王楷 ▶ 1135년 1월 21일 **서경인들이 묘청 등을 죽이고 투항을 요청하다**

중군中軍이 군사를 인솔하고 평주를 거쳐 관산역管山驛으로 향하고 좌우군左右軍이 모두 서로 차례로 갔다. 중군이 사암역射嵒驛 신성부곡新城部曲을 경유하여 지름길로 성주成州에 이르러 하루 동안 군사를 쉬게 하고 여러 성에 격문을 보내[馳檄] 적을 토벌하겠다는 뜻을 담은 말로써 깨우쳤다. 이날 조서를 내려 말하기를,

"짐이 나이가 어려 정치를 맡으니 본래 사람을 알아보는 밝음이 없어 편벽되게 근신近臣의 말만 듣다가 서도西都의 난을 초래하였으니 하늘을 우러러보고 땅을 굽어보며 깊이 생각하니 깊이 뉘우치는 마음을 이길 수가 없다. 오직 너희 대성臺省과 시종하는 신하들과 조야朝野의 뜻있는 선비들은 서경을 평정할 계책과 오늘날의 정치의 실책과 짐의 허물을 낱낱이 논하되 숨기는 것이 없도록 하라."

라고 하였다.

드디어 내시 지후內侍祗候 정습명鄭襲明, 제위보 부사濟危寶 副使 허순許純, 잡직서 령雜織署 令 왕식王軾에게 명하여 서경의 서남해의 섬에 가서 수군 4,600여 인과 전함 140척을 징발하여 순화현順化縣 남강南江으로 들어가 적의 배를 막도록 하였다. 김부식이 군리軍吏 노인해盧仁諧로 하여금 서경을 초유招諭하도록 하고 또 성 안의 허실虛實을 엿보게 하여 마침내 군사를 이끌고 연주漣州로 길을 잡아 안북부安北府에 이르니 진숙陳淑과 이주연李周衍 등이 동계東界로부터 와서 합세하였다. 〈이보다〉 앞서 녹사錄事 김

자호金子浩 등을 보내 칙서를 품고 샛길로 가서 양계兩界의 성과 진을 경유하며 서경의 반란군西賊이 반역을 일으킨 상황을 알렸는데告諭 인심은 오히려 관망하고 있다가 대군이 비로소 이르게 됨에 미쳐서는 여러 성이 두려워하고 떨며 관군을 맞이하였다. 김부식이 또 관료와 아전僚掾을 서경으로 보내어 효유曉諭한 것이 7~8회에 이르렀는데, 조광趙匡 등은 저항하지 못할 것을 알고서 나와 항복하고 싶은 생각이나 스스로 죄가 중함을 알고 망설이며 결정하지 못하고 있었다. 평주판관平州判官 김순부金淳夫가 조서를 가지고 성에 들어가니 서경의 반란군들은西賊 마침내 묘청妙淸·유참柳旵 및 유참의 아들 유호柳浩 등 3인의 머리를 베고 분사대부경分司大府卿 윤첨尹瞻, 소감少監 조창언趙昌言, 대장군大將軍 곽응소郭應素, 낭장郎將 서정徐挺 등으로 하여금 김순부와 함께 조정에 죄를 청하게 하고 또 중군에 투서投書하여 말하기를, "양고기와 술을 바치어 〈군사들을〉 위로하고자 하니 일시日時를 정해주시기를 청합니다."라고 하였다. 이에 김부식도 녹사錄事 백녹진白祿珍을 보내 아뢰었다. 또 양부兩府에 이서移書하여 말하기를, "서경의 반란군西賊이 장차 항복을 청하려고 하니 윤첨 등은 후대厚待하여 스스로 뉘우쳐 새롭게 되는 길을 열어주도록 하십시오."라고 하였다.

재신宰臣 문공인文公仁·최유崔濡·한유충韓惟忠이 백녹진에게 일러 말하기를, "네 원수는 바로 서경으로 가지 않고 먼 길을 돌아 안북으로 갔다. 우리들이 아뢰어 사람單介을 보내어 조서를 가지고 항복하도록 타이른 것이지 네 원수의 공이 아닌데 네가 무엇 때문에 왔는가."라고 하였다. 김순부가 면전에서 윤첨 등을 결박하여 교외에 이르니 양부兩府에서 법관法官을 보내 목에 칼을 채우고 발에 쇠사슬을 묶어枷鏁 들어와 하옥을 청하였고 대간도 또한 극형極刑에 처할 것을 청하였다. 왕은 허락하지 않고 결박을 풀고 들어와 〈왕을〉 뵐 것을 명령하고 술과 음식을 하사하여 위로하였다. 얼마 지나지 않아 옥에 가두었다. 묘청 등 3인의 머리를 저자에 매달았고, 김부식에게는 조서를 내려 장유奬諭하고 또 은약합을 하사하여 그 공을 표창하였다. 조광 등은 윤첨 등이 옥에 갇혔다는 것을 듣고는 반드시 〈죽음을〉 면하지 못할 것이라 여겨 다시 반란을 일으켰다. 전중시어사殿中侍御史 김부金阜, 내시內侍 황문상黃文裳을 윤첨尹瞻과 함께 보내 서경에서 조서를 반포하였는데, 김부 등이 은혜로 위무하지 않고 위엄으로 그들을 겁주니 서경의 반란군들이[西賊] 원망하고 노하였다.

王楷 ▶ 1135년 1월 금에서 사신을 보내 왕의 생신을 하례하다

금金에서 계주관내관찰사 고춘高春 등을 보내 와서 생신을 하례하였다.

王楷 ▶ 1135년 2월 서경 반란군들이 김부 등을 죽이고 성을 지키다

서경의 반란군들이[西賊] 반란을 일으킨 병사들의 변죽을 울려 김부金阜와 황문상 黃文裳 및 여러 따르는 이들을 죽이자 윤첨尹瞻이 태조의 진영을 받들고 도망쳐 나오는 데 〈반란군들이〉 그를 잡아 죽였고, 〈반란군들은〉 성을 더욱 굳게 지켰다.

王楷 ▶ 1135년 2월 서경 반란군들이 이덕경을 죽이다

김부식金富軾이 녹사錄事 이덕경李德卿을 보내 서경의 반란군[西賊]에게 가서 타이르 게 하였으나 또 이덕경을 죽였다.

王楷 ▶ 1135년 2월 8일 흰 무지개가 해를 꿰뚫다

햇무리가 있었는데, 흰 무지개가 햇무리를 꿰뚫었다.

王楷 ▶ 1135년 2월 김부식 등이 서경 적을 토벌할 것을 맹세하다

김부식金富軾과 여러 장수들이 황천후토皇天后土와 산천신기山川神祇에 맹세하고 고 하여 말하기를,

"서경西京의 요망한 사람들이 서로 모여 반역을 꾀하니 신들은 왕명을 공경히 받 들어 군사를 이끌고 죄를 물었습니다. 삼가 생각하건대 뛰어난 병법은 전략으로 〈적을〉 이기는 것이고, 진을 잘 치면 싸우지 않게 된다고 하였으나 만약 만군萬軍으 로 성 안을 횡행橫行한다면 무고한 백성들이 칼날에 죽임을 당하게 될 것이니 이는 백성들을 위로하고 죄지은 이를 벌하고자 하는 본의가 아닙니다. 이에 전쟁을 쉬고

[按甲] 병사들을 쉬도록 베풀며 순역順逆과 화복禍福으로 타이른 연후 수괴巨魁를 참수하고 궐에 나와 죄를 빌었으나 거의 겉으로는 고친 것 같았습니다[革面]. 그러나 생각하건대 반복하며 믿지 않고 조서를 여러 차례 내려도 따르지 않으며 사신이 막 도착하여 해를 당하니 그 죄가 가득차서 도리상 용서하기 어렵습니다. 천지신명께서는 바라건대 남몰래 백성을 도우시어[陰騭] 삼군三軍의 사기를 증진시키시고 악한 일을 주동한 주모자는[元惡] 머리를 바치게 하시어 종묘사직[宗社]를 편안케 하시고 전쟁을 멈추게 하여 주십시오."

라고 하였다.

김부식은 서경은 북쪽으로는 산과 언덕[山岡]을 등지고 있고 3면은 물로 막혔으며 성은 높고 험난하여 갑작스럽게 공격하기가 쉽지 않으니 마땅히 군영을 늘어서게 하여 핍박해야 할 것이며 또한 대동강은 오고가는 요충지이니 마땅히 우리가 먼저 점거해야 한다고 여겼다. 〈군사를〉 나누어 5군으로 하여 진군하여 성 아래에 이르러 중군中軍은 천덕부川德部에 주둔하고, 좌군左軍은 흥복사興福寺에 주둔하며, 우군右軍은 중흥사重興寺 서쪽에 주둔하고, 전군前軍은 중흥사重興寺 동쪽에 주둔하며, 후군後軍은 대동강大同江에 주둔하였다. 또 성 밖에 사는 백성들로 산골짜기로 달아나 숨은 자들이 서로 모여 반란군을 도울까 두려워하여 군리軍吏를 나누어 보내어 그들을 위로하고 타이르게 하니 도망가 숨은 자들이 모두 나왔고, 혹 군량糧餉을 메고 군비軍備를 돕기를 원하는 자가 끊이지 않고 계속 이어지니 모두 옷과 음식을 주어 편안히 살게 하였다.

王楷 ▶ 1135년 2월 **중서시랑평장사로 치사한 김향이 사망하다**

중서시랑평장사中書侍郎平章事로 치사致仕한 김향金珦이 사망하였다. 김향은 서리胥吏에서 일어났는데 비록 학식은 없으나 청렴하고 근신하며 일을 처리하는데 재간과 능력이 있었다. 그의 딸이 이자겸의 아들 이지보李之甫에게 출가하였으나, 인척관계[姻婭]가 있다 하여 이자겸에게 붙지 않았으며, 척준경과 함께 모의하여 이자겸을 잡았으나 그 공을 자랑하지 않았다. 왕이 항상 그를 칭찬하며 말하기를, "공이 있으나 다른 사람이 알아주기를 구하지 않으니 어질다고 할 만하다."라고 하였다.

王楷 ▶ 1135년 2월 문하시랑평장사로 치사한 최홍재가 사망하다

문하시랑평장사門下侍郞平章事로 치사致仕한 최홍재崔弘宰가 사망하였다. 최홍재는 본래 장수 집안의 아들로 기개[氣]를 숭상하고 말을 빨리 달리는 것[馳騁]을 좋아하였다. 윤관尹瓘을 좇아 여진女眞을 정벌하여 자못 공이 있었고, 또 김인존金仁存과 함께 포주抱州를 수복하였다. 뒤에 이자겸李資謙에 붙어 당여가 되어 권세가 날로 성하였으나 도리어 이자겸이 꺼리는 대상이 되어 먼 지방으로 귀양갔다가 이자겸이 패함에 미쳐 불러들여 평장사平章事에 제수되었다. 스스로 말하기를, "귀양을 가게 되어 가산을 탕진하였다."라고 하고 이에 재물을 받고 관직을 팔다가 간관諫官에게 탄핵 받았다.

王楷 ▶ 1135년 2월 금에서 고애사가 와서 황제의 국상을 알리다

금金에서 검교우산기상시檢校右散騎常侍 왕정王政을 보내 와서 황제가 붕어崩御하였음을 고하였다.

王楷 ▶ 1135년 윤2월 서경 반란군이 성을 쌓다

윤서경의 반란군[西賊]이 선휘문宣耀門에서 다경루多景樓에 이르기까지 강을 따라 성 1,730칸을 쌓았다.

王楷 ▶ 1135년 윤2월 금에 조문사를 보내다

소경少卿 김단金端, 시어사侍御史 이시민李時敏을 금金에 보내어 조문하였다[弔喪].

王楷 ▶ 1135년 윤2월 이녹천 등이 서경 반란군 진압 원조에 실패하다

상장군上將軍 이녹천李祿千, 대장군大將軍 김태수金台壽, 녹사錄事 정준鄭俊·윤유한尹惟

翰, 군후軍候 위통원魏通元 등을 보내 서해길로부터 병선兵船 50척을 거느리고 서경의 반란군西賊을 토벌하는 것을 돕게 하였다. 이녹천이 철도鐵島에 이르러 지름길로 서경으로 향하려 하였는데, 마침 날이 저물고 조수도 썰물이 되니 병선판관兵船判官 정습명鄭襲明이 말하기를, "수로가 좁고 얕으니 마땅히 조수를 타고 출발해야 합니다."라고 하였다. 이녹천은 듣지 않고 가다가 중간에 이르러 물이 얕아 배가 〈바닥에〉붙어버리니 서경의 반란군西賊이 작은 배 10여 척에 땔감을 싣고 와 기름을 붙고는 불을 질러 조수를 따라 〈배를〉 놓아버렸다. 이보다 먼저 길가 수풀叢薄사이에 궁수 수백 명을 잠복시켜 놓고 불이 일어나면 동시에 같이 움직이기로 약속하였다. 불붙은 배火船와 서로 닿아 전함이 불에 타자 궁수 무리가 모두 활을 발사하니 이녹천은 낭패하여 어찌할 바를 몰랐다. 병선兵船과 무기器仗가 모두 불타고 군사들은 거의 다 물에 빠져 죽었으며, 김태수와 정준도 모두 죽었다. 이녹천은 시신을 밟고 언덕에 올라 겨우 몸이 〈죽음을〉 면하였다. 이로 인해 서경의 반란군西賊이 비로소 관군을 경시하게 되었다.

王楷 ▶ 1135년 윤2월 왕이 자책하는 조서를 내리고 서경 반군의 섬멸을 당부하다

조서를 내려 말하기를,

"죄를 자기에게 돌려 나라를 발흥시킨 것은罪己勃興 노魯나라 사관史官이 우왕大禹의 덕德으로 기렸고, 잘못을 고침에 인색하지 않은 것은『상서尚書』에 탕왕의 현명함成湯之明으로 기록되었다. 이제 옛 사람을 따라 〈덕을〉 닦아 그 아름다움을 이루고자 한다.

짐은 어리석은 후손의 작은 몸으로後侗之眇 선대의 성대함을 계승하였으나 깊은 궁궐 안에서 자라 여러 나라를 다스리는 일에는 어둡다. 밤낮으로 근심하고 부지런히 하여 물을 건너는 것 같은 마음을 더하였으나 간사한 이들姦雄을 제어하는 데는 오히려 미리 낌새를 알아차리는 식견이 부족하였다. 이자겸崇德이 발호하고 다시 병오년1126의 소란擾攘으로 임금鑾輿이 피난播遷을 갔으며 궁궐은 불에 타서 위로는 조종祖宗의 맡기신 바委寄를 욕보이고 매번 나라基業의 오래감과 번영에 허물이 되었다.

　마침 음양가가 있어 서경[鎬邑]에서 왔는데, 좌우에서 추천을 더하여 큰 현인으로 대우하였다. 짐이 진실로 현명하지 못하여 마침내 그 설에 현혹되어 이에 새 궁궐인 대화궁을 창건하여 나라[祖業]의 중흥을 기대하였다. 한 몸의 노고는 생각하지 않고 여러 차례 어가가 서경을 순례하여 찾아갔으나 길상吉祥의 감응은 대개 적고 재이災異의 발생은 점점 많아져 끝까지 분명한 징험이 없고 헛되이 사람들의 비방만 초래하니 아무런 성과 없이 끝났다. 짐은 바야흐로 그 말을 듣고 따른 것을 경계하니 저들은 어두워 알지 못하고 날로 원망만을 품더니 멋대로 군마軍馬를 일으켜 관원을 가두고 형틀을 채웠다. 천개天開로써 그 원년을 표시하고 충의忠義로 군대의 이름[軍額]을 칭하며 공연히 병졸을 징집하여 뜻은 개경[上都]을 범하려 함이니 뜻밖에 변고가 일어나 세력이 점점 막을 수가 없게 되었다.

　예로부터 대역의 죄가 있었으나 누가 서도西都 사람들에게 비하겠는가. 여후呂候가 정한 3,000의 죄목[呂刑三千] 가운데 임금을 업신여기는 것보다 더 한 것이 없고, 순舜임금의 공이 20가지인데 사람을 알아본다는 것은 실로 흉악한 이를 제거하는 것을 근본으로 하였다.

　그러므로 먼저 내응하는 간흉을 주살하고 이어서 장수元戎를 보냈다. 그러나 또 기습적으로 치지 않을 것을 약속하고 귀순하여 항복할 것을 기다렸던 것인데, 어찌 왕명을 어김이 이리도 심하여 성문을 굳게 닫고 완강하게 항거하니 오래도록 밖에서 수고하여 병사들은 시간이 지나도 돌아오지 못하고, 행군이 끊이지 않아 군량을 대는 것이 길에 잇달아 있어 끊어지지 아니하였다. 모든 백성들이 수고하고 원근이 소요하고 하물며 이제 이미 농사에 방해될까 염려되는데 승전 보고는 오래도록 지체되었다. 말을 하면서 이를 언급함은 이유를 알지 못하겠으나 서리를 밟으면 얼음처럼 단단해지는 것처럼 잘못은 본래 길들여져 이루어지는 것으로 마음이 아프고 머리가 아프니 죄는 실로 나에게 있다.

　조정의 신하와 근왕勤王하는 사졸들은 그 힘[膂力]을 떨쳐 그 흉악한 무리들을 다 죽여 위로는 과인의 마음을 위로하고 다음으로는 삼한三韓의 분노를 푼 뒤에 다 같이 미치지 못한 점을 돕기를 장래에 바라는 바이다. 스스로 허물을 고칠 것을 영원히 말하노니 두 번 잘못하는 일은 없기를 바라며 허물을 뉘우치고 자책하는 바의 조서를 중외에 포고布告하니 모두 들어 알게 하노라."

라고 하였다.

王楷 ▶ 1135년 윤2월 서경 반란군 토벌 관련한 계책을 김부식에게 위임하다

김부식金富軾이 후군後軍의 수가 적고 약한 것을 염려하여 밤중에 몰래 보병과 기병 1,000을 더하였다. 동틀 무렵 적이 마탄馬灘·자포紫浦를 건너 곧장 후군을 공격하여 군영軍營을 불태우고 돌진하였다. 중 관선冠宣이 모집에 응하여 종군從軍하였는데 큰 도끼를 어깨에 메고 앞장서서 적을 쳐 십 수 인을 죽이니 관군이 승세를 타고 크게 격파하고 300명의 목을 베니 적들은 모두 짓밟히어 강으로 달려가 익사하였다. 획득한 병선兵船과 무기[甲仗]가 매우 많았고, 적의 기세도 갑자기 꺾였다. 이때 군대가 들에 주둔한 지 수개월이 되어 바야흐로 봄에서 여름으로 바뀌는지라, 〈김부식은〉 장마와 홍수가 졌을 때 적의 습격을 받게 될까 두려워하여 성을 쌓고 군사를 막아 전투를 하지 않고 주州와 진鎭의 병사는 차례로 쉬면서 농사를 짓도록 하여 지구전을 하면서 기회를 엿보자고 의논하였다. 논의하는 자들이 모두 말하기를, "서경의 반란군[西賊]은 군사의 수가 적어 거국적으로 군사를 일으킨다면 마땅히 며칠 안에 평정될 것이다. 수개월 동안 결정하지 못한 것도 오히려 더디고 느린 것인데 하물며 성을 쌓고 스스로 굳게 지킨다는 것은 역시 약함을 보이는 것이 아니겠는가."라고 하였다. 김부식이 말하기를, "성 안에는 병사와 식량이 여유가 있고 인심이 견고하여 그것을 공격해서는 이기기 어려우니 좋은 계책으로 성공하는 것 만한 것이 없는데 하필이면 빨리 싸워서 많은 사람을 죽게 할 필요가 있겠는가."라고 하였다. 비로소 계획을 정해 북계北界의 주·진과 남쪽과 서쪽 인근 도의 군인은 5군에 나누어 예속시켜 각각 하나씩 성을 쌓게 하고 또 순화현順化縣과 왕성강王城江에 각각 작은 성을 쌓게 하여 며칠 만에 마쳤다. 병기를 쌓아두고 양식을 모으고 문을 닫아걸고 병사들을 쉬게 하였다. 비록 간혹 적과 싸워도 큰 승패가 없었으며, 혹은 길을 나누어 〈적의〉 성을 공격하였지만 성이 높고 참호가 깊어 비록 화실과 돌이 닿는 곳에서는 죽고 다치는 이가 많았으나 관군 또한 부상자가 생겼다. 왕이 근신近臣 최포항崔褒抗과 원외랑員外郞 조석趙碩 등을 보내어 조서를 내리고 타일렀으며[招諭], 김부식도 또한 녹사錄事 조서영趙諝榮·김자호金子浩·강우康羽 및 중 품선品先 등을 보내 온갖 방법으로 설득하고 〈투항하면〉 죽이지 않을 것임을 승인하였다. 매번 적의 첩자 및 나무꾼이나 풀베는 이를 잡을 때마다 모두 옷과 먹을 것을 주어 돌려보냈다. 조광趙匡 등은 스스로 죄가 무거움을 알아 항복할 뜻이 없다고 각오하고는 밖에서 걱정거리가 생겨 관군[王師]이 스스로 물러나기를 바랐다. 이때 금金 사신이 마침 왔는데 적들은 〈사신의 길을〉 막고 찔러서 〈고려와 금 사이에〉 불화를 조성하려 하였다. 관군이 그것을 알고 망을 보고 살피기를 매우 지극하게 하였기 때문에 적들이 감히 일을 저지르지 못하였다. 적들은 또한 당여들이 항복하고 귀순할까 염려하여 거짓으로 우리 중군中軍의 문서文牒를 만들어 무리에게 보이며 말하기를, "여러 군대가 포로로 잡은 자와 항복한 자들은 노소老少를 막론하고 모두 죽인다."라고 하였다. 서경의 반란군[西賊]들은 그 말을 매우 믿었으나 머지않아 항복한 자를 매우 후하게 위무한다는 것을 들었기 때문에 적의 무리들이 점점 귀순하였다. 이때 조정의 신하가 헌의獻議하여 말하기를, "자고로 군대를 쓸 때에는 마땅히 형세를 관찰해야 하는 것이니 어찌 일시적인 손해[損傷]만을 비교하겠습니까. 나라가 비록 금北朝와 화친을 맺었으나 그들의 의중을 헤아리기 어려운데 지금 군사 수만을 일으켜 여러 해가 가도록 결단을 내리지 못하고 있으니 만약 이웃의 적이 틈을 타고 움직이고 도적들이 뜻하지 않은 우환을 더한다면 그것을 어찌 제어하겠습니까. 중신重臣을 보내 죽거나 다치는 것을 따지지 말고 기일을 정하여 적을 격파하며 감히 두려워서 피하고 나아가지 않는 자가 있다면 군법軍法으로 다스리기 바랍니다."라고 하였다. 왕이 김부식에게 보여주니 김부식이 아뢰어 말하기를, "북변北邊의 경계와 도적의 변란은 우려하지 않을 수 없으므로 진실로 건의한 것과 같습니다. 그러나 죽고 다치는 것을 고려하지 않고 기일을 정해 적을 격파해야 한다는 말에 이르러서는 어찌 오늘의 이해利害를 생각하지 않습니까. 신이 서도西都를 살펴보니 하늘이 준 지형이 험하고 단단한 곳[險固]이어서 공격하여 빼앗기 쉽지 않습니다. 하물며 성 안에 병사가 많고 수비도 엄하여 매번 장사[壯士]들이 먼저 <성에> 올라가려 하지만 겨우 성 아래 다다를 뿐이고 성첩城堞을 뛰어 넘는 자는 없었고, 사다리나 충거衝車도 아무 소용이 없었습니다. 어린아이들과 부녀자들도 벽돌과 기와를 던지며 오히려 강한 적이 되니 설사 5군이 성에 늘어서서 공격한다 하더라도 며칠이 못 되어 날쌘 장수와 용맹한 병사[驍將銳士]들이 모두 화살과 돌에 죽게 될 것입니다. 적이 <우리의> 힘이 부족한 것을 알고 북을 치고 고함을 지르며 나온다면 <적들의> 칼끝을 당할 수 없으니 어느 겨를에 밖의 걱정거리를 준비하겠습니까. 지금 수만 명의 병사를 연합하고 여러 해가 되도록 결정을 내리지 못하고 있는 것은 제[老臣]가 마땅히 그 허물을 책임지겠습니다. 그러나 변방의 경계와 도적의 변란은 염려하지 않을 수 없으므로 완전한 계책으로 이겨 사졸을 다치지 않게 하고 국가의 권위도 꺾이지 않아야 합니다. 전쟁은 본래 빨리 승리하는 것을 기약할 수 없는 것입니다. 지금 종묘와 사직의 신령함과 밝으신 주상의 위엄으로 은혜를 저버린 요망한 적[妖賊]은 가는 즉시 모두 없애버리겠습니다. 적을 토벌하는 것을 신[老臣]에게 맡겨 편의대로 일을 수행하게 하신다면 반드시 적을 쳐부수어 보답하겠습니다."라고 하였다. 임금 도한 그렇게 여겼으므로 마침내 여러 논의를 물리치고 김부식에게 위임하였다.

王楷 ▶ 1135년 3월 금에 하등극사를 보내다

호부상서戶部尚書 김인규金仁揆와 예부낭중禮部郎中 왕창윤王昌胤을 금金에 보내어 <황제의> 등극을 하례하였다.

王楷 ▶ 1135년 3월 5군이 서경성을 공격하였으나 이기지 못하다

5군이 모여 서경성西京城을 공격하였으나, 이기지 못하였다.

王楷 ▶ 1135년 4월 정정숙을 상서좌복야로 삼다

정정숙鄭旌淑을 상서좌복야尚書左僕射로 삼았다.

王楷 ▶ 1135년 4월 태묘에서 제사를 지내다

태묘大廟에서 제사를 지냈다[禘].

王楷 ▶ 1135년 6월 송 사신이 와서 서경 반란 진압을 원조할 뜻을 전하다

송宋에서 적공랑迪功郎 오돈례吳敦禮를 보내 와서 말하기를, "근래 서경에서 난리를 일으켰다고 들었는데 만일 혹시 잡기 어려우면 100,000의 군대를 보내어 돕고자 합니다."라고 하였다.

王楷 ▶ 1135년 8월 왕이 정항에게 당감을 강론하게 하다

가을 천성전天成殿에 임어臨御하여 한림학사 정항鄭沆에게 명하여 『당감唐鑑』을 강론하라고 하였다.

王楷 ▶ 1135년 9월 송 사신이 귀국하는 편에 원병을 보내지 말 것을 청하다

오돈례吳敦禮가 돌아갔는데 왕이 그편에 상주하여 말하기를,

"서경의 적은 이미 수괴[巨魁]를 다 죽였으나 남은 무리가 모여들어 험한 곳을 점거하고 스스로를 지키고 있어 속히 공격하여 격파하려 하나 많은 이들이 죽고 다칠 것을 우려하여 병사를 움직이지 못하게 하고 성을 포위하고서는 그들이 항복하기를 기다리니 적들의 세력이 날로 궁해져 〈적을〉 격파하는 것은 조석朝夕에 있습니다. 가만히 생각해보니 해외의 조그마한 나라 변방에서 일어난 작은 일 때문에 어찌 위로 황제의 위엄[威靈]을 번거롭게 하겠습니까. 그래서 감히 고하지 않았던 것인데 이제 특별히 사신을 보내어 원병[助兵]의 가부를 물으시니 비록 위로 큰 나라[大朝]에서 작은 나라를 사랑해주시는[字小] 뜻은 감격스러우나 다만 사리가 불편하여 받아들여 감당하기가 어려우며, 더구나 해양 만리길은 험하여 예측할 수 없으니 천자의 군대가 동쪽으로 내려오는 것은 편의한 일이 아닐 것이 염려되니 내리신 지휘[指揮]는 바라건대 시행하기를 그치시기 바랍니다."라고 하였다.

王楷 ▶ 1135년 9월 송에 사신을 보내다

문승미文承美와 노현용盧顯庸을 송宋에 보냈다.

王楷 ▶ 1135년 10월 금에 사신을 보내 왕의 생신 축하를 사례하다

호부낭중戶部郞中 강복여康福輿를 금金에 보내어 생신을 하례한 것에 대해 사례하였다.

王楷 ▶ 1135년 10월 왕이 법왕사에 가서 백좌도량을 열고 반승하다

법왕사法王寺에 행차하여 백좌도량百座道場을 열고 또 중앙과 지방에 명하여 30,000을 반승[齋僧]하였다.

王楷 ▶ 1135년 10월 김부식이 서경성 함락을 위한 준비 태세를 갖추다

서경西京 성 안에 양식이 떨어지자 노약자들을 골라내어 〈성 밖으로〉 쫓아냈는데 병졸들도 왕왕 나와 항복하였다. 김부식이 〈공격하면 서경 성을〉 취할 수 있는 상황임을 알고 여러 장수에게 장차 흙산土山을 쌓으라고 명령하고 먼저 양명포楊命浦에 있는 산 위에 목책을 세우고 군영을 배치하여 전군前軍을 옮겨 그곳에 주둔하게 하고 주현州縣의 군졸 23,200명과 승려 550인을 징발하여 흙산을 쌓고 장군 의보義甫 등 4인에게 나누어 명령하여 정예병 4,200명 및 북계北界 주州·진鎭의 군인[戰卒] 3,900명으로 유격대[遊軍]를 만들어 〈적의〉 약탈[剽掠]에 대비하였다.

王楷 ▶ 1135년 11월 임경청을 치사하게 하다

임경청林景淸을 수사공 상서좌복야 추밀원사守司空 尙書左僕射 樞密院使로 삼고 이어 치사致仕하게 하였다. 이때 좌상시左常侍 이중李仲과 중서사인中書舍人 이지저李之氏가 상소上疏하여 말하기를,

"범과 들소가 우리에서 뛰쳐나오고 거북껍질과 구슬이 궤 속에서 부서지는 것

은 누구의 잘못입니까. 서경의 반란군이 모의한 지 오래되었지만, 다만 한두 대신이 홀로 막지 않았을 뿐 아니라 도리어 그들의 모의를 믿고 키워주어 오늘날의 반란에 이르게 한 것이니, 청하건대 밝은 결단을 내리시어 그 당인黨人들을 베십시오."
라고 하였다. 대개 문공인文公仁과 임경청林景淸의 무리를 가리키는 것이다. 임경청은 이 때문에 치사하였다.

王楷 ▶ 1135년 11월 5군이 서경성을 공격했으나 이기지 못하다

5군이 전군前軍이 주둔하고 있는 곳에 와 흙산土山을 쌓았는데 양명포楊命浦에 걸쳐 적의 성 서남쪽 모퉁이에 다다르도록 하여 밤낮으로 공사를 독려하니 적들이 크게 놀라 매일 정예병을 내어 보내 싸우고 또 성 머리에 궁노弓弩와 포석砲石을 설치하고 힘을 다해 항거하였다. 관군이 상황에 따라 방어捍禦하고 북을 울리고 고함을 지르며 성을 공격하여 적의 세력을 분산시키고 또 교인僑人 조언헌趙彦獻이 설계하여 만든 포기砲機를 흙산 위에 설치하니 그 제도가 높고 커서 무게가 수백 근이 나가는 돌을 날려 보내 성루城樓를 부숴버리고, 계속해서 화구火毬를 던져 불태우니 적들이 감히 가까이 오지 못하였다. 흙산은 높이가 8장이고, 길이는 70여 장, 너비는 18장이며, 적의 성과의 거리는 3~4장數丈이었다. 5군이 성을 공격하였으나 이기지 못하고 녹사錄事 박광유朴光儒가 죽었다.

王楷 ▶ 1135년 11월 금에 하정사와 하성절사를 보내다

원외랑員外郞 곽동순郭東珣을 금金에 보내어 신정을 하례하고, 낭중郞中 문공원文公元은 만수절萬壽節을 하례하였다.

王楷 ▶ 1135년 11월 김부식이 서경 반란군의 공격을 물리치다

서경의 반란군西賊이 밤에 군사를 셋으로 나누어 〈성 밖으로〉 나와 전군前軍의 진영을 공격하였다. 김부식은 중 상숭尙崇에게 명령하여 도끼를 둘러메고 반격[逆擊]

하게 하여 10여 인을 죽이니 적의 병사들이 달아나 무너졌다. 장군 우방재于邦宰 등 5인이 병사들을 이끌고 추격하니 적들은 무기를 버리고 성으로 들어갔다.

王楷 ▶ 1135년 12월 18일 **태백성이 낮에 나타나 하늘을 가로지르다**

12월 병진. 태백성太白星이 낮에 나타나 하늘을 가로질렀다.

王楷 ▶ 1135년 12월 **최유 등을 임명하다**

최유崔儒를 수사공 중서시랑평장사守司空 中書侍郞平章事로, 김극검金克儉을 상서좌복야尙書左僕射로 삼고, 임원준任元濬을 추밀원사樞密院使로 삼고, 김부의金富儀를 지추밀원사知樞密院事로, 이중李仲을 동지추밀원사同知樞密院事로 삼았다.

인종 14년(1136년)

―인종공효대왕―

王楷 ▶ 1136년 1월 **금에서 사신을 보내 왕의 생신을 하례하다**

금金에서 태주관내관찰사泰州管內觀察使 소수蕭綏를 보내 와서 생신을 하례하였다.

王楷 ▶ 1136년 2월 **금 사신이 태황태후의 부음을 전하다**

금金에서 사신을 보내 와서 태황태후太皇太后의 부음을 전하니 온 나라가 사흘 동안 소복素服을 입었다.

王楷 ▶ 1136년 2월 **김부식이 서경성을 함락시키다**

조광趙匡 등이 우리가 흙산土山을 쌓아 자기들을 위협한다고 하여 성 안에 중성重城을 쌓고자 하였다. 김부식金富軾이 이것을 듣고 말하기를, "적이 비록 성을 쌓더라도 무슨 이익이 있겠는가."라고 하였다. 윤언이尹彦頤와 지석숭池錫崇이 말하기를, "대군大軍이 출병한 지 이미 2년이 되었는데, 쓸데없이 많은 날만 허송하며 오래도록 버티고 있으나 사변事變은 예측하기 어려우므로 군사를 몰래 보내 돌격하여 겹성[重城]을 부수는 편이 나으니 성공할 수 있습니다."라고 하였다. 김부식이 듣지 않자 윤언이가 한결같이 요청하였다. 이에 정예병을 세 길로 나누었는데 진경보陳景甫 등은 3,000인을 거느리고 중도中道를 맡고, 지석숭池錫崇 등은 2,000인을 거느리고 좌도左道

를 맡고, 이유李愈 등은 2,000인을 거느리고 우도右道를 맡았으며 장군 공직公直은 거느리는 병사들을 데리고 석보도石浦道로 들어갔고, 장군 양맹良孟 또한 거느리는 병사들을 데리고 당포도唐浦道로 들어갔으며, 또한 여러 군대로 하여금 길을 나누어 성을 공격하여 적의 세력을 분산하게 하였다. 〈군대를〉 나누는 것을 마치자 군사들에게 후하게 하사하고 김부식은 중군中軍으로 돌아갔다가 밤 4경四更을 알리는 북이 울리자 차림을 가볍게 하고 날쌔게 말을 달려 전군前軍에 가 여러 장수들을 통솔하여 총공격하였다. 정사. 동이 틀 무렵 진경보의 군대가 양명문楊命門으로 들어가 적의 목책을 빼버리고 전진하여 연정문延正門을 공격하였으며, 지석숭의 군대는 성을 넘어 들어가 함원문含元門을 공격하였고, 이유의 군대 또한 성을 넘어 흥례문興禮門을 공격하였으며, 김부식은 아병衙兵을 거느리고 광덕문廣德門을 공격하였다. 적의 무리들은 우리의 흙산이 아직 완성되지 않았다고 여겨 방비하지 않고 있다가 여러 군대가 돌연히 이르니 당황하고 두려워하여 어찌할 바를 몰랐다. 김부식이 김정순金正純과 함께 전투를 독려하니 장군과 병사들이 모두 다투어 분발하고 여러 군대 또한 북을 치고 고함을 지르며 불을 질러 성과 집을 태우자 적병들은 크게 무너졌고 관군들은 승세를 타고 마구 그들의 목을 베었다. 김부식이 명령하여 말하기를, "적을 사로잡는 자에게는 상을 줄 것이요, 항복하는 이를 죽이는 자와 약탈하는 자는 죽일 것이다."라고 하니 병사들이 모두 칼날을 거두고 진격하였다. 마침 날이 저물고 비가 오자 병사들을 지휘하여 퇴각하게 하고, 사로잡은 자 및 항복한 자는 순화현順化縣으로 보내 음식을 먹였다. 이날 밤 성 안이 어지러워지자 조광趙匡은 어찌할 바를 모르다가 온 가족[闔家]이 스스로 불을 질러 타 죽었고, 낭중郎中 유위후維偉侯·팽숙彭叔·김현근金賢瑾은 모두 목을 매 죽었으며 정선鄭璇·유한후維漢侯·정극승鄭克升·최공필崔公泌·조선趙瑄·김택승金澤升은 모두 스스로 목을 찔러 죽었다. 적이 그 수괴 최영崔永 등을 잡아 나와 항복하니 김부식이 그를 받아 관리에게 내리고 군사들과 백성들을 위로하고 타이르며[慰諭] 늙은이나 어린 아이, 부녀자들은 성에 들어가 집을 보존하라고 명하였다. 병사를 나누어 여러 문을 지키게 하고, 어사잡단御史雜端 이인실李仁實과 시어사侍御史 이식李軾, 어사御史 최자영崔子英으로 하여금 성에 들어가 부고府庫를 봉하게 하였다. 또 김정순金正純으로 하여금 윤언이尹彦頤·김정황金鼎黃과 함께 병사 3,000인을 거느리고 성에 들어가 관풍전觀風殿을 정돈하고 성 안을 호령하여 노략질을 금지시키게 하고, 낭중郞中 신지충申至沖을 수습병장사收拾兵仗使로 삼고, 내급사內給事 이후李侯를 백성화유안거사百姓和諭安居使로 삼고, 원외랑員外郞 박정명朴正明을 창고감검사倉庫監檢使로 삼고, 합문지후閤門祗候 이약눌李若訥을 객관수영사客館修營使로 삼고, 녹사錄事 최유칭崔褎偁과 백사청白思淸을 나누어 성내좌우순검사城內左右巡檢使로 삼았다. 신유. 김부식이 성에 들어가 〈성에〉 사는 백성들을 위무하고 사람을 보내 여러 성황신묘城隍神廟에 제사지내고, 병마판관兵馬判官 노수魯洙를 보내 표문을 바치고 승첩勝捷 보고를 올렸다[獻捷]. 제서를 받들어[承制] 적의 수괴 최영崔永과 대장군大將軍 황린黃麟, 장군將軍 덕선德宣, 판관判官 윤주형尹周衡, 주부注簿 김지金智·조의부趙義夫, 장사長史 라손언羅孫彦의 목을 베고 사흘 동안 효수梟首하였다. 분사 호부상서分司 戶部尙書 송선유宋先宥는 병란이 일어났을 때부터 병을 핑계대고 문 밖을 나오지 않았고, 장서기掌書記 오선각吳先覺은 거짓으로 어리석은 척하여 적과 가까이 지내지 않았으며, 대창승大倉丞 정총鄭聰은 효행孝行으로 알려져 모두 문려門閭를 세워 드러내 표창하였다. 의학박사醫學博士 김공정金公鼎은 조광趙匡이 김부식이 보낸 좌랑佐郞 노령거盧令琚를 죽이려고 모의하는 것을 알고 몰래 알려주어 피하게 하였고, 소감少監 위근영韋瑾英은 노모老母가 있어서 적을 저버리지는 못하였으나 한유관韓儒琯·안덕칭安德偁·김영년金永年과 함께 거짓으로 상여喪輿를 꾸며 장지葬地로 가는 것[送葬]처럼 하여 〈성〉문을 나가려 하다가 일이 누설되어 위근영과 한유관은 매질을 당하고 불에 지지는[炮烙] 고문을 받았으나 죽을 때까지 끝내 〈공모자를〉 대지 않았기 때문에 안덕칭과 김영년 등은 해를 면하였다. 김공정 이하 여러 사람과 윤첨尹瞻의 친속과 노인과 어린 아이, 불치의 병에 걸린 자는 모두 용서하였고, 그 나머지 양반은 모두 붙잡아 개경[京師]으로 보내 하옥하였으며, 날쌔고 사나우며 항거한 자는 서경역적西京逆賊이라는 4글자를 자자刺字하여 섬으로 유배보내고 그 다음인 자는 서경西京이라는 2글자를 자자하여 향과 부곡으로 나누어 유배시켰으며 그 나머지는 여러 주·부·군·현에 나누어 유배하고 그 처자妻子는 편의에 따라 거주하는 것을 들어주고 양인良人이 되는 것을 허락하였다. 조광과 최영 등 7인 및 정선鄭璇과 김신金信, 김신의 동생 김치金致, 정지상鄭知常·이자기李子奇·백수한白壽翰·조간趙簡·묘청妙淸·유참柳旵, 유참의 아들 유호柳浩, 정덕항鄭德桓 등의 처와 자식은 모두 적몰하여 동북 여러 성의 노비로 삼았다. 간관諫官이 탄핵하여 아뢰기를, "문공인文公仁이 묘청 등을 천거하여 등용하여 나라를 그릇되게[誤國] 하는데 이르렀으니 생령生靈에게 독을 끼쳤습니다."라고 하였다. 이에 문공인을 수태위 판국자감사守大尉 判國子監事로 좌천시켰다.

사신이 말하기를, "문공인은 재상이 되어 먼저 간사한 사람[憸人]을 천거하여 나라를 그릇되게 하였고 또 김부식의 말을 따르지 않고 윤첨을 박하게 대우하여 마침내 거의 항복한 적들로 하여금 다시 반란을 일으키게 하였으니 죄가 진실로 큰데도 좌천에 그치니 벌 또한 가볍다."라고 하였다.

王楷 ▶ 1136년 2월 왕이 장원정에 가다

장원정長源亭에 행차하였다.

王楷 ▶ 1136년 2월 금에 조문사를 보내다

전중감殿中監 윤언식尹彦植과 좌사간左司諫 최윤의崔允儀를 금金에 보내어 조문하고 제사 지냈다[弔祭].

王楷 ▶ 1136년 3월 서경을 정벌한 장수들을 효유하고 물품을 내리다

좌승선左承宣 이지저李之氐와 전중소감殿中少監 임의林儀를 보내 조서를 가지고 가서 서경을 정벌한 장수를 장려하고 효유하고[獎諭] 김부식金富軾에게는 옷·안마鞍馬·금허리띠[金帶]·금술그릇[金酒器]·향香·약藥을, 김정순金正純에게는 금허리띠를, 사군四軍의 병마사兵馬使와 부사[副], 판관判官 이하에게는 은·명주[絹]·비단綾羅을 각기 차등있게 하사하였다. 서경西京 안팎의 늙은이·병자·어린 아이·약자로 스스로 살아갈 수 없는 이들에게는 헤아려 미곡을 주어 구휼하고 또 성 안팎의 사원寺院과 사묘祠墓 가운데 파괴되고 훼손된 것들을 살펴 가서 모두 수리[修葺]하라고 명령하였다.

王楷 ▶ 1136년 3월 **김부식을 임명하다**

김부식金富軾을 수충정난정국공신 검교태보 수태위 문하시중 판상서이부사輸忠定難靖國功臣 檢校太保 守太尉 門下侍中 判尙書吏部事로 삼았다.

王楷 ▶ 1136년 3월 **진숙을 동지추밀원사로 삼다**

진숙陳淑을 동지추밀원사同知樞密院事로 삼았다.

王楷 ▶ 1136년 4월 **김부식이 개선하다**

김부식金富軾이 개선凱旋하여 돌아왔다[凱還]. 왕이 경령전景靈殿을 배알하고 서경의 반란군[西賊]을 평정하였음을 고하고 김부식에게 큰 저택 한 채를 하사하였다. 서경의 관료를 줄였으며, 또 경기의 4도를 나누고 강동현江東縣·강서현江西縣·중화현中和縣·순화현順化縣·삼등현三登縣·삼화현三和縣의 6현을 두었다.

王楷 ▶ 1136년 5월 **한유충과 윤언이를 폄직하다**

중군병마사中軍兵馬使가 아뢰기를, "추밀원부사樞密院副使 한유충韓惟忠은 국가의 안위를 돌보지 않고 무릇 병사를 기민하게 움직이는 일[機動]을 번번이 막았으며[防遏], 보문각 직학사寶文閣直學士 윤언이尹彦頤는 정지상鄭知常과 함께 서로 깊이 결탁하였으니 죄를 사면할 수 없습니다."라고 하였다. 이에 한유충은 충주목사忠州牧使로, 윤언이는 양주방어사梁州防禦使로 폄출하였다.

王楷 ▶ 1136년 5월 **서경이 평정되었으므로 사면령을 내리다**

서경西京이 평정되었으므로 조서를 내려 사면령을 내렸다. 또 조서를 내려 말하기를,

"옛날에 정鄭의 장공莊公이 강씨姜氏를 성영城潁에 머물게 하고 그에게 맹세하여 말하기를, '황천에 미치기 전에는 서로 보지 않을 것이다.'라고 하였다. 얼마 지나지 않아 후회하고 다시 예전처럼 모자의 관계를 회복하였는데, 이제 외할아버지 이씨李氏는 비록 돌아가셨으나 친한 이를 친히 여기는 뜻은 끝내 잊을 수 없다. 〈이자겸을〉 검교태사 한양공檢校太師 漢陽公으로 추증하고 비妃 최씨崔氏를 변한국대부인卞韓國大夫人에 봉한다."

라고 하였다. 또 조서를 내려 말하기를,

"마구간에 불이 나니 공자께서 말씀하시기를 '사람이 다쳤느냐.'라고 하시고 말에 대해서는 묻지 않으셨다. 이것은 성인은 사람을 귀하게 여기고 가축은 천하게 여기신 뜻인데 지금 법관法官은 소를 죽인 것은 논하면서 사람을 죽인 죄에 준하여 얼굴에 먹을 새겨[級面] 섬으로 귀양을 보내니 이것은 율문律文의 본래 뜻이 아니다. 지금 이후로 원래의 죄에 의해 형벌을 주라."

라고 하였다.

王楷 ▶ 1136년 6월 1일 **청주의 평지에서 물이 솟아올라 집이 떠내려가다**

청주淸州의 평지에서 물이 솟아올라 집 180여 채가 떠다녔다.

王楷 ▶ 1136년 6월 **태백성이 낮에 나타나 하늘을 가로지르다**

태백성太白星이 낮에 나타나 하늘을 가로질렀다.

王楷 ▶ 1136년 8월 **왕이 장원정에 가다**

장원정長源亭에 행차하였다.

王楷 ▶ 1136년 9월 **서하 밀사 파견에 대해 송 명주와 첩문을 교환하다**

김치규金稚規와 유대거劉待擧를 송宋 명주明州에 보내었다. 첩에 이르기를,

"근래 상인[商賈] 진서陳舒가 와서 말하기를, '하국夏國이 사신을 고려에 보낼 일을 의논하고자 합니다.'라고 하였습니다. 삼한三韓은 한漢·당唐 이래 대대로 중국[中原]을 섬겼고 더욱이 우리 조종祖宗께서 가만히 귀부附하신 지 지금에 이르기까지 200년 동안 역대 황제의 대우待遇하는 은혜를 입었으니 어찌 한마음으로 번신藩臣의 법도를 지키고 싶지 않겠습니까. 그러나 금金나라와 땅이 서로 접해있어 부득이 화친을 요청하였던 것입니다. 만일 〈송에서〉 사신을 보내 하국 사람과 함께 와서 일을 의논하였다는 것을 〈금이〉 듣는다면 반드시 몰래 함께 모의를 했다고 여기고 이로 인해 시기하고 노여워하며 군사를 출동할 명분으로 삼을 것이니 우리나라[小國]의 성패成敗는 알 수가 없습니다. 만일 우리가 울타리와 병풍이 되지 않는다면 회수淮水와 절강浙江의 끝이 금과 이웃하게 될 것이니 진실로 상국上國의 이익이 되지 않을 것입니다. 또한 상국이 군사를 일으켜 우리나라에서 길을 취한다면 저들 또한 이곳을 경유하여 갈 것이니 그렇다면 바다에 연해 있는 여러 현縣은 틀림없이 방비하는 데 겨를이 없을 것입니다. 엎드려 바라건대 집사執事는 깊이 생각하여 계획을 세워 우리나라[小國]로 하여금 금과 원한을 맺지 않도록 하시고, 상국上國 또한 순망치한脣亡齒寒의 근심이 없게 하신다면 매우 다행이겠습니다."

라고 하였다. 명주에서 회답하는 첩[回牒]을 보내 이르기를

"조정朝廷에서는 여러 나라를 대접함에 의리와 은혜[恩義]를 매우 후하게 하였으나, 정강靖康의 병화兵火 이후에 이르러 사신들이 명을 전하는 것이 점점 어렵게 되었습니다. 지난번에 오돈례吳敦禮와 진서陳舒를 보내어 〈고려 임금〉 앞에 나아가 옛날의 우호를 강구하여 밝히게 하였습니다. 또한 듣건대 금과 매우 가까이 이웃하고 있다고 하므로 사신[信使]이 왕래함으로 인하여 당연히 휘종과 흠종[兩宮]의 안부를 들을 수 있을 것입니다. 군사를 일으켜 응원하고, 길을 빌려 정벌하러 가는 것은 모두 오돈례 등이 독자적으로 대답한 말로 조정이 지시하여 가르쳐 준 것이 아니므로 마땅히 깊이 살펴 스스로 의심하는 데까지는 이르지 마십시오."

라고 하였다.

王楷 ▶ 1136년 10월 **금에 사신을 보내 왕의 생신 축하를 사례하다**

태부소경大府少卿 신지충申至沖을 금金에 보내어 생신을 하례한 것에 대해 사례하였다.

王楷 ▶ 1136년 10월 **원릉에 도둑이 들다**

도둑이 원릉元陵의 제기祭器를 훔치고 능지기[寺陵] 3인을 죽였다.

王楷 ▶ 1136년 10월 **지추밀원사 김부의가 사망하다**

지추밀원사知樞密院事 김부의金富儀가 사망하였다. 처음에 왕이 동궁東宮에 있을 때 김부의가 선발되어 부府의 속관屬이 되었는데 문학으로써 특별히 〈동궁의〉 사랑과 의지함眷倚을 받았으며, 즉위해서는 한림학사翰林學士에 발탁되어 임명되었다. 왕이 일찍이 변방의 일을 물으니 〈김부일이〉 대답하여 말하기를,

"송宋 신종神宗이 문언박文彦博·왕안석王安石과 함께 변방의 일을 의논하니 문언박이 말하기를, '모름지기 스스로 다스리는 것을 먼저 해야 할 것으로 가까운 곳은 대충하면서 먼 곳에 힘써서는 안 됩니다.'라고 하였습니다. 왕안석이 아뢰기를, '문언박의 말이 진실로 지당하다. 만약 능히 스스로 다스릴 수 있다면 70리로도 천하에 왕 노릇 할 수 있는데, 지금 10,000리의 천하로도 남을 두려워하는 것은 스스로 다스리지 못한 데서 연유합니다.'라고 하였습니다. 지금 삼한三韓의 땅이 어찌 70리에 그칠 뿐이겠습니까. 그러나 남을 두려워함을 면치 못하는 것은 그 허물이 스스로 먼저 다스리지 못한 데 있을 뿐입니다. 또 들으니 훌륭한 기병으로 들에서 만나 칼과 화살로 싸워 바로 승부를 내는 것은 오랑캐[戎狄]의 장점이고 중국의 단점이며, 강한 쇠뇌를 가지고 성에 올라 진영을 단단히 하고 굳게 지키며 적들이 쇠하기를 기다리는 것은 중국의 장점이고 오랑캐의 단점입니다. 마땅히 장점을 먼저 하여 그 변화를 관찰해야 하니 이는 실로 지금 급히 해야 할 일입니다. 마땅히 경성 및 여러 주州·진鎭으로 하여금 성을 높이 쌓고 해자를 깊게 파고 강한 쇠뇌·독화살·뇌석雷石·불화살을

비축하게 하고 사신을 보내 그 일을 맡은 관리를 감독케 하여 그들을 상을 주고 벌을 주는 것이 좋겠습니다."

라고 하였다. 묘청이 서경西京에 새 궁궐을 짓자고 요청하니 김부의가 상소上疏하여 불가不可함을 극언極言하였다. 묘청이 반란을 일으키자 군사를 내어 그를 토벌하니 김부의는 이에 서경을 평정할 10가지 방책을 올렸는데, 그 대강은 서경은 성이 험난하고 양식이 풍족하여 갑자기 공격하여 빼앗을 수 없으니 마땅히 쉬면서 둔해지기를 기다렸다가 계책으로 승리를 취해야 한다는 것이었다. 왕은 그것을 기쁘게 받아들이고 서경이 평정되매 모두 그 계책대로 되자 특별히 금 허리띠[金帶] 1개를 하사하였다. 사람됨이 너그럽고 호탕했고 재산을 늘리는 것에 힘쓰지 않았으며 또 일찍이 권세와 이익을 구하지 않았고, 시문이 호방豪逸하여 인구에 회자되었다.

王楷 ▶ 1136년 11월 금에 하정사와 하성절사를 보내다

소경少卿 이유개李有開를 금金에 보내어 신정을 하례하고, 예부시랑禮部侍郎 이인실李仁實은 만수절萬壽節을 하례하였다.

王楷 ▶ 1136년 11월 추밀원지주사 정항이 사망하다

추밀원 지주사樞密院 知奏事 정항鄭沆이 사망하였다. 정항은 성품이 매우 총명하고 [穎悟] 학문을 좋아하였다. 급제하여 상주사록尙州司錄이 되자 고을 사람들은 그가 젊다고 얕보았으나 일에 임하여 결단함이 분명하자 드디어 모두 탄복하였다. 오래도록 내시內侍로 주사奏事를 담당하여 왕명출납을 신실하게 하였다[惟允]. 후에 양광도楊廣道와 충청도忠淸道 두 도의 안찰사按察使가 되었다. 당시 이자겸李資謙이 위세를 떨치자 다투어 가혹히 거두어 들여[聚斂] 이자겸에게 아첨하였으나 정항만은 홀로 그렇게 하지 않았다. 이자겸이 패하자 승선承宣에 임명되어 왕에게 독서를 권하였는데 왕의 문학이 나날이 발전한 데에는 정항의 노력이 있었다. 병이 위독하게 되자 지추밀원사知樞密院事로 승진하였는데, 명령이 내려진 다음날 사망하였다. 왕이 매우 슬퍼하였고, 그의 집에 얼마 지나지 않는 곡식[擔石]도 모아둔 것이 없다는 것을 듣고 이르기를, "30년 근시近侍요, 10년 승제承制였는데 가난함이 이와 같으니 가상하다."
라고 하였다. 부의를 〈평소보다〉 더 하고 어필御筆로 특별히 시호를 문안文安이라고
하였다.

王楷 ▶ 1136년 12월 김극검 등을 임명하다

김극검金克儉·이자덕李資德·임원준任元濬을 모두 참지정사參知政事로, 진숙陳淑을 지추밀원사知樞密院事로 삼았다.

인종 15년(1137년)
-인종공효대왕-

王楷 ▶ 1137년 1월 **금에서 사신을 보내 왕의 생신을 하례하다**

금金에서 중서사인中書舍人 오격吳激을 보내 와서 생신을 하례하였다.

王楷 ▶ 1137년 3월 13일 **서경에 지진이 일어나다**

서경西京에 지진이 있었다.

王楷 ▶ 1137년 3월 **이신 등 28명에게 급제를 하사하다**

이신李信 등 28인에게 급제를 하사하였다.

王楷 ▶ 1137년 3월 **임원준과 강후현을 관직에 임명하다**

임원준任元濬을 중서시랑평장사中書侍郎平章事로 삼고, 강후현康侯顯을 지문하성사知門下省事로 삼았다.

王楷 ▶ 1137년 3월 **왕이 장원정에 가다**

장원정長源亭에 행차하였다.

王楷 ▶ 1137년 3월 **임원애를 관직에 임명하다**

임원애任元敱를 동덕공신 검교태보 수사도 판비서성사同德功臣 檢校太保 守司徒 判秘書省事로 삼았다.

王楷 ▶ 1137년 4월 **송에서 유랑민을 귀국시켜 줄 것을 청하는 조서를 보내다**

김치규와 유대거가 송에서 돌아왔다. 〈송에서〉 조서를 보내 이르기를,
"전쟁으로 소요하여 늙은이와 아이들이 이리저리 옮겨 다녔는데, 예전의 우호를 잊지 않고 우리 백성들이 오랫동안 객지에 머무는 것을 불쌍히 여겨 배를 빌려준 것에 힘입어 귀국하여 농사짓고 사는 편안함[廬井之安]을 회복하여 각기 그 있을 곳을 얻었다. 〈아직도〉 남아 있는 백성들이 많이 있으니 이들을 불쌍히 여겨 번거롭더라도 다시 혜택을 베풀어 주기 바란다."
라고 하였다.

王楷 ▶ 1137년 5월 **가뭄 때문에 시장을 옮기다**

가뭄 때문에 시장을 옮겼다[巷市].

王楷 ▶ 1137년 7월 **문하시랑으로 치사한 이공수가 사망하다**

문하시중門下侍中으로 치사致仕한 이공수李公壽가 사망하였다. 이공수가 일찍이 서경판관西京判官으로 있을 때 예종睿宗이 서경에 행차하였는데, 이공수가 임금을 모시면서[供頓] 백성들을 소란스럽게 하지 않으니 왕이 가상하게 여기고 돌아올 때 어가를 호위하며 따르라고[扈駕] 명령하였다. 〈이공수가〉 사양하며 말하기를, "고사에 어가가 돌아가는[旋駕] 날에는 오직 지유知留 1인만 어가를 따랐으니[扈行], 어찌 은혜를 구하여 규정[常典]을 어지럽히겠습니까."라고 하였다. 왕이 그의 말을 따랐다. 무릇 14년간 병부兵部에서 군사를 선발하였는데 직무를 잘 행한 것으로 이름이 났다. 성품은 마음이 넓고 후하며 부지런하고 검소하였다. 그러나 인색하고 부처를 좋아

王楷 ▶ 1137년 9월 **왕이 장원정으로 옮겼다가 10월에 돌아오다**

장원정長源亭으로 이어移御하였다. 겨울 10월에 궁궐로 돌아왔다.

王楷 ▶ 1137년 윤9월 **백좌도량을 열고 승려 3만 명에게 반승하게 하다**

선경전宣慶殿에서 사흘 동안 백좌도량百座道場을 열고 중외에 명하여 중 30,000을 반승[齋僧]하라고 하였다.

王楷 ▶ 1137년 11월 **금에 사은사 및 하정사와 하성절사를 보내다**

병부원외랑兵部員外郎 유앙柳卬을 금金에 보내어 생신을 하례한 것에 대해 사례하고, 공부원외랑工部員外郎 노수魯洙는 신정을 하례하였으며, 예부낭중禮部郎中 이량李亮은 만수절萬壽節을 하례하였다.

王楷 ▶ 1137년 11월 29일 **태백성이 낮에 나타나 하늘을 가로지르다**

태백성太白星이 낮에 나타나 하늘을 가로질렀다.

王楷 ▶ 1137년 12월 **판국자감사 문공인이 사망하다**

판국자감사判國子監事 문공인文公仁이 사망하였다. 문공인의 원래 이름은 문공미文公美이다. 사람됨이 우아하고 아름다우며[雅麗] 부드럽고 차분하였다[柔懦]. 시중侍中 최사추崔思諏가 딸을 그에게 시집보냈다. 가세가 단출하고 가난하였으나 귀척貴戚의 사위가 되자 마음대로 호사豪奢를 부렸다. 일찍이 요遼에 사신으로 갔는데 접대하는 사람에게[儐者] 진기한 물건을 사사로이 주었다. 이로 인해 요나라 사람들은 매번 사신이 갈 때마다[行者] 반드시 문공인의 예를 들어 돈을 달라고 요구함에 한이 없었으니 결국 큰 폐단이 되었다.

인종 16년(1138년)
−인종공효대왕−

王楷 ▶ 1138년 1월 **금에서 사신을 보내 왕의 생신을 하례하다**

금金에서 영주관내관찰사永州管內觀察使 두의杜誼를 보내 와서 생신을 하례하였다.

王楷 ▶ 1138년 2월 **금 동경에 사신을 보내다**

합문지후閤門祗候 최면崔沔을 보내 금金 동경東京에 갔다.

王楷 ▶ 1138년 2월 **상소 등 문서에서 신성제왕이라는 호칭을 쓰지 못하게 하다**

조서를 내려 말하기를,

"제왕의 덕은 겸손을 우선으로 한다. 그러므로 노자老子께서 말씀하시기를, '왕王·공公은 스스로를 고孤·과寡·불곡不穀이라고 칭한다.'라고 하였다. 한漢 광무제光武帝는 조서를 내려 '상서上書할 때 성聖을 사용하지 말라.'라고 하였다. 지금 신하들이 임금을 높이고 훌륭함을 추앙함에 칭호[稱謂]가 정도를 지나쳐 심히 불합리하다. 지금 이후로는 무릇 장章·소疏를 올리거나 공적인 문서[案牘]에서는 신성제왕神聖帝王이라 칭하지 말라."

라고 하였다.

王楷 ▶ 1138년 3월 **이대유 등 29명에게 급제를 하사하다**

이대유有 등 29인에게 급제를 하사하였다.

王楷 ▶ 1138년 5월 **사면령을 내리다**

사면령을 내렸다. 중외의 관원에게 명하여 맑은 자는 올리고 우매한 자는 분발시켜 백성의 고통을 구제하라고 하였다.

王楷 ▶ 1138년 5월 **궁궐의 전각과 궁문 이름을 고치다**

여러 전각과 궁문宮門의 이름을 고치고 왕이 친히 현판을 썼다.

王楷 ▶ 1138년 7월 **최관 등이 진숙을 탄핵하다**

지어사대사知御史臺事 최관崔灌, 잡단雜端 박정유朴挺蕤, 시어사侍御史 인의印毅·최술崔述中·안숙安淑 등이 사흘 동안 합문 앞에 엎드려[伏閤] 논하며 탄핵하기를, "추밀사樞密使 진숙陳淑은 일찍이 서경西京을 토벌할 때 다른 사람의 노비[臧獲]와 보대寶帶를 받았습니다."라고 하였다. 왕이 대답하지 않자 모두 두문불출杜門不出하였다. 최관 등을 불러 일을 보라고[視事] 달래었는데[김論] 오직 박정유와 최술중은 고집스럽게 주장하며 관직에 나아가지 아니하였고, 안숙은 결국 면직되었다.

王楷 ▶ 1138년 8월 **이중 등을 임명하다**

이중李仲을 참지정사參知政事로, 최진崔溱을 지추밀원사知樞密院事로, 김정순金正純·이지저李之氐를 추밀원부사樞密院副使로 삼았다.

王楷 ▶ 1138년 8월 **중서시랑평장사 이자덕이 사망하다**

중서시랑평장사中書侍郎平章事 이자덕李資德이 사망하였다. 이자덕은 공손하고 조심성이 있고[恭謹] 효성스럽고 우애가 있었으며 학문을 좋아하고 또한 부처 섬기기를 좋아하였다.

王楷 ▶ 1138년 8월 현종과 문종의 진전에 배알하다

현종顯宗과 문종文宗의 진전眞殿에 배알하였다.

王楷 ▶ 1138년 10월 9일 왕이 국청사로 옮기다

국청사國淸寺로 이어移御하였다. 갑자. 새 궁궐[新闕]로 돌아왔다. 이보다 앞서 본궁本宮에 불이 나서 유사有司에 명하여 수리하게 하였다. 이날 백관이 하례를 올렸고, 편전便殿에서 주연酒宴을 베푸니[置酒], 제왕諸王·재추宰樞·종관從官이 모두 〈왕을〉 모셨는데, 밤중에야 비로소 파하였다.

王楷 ▶ 1138년 11월 금에서 보빙사가 오다

금金 동경東京의 지예빈사사知禮賓司事 하목夏睦이 와서 보빙報聘하였다.

王楷 ▶ 1138년 11월 금에 사은사와 하성절사를 보내다

형부원외랑刑部員外郎 김신련金臣璉을 금金에 보내어 생신을 축하해 준 것에 대해 사례하였고, 고공원외랑考功員外郎 유방우劉邦友는 만수절萬壽節을 하례하였다.

王楷 ▶ 1138년 11월 김부식에게 주역의 두 괘를 강론하게 하다

집현전集賢殿에 행차하여 김부식金富軾에게 명하여 『주역周易』의 대축괘大畜卦와 복괘復卦 두 괘를 강론하게 하고 여러 학사들로 하여금 어려운 부분을 질문하게 하고는 이어서 잔치를 베풀고 밤중에야 파하였다.

王楷 ▶ 1138년 12월 **최유 등을 임명하다**

최유崔濡를 문하시랑평장사門下侍郞平章事로 삼고, 이중李仲을 상서좌복야尙書左僕射로 삼고, 이지저李之氐를 어사대부 동지추밀원사御史大夫 同知樞密院事로 삼고, 김정순金正純을 동지추밀원사同知樞密院事로 삼았다.

인종 17년(1139년)

―인종공효대왕―

王楷 ▶ 1139년 1월 금에서 사신을 보내 왕의 생신을 하례하다

금金에서 고주관내관찰사高州管內觀察使 야율녕耶律寧을 보내 와서 생신을 하례하였다.

王楷 ▶ 1139년 2월 궁궐 중수가 끝난 것을 기념해 대사면령을 내리다

크게 사면령을 내렸다. 제서를 내려 말하기를,

"짐이 선왕[先君]의 유명[末命]을 받들어 여러 대의 왕업[丕基]을 계승하였으나 덕은 박하고 책임은 중한데 제어하지 못하여 권신[權臣]들이 발호跋扈하여 궁궐[宮禁]을 불태우는 데 이르렀으니 짐은 매우 부끄럽다. 이제 다행히 천지의 도우심과 신민들의 협력에 힘입어 중수 공사가 끝나 지난해 10월에 궁에 들어갔으니 경사가 이보다 큰 것이 없다. 마땅히 은택을 베풀어 백성과 더불어 함께 누리리라."

라고 하였다.

王楷 ▶ 1139년 2월 신료들에게 잔치를 베풀고 말을 하사하다

여러 신하들과 대관전大觀殿에서 잔치하고 말을 사람당 1필씩 하사하였다.

王楷 ▶ 1139년 3월 **문하시랑평장사로 치사한 최사전이 사망하다**

문하시랑평장사로 치사致仕한 최사전崔思全이 사망하였다. 최사전은 처음에는 의술로 진출하였으나 척준경拓俊京을 깨우쳐 이자겸李資謙을 제거하여 그 공으로 갑자기 재사宰司에 올랐다. 만년에는 스스로 한미한 가문에서 일어나 지위가 극도로 이르고 <임금의> 총애가 넘친다고 하여 굳게 청하여 치사하였다. 아들이 둘 있으니 최변崔弁과 최열崔烈이다. 최사전이 각각 금 술잔金罍 한 개씩을 주었는데, 그가 죽자 첩이 그 중 하나를 훔쳤다. 최변이 노하여 그녀를 매질하려 하자 최열이 말하기를, "이 사람은 선군先君이 사랑하시던 사람이니 마땅히 가산家産을 기울여 그를 구휼해야 하거늘 하물며 이러한 물건이겠습니까. 제가 얻은 것이 아직 있으니 이것을 형님에게 드리겠습니다."라고 하였다. 왕이 듣고 가상히 여겨 말하기를, "효성스럽고 어질다고 할 만하다."라고 하였다. 어필로 이름을 하사하니 효인孝仁이라 하였다.

王楷 ▶ 1139년 3월 **김부식이게 사마광의 유표와 훈검문을 읽게 하다**

김부식金富軾과 최진崔溱 등을 불러 주연酒宴을 열고[置酒], 김부식에게 명하여 사마광司馬光의 「유표遺表」와 「훈검문訓儉文」을 읽게 하였다. 왕이 감탄하고 칭찬하기를 한참동안 하며 말하기를, "사마광의 충의忠義가 이와 같은데 당시 사람들이 그를 일러 간당姦黨이라 하였으니 어찌된 것인가."라고 하였다. 김부식이 대답하여 아뢰기를, "왕안석王安石의 무리와 서로 사이가 좋지 않았기 때문일 뿐이지 실제로는 죄가 없습니다."라고 하였다. 왕이 말하기를, "송宋이 망한 것이 반드시 여기에 연유하였다고 하지 않을 수 없다."라고 하였다.

王楷 ▶ 1139년 5월 **경령전에 배알하다**

경령전景靈殿에 배알하였다.

王楷 ▶ 1139년 6월 최급 등 20명에게 급제를 하사하다

최급崔伋 등 20인에게 급제를 하사하였다.

王楷 ▶ 1139년 8월 폐비 이씨가 사망하다

폐출된 왕비 이씨李氏가 죽었는데, 곧 이자겸의 딸이다. 비록 이자겸 때문에 폐출되었으나 임금이 내려주는[恩賚] 은혜가 매우 넓고 두터웠다[優渥].

王楷 ▶ 1139년 9월 금 동경에 사신을 보내다

지후祗候 최사영崔思永을 보내 금金 동경東京으로 갔다.

王楷 ▶ 1139년 10월 백좌도량을 열고 승려 3만명에게 반승하다

선경전에서 사흘 동안 백좌도량百座道場을 열고 30,000명에게 반승飯僧하였다.

王楷 ▶ 1139년 11월 강영준 등이 상소하여 정사를 논하다

좌상시左常侍 강영준康英俊 등이 상소上疏하여 10여 조의 일을 논하였는데, 다만 전 추밀원사樞密院事 최유적崔惟迪과 중 의장義莊 등이 본주本州로 돌아가 귀양살이를 하는 것[還配]만 허락하였다.

王楷 ▶ 1139년 11월 금에 사신을 보내 왕의 생신 축하를 사례하다

형부원외랑刑部員外郎 진관陳瓘을 금金에 보내어 생신을 하례해 준 것에 대해 사례하였다.

王楷 ▶ 1139년 11월 왕이 노인과 효자 및 의인 등에게 잔치를 베풀다

친히 노인[耆老] 및 효자·손순·절부·의부·독질자·폐질자廢疾者에게 음식을 먹였다.

王楷 ▶ 1139년 11월 **금에 하정사와 하성절사를 보내다**

상의봉어尙衣奉御 최시윤崔時允을 금金에 보내어 신정을 하례하고 호부원외랑戶部員外郞 왕정표王正彪는 만수절萬壽節을 하례하였다.

王楷 ▶ 1139년 11월 **김약온을 치사하게 하다**

김약온金若溫을 수태보 추충수정공신 문하시중守太傅 推忠守正功臣 門下侍中으로 삼고 곧 치사致仕하게 하였다.

王楷 ▶ 1139년 11월 **참지정사로 치사한 김극검이 사망하다**

참지정사參知政事로 치사한 김극검金克儉이 사망하였다. 김극검은 학술學術은 없었지만 공정하고 부지런하며 게으르지 않아 누차 중외의 관직을 역임하였는데 모두 과단성있고 분명하다고 칭찬받았으나 대신[鈞軸]의 직임을 담당함에 미쳐서는 다만 돈후하고 근신하며 자리를 보전할 뿐이었다.

王楷 ▶ 1139년 12월 **최진 등을 임명하다**

최진崔溱을 참지정사參知政事로, 이지저李之氐를 지추밀원사知樞密院事로, 왕충王沖을 추밀원부사樞密院副使로 삼았다.

인종 18년(1140년)
−인종공효대왕−

王楷 ▶ 1140년 1월 **금에서 사신을 보내 왕의 생신을 하례하다**

금金에서 태주관내관찰사泰州管內觀察使 완안병完顔昺을 보내 와서 생신을 하례하였다.

王楷 ▶ 1140년 2월 **문하시중으로 치사한 김약온이 사망하다**

문하시중門下侍中으로 치사한 김약온金若溫이 사망하였다. 김약온의 옛 이름은 김의문金義文이다. 성품이 공손하고 검소하며 청렴하고 반듯하였고 학문에 힘썼다. 중외의 관직을 역임하였는데, 이르는 데마다 사람들이 편하게 여겼다. 이자겸李資謙이 권력을 잡자 이익을 좋아하는 자들이 다투어 아부하였는데, 김약온은 이자겸과 당형제堂兄弟이나 서로 친밀하게 지내지 않았다. 벼슬이 비록 영화롭고 현달하였으나 부귀로써 남에게 교만한 적이 없었다.

王楷 ▶ 1140년 3월 9일 **많은 눈이 오다**

눈이 많이 왔다. 정해. 또 눈이 많이 왔다.

王楷 ▶ 1140년 4월 **임원애 등을 관직에 임명하다**

임원애任元敱를 판상서병부사判尙書兵部事로, 이중李仲을 중서시랑평장사中書侍郎平章

事로 삼았다.

王楷 ▶ 1140년 4월 체례에서의 복장 제도를 정하다

조서를 내려 체례禘禮에서 입는 복장服章의 제도를 정하였다.

王楷 ▶ 1140년 4월 왕이 태묘에서 체제를 지내고 사면령을 내리다

친히 태묘大廟에서 제사지내고禘 9묘廟 및 12릉陵의 시호를 추가하여 올렸다. 조서를 내려 말하기를,
"짐이 덕이 부족하니[不類] 어려움이 많은 시기를 당하게 되어 서경의 반란군[西賊]이 반란을 일으켰으나[犯順] 다행히 조종의 덕에 힘입어 빨리 평정하였다. 이제 몸소 체향禘享을 행하게 되었으므로 훌륭하심을 받들어 존호를 더하며 은택恩澤이 중외에 널리 미치기를 바라며 이죄二罪 이하를 사면한다."
라고 하였다.

王楷 ▶ 1140년 5월 금에서 보빙사가 오다

금金 동경東京의 지예빈사사知禮賓司事 왕고王杲를 보내와서 보빙報聘하였다.

王楷 ▶ 1140년 5월 팽희밀 등 26명에게 급제를 하사하다

팽희밀彭希密 등 26인에게 급제를 하사하였다.

王楷 ▶ 1140년 윤6월 왕이 법운사와 외제석원에서 비를 빌다

왕이 법운사法雲寺에서 비가 오기를 빌고 또 외제석원外帝釋院에서도 빌었다.

王楷 ▶ 1140년 윤6월 김부식 등이 성랑과 상서하여 시정의 폐단 10가지를 말하다

재신宰臣 김부식金富軾·임원애任元敱·이중李仲·최진崔溱이 성랑省郎 최재崔梓·정습명鄭

襲明 등 5인과 함께 상서上書하여 시폐時弊 10조를 말하고 사흘 동안 합문 앞에 엎드려 있었으나伏閤 모두 대답을 하지 않자 최재 등은 파직을 청하고 〈조정에〉 나가지 않았다.

王楷 ▶ 1140년 7월 낭사의 간언 일부를 따르다

왕이 낭사郎舍에서 말한 것을 따라 집주관執奏官을 파직하고 여러 곳의 내시內侍와 별감別監 및 내시원별고內侍院別庫를 줄이고 이에 최재崔梓 등을 불러 〈조정에〉 나와서 일을 보라 하였는데, 정습명鄭襲明만이 말한 바를 모두 좇지 않았다고 하여 나오지 않았다. 우상시右常侍 최관崔灌만 상서上書하는 데 참여하지 않고 평소와 같이 직무를 보자 사람들이議者 그를 비루하게 여겼다.

王楷 ▶ 1140년 8월 중서시랑평장사 최유가 사망하다

중서시랑평장사中書侍郞平章事 최유崔濡가 사망하였다. 최유는 젊어서 총명하고敏悟 글을 잘 지었으며屬文 청렴결백하고 공평하여 청환淸宦과 현직顯職을 모두 역임하였다. 만년에 병이나 걷는 것이 매우 어려웠지만 오히려 은퇴를 간청하지 않았다. 당시 사람들이 이를 비웃었다.

王楷 ▶ 1140년 10월 김부식에게 물품을 하사하다

김부식金富軾에게 금·은·안마鞍馬·쌀·베·약물을 하사하니 서경을 평정한 공을 상준 것이다.

王楷 ▶ 1140년 10월 금에 사신을 보내 왕의 생신 축하를 사례하다

형부원외랑刑部員外郞 박순충朴純冲을 금金에 보내어 생신을 하례해 준 것에 대해 사례하였다.

王楷 ▶ 1140년 11월 **금에 하정사와 하성절사를 보내다**

형부원외랑刑部員外郎 황주첨黃周瞻을 금金에 보내어 신정을 하례하고, 예부시랑禮部侍郎 최함崔誠은 만수절萬壽節을 하례하였다.

인종 19년(1141년)
―인종공효대왕―

王楷 ▶ 1141년 1월 왕태자의 관례를 행하다

왕태자王太子의 관례冠禮를 하였다.

王楷 ▶ 1141년 1월 금에서 사신을 보내 왕의 생신을 하례하다

금金이 동지선휘원사同知宣徽院事 조흥상趙興祥을 보내 와서 생신을 하례하였다.

王楷 ▶ 1141년 1월 최유청 등이 상소하여 정사를 논하다

어사중승御史中丞 최유청崔惟淸 등이 소를 올려 일을 논하였으나 대답하지 않았다.

王楷 ▶ 1141년 1월 금에서 황제가 존호를 받고 연호를 고친 것을 알리다

금金에서 황제가 존호尊號를 받고 연호를 고친 것을 알려왔다.

王楷 ▶ 1141년 4월 금에 보낸 사신이 입경을 거부당하고 돌아오다

예부시랑禮部侍郎 권적權適과 우사간右司諫 김영약金永若을 금金에 보내어 존호尊號를 올린 것을 하례하였다. 권적 등이 금나라 국경에 이르자 금나라 사람들이 농번기에 방해된다고 하여 입경入境을 허락하지 않아 돌아왔다.

王楷 ▶ 1141년 7월 **명주도감창사 이양실이 울릉도의 과일 씨앗 등을 바치다**

명주도감창사溟州道監倉使 이양실李陽實이 사람을 보내 울릉도蔚陵島에 들어가게 하였더니 이상하게 생긴 과일 씨앗[菓核]과 나뭇잎[木葉]을 가지고 와서 바쳤다.

王楷 ▶ 1141년 9월 **금에 다시 사신을 보내다**

권적權適과 김영약金永若을 다시 금金에 보냈다.

王楷 ▶ 1141년 10월 **백좌도량을 열고 승려 3만명에게 반승하다**

궁궐에서[禁中] 사흘 동안 백좌도량百座道場을 열고 30,000명에게 반승飯僧하였다.

王楷 ▶ 1141년 11월 **금에 사은사 및 하정사와 하성절사를 보내다**

이지무李之茂를 금金에 보내어 생신을 하례한 것에 대해 사례하고, 박태진朴台進은 신정을 하례하였으며, 유범柳軓은 만수절萬壽節을 하례하였다.

王楷 ▶ 1141년 12월 **임원애 등을 임명하다**

임원애任元敱·이중李仲을 문하시랑평장사門下侍郎平章事로 삼고, 최진崔溱은 중서시랑평장사中書侍郎平章事로 삼았으며, 김인규金仁揆는 좌복야 참지정사左僕射 參知政事로 삼고, 이지저李之氐는 정당문학政堂文學으로 삼고, 김정순金正純·왕충王沖은 지추밀원사知樞密院事로 삼았다.

인종 20년(1142년)

―인종공효대왕―

王楷 ▶ 1142년 1월 금에서 사신을 보내 왕의 생신을 하례하다

금金에서 조주방어사肇州防禦使 오릉석하烏陵錫瑕를 보내 와서 생신을 하례하였다.

王楷 ▶ 1142년 1월 술에 취해 난동을 보린 관리를 폄직하거나 파직하다

간관諫官이 탄핵하여 아뢰기를,

"비서소감 보문각대제秘書少監 寶文閣待制 김정金精이 일찍이 추밀樞密 김정순金正純의 집을 찾아갔는데, 주사를 부리며[使酒] 욕을 하였고[詬罵], 국자사업 기거주國子司業 起居注 정습명鄭襲明은 김부식金富軾의 별장[別第]에 머물기를 간청하여 간관으로서의 체모를 잃었으니 바라건대 죄를 주십시오."라고 하였다. 이에 김정은 보문각대제가 떼어졌고, 정습명은 기거주가 떼어졌다. 간관이 또 아뢰기를, "김정은 죄가 중한데 벌은 가벼우니 파직하기를 요청합니다."

라고 하였다. 그 말을 따랐다.

王楷 ▶ 1142년 2월 금 사신이 연등회 보기를 청하니 허락하다

연등회를 열었는데 금金 사신이 구경하기를[觀樂] 청하니 관반館伴 김단金端이 주청奏請하므로 허락하였다.

王楷 ▶ 1142년 2월 **금 동경에 사신을 보내다**

김거공金巨公을 보내 금金 동경東京에 갔다.

王楷 ▶ 1142년 3월 **김부식을 치사하게 하고 공신호를 추가로 하사하다**

문하시중門下侍中 김부식金富軾이 세 번 표문表文을 올려 치사致仕를 청하니 이를 허락하고 동덕찬화同德贊化라는 공신호를 추가로 하사하였다.

王楷 ▶ 1142년 3월 **고주 등 30명에게 급제를 하사하다**

고주高儔 등 30인에게 급제를 하사하였다.

王楷 ▶ 1142년 4월 **임원애를 판상서이부사로 삼다**

임원애任元敱를 판상서이부사判尙書吏部事로 삼았다.

王楷 ▶ 1142년 5월 **참지정사 김인규가 사망하다**

참지정사參知政事 김인규金仁揆가 사망하였다. 김인규의 딸이 이자겸李資謙의 아들 이지언李之彦에게 시집갔기 때문에 이자겸이 패하자 연좌되어 지춘주知春州로 좌천되었으나 곧 불러들여 복직되었다. 사람됨이 너그럽고 후하였고 인물의 좋고 나쁨을 평하지 않았으나 우유부단하여 다만 녹과 지위를 보전할 뿐이었다. 그러나 본래 번성한 가문茂族이고 또 이자겸이 권세를 잡고用事 있을 때에 일찍이 〈이자겸에게〉 의지하여 남에게 교만하지 않았으므로 이것은 그의 칭찬할만한 점이다.

王楷 ▶ 1142년 5월 **금에서 사신을 보내 왕을 책봉하다**

금金에서 태부감太府監 완안종례完顏宗禮와 한림직학사翰林直學士 전곡田穀을 보내 와서 왕을 의동삼사 주국 고려국왕儀同三司柱國高麗國王으로 책봉하고 인하여 면복冕服·상로象輅·안마鞍馬 등의 물건을 하사하였으며, 또 개부의동삼사 상주국開府儀同三司上柱國을 더하였다. 옛 전례에 책명冊命을 받는 것은 반드시 남교南郊에서 하였으나 이제 완안종례 등이 조정의 지휘를 받아 비로소 왕궁에서 조서를 반포하였다.

王楷 ▶ 1142년 8월 왕이 장원정으로 옮기다

장원정長源亭에 이어하였다. 한 여자가 쌍둥이를 안고 길에서 배알하니 베 20필을 하사하였다.

王楷 ▶ 1142년 10월 왕이 장원정에 가서 활쏘기를 사열하다

장원정長源亭에 임어臨御하여 활쏘는 것을 검열하여 〈과녁을〉 맞춘 자는 물품을 차등있게 하사하였다.

王楷 ▶ 1142년 10월 금에 사신을 보내 책명을 사례하다

동지추밀원사同知樞密院事 최관崔灌과 간의대부諫議大夫 최유청崔惟淸을 금金에 보내어 책명冊命을 사례하였다.

王楷 ▶ 1142년 10월 왕이 태묘에 제향하고 사면령을 내리다

친히 태묘大廟에 제향하고 사면령을 내렸다.

王楷 ▶ 1142년 10월 금에 사신을 보내 왕의 생신 축하를 사례하다

최유칭崔褎偁을 금金에 보내어 생신을 하례한 것에 대해 사례하였다.

王楷 ▶ 1142년 11월 금에서 보빙사가 오다

금金 동경東京의 비기위飛騎尉 포찰충안蒲察忠安이 와서 보빙報聘하였다.

王楷 ▶ 1142년 11월 **8도에 사신을 보내 관리들의 능력 유무를 살피게 하다**

8도에 사신을 보내 주·현 관리의 능력 유무를 살피고 묻게 하였다[察訪].

王楷 ▶ 1142년 11월 **금에 하정사와 하성절사를 보내다**

이영장李永章을 금金에 보내어 방물方物을 진상하였고, 이양승李陽升은 신정을 하례하였으며, 안정수安正脩는 만수절萬壽節을 하례하였다.

王楷 ▶ 1142년 12월 **이지저 등을 임명하다**

이지저李之氐를 수사공 좌복야守司空 左僕射로, 김정순金正純을 수사공 지문하성사守司空 知門下省事로, 한유충韓惟忠을 좌복야 추밀원사左僕射 樞密院使로 삼았다.

인종 21년(1143년)

-인종공효대왕-

王楷 ▶ 1143년 1월 1일 **일식이 일어나다**

일식이 있었다.

王楷 ▶ 1143년 1월 **금에서 사신을 보내 왕의 생신을 하례하다**

금金이 낙주방어사洛州防禦使 소사정蕭嗣貞을 보내 와서 생신을 하례하였다.

王楷 ▶ 1143년 3월 9일 **큰 눈이 내리다**

큰 눈이 와서 얼어 죽은 자가 있었다.

王楷 ▶ 1143년 윤4월 **사도 왕온의 딸을 태자비로 들이다**

태자가 사도司徒 왕온王溫의 딸을 맞아들여 비妃로 삼았다.

王楷 ▶ 1143년 5월 **연덕궁에 화재가 발생하다**

연덕궁延德宮에 불이 났다.

王楷 ▶ 1143년 9월 **배경성을 지이부사로 삼다**

배경성裵景誠을 지이부사知吏部事로 삼았다. 배경선은 승선承宣이 되어 창녀倡女를 취해 아내로 삼았는데, 간관諫官이 말하기를
 "배경성 아내의 행실[內行]이 이와 같으니 승선의 직임[喉舌之職]에 둘 수 없습니다."
라고 하였다. 지어사대사知御史臺事로 고쳐 제수하니 간관이 또 말하기를
 "감찰[風憲]을 맡기는 것은 더욱 마땅하지 않습니다."
라고 하였다. 논란과 주장[論執]이 그치지 않았기 때문에 이 임명이 있었다.

王楷 ▶ 1143년 11월 **백좌도량을 열고 승려 3만명에게 반승하다**

선경전에서 사흘 동안 백좌도량百座道場을 열고 30,000명에게 반승飯僧하였다.

王楷 ▶ 1143년 11월 **금에 사은사 및 하정사와 하성절사를 보내다**

병부원외랑兵部員外郎 임중林仲을 금金에 보내어 생신을 하례한 것에 대해 사례하고, 이덕수李德壽는 방물方物을 진상하였으며, 상식봉어尚食奉御 윤언민尹彦旼은 신정을 하례하고, 유필庾弼은 만수절萬壽節을 하례하였다.

王楷 ▶ 1143년 12월 1일 **일식이 일어나지 않다**

태사太史가 아뢰기를
 "태양이 마땅히 일식日食이 있을 것인데, 일어나지 않았습니다."
라고 하였다.

王楷 ▶ 1143년 12월 **중서시랑평장사로 치사한 최자성이 사망하다**

중서시랑평장사中書侍郞平章事로 치사致仕한 최자성崔滋盛이 사망하였다. 최자성은 성품이 강직하고 민첩하여[剛敏] 관직을 역임하면서 직무를 다하지[稱職] 못한 것이 없었다. 그러나 병오년1126의 난리 때 이자겸李資謙 사제私第에 나아가 집사執事를 했으

므로 사람들이 이로 인해 그를 모자라게 여겼다.

王楷 ▶ 1143년 12월 **이지저와 김정순을 참지정사로 삼다**

이지저李之氐와 김정순金正純을 참지정사參知政事로 삼았다.

인종 22년(1144년)

-인종공효대왕-

王楷 ▶ 1144년 1월 **금에서 사신을 보내 왕의 생신을 하례하다**

금金에서 태부감大府監 소예蕭隸를 보내 와서 생신을 하례하였다.

王楷 ▶ 1144년 1월 **왕이 원구에 제사지내다**

친히 원구圜丘에 제사하였다.

王楷 ▶ 1144년 1월 **왕이 적전을 갈고 사면령을 내리다**

친히 적전籍田을 갈았다. 왕은 〈쟁기를〉 다섯 번 밀었고[五推], 제왕諸王과 3공三公은 일곱 번 밀었으며[七推], 상서尙書와 여러 경[列卿]은 아홉 번 밀었다. 궁으로 돌아와 사면령을 내렸으며 여러 신하들은 표문을 올려 하례하였다.

王楷 ▶ 1144년 2월 **호부상서로 치사한 허재가 사망하다**

호부상서戶部尙書로 치사致仕한 허재許載가 사망하였다. 허재는 도필리刀筆吏로 시작하여 청렴결백으로 이름이 있었다. 9성九城의 역에서 중군녹사中軍錄事로 길주吉州를 지켰는데 여진女眞이 공격해오자 농성[嬰城]하며 굳게 지켰다. 몇 달 뒤 성이 거의 함락되려 하였으나 허재가 중성重城을 쌓고 항거하자 여진은 곧 물러갔으므로 그 공으로써 감찰어사監察御史를 제수하였다. 그러나 배우지 않고 재주가 없어 이자겸李資謙·척준경拓俊京에게 붙어 결국 사재宰司에 올랐다. 두 사람이 패하게 되자 간관이 그의 죄를 극언極言하여 지풍주知豊州로 좌천되었다. 임기가 다 차자[秩滿] 병부상서兵部尙書를 제수하고 곧 치사致仕하게 하니 대간臺諫이 논박하였다. 마침 서해도안찰사西海道按察使가 아뢰기를,

"허재가 풍주에 있을 때 다스림에 성과가 있으니 버릴 수 없습니다."

라고 하였다. 드디어 호부상서에 제수되어 치사하였다.

王楷 ▶ 1144년 2월 신료들에게 잔치를 베풀고 말을 하사하다

대관전大觀殿에서 여러 신하들과 잔치를 하고 사람들마다 말 1필을 하사하였다.

王楷 ▶ 1144년 2월 척준경이 사망하다

조서를 내려 이르기를,

"척준경拓俊京은 비록 신하의 절개를 잃었지만 또한 사직을 보호한 공이 있으니 검교호부상서檢校戶部尙書를 제수함이 옳다."

라고 하였다. 수십일 만에 등에 등창이 나서 곡주谷州에서 사망하였다. 그의 조상은 본래 곡주의 향리였는데, 척준경은 가난하고 천하여 배우지 못하고 무뢰배들과 어울려 서리胥吏가 되고자 하였으나 되지 못하였다. 숙종肅宗이 계림공雞林公이 되자 〈숙종의〉 부府에 나아가 따르는 자가 되었으며 드디어 추밀원별가樞密院別駕가 되고 구성九城의 역에 공이 있어 마침내 현달하게 되었다.

王楷 ▶ 1144년 2월 의로운 백성들의 세금을 면제해주다

조서를 내려 백성 가운데 효성스럽고 우애가 있으며 농사에 힘쓰는 자는 〈세금을〉 면제해 주었다.

> 王楷 ▶ 1144년 5월 **김돈중 등 26명에게 급제를 하사하다**

　　김돈중金敦中 등 26인에게 급제를 하사하였다. 김돈중은 김부식의 아들이다. 처음에는 제2등이었는데 왕이 그 아버지를 위로하고자 올려서 제1등으로 하고 내시內侍에 속하게 하였다. 김돈중은 나이는 젊으나 기백이 날카로웠는데 나중에 대궐 뜰에서 행하던 제석나례[除夕儺禮]에서 견룡牽龍 정중부鄭仲夫의 구레나룻을 촛불로 태우자 정중부가 손으로 〈김돈중을〉 때리고 욕하였다. 김부식이 노하여 왕에게 아뢰고 장차 정중부를 묶어 때리려고 하였다. 그러나 왕은 정중부의 사람됨을 비상히 여겨 이에 도망쳐 면하게 하니 〈정중부는〉 마침내 김돈중에게 원한을 품었다. 정중부는 해주海州 사람으로 눈동자가 모지고 이마가 넓으며 〈피부가〉 희고 밝고[白晳] 수염[鬚髥]이 아름다웠으며, 신장은 7척 여 정도 되었다. 처음에 그 고을에서 군적軍籍을 올릴 때 팔을 묶어[封臂] 개경으로 보냈는데 재상宰相 최홍재崔弘宰가 보고는 그를 비상하게 여겨 공학금군控鶴禁軍에 충당하여 임금을 좌우에서 가까이 모시게 하였다[昵侍].

> 王楷 ▶ 1144년 7월 11일 **왕자 왕탁이 태어나다**

　　왕자 왕탁王晫이 태어났다.

> 王楷 ▶ 1144년 9월 **칼로 자식을 해친 군인을 기시하다**

　　기두군旗頭軍 나신羅信이 칼로 자식을 해쳤으므로 〈죽여 시신을〉 시장에 버렸다.

> 王楷 ▶ 1144년 10월 **백좌도량을 열고 승려 3만 명에게 반승하다**

　　선경전에서 사흘 동안 백좌도량百座道場을 열고 30,000명에게 반승飯僧하였다.

> 王楷 ▶ 1144년 10월 **노인과 효자 등에게 잔치를 열고 물품을 하사하다**

　　남녀 노인耆老 및 효자孝子·순손順孫·의부義夫·절부節婦·환과고독鰥寡孤獨·독질篤疾·폐질廢疾에게 음식을 먹이고 물품을 차등있게 하사하였다. 왕이 다니면서 효자를 보면 친히 행실을 묻고 감동하고 슬퍼하며 눈물을 흘렸다.

王楷 ▶ 1144년 11월 금에 사은사와 하정사를 보내다

사낭중左司郞中 박의신朴義臣을 금金에 보내어 생신을 하례한 것에 대해 사례하였고, 위위소경衛尉少卿 고영부高瑩夫는 신정을 하례하였다.

王楷 ▶ 1144년 12월 금 황제가 동경에 행차하니 사신을 보내다

왕이 금金 황제[金主]가 동경東京에 행차하였다는 소식을 듣고 비서감秘書監 곽동순郭東珣을 보내 문안하고[聘], 소부소감少府少監 김귀부金龜孚는 방물方物을 진상하며, 호부시랑戶部侍郞 최자영崔子英은 만수절萬壽節을 하례하였다.

王楷 ▶ 1144년 12월 김정순 등을 임명하다

김정순金正純을 상서우복야尙書右僕射로 삼고, 한유충韓惟忠을 참지정사參知政事로, 왕충王冲을 추밀원사樞密院使로 삼고, 박정유朴挺蕤를 추밀원부사樞密院副使로 삼았다.

인종 23년(1145년)

―인종공효대왕―

王楷 ▶ 1145년 1월 금에서 사신을 보내 왕의 생신을 하례하다

금金에서 한림직학사翰林直學士 조형趙泂을 보내 와서 생신을 하례하였다.

王楷 ▶ 1145년 2월 추밀원부사 박정유가 사망하다

추밀원부사 박정유朴挺蕤가 사망하였다. 박정유는 성품이 관대寬大하여 대간臺諫에 출입하면서 업무는 대강만 행하고 가혹하게 살피지 않았다. 그 아비인 박영후朴永侯가 일찍이 충과 효의 도리로 훈계하였기에 박정유는 몹시 스스로 힘쓰고자 하였다. 그러나 그 외삼촌의 첩舅妾의 토지와 집과 노비를 빼앗아 그 모자母子를 굶주리고 추위에 떨게 하여 당시 사람들의 의논時議이 그를 인정이 없다고 하였다.

王楷 ▶ 1145년 3월 금 동경에 사신을 보내다

합문통사사인閤門通事舍人 서공徐恭을 금金 동경東京에 보냈다.

王楷 ▶ 1145년 3월 최재를 동지추밀원사로 삼다

최재崔梓를 동지추밀원사同知樞密院事로 삼았다.

王楷 ▶ 1145년 4월 21일 혜성이 나타나다

병신. 혜성이 15일간 건방乾方에서 나타났는데 길이가 1장丈 정도 되었다.

王楷 ▶ 1145년 4월 이자겸의 자녀에게 곡식을 하사하다

이자겸李資謙의 아들과 딸에게 곡식 600석을 하사하였다.

王楷 ▶ 1145년 5월 정당문학 참지정사 이지저가 사망하다

정당문학 참지정사政堂文學 參知政事 이지저李之氐가 사망하였다. 이지저는 이공수李公壽의 아들이다. 〈과거에〉 장원狀元으로 급제[擢第]하여 우정언右正言이 제수되었는데 주장[持論]이 공정하여 당시의 재상에게 미움을 받아 전중내급사殿中內給事로 고쳤다가 서해도西海道의 안찰사按察使가 되어 나갔다. 당시에 이자겸李資謙이 국정을 담당하니 이익을 좋아하는 자들이 다투어 〈이자겸에게〉 붙었는데, 이지저는 비록 그와 친족이었지만 홀로 〈이자겸을〉 상대하지 않았고 이자겸의 사자들이 번갈아 주·군에서 재물과 뇌물을 다투어 취하는 것을 이지저가 엄금[痛禁]하자 이자겸이 그를 미워하여 나가 평주사平州使가 되었다. 이자겸이 패하자 불러 돌아와 여러 차례 옮겨 기거주起居注가 되었다. 이지저는 풍채[風標]가 빼어나고 우아하며 마음가짐은 너그럽고 후하였으며 문장과 정치가 한 시대에 뛰어났다. 다만 재물[財賄]에는 인색하여 아버지가 죽으니 아우와 누이와 〈유산을〉 나누지 않았고, 노비들이 방자하게 횡포를 부려 혹은 도둑질하거나 겁탈을 하여도 단속하거나 금지하지 못하니 당시 비난을 받았다. 시호는 문정文正이다.

王楷 ▶ 1145년 5월 조문진 등 32명에게 급제를 하사하다

조문진趙文振 등 32인에게 급제를 하사하였다.

王楷 ▶ 1145년 6월 1일 **일식이 일어나다**

일식이 있었다.

王楷 ▶ 1145년 6월 10일 **동계의 문주와 용주에서 홍수가 나다**

홍수가 나서 동계東界의 문주文州와 용주湧州 두 주에서 산이 무너지고 물이 솟아올라 성문과 집이 떠내려가거나 수몰水沒된 것이 매우 많았다.

王楷 ▶ 1145년 6월 **금 횡선사가 오다**

금金의 횡선사橫宣使 태부감大府監 완안사해完顔思海가 왔다.

王楷 ▶ 1145년 7월 **북계 및 서해도 주들에 누리떼가 들다**

북계北界의 창주昌州·삭주朔州·구주龜州·의주義州·정주靜州·용주龍州·철주鐵州의 일곱 주와 서해도西海道 해주海州에 누리떼 피해蝗가 있었다. 태사太史가 아뢰기를, "지금 황충蝗蟲이 사방에서 일어나는데 이는 곧 나라에 사심을 품은 사람은 많고 조정에 충신은 없어, 벼슬자리에 있으면서 녹을 먹는 것이 벌레와 같기 때문입니다. 마땅히 도가 있는 이를 천거하여 벼슬자리列位에 두어 그 재앙을 그치게 해야 합니다."라고 하였다.

王楷 ▶ 1145년 8월 **한유충 등을 관직에 임명하다**

한유충韓惟忠을 판상서예부사 수국사 태자소보判尙書禮部事 修國史 太子少保로, 왕충王沖을 참지정사 판공부사 태자소보參知政事 判工部事 太子少保로, 최관崔灌을 추밀원사 판삼사사樞密院使 判三司事로 삼고, 이인실李仁實을 동지추밀원사 태자빈객同知樞密院事 太子賓客으로 삼았다.

王楷 ▶ 1145년 8월 참지정사 김정순이 사망하다

참지정사參知政事 김정순金正純이 사망하였다. 김정순은 가난한 집안 출신으로 기氣를 숭상하고 사내답고 용감하였으며 활쏘기와 말타기를 잘하였다. 항상 사람들에게 말하기를, "남아는 마땅히 변방에서 공을 세워 명예와 지위를 얻어야 하니 어찌 답답하고 우울하게[鬱悒] 마을에서 구차하게 산다는 말인가."라고 하였다. 마침 국가에서 여진女眞을 정벌하니 종군從軍을 청하여 공을 세웠다. 화주和州와 수주水州 두 주의 지방관이 되어 나갔는데[出宰], 평소 관리의 사무[吏事]를 익히지 않았지만 관아의 장부나 문서[簿書]에 개의치 않고 다만 대체大體를 거행하였으나 또한 일을 그르치는 것[廢事]이 없었다. 김부식金富軾을 좇아 서도[西都]를 평정하니 드디어 정부政府에 등용되었다. 병이 심해지자 추충정난공신 수태위 문하시랑 동중서문하평장사推忠定難功臣 守太尉 門下侍郎 同中書門下平章事에 제수되었다. 김정순은 타고난 자질이 용감하고 굳세었고 성격이 활달하였다. 다만 학식이 없고 재물을 좋아하여 오직 지나친 사치를 일삼으니 당시 〈사람들이〉 단점으로 여겼다.

王楷 ▶ 1145년 10월 백좌도량을 열고 승려 3만명에게 반승하다

선경전에서 사흘 동안 백좌도량百座道場을 열고 30,000명에게 반승飯僧하였다.

王楷 ▶ 1145년 11월 간언에 답하지 않자 낭사가 출근하지 않다

우상시右常侍 배경성裵景誠과 간의대부諫議大夫 최함崔諴 등 6인이 상소上疏하여 일을 말했으나 대답하지 않자 낭사郞舍가 모두 파직을 간청하여 이틀간 성省이 비었다.

王楷 ▶ 1145년 11월 금에서 보빙사가 오다

금金 동경東京의 승신교위 비기위承信校尉 飛騎尉 왕호고王好古가 와서 보빙報聘하였다.

王楷 ▶ 1145년 윤11월 **금에 사은사 및 하정사와 하성절사를 보내다**

차위위경借衛尉卿 정언심井彥深을 금金에 보내어 생신을 하례한 것에 대해 사례하고, 차호부시랑借戶部侍郞 안작유安綽裕는 횡선사〈를 보내준 것〉에 대해 사례하였으며謝橫宣, 차전중소감借殿中少監 이지정李之正은 신정을 하례하였고, 차예빈소경借禮賓少卿 이인위李仁威는 방물方物을 진상하였으며, 차예부시랑借禮部侍郞 예악전芮樂全은 만수절萬壽節을 하례하였다.

王楷 ▶ 1145년 12월 17일 **밤에 하늘에서 천둥같은 소리가 나다**

입춘일 밤에 하늘에서 천둥같은 소리가 났다. 태사太史가 점을 치고 말하기를, "입춘일에 하늘이 울어 소리가 있으면 임금[至尊]이 근심하고 놀랍니다." 라고 하였다.

王楷 ▶ 1145년 12월 **김부식이 삼국사를 편찬해 올리다**

문하시중門下侍中으로 치사한 김부식金富軾이 편찬한 신라新羅·고구려高句麗·백제百濟의 『삼국사三國史』를 올렸다. 왕이 내시內侍 최산보崔山甫를 보내 〈김부식의〉 집으로 가서 표창[獎諭]하고 화주花酒를 매우 후하게 하사하였다.

王楷 ▶ 1145년 12월 **임원애 등을 임명하다**

임원애任元敱를 수태보 판서경유수사守太保 判西京留守事로, 최진崔溱을 문하시랑평장사門下侍郞平章事로 삼고, 한유충韓惟忠을 중서시랑 문하평장사 태자소사中書侍郞門下平章事 太子少師로 삼고, 왕충王冲과 최관崔灌을 상서좌복야尚書左僕射와 상서우복야尚書右僕射로 삼았다.

인종 24년(1146년)

−인종공효대왕−

王楷 ▶ 1146년 1월 **금에서 사신을 보내 왕의 생신을 하례하다**

금金에서 위주방어사衛州防禦使 완안변完顔昇을 보내 와서 생신을 하례하였다.

王楷 ▶ 1146년 1월 **태자에게 명하여 정습명에게 서경 대우모를 강론하게 하다**

태자에게 명령하여 예부시랑禮部侍郞 정습명鄭襲明을 오게 하여,『서경書經』「대우모大禹謨」를 강론하게 하였다.

王楷 ▶ 1146년 1월 **왕이 금 사신에게 잔치를 베풀다가 병에 걸리다**

왕이 대관전大觀殿에서 금金의 사신에게 잔치를 베풀었는데, 끝내 병이 났다.

王楷 ▶ 1146년 1월 **사면령을 내리다**

사면령을 내렸다.

王楷 ▶ 1146년 1월 **왕의 병이 위독하므로 이자겸의 처자를 인주에 안치시키다**

왕의 병이 위독해져 점을 치니 이르기를 "이자겸李資謙이 재앙의 원인이다."라고 하였다. 내시內侍 한작韓綽을 보내 이자겸의 처자를 인주仁州로 옮겨 놓고, 백관百官은 보제사普濟寺에 나아가 빌었으며, 또 시왕사十王寺와 종묘와 사직에서 빌었다.

王楷 ▶ 1146년 2월 백관들이 황천상제에게 왕의 쾌유를 빌다

평장사平章事 임원애任元敱가 백관과 더불어 선경전宣慶殿에 모여 황천상제皇天上帝에게 빌며 말하기를,

"하늘은 멀고 그윽하여 진실로 헤아리기 어려우나 사람이 작고 천해도 믿음과 정성은 표현할 수 있으니, 감히 견마의 마음[犬馬之悃]을 다해 우러러 신명의 거울을 더럽힙니다. 옛날에 무왕武王이 재위하였을 적에 병에 걸려 낫지 않자 주공周公이 글을 써서 자신의 몸으로 대신하기를 요청하였습니다. 고금古今은 비록 다르나 충의忠義는 같으니 이 신들도 슬피 울며[泣血] 글을 써 하늘을 우러러 부르짖으며 명을 청합니다. 오직 푸른 하늘[蒼旻]에 바라건대 〈저희의〉 지성[悃悃]을 좇으시어[曲從] 원하건대 우리 임금님의 병을 신들의 몸에 옮겨주시고 임금님의 천명[曆數]을 다시 늘려 주시어 종묘宗祧가 의탁할 곳이 있게 해 주신다면 신들은 감히 스스로를 새롭게 하는 길을 밟지 않을 것이며, 이왕의 허물을 빌고 임금님을 인도함에는[迪] 선을 펴고 삿된 것을 막으며, 백성을 위해서는 이익을 일으키고 해를 없앨 것이며, 탐욕스러운 행동을 하지 않으며 간사스러운[詭] 방법을 쓰지 않고 청렴결백함만을 오직 힘써 생사死生에 변치 않을 것입니다. 만약 다른 날 맹세가 변한다면 반드시 신명에게서 죽임을 당할 것입니다."

라고 하였다.

王楷 ▶ 1146년 2월 무당의 말을 듣고 척준경을 추복하고 그 자손을 소환하다

척준경拓俊京의 문하시랑평장사門下侍郎平章事를 다시 복위시켜주고[追復], 그 자손을 소환하여 관직을 주었으니 무당巫覡이 척준경이 재앙의 원인이라고 말하였기 때문이다.

王楷 ▶ 1146년 2월 **사면령을 내리다**

사면령을 내렸다.

王楷 ▶ 1146년 2월 **무당의 말을 듣고 김제 벽골지의 제방을 트다**

내시內侍 봉열奉說을 보내 김제군金堤郡에 새로 쌓은 벽골지碧骨池의 방죽을 텄는데 무당의 말을 따른 것이다.

王楷 ▶ 1146년 2월 25일 **태자에게 왕위를 전하는 조서를 내리다**

갑자. 왕의 병이 아주 위독하여[大漸] 태자 왕현王晛에게 전위하며 제서를 내려 말하기를,

"짐이 박덕[涼德]하나 외람되이 왕업[조業]을 이으니 깊은 〈못에〉 임하고 썩은 새끼줄로 말을 부리는 것 같아 도모할 바를 알지 못하더니 하늘이 재앙을 내리시어 병[疾疹]이 낫지 않는다. 위로는 천심天心이 두렵고 아래로는 백성들의 바람이 부끄러워 조석으로 쓰러질 듯 허둥거리며 그 허물이 없어지기만을 생각하였다. 임금이 보는 온갖 정사[庶政萬機]는 오랫동안 비워둘 수 없으며 임금의 자리[神器大寶]는 잠시도 비워서는 안 된다. 태자 왕현은 동궁東宮에 있는 장남으로 해와 달과 같은 밝음[重离之明]과 태자[元良]의 덕이 상하에 감동하여 통한다. 이런 까닭으로 선왕先王이 사랑하는 이를 세우던 법식을 생각하고 삼대三代에서 아들에게 주는 뜻을 본받아 중임重任을 그에게 맡기어 삼한의 임금이 되게 하니 반드시 전장典章을 상고하여 많은 업적을 이루도록 하라. 지금 이후 무릇 군국사무軍國事務는 모두 뒤를 이어 받을 임금[嗣君]의 결단을 취하라."

라고 하였다.

王楷 ▶ 1146년 2월 28일 **왕이 유조를 남기고 사망하다**

유조遺詔를 내려 이르기를,

"짐이 황천皇天의 권명眷命을 받고 열성列聖이 남기신 업적을 이어 삼한을 다스린 지 25년 되었는데, 이제 근심과 수고로움에 근심도 쌓여 병이 난 지 수십 일이 지나도 더하기만 하고 낫지 않아 마침내 매우 위독한 지경에 이르렀다. 아아, 성인군자聖君의 도는 그 존망存亡을 알고, 부처와 노자의 말씀은 생사를 하나로 보았으니 이는 모두 반드시 그렇게 되는 일事之必至이요 필연적인 이치理之必然이다. 돌아가는 자는 변화를 따라 머물지 않고, 남아 있는 자는 슬픔을 누르고 부모의 뜻을 잘 따라야 하니 이는 천하의 언제나 변함없이 지켜야 하는 도이다. 아아, 너 왕태자 왕현아, 충효의 아름다움은 타고난 품성天資이 숙성夙成한 것이요, 덕업이 높아 백성들의 바람이 모이게 되었으니 왕위에 오를 만하다. 하루를 한 달로 바꿔以日易月 상복을 입고, 산릉山陵의 제도는 검약儉約을 따라 힘써 성현聖賢의 아름다운 법을 따를 것을 생각하고 조종祖宗의 밝은 덕耿光을 욕되게 하지 말 것이며無忝, 문무백관은 마음을 같이하고 덕을 합하여 국정國政을 돕고 왕가王家를 보필하여 편안하게保乂 하라."

라고 하였다. 마침내 보화전保和殿에서 훙서하였다. 이날 태자가 대관전大觀殿에서 즉위하여 시호를 공효恭孝라고 올리고 묘호廟號는 인종仁宗으로 하였다.

사신史臣 김부식金富軾이 말하기를, "인종은 젊어서 재능과 기예才藝가 많아 음율音律에 밝았고 서화書畵를 잘 했고 책 보는 것을 좋아하여 손에서 책을 놓지 않아 혹은 아침이 되도록 자지 않을 때도 있었다. 즉위해서는 명경明經〈출신인〉 신숙申淑이 매우 가난하다는 것을 듣고 불러 내시內侍로 들여 『춘추春秋』와 경전經傳을 배웠다. 성품이 또 검소하고 절약하여 일찍이 병이 났을 때 재추宰樞가 궁에 들어 문병하였는데, 누워계신 왕이 계신 잠자리寢席는 누런 명주로 가장자리를 둘렀고, 잠옷寢衣은 비단綾綿의 꾸밈이 없었다. 초년에는 궁중의 환시宦寺와 내료內僚의 무리가 매우 많았는데 매번 작은 죄微罪로 내쫓고 다시 보충하지 않아 말년에 이르러서는 수 명에 불과했다. 매일 두 번 정사를 보았는데, 혹시라도 일을 아뢰는 자가 머뭇거려 늦어지면稽遲 반드시 소신小臣으로 하여금 그를 재촉하게 하였다. 오로지 덕과 은혜로 백성을 편안하게 하려 하였고 병사를 일으켜 일을 만들려고 하지 않았다. 금나라가 갑자기 일어나자 여러 의견을 물리치고 표문을 올려 신하라고 칭하고 금나라 사신北使

를 예(禮)로 접대하기를 매우 공손하게 하므로, 금나라 사람들[北人]도 사랑하고 공경하지 않는 이가 없었다. 문사(文詞)를 담당한 신하[詞臣]가 왕명을 받들어 글을 지을 때[應制] 혹 금[北朝]을 오랑캐[胡狄]라고 칭하면 깜짝 놀라 말하기를, '어찌 신하가 대국(大國)을 섬김에 있어 이렇게 오만하게 부를 수 있는가.'라고 하였다. 마침내 대대로 환맹(歡盟)을 맺어, 변경(邊境)에 근심이 없었으나 불행히 이자겸(李資謙)이 방자하게 전횡을 하여 변란이 궁 안에서 일어나 자신이 유폐되는 치욕을 당하였으나 외할아버지라는 이유로 자기를 굽혀 그 생명을 보전하게 하였고, 척준경(拓俊京)과 같은 자에 대해서도 또한 잘못은 버리고 공을 취하여 그 목숨[首領]을 보전하게 하였으니 이것으로 도량의 관대함을 볼 수 있다. 그러므로 왕이 훙서하자 중외(中外)가 슬퍼하고 추모하였고 심지어 금나라 사람들[北人]이 이를 듣고는 또한 탄식하고 슬퍼하였으니 묘호(廟號)를 인(仁)이라 함이 또한 마땅하지 아니한가. 애석하다, 묘청(妙淸)의 천도설(遷都說)에 현혹되어 서경(西京)의 반란군[西賊]이 반란을 일으키게 되자 군사를 일으킨 지 여러 해 만에 겨우 그들을 이겼으니 이것이 그 성덕(盛德)에 누가 되는 것이다."라고 하였다.

사신(史臣) 김신부(金莘夫)가 말하기를, "예종(睿廟) 말년에 규방(房帷)에 마음을 쏟아 점차 외가에서 탐욕스럽고 방자한 행동을 하기에 이르렀다. 인종이 어린 나이에 즉위하자 재상(宰相) 한안인(韓安仁) 등이 길게 생각하고 멀리 보지 못한 채 그 권세를 몰래 빼앗으려 하였으나 조급히 굴며 분노하여 일을 일으켜 도리어 귀양을 가거나 죽임을 당하였다. 다만 간흉(姦兇)이 발호하게 하여 해독이 삼한(三韓)에 흘러 임금[黃屋]에게까지 활이 날아오고 종묘(寢廟)에 불을 지르고 지존을 위협하여 사저에 두는데 이르렀고, 〈왕의〉 좌우를 살육하고 조종(祖宗)의 왕업이 거의 땅에 떨어지게 되었으니 거울로 삼아야 할 것이다. 또 묘청(妙淸)과 백수한(白壽翰)의 음양설(陰陽說)에 현혹되어 마침내 서도(西都)의 반역을 이루게 한 것은 어째서인가. 대개 천성(天性)이 자애롭기만 하여 우유부단하였기 때문이다. 이런 까닭으로 병오년1126의 역도(逆類)에게 법[典刑]이 바르지 못하였고, 서도(西都)에서 반란을 일으킨 백성들에게 처치를 고르게 하지 못하였다. 또한 불교(浮屠)를 깊이 믿어 백성들에게 해를 끼치니 어찌 애석하지 않은가. 놀이와 잔치를 좋아하지 않았고 환관[宦豎]을 줄였으며 공손하고 검소함으로 몸을 삼갔고 성실과 신의로 이웃나라와 우호를 유지한[交隣] 것은 비록 옛 제왕帝王이라 할지라도 어찌 이보다 더하겠는가."라고 하였다.

의종총서

의종장효대왕毅宗莊孝大王

휘는 현晛이며, 자는 일승日升, 옛 휘는 철徹이다. 인종仁宗의 맏아들로, 어머니는 공예태후恭睿太后 임씨任氏이다. 인종 5년(1127년) 정미 4월 경오에 태어났다. 성품은 노는 것과 잔치를 좋아하였고 여러 소인배를 허물없이 가까이 하여 마침내 화가 미쳤다. 24년간 재위하였고 향년 47세였다.

의종 즉위년(1146년)

−의종장효대왕−

王晛 ▶ 1146년 3월 **인종을 장릉에 장사지내다**

〈인종을〉 장릉長陵에 장사하였다.

王晛 ▶ 1146년 3월 **왕의 모후를 왕태후로 높이다**

〈의종의〉 어머니 임씨任氏를 높여 왕태후王太后로 하였다.

王晛 ▶ 1146년 4월 **왕의 생일이라 하여 신하들의 조하를 받다**

왕의 생일을 하청절河淸節로 삼고 여러 신하들의 조하朝賀를 받았다.

王晛 ▶ 1146년 4월 **태자시절의 요속들에게 상을 더해주다**

동궁東宮 때의 관료[僚屬]에게는 모두 상을[恩賞] 더 주었다.

王晛 ▶ 1146년 4월 **임원애를 문하시중 정안후로 삼다**

임원애任元敱를 문하시중 정안후門下侍中 定安侯로 삼았다.

王띠 ▶ 1146년 4월 **대사면령을 내리다**

〈의종이〉 의봉루儀鳳樓에 임어臨御하여 크게 사면령을 내렸다(大赦).

王띠 ▶ 1146년 5월 **정함에게 집을 하사하다**

환자宦者 내시 서두공봉관內侍 西頭供奉官 정함鄭諴에게 좋은 집 한 채를 하사하였는데, 〈정함은〉 유모[乳媼]의 남편이다.

王띠 ▶ 1146년 9월 **평장사 이준양이 사망하다**

평장사平章事 이준양李俊陽이 사망하였다. 이준양은 본래 전주全州의 향리이었는데 청렴결백하여 현달하였다.

王띠 ▶ 1146년 9월 **평장사 한유충이 사망하다**

평장사平章事 한유충韓惟忠이 사망하였다. 한유충은 근검하고 정직하여 당시에 소중히 여김을 받았다.

王띠 ▶ 1146년 10월 **금에서 조문사를 보내고 왕의 기복을 명하다**

금金에서 청주방어사淸州防禦使 오연준례烏延邀禮와 소부소감少府少監 오거인烏居仁을 보내 와서 인종仁宗에게 제사하였고, 동지중경로 도전운사사同知中京路 都轉運司事 소겸蕭謙은 와서 조문하고 위로하였으며, 첨서회령부사簽書會寧府事 조연曹克은 와서 왕의 기복起復을 명하였다.

王띠 ▶ 1146년 10월 **왕이 백좌도량을 열고 반승하다**

친히 선경전宣慶殿에서 친히 백좌도량百座道場을 열고 마침내 구정毬庭에 행차하여 사흘 동안 반승飯僧하였다.

王晛 ▶ 1146년 11월 **금에 하정사를 보내다**

조가인趙可仁을 금金에 보내어 신정을 하례하였다.

王晛 ▶ 1146년 11월 **팔관회를 열고 신하들의 하례를 받다**

팔관회八關會를 열고 막차御幕에 임어臨御하여 하례를 받고 전상殿上의 여악女樂을 제거하라고 명령하였다.

王晛 ▶ 1146년 11월 **금에 사은사를 보내고 방물을 바치다**

이양실李陽實을 금金에 보내 사은謝恩하고 김양진金陽晉은 방물方物을 진상하였다.

王晛 ▶ 1146년 11월 **왕충이 치사하기를 청했으나 허락하지 않다**

평장사平章事 왕충王沖이 치사를 간청하였다. 조서를 내리기를,

"왕충은 청렴하고 검소하고 공평하며 몸도 아직 강건康强하므로 그에게 궤장几杖을 하사하노니 정사를 보도록 하라."

라고 하였다.

王晛 ▶ 1146년 11월 **금에 하성절사를 보내다**

양원준梁元俊을 금金에 보내어 만수절萬壽節을 하례하였다.

王晛 ▶ 1146년 11월 **압강 수군 익사의 책임을 물어 병마사를 처벌하다**

어사대에서 아뢰기를,

"압강도부서 부사鴨江都部署 副使 윤수언尹粹彦과 병선兵船 11척과 군졸 209인이 익사한 것은 병마사兵馬使가 지휘를 잘하지 못해서 이러한 지경에 이른 것이니 청하건대 죄를 주시기 바랍니다."라고 하였다. 그 말을 좇았다.

王曰 ▶ 1146년 11월 **인종 기년을 피해 연등회를 정월 보름에 행하게 하다**

조서를 내리기를,

"내년 연등회는 정월 보름으로 하라."

라고 하였다. 대개 2월은 곧 인종仁宗이 죽은 달[忌月]이므로 고쳐서 행하라 한 것인데 이것으로써 항식恒式을 삼았다.

의종 1년(1147년)
―의종장효대왕―

王呪 ▶ 1147년 4월 **왕이 외제석원에 행차하다**

외제석원外帝釋院에 행차하였는데, 이로부터 사원에 행차하여 논 것이 이루 다 기록할 수가 없었다.

王呪 ▶ 1147년 5월 **이유창 등이 급제하다**

이유창李愈昌 등 32인에게 급제를 하사하였다.

王呪 ▶ 1147년 5월 **영통사에서 후사를 기도하고 화엄경을 강경하다**

영통사靈通寺에서 후사를 기도하고 50일 동안 『화엄경華嚴經』을 강경講經하였다.

王呪 ▶ 1147년 5월 **대간이 간언을 올렸으나 대답하지 않고 격구를 하다**

대간臺諫이 글을 올려[上章] 아뢴 일에 대해 〈왕이〉 대답하지 않자 집으로 돌아갔다. 왕이 이에 구장毬杖을 어사대御史臺에 내리니 어사대는 조서를 받들어 수창궁壽昌宮의 북문北門을 닫아걸고 여러 소인들의 출입을 금하였다. 왕이 북원北園에서 놀며 좌우사람들에게 일러 말하기를, "나의 격구擊毬 기술을 다시는 시험하지 못하겠구나."라고 하였다. 잠시 뒤 공을 잡고 치니 따라갈 자가 없었다.

王睍 ▶ 1147년 6월 **왕이 명인전에서 보살계를 받다**

왕이 명인전明仁殿에서 보살계菩薩戒를 받았다.

王睍 ▶ 1147년 7월 **최유청에게 명하여 서경 열명편을 강론하게 하다**

한림학사 최유청崔惟淸에게 명하여 『서경書經』 「열명說命」을 강론하게 하였다.

王睍 ▶ 1147년 7월 **해주에 황충이 발생하다**

해주海州에 누리떼로 재해가 있었다.

王睍 ▶ 1147년 8월 **승보시를 실시하여 임유공 등을 급제시키다**

승보시升補試를 실시하여 임유공任裕公 등 55인을 뽑았는데, 승보시는 이로부터 시작되었다.

王睍 ▶ 1147년 8월 **임원준이 사망하다**

평장정사平章事致로 치사한 임원준任元濬이 사망하였다.

王睍 ▶ 1147년 9월 23일 **태백성이 나타나다**

태백성이 이틀 동안 하늘을 가로질렀다.

王睍 ▶ 1147년 9월 **서루에 임어하여 격구를 관람하다**

서루西樓에 임어하여 격구擊毬를 관람하였다.

王呪 ▶ 1147년 9월 **왕이 장원정에 임어하다**

〈왕이〉 장원정長源亭으로 나와 임어하였다.

王呪 ▶ 1147년 10월 5일 **왕이 격구를 관람하는데 천둥이 치고 우박이 내리다**

서루西樓에서 격구擊毬를 관람하는데 천둥이 치고 우박이 내렸다. 태사太史가 아뢰기를, "태양이 약하고 음기陰氣가 역逆하기 때문에 천둥소리가 난 것이니 반드시 숨은 음모가 있을 것입니다. 만약 강포한 이를 물리치고 늙고 노약자를 붙들어주고, 현량한 이를 등용한다면 오히려 구할 수 있습니다."라고 하였다.

王呪 ▶ 1147년 10월 **서루에 임어하여 격구를 관람하다**

서루西樓에 임어하여 격구를 관람하기를 나흘 동안 하였다.

王呪 ▶ 1147년 10월 **구정에서 노인과 환과고독 등에게 잔치를 베풀다**

〈왕이〉 친히 구정毬庭에서 노인·효자·손순·의부·절부에게 음식을 먹이고, 환과고독鰥寡孤獨·독질篤疾·폐질廢疾에게 잔치를 베풀어 주었다.

王呪 ▶ 1147년 11월 **금에 사신을 보내 신정을 하례하다**

배승고裴承古를 금金에 보내어 신정을 하례하였다.

王呪 ▶ 1147년 11월 **서경의 반역자 이숙 등을 처형하다**

서경 사람인 이숙李淑·유혁柳赫·숭황崇晃 등을 사형에 처하였다. 처음에 금金의 제전사祭奠使가 돌아갈 때 이숙 등이 편지를 부쳐 아뢰기를, "대국의 군대가 곧장 서경에 이른다면 청하건대 내응하고자 합니다."라고 하였다. 일이 발각되어 사형에 처하였다.

王晛 ▶ 1147년 11월 **금에서 사신을 보내 왕의 생신을 하례하다**

금金에서 완안종도完顏宗道를 보내어 임금의 생신을 하례하였다.

王晛 ▶ 1147년 11월 **금에 사신을 보내 방물을 헌납하다**

왕식王軾을 금金에 보내어 방물方物을 헌납하였다.

王晛 ▶ 1147년 11월 **왕이 북원에서 격구를 하다**

왕이 북원北園에서 격구擊毬를 하였다.

王晛 ▶ 1147년 11월 **금에 사신을 보내 만수절을 하례하다**

박소朴篠를 금金에 보내어 만수절萬壽節을 하례하게 하였다.

王晛 ▶ 1147년 11월 **운흥창의 미곡을 사사로이 쓴 감찰어사를 처벌하다**

형부刑部에서 아뢰기를, "감찰어사監察御史 이현부李玄夫가 운흥창雲興倉의 쌀 17석을 가지고 그 의붓아들과 부유한 상인에게 주었으니 청하건대 국문을 가하시고 〈쌀은〉 본래대로 운흥창에 되돌리도록 하시기 바랍니다."라고 하였다. 이를 따랐다.

王晛 ▶ 1147년 12월 **문공유 등이 시사를 논하다**

지어사대사知御史臺事 문공유文公裕와 좌정언左正言 정지원鄭知源 등이 사흘 동안 궐문 밖에 엎드려 시사時事를 아뢰었다.

王晛 ▶ 1147년 12월 **어사대에서 사직재 등을 탄핵하였으나 받아들이지 않다**

어사대御史臺에서 아뢰기를, "일찍이 조서를 받들어 수창궁壽昌宮의 북문北門을 봉쇄하였는데, 산원散員 사직재史直哉와 교위校尉 정중부鄭仲夫 등이 마음대로 〈문을〉 열고 방자하게 출입하고 있으니 청하건대 하옥下獄하시기 바랍니다."라고 하였다. 왕이 들어주지 않고서 위로하고 마음을 풀어주었다.

王呪 ▶ 1147년 12월 참지정사 이인실 등을 임명하다

이인실李仁實을 참지정사參知政事로, 김영관金永寬을 추밀원사樞密院使로 삼았고, 임광林光을 지추밀원사知樞密院事로, 최유청崔惟淸을 어사대부 동지추밀원사御史大夫 同知樞密院事로 삼았다.

王呪 ▶ 1147년 12월 당고모 등 친척과 혼인하는 것을 금하다

당고모[堂姑]·종자매從姊妹·당질녀堂姪女·형의 손녀[兄孫女]와 서로 혼인하는 것을 금지하였다. 이 금령禁令 전에 서로 혼인하여 낳은 자손은 금고禁錮하지 못하게 하였다.

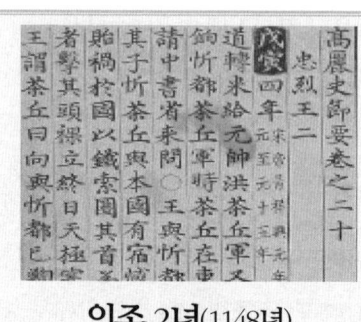

의종 2년(1148년)
−의종장효대왕−

王晛 ▶ 1148년 3월 **최함 등이 환관 지숙 등을 탄핵하여 받아들이다**

우상시右常侍 최함崔諴과 중서사인中書舍人 최윤의崔允儀 등이 내시內侍 김거공金巨公과 환자宦者 지숙之淑 등 7인을 논박하고 그들을 쫓아 낼 것을 청하였다. 왕이 들어주지 않자 최함 등이 대궐문 밖에 엎드려 극력 간언한 지 3일만에야 드디어 〈왕이〉 그를 따랐다.

王晛 ▶ 1148년 3월 **정당문학 고조기 등을 임명하다**

고조기高兆基를 정당문학政堂文學으로, 김영관金永寬을 지문하성사知門下省事로, 임광林光을 추밀원사樞密院使로, 최유청崔惟淸을 지추밀원사知樞密院事로, 문공원文公元을 동지추밀원사同知樞密院事로 삼았다.

王晛 ▶ 1148년 5월 **금에서 왕에게 기복을 끝낼 것을 명하고 책봉하다**

금金이 완안신지完顏愼之를 보내어 왕이 기복起復을 끝낼 것을 명하였고, 대리경大理卿 완안종안完顏宗安과 예부시랑禮部侍郞 채송년蔡松年이 와서 왕을 책봉하여 개부의동삼사 상주국 고려국왕開府儀同三司 上柱國 高麗國王으로 삼았다.

王眈 ▶ 1148년 6월 금에서 횡선사를 보내오다

금金에서 횡선사橫宣使 발산수도孛散守道가 왔다.

王眈 ▶ 1148년 7월 왕이 왕태후에게 책을 올리고 연회를 베풀다

왕이 왕태후에게 책冊을 올렸다. 여러 신하들과 잔치하고, 크게 사면하였으며, 문무백관에게 관계官階와 관작官爵을 하사하였다.

王眈 ▶ 1148년 8월 고 봉어 최단의 딸을 비로 삼다

고 봉어奉御 최단崔端의 딸을 들여 비妃로 삼았다.

王眈 ▶ 1148년 윤8월 현릉에 배알하다

현릉顯陵에 배알하였다.

王眈 ▶ 1148년 윤8월 어사대가 3일 동안 궐문에 엎드려 시사를 논하다

어사대御史臺가 3일 동안 대궐문 밖에 엎드려 시사時事를 아뢰었다.

王眈 ▶ 1148년 윤8월 중서시랑동평장사 임원숙 등을 임명하다

임원숙任元淑을 중서시랑동평장사中書侍郎同平章事로 삼고 이어 치사致仕를 명하였고, 임극충任克忠은 추밀원부사樞密院副使로 삼았다.

王眈 ▶ 1148년 윤8월 창릉과 장릉을 배알하다

창릉昌陵과 장릉長陵 두 능을 배알하였다.

王眈 ▶ 1148년 9월 유정견 등이 급제하다

유정견柳庭堅 등 25인에게 급제를 하사하였다.

王睍 ▶ 1148년 10월 13일 **태묘에 제사지내고 사면령을 내리다**

친히 태묘에 제사지내고[祫] 사면령을 내렸다.

王睍 ▶ 1148년 10월 **송과 모의하여 반역을 시도하려 한 이심 등을 처형하다**

일찍이 이심李深과 지지용智之用이 송宋나라 사람 장철張喆과 함께 모의하고 이심은 이름을 동방흔東方昕으로 고쳤다. 〈이들은〉 송 태사太師 진회秦檜에게 글을 보내어 이르기를, "만약 금金을 정벌한다는 것으로 명분을 삼아 고려高麗에게 길을 빌리고 우리가 내응內應한다면 고려를 도모할 수 있을 것으로 생각합니다."라고 하였다. 지지용이 그 글과 유공식柳公植의 집에 보관하고 있던 고려지도高麗地圖를 송상宋商 팽인彭寅에게 부쳐 진회에게 바쳤다. 이때 송 도강都綱 임대유林大有가 글과 지도를 얻어가지고 와서 고하였다. 장철·이심·지지용을 옥에 가두고 국문하자 모두 자복하였다. 이심과 지지용은 옥중에서 죽었고, 장철은 처형되었으며, 그 처는 모두 먼 섬에 귀양보냈다.

王睍 ▶ 1148년 11월 **금에 사신을 보내 생신 축하와 낙기복에 사례하다**

송공찬宋公贊을 금金에 보내어 임금의 생신을 하례한 것에 대해 사례하였고, 이지화는 낙기복落起復하여 준 것에 대해 사례하게 하였다.

王睍 ▶ 1148년 11월 **왕의 동생 왕경과 왕호를 책봉하다**

〈왕의〉 동생 왕경王暻을 책봉하여 대령후大寧侯로 삼고 왕호王晧는 익양후翼陽侯로 삼았다.

王睍 ▶ 1148년 11월 **금에 사신을 보내 횡선사 파견과 책봉에 사례하고 신정을 하례하다**

허진승許進升을 금金에 보내어 횡선사橫宣使를 보내준 것에 대해 사례하고, 이식李軾

과 김영부金永夫는 책봉해준 것에 대해 사례하게 하였으며, 염직량廉直諒은 신정을 하례하게 하였다.

王晛 ▶ 1148년 11월 금에서 사신을 보내 왕의 생신을 하례하다

금金이 고경산高景山을 보내어 임금의 생신을 하례하였다.

王晛 ▶ 1148년 11월 금에 사신을 보내 방물을 헌납하다

전중시어사殿中侍御史 이공승李公升을 금金에 보내어 방물方物을 진상하였다. 당시 금에 사신으로 가는 자는 휘하의 군사들에게 폐백으로 1인당 각각 은1근을 거두는 것을 상례로 하였다. 이공승이 1전도 취하지 않자 세상 사람들이 그의 청렴함에 감복하였다.

王晛 ▶ 1148년 11월 금에 사신을 보내 만수절을 하례하다

김예웅金禮雄을 금金에 보내어 만수절萬壽節을 하례하였다.

王晛 ▶ 1148년 11월 고 김수자에게 한림시독학사를 추증하다

고 예주방어사禮州防禦使 김수자金守雌를 이부시랑 한림시독학사吏部侍郎 翰林侍讀學士로 삼았다. 이부吏部에서 아뢰기를, "김수자는 병오년1126의 난 당시 직사관直史館으로 입직入直하고 있었는데, 목숨을 아끼지 않고 국사國史를 옮겨두어 완전하게 하였습니다. 옛날 당唐의 위술韋述이 사관史官이 되었는데 안녹산安祿山의 난을 만나게 되자 국사國史를 품에 안고 가 남산南山에 보관하여 두었으나 적에게 잡혀 위관僞官으로 〈자신을〉 더럽혔습니다. 〈그로 인해〉 적이 평정된 뒤 투주渝州에 유배를 가서 죽었습니다. 광덕廣德 초년에 공로로 과오를 용서받아 우산기상시右散騎常侍로 추증되었습니다. 위술은 결국 위관으로 더럽혀져 귀양을 가서 죽었으나 오히려 그 공은 논하였습니다. 지금 김수자는 죄에 연루된 것이 하나도 없었지만 전례에 따라 외관外官

으로 근무하다 죽었고, 아직도 공로에 대한 상[顯賞]을 받지 못하여 심히 애석하니 바라건대 옛 사례에 의거하여 관작[官爵]을 추증하십시오."라고 하였으므로 이러한 명령이 있었다.

王睍 ▶ 1148년 12월 **왕이 북원에서 격구를 하다**

왕이 북원北園에서 격구擊毬를 하였다.

王睍 ▶ 1148년 12월 **수태위 정안공 임원애 등을 임명하다**

임원애任元敱를 수태위 정안공守太尉 定安公으로 삼고 부를 열어[開府] 수령부壽寧府라 이름하고 요속僚屬을 두었다. 김부식金富軾을 수태보 낙랑군 개국후守太保 樂浪郡 開國侯로 삼고 이어 치사致仕를 명하였다. 이인실李仁實을 중서시랑동평장사 판이부사中書侍郎同平章事 判吏部事로 삼았고, 고조기高兆基를 참지정사 판병부사參知政事 判兵部事로, 김영관金永寬을 참지정사參知政事로, 윤언이尹彦頤를 정당문학政堂文學으로 삼았으며, 문공원文公元을 어사대부 지추밀원사御史大夫 知樞密院事로 삼았고, 유필庾弼을 추밀원부사樞密院副使로 삼았다.

의종 3년(1149년)

—의종장효대왕—

王眖 ▶ 1149년 1월 강안전에서 연회를 베풀다

강안전康安殿에서 작은 연회[曲宴]를 베풀었다.

王眖 ▶ 1149년 1월 군사를 사열하다

군사들을 사열하였다[閱兵].

王眖 ▶ 1149년 2월 군사를 사열하다

군사들을 사열하였다[閱兵].

王眖 ▶ 1149년 2월 후정에서 격구를 관람하다

날쌔고 용감한 기마군사 18인을 선발하여 뒤뜰에서 격구擊毬를 하도록 하고 관람하였다.

王眖 ▶ 1149년 2월 상주와 경주에 기근이 들어 진휼하다

상주尙州와 경주慶州에 기근이 들었기에 사신을 보내어 진휼하였다.

王睍 ▶ 1149년 3월 **일식이 있다**

일식이 있었다.

王睍 ▶ 1149년 3월 **어사잡단 신숙 등이 3일 동안 간언하다**

어사잡단御史雜端 신숙申淑과 시어사侍御史 송청宋淸이 궐문 밖에 엎드려 사흘 동안 간언하였으나 <왕이> 대답하지 않으므로 신숙 등은 병을 핑계로 집으로 돌아갔다.

王睍 ▶ 1149년 3월 **서루에 임어하여 격구를 관람하다**

서루西樓에 임어하여 사흘 동안 격구擊毬를 관람하였다.

王睍 ▶ 1149년 4월 **문하시랑평장사 이인실 등을 임명하다**

이인실李仁實을 문하시랑평장사門下侍郞平章事로 삼고 고조기高兆基를 중서시랑평장사中書侍郞平章事로 삼았다.

王睍 ▶ 1149년 7월 **보문각학사 등과 청연각에서 연회를 열다**

보문각학사寶文閣學士 문공유文公裕, 직각直閣 고영부高瑩夫와 함께 청연각淸讌閣에서 연회를 벌였는데 군신간의 예의는 생략하였다.

王睍 ▶ 1149년 7월 **평장사 고조기 등과 청연각에서 연회를 열다**

평장사平章事 고조기高兆基 등과 청연각淸讌閣에서 잔치를 열었다.

王睍 ▶ 1149년 7월 **간관이 시사를 아뢰다**

간관諫官이 이틀 동안 대궐문 밖에 엎드려 시사時事를 아뢰었다.

王曰 ▶ 1149년 8월 **5군을 3군으로 개편하다**

중군병마사中軍兵馬使가 아뢰기를, "옛 제도에 천자天子는 6군, 대국大國은 3군, 차국次國은 2군, 소국小國은 1군이었으니 청하건대 5군을 고쳐 3군으로 하시기 바랍니다."라고 하였다. 그 말을 따랐다.

王曰 ▶ 1149년 8월 **서루에 임어하여 격구를 관람하다**

서루西樓에 임어하여 격구擊毬를 관람하였다.

王曰 ▶ 1149년 8월 **평장사 고조기 등을 인견하여 국사를 논하다**

평장사平章事 고조기高兆基, 어사대부御史大夫 문공원文公元, 중서사인中書舍人 왕식王軾, 좌승선左承宣 정습명鄭襲明을 인견引見하여 술을 하사하고 국사國事를 논하였다. 드디어 서루西樓에 임어하여 격구擊毬를 관람하였다.

王曰 ▶ 1149년 9월 **윤언이의 졸기**

정당문학政堂文學 윤언이尹彦頤가 사망하였다. 윤언이는 젊어서 과거에 급제하였고 문장文章을 잘 지었으며 일찍이 『易解역해』를 지어 세상에 전하였다. 만년에 불법佛法을 심히 좋아하여 늙음을 이유로 은퇴를 청하여 파평坡平에 살면서 금강거사金剛居士라고 스스로 이름하였다. 일찍이 중 관승貫乘과 더불어 불교[空門]의 친구가 되었는데, 관승이 한 포암蒲菴을 지었는데 다만 한사람이 앉을 자리 정도만 용납하였으므로 먼저 죽는 사람이 이 자리에 앉아 죽기로 약속하였다. 하루는 윤언이가 소를 타고 관승에게 갔다가 작별하고 곧바로 돌아오니 관승이 사람을 포암으로 보냈다. 윤언이가 웃으며 말하기를 "대사는 약속을 저버리지 않으십니다."라고 하였다. 마침내 〈윤언이는〉 포암에 앉아 사망하였다. 윤언이는 재상[宰輔]이 되었으나 국가의 풍속에는 뜻을 두지 않고 감히 괴이[詭異]한 행동을 하여 어리석은 백성들을 미혹시켰으니 식자識者들이 그를 기롱하였다.

王睍 ▶ 1149년 9월 **서루에 임어하여 격구를 관람하다**

서루西樓에 임어하여 격구擊毬와 희마戱馬를 관람하였다.

王睍 ▶ 1149년 9월 **최유청 등에게 술을 내리고 격구를 관람하다**

지문하성사知門下省事 최유청崔惟淸과 어사대부御史大夫 문공원文公元 등을 불러 술을 내리고 곧이어 격구擊毬를 관람하였다.

王睍 ▶ 1149년 9월 **서루에 임어하여 격구를 관람하다**

서루西樓에 임어하여 이틀 동안 격구擊毬를 관람하였다.

王睍 ▶ 1149년 9월 **관덕정에 임어하여 군대를 사열하다**

관덕정觀德亭에 행차하여 군대를 사열하고 차등있게 물품을 하사하였다.

王睍 ▶ 1149년 9월 **재추 및 시신과 연회를 열다**

재추宰樞 및 시신侍臣과 연회를 벌였다.

王睍 ▶ 1149년 9월 **군사를 사열하다**

병사를 사열하였다.

王睍 ▶ 1149년 11월 **금에 사신을 보내 생신 축하에 사례하고 신정을 하례하다**

이지중李之中을 금金에 보내어 임금의 생신을 하례한 것에 대해 사례하였고 홍원척은 신정을 하례하게 하였다.

王睍 ▶ 1149년 11월 **금에서 사신을 보내 왕의 생신을 하례하다**

금金에서 완안다우完顏多祐를 보내어 임금의 생신을 하례하였다.

王睍 ▶ 1149년 11월 금에 사신을 보내 방물을 헌납하고 만수절을 하례하다

허순許純을 금金에 보내어 방물方物을 진상하였고 한정韓靖은 만수절萬壽節을 하례하게 하였다.

王睍 ▶ 1149년 12월 관할하던 재물을 훔친 관원을 처벌하다

검교소부소감檢校少府少監 고원인高元仁이 〈자신이〉 지키고 있던 관의 비단 108필을 훔쳤다. 죄가 교수형에 해당하였으나 범행이 사면이 내리기 전에 있었던 것이므로 등에 장형[杖脊]을 가하고 먼 섬으로 유배 보냈다.

王睍 ▶ 1149년 12월 판이부사 고조기 등을 임명하고 왕충을 치사하게 하다

왕충王沖을 문하시중門下侍中으로 삼고 곧이어 치사致仕를 명하였다. 고조기高兆基를 판이부사判吏部事로, 김영관金永寬을 중서시랑 동중서문하 평장사 판병부사中書侍郎 同中書門下平章事 判兵部事로 삼았고 최유청崔惟淸을 참지정사參知政事로 삼았다.

의종 4년(1150년)

-의종장효대왕-

王띤 ▶ 1150년 1월 **밀진사를 파견했으나 금의 제위 교체로 돌아오다**

밀진사密進使 박순충朴純冲이 금金에 갔는데, 금에서 완안량完顔亮이 그 임금을 시해하고 스스로 왕위에 올랐다 하여 도착하지 않고 돌아왔다.

王띤 ▶ 1150년 9월 **남경에 행차하다**

남경南京에 행차하였다.

王띤 ▶ 1150년 9월 **태백성이 나타나다**

태백성이 낮에 나타나 하늘을 가로질렀다.

王띤 ▶ 1150년 9월 **남경에서 돌아와 사면령을 내리다**

남경南京으로부터 돌아와 사면령을 내렸다.

王띤 ▶ 1150년 9월 **북원에 격구장을 세우다**

북원北園에 격구장을 세웠다.

王眖 ▶ 1150년 10월 **동교에서 군사를 사열하다**

동교東郊에서 병사를 사열하였다.

王眖 ▶ 1150년 10월 **간관이 고조기를 탄핵하므로 좌천시키다**

간관諫官이 평장사平章事 고조기高兆基를 탄핵하니 〈그를〉 좌천시켜 상서좌복야尙書左僕射로 삼았다.

王眖 ▶ 1150년 11월 **사신을 금에 보내 선유에 사례하고 신정을 하례하다**

조진약曹晉若을 금金에 보내어 선유宣諭에 대해 사례하였고 유록공庾祿公은 신정을 하례하게 하였다.

王眖 ▶ 1150년 11월 **금에서 사신을 보내 왕의 생신을 하례하다**

금金이 야율나송耶律羅松을 보내어 임금의 생신을 하례하였다.

王眖 ▶ 1150년 11월 **금에 사신을 보내 방물을 헌납하고 용흥절을 하례하다**

한진여韓縝如를 금金에 보내어 방물方物을 진상하였고, 임경유林景猷는 용흥절龍興節을 하례하게 하였다.

王眖 ▶ 1150년 11월 **강안전에 임어하여 관리들에게 격구를 하라고 명하다**

강안전康安殿에 임어하여 내시지후內侍祗候 이하以下에게 격구擊毬하라고 명하였다.

王眖 ▶ 1150년 12월 **판이부사 김영관 등을 임명하다**

김영관金永寬을 판이부사判吏部事로, 고조기高兆基를 판병부사判兵部事로, 최유청崔惟淸을 중서시랑평장사中書侍郞平章事로 삼았고, 문공원文公元을 참지정사參知政事로, 유필庾弼을 지추밀원사知樞密院事로, 최자영崔子英을 동지추밀원사同知樞密院事로 삼았다.

의종 5년(1151년)

−의종장효대왕−

> 王眠 ▶ 1151년 2월 **김부식의 졸기**

문하시중門下侍中으로 치사致仕한 김부식金富軾이 사망하였다. 김부식은 살찐 모습에 체격이 크고 얼굴색은 검고 눈이 튀어나왔으며, 문장으로 세상에 이름이 있었다. 인종仁宗 때 송宋 사신 노윤적路允迪과 서긍徐兢이 왔을 때 김부식이 접반사接伴使가 되었는데, 서긍은 김부식이 글을 잘 짓고 고금古今의 일에 통달한 것을 보고 그 사람됨을 좋아하여 『고려도경高麗圖經[圖經]』을 쓰면서 김부식의 세가世家를 수록하였다. 또한 〈김부식의〉 모습을 그려서 돌아가 황제에게 아뢰니 곧 사국司局에 조서를 내려 판에 새겨 전하게 하여 천하에 이름을 떨쳤다. 후에 〈김부식이〉 사명使命을 받들고 송宋에 가니 이르는 곳마다 평소 그 이름을 들어 예로써 그를 접대하였다. 두 번 과거[禮闈]를 관장하여 선비를 잘 선발하였다는 칭찬을 들었다. 77세로 죽었는데 중서령中書令을 추증하였고 시호는 문열文烈이며 문집文集 20권이 있다. 인종의 묘정에 배향되었다.

> 王眠 ▶ 1151년 3월 2일 **태양에 흑점이 생기다**

태양에 검은 점이 있었는데 크기가 계란만 하였다.

王眴 ▶ 1151년 3월 **고조기를 중군병마판사로 삼다**

고조기를 중군병마판사 겸서북면병마판사中軍兵馬判事 兼西北面兵馬判事로 삼았다.

王眴 ▶ 1151년 3월 12일 **태양에 흑점이 생기다**

태양 가운데 검은 점이 있었는데 크기가 계란만 하였다. 다음날도 또한 그러하였다.

王眴 ▶ 1151년 3월 **정습명의 졸기**

추밀원 지주사樞密院 知奏事 정습명鄭襲明이 사망하였다. 정습명은 영일현迎日縣 사람으로 뜻이 크고 기개가 있고 뛰어나게 훌륭하였으며 학문에 힘쓰고 문장에 능하였다. 향공鄕貢으로 과거에 급제하였다. 처음에 왕이 태자로 있을 때 정습명은 시독侍讀이 되었는데 인종은 태자가 왕업을 잇지 못할 것을 염려하였고 임후任后도 또한 둘째 아들을 사랑하여 장차 태자로 세우려 하였는데, 정습명이 진심으로 보호하였으므로 폐위되지 않았다. 정습명은 오랫동안 간관직에 있었는데, 간쟁하는 신하의 풍모가 있어 인종이 그의 기량을 더욱 중히 여겨 특별히 승선承宣에 임명하고 동궁의 스승이 되게 하였다. 〈인종이〉 병이 들자 태자에게 일러 말하기를, "나라를 다스리는 데에는 마땅히 정습명의 말을 들어야 한다."라고 하였다. 왕이 왕위를 이어받자 예전의 일로 태후를 원망하여 하루는 〈태후를 옆에〉 모시고 앉아 있다가 말로 태후를 능멸하였다. 태후가 맨발로 전에서 내려가 하늘을 우러러 맹세하니 홀연히 천둥소리와 함께 비가 내리고 큰 지진이 일고 번갯불이 자리로 들어왔다. 왕이 놀라고 두려워하여 머리를 숙이고 태후의 옷 아래로 들어갔는데 갑자기 벼락이 궁전 기둥에 떨어졌다. 왕이 잘못을 뉘우치니 비로소 모자의 정이 처음과 같이 되었다. 정습명은 스스로 선대왕先朝으로부터 고명顧命[顧托]을 받았다고 하여 아는 것은 말하지 않은 것이 없었다. 왕이 그를 꺼려하니 김존중金存中과 정함鄭諴이 밤낮으로 정습명의 단점을 말하였다. 때마침 정습명이 병으로 휴가를 청하니 김존중에게 임시로 그 직을 대신하게 하였다. 정습명은 왕의 뜻을 미루어 알고 약을 물리쳐 죽었다.

王眤 ▶ 1151년 4월 **참지정사로 치사한 진숙이 사망하다**

참지정사參知政事로 치사한 진숙陳淑이 사망하였다.

王眤 ▶ 1151년 4월 **명인전에 임어하여 정사를 돌보다**

명인전明仁殿에 임어하여 정사를 돌보았다.[視朝] 을축년1145 이래로 새로 급제한 이들을 인견引見하여 합문閤門에서 잔치를 하사하고 이어 벼슬[釋褐]을 하사하였다. 왕이 간신諫臣에게 일러 말하기를, "지금부터 매일 조정에 나가 정사를 보려고[視朝] 하니 무릇 정쟁廷諍하는 일은 잠시 하지 말도록 하라."라고 하였다. 그러므로 간신諫臣 가운데 정쟁하는 이가 없었다.

王眤 ▶ 1151년 4월 **침향목으로 관음상을 조각하게 하여 내전에 두다**

침향목沈香木으로 관음상을 조각하라고 명하고 〈관음상을〉 내전內殿에 두었다.

王眤 ▶ 1151년 4월 **지문하성사 유필 등을 임명하다**

유필庾弼을 지문하성사知門下省事로, 최함崔諴을 지추밀원사知樞密院事로 삼았다.

王眤 ▶ 1151년 4월 **관포를 횡령한 한영신 등을 처벌하다**

소부소감少府少監 한영신韓令臣이 일찍이 전해고 판관典廨庫 判官이 되었는데 사사로이 추포麤布를 가지고 관포官布 30필과 몰래 바꾸었다. 직전職田을 거두고 고향[田里]으로 돌려보냈다.

王眤 ▶ 1151년 윤4월 **평장사로 치사한 이중이 사망하다**

평장사平章事로 치사한 이중李仲이 사망하였다.

王呪 ▶ 1151년 윤4월 **명산대천과 여러 신사에 비를 빌다**

가뭄이 들어 명산대천名山大川과 여러 신사神祠에서 비를 빌었다.

王呪 ▶ 1151년 윤4월 **환관 정함 문제로 왕과 대간이 대립하다**

왕비 왕씨王氏를 봉하여 흥덕궁주興德宮主로 삼았다. 장차 잔치를 벌이려고 시신侍臣들이 자리에 나아가 앉았다. 간의諫議 왕식王軾이 환자宦者 내전숭반內殿崇班 정함鄭諴이 서대犀帶를 띤 것을 보고 대원臺員을 가리켜 말하기를, "대간臺官은 눈이 없는 사람이라고 해야 한다."라고 하였다. 어사잡단御史雜端 이작승李綽升이 벌컥 화를 내며 안색이 변해 말하기를, "그대가 어찌 〈내가〉 할지 못할지를 안단 말인가."라고 하였다. 〈이작승은〉 즉시 대리臺吏 이빈李份으로 하여금 그 서대를 가져오게 하였다. 정함은 〈왕으로부터〉 하사받은 물건이라 하여 주지 않으려 하였으나 이빈이 강제로 가져왔다. 정함이 왕에게 아뢰니 왕이 크게 노하여 내시內侍 이성윤李成允에게 명하여 이빈을 잡아오게 하였다. 이빈이 대문臺門 안으로 도망쳐 들어가자 이성윤은 다른 관리인 민효정閔孝旌을 잡아 와서 궁성에 가두었다. 왕이 좋아하지 않으며 잔치를 파하고, 즉시 왕이 띠고 있던 서대를 풀어 정함에게 하사하고 민효정은 형부刑部의 감옥에 하옥하였다. 대관臺官이 왕이 노한 것이 풀어지지 않았음을 알고 그 서대를 내시원內侍院에 돌려주니 내시집사內侍執事 한유공韓儒功이 말하기를, "네가 이미 **빼앗아** 갔거늘 어째서 〈돌려〉 보냈는가."라고 하였다. 곧이어 서대를 물리쳤는데, 두세 번 왔다갔다한 이후 서대를 받았다. 대간臺諫이 궐문 밖에 엎드려 이성윤 등의 죄를 논하였으나 왕이 들어주지 않자 대간이 두문불출杜門不出하니 왕은 이에 이성윤과 한유공 등 5인을 축출하고 대간은 조정에 나가 정사를 돌보았다[視事].

王呪 ▶ 1151년 윤4월 **정함을 권지합문지후로 삼았으나 대간이 반발하다**

정함鄭諴을 권지합문지후權知閤門祗候로 삼으니 어사대御史臺에서 환자宦者로서 조관朝官에 참여한 것은 고제古制에 없는 일이라 하며 간쟁하였으나 〈왕이〉 들어주지 않았다. 대관臺官들은 다시 두문불출하니 대관臺官을 불러 달래며 말하기를, "이미 정함을 지후로 정한 명령을 거두었다."라고 하였다. 대관이 절하고 감사의 뜻을 표하였다. 이때 왕의 아우 대령후大寧侯 왕경王暻이 도량이 있어 사람들의 마음을 얻었다. 정함이 대관을 모함하려고 몰래 산원散員 정수개鄭壽開를 꾀어 대성臺省 및 이빈李份 등이 왕大家을 원망하여 왕경을 왕으로 추대하려고 모의하였다고 무고誣告하였다. 왕이 이에 현혹되어 간신諫臣을 제거하려고 하니 김존중金存中이 간언하여 중지하고 유사有司로 하여금 조사하고 신문해 달라고 청하였으나 과연 증거가 없었다. 정수개에게 묵형墨刑을 주고 흑산도黑山島에 유배 보냈고 이빈은 운제현雲梯縣에 유배 보냈다. 정함은 죄를 면하고자 할 생각에 또 외척外戚과 조신朝臣들이 대령후의 집에 출입한 것은 진실로 무고가 아니라고 참언讒言하였다. 이보다 앞서 김존중이 또 태후의 여동생의 남편인 내시낭중內侍郎中 정서鄭叙와 동모제母弟 승선承宣 임극정任克正이 사이가 벌어져 있었다. 정서는 성품이 경박하였으나 재능이 있어 대령후와 사귐을 맺고 서로 더불어 놀았다. 김존중과 정함 등이 유언비어를 엮어서 아뢰니 왕도 또한 그를 의심하였다. 김존중이 일찍이 춘방시학春坊侍學이 되어 정함과 더불어 서로 친하였다. 왕이 즉위하자 옛 은혜로 인해 내시內侍에 속하게 하였고, 〈왕으로부터〉 특별한 은총을 입었다. 정습명이 죽자 정함이 간곡하게 아뢰어 김존중을 발탁하여 우승선右承宣으로 삼았다. 이로부터 대궐禁中에 출입하며 국정을 계획하고 논의하니 세력이 조야에 횡행하였다.

王睍 ▶ 1151년 5월 왕식 등이 상소하여 정서 등의 죄를 논하다

간의諫議 왕식王軾과 기거주起居注 이원응李元膺 등이 상소하여 정서鄭叙 등의 죄를 논하니 김존중金存中이 찬동하였다. 왕식과 이원응은 모두 김존중의 친족이었다.

王睍 ▶ 1151년 5월 재상과 간관이 정서와 정함을 탄핵하다

재상 최유청崔惟淸·문공원文公元·유필庾弼 등이 간관諫官 최자영崔子英·왕식王軾·김영부金永夫·박소朴繡 등을 이끌고 대궐문 밖에 엎드려 아뢰기를, "정서는 대령후大寧侯와 서로 사귀어 그의 집으로 초청하여 잔치를 벌여 즐기고 놀았습니다. 또 정함은 사사로운 원한으로 대간臺諫을 모함하였으니 죄를 용서할 수 없습니다."라고 하였다.

王晛 ▶ 1151년 5월 어사대에서 정서를 탄핵하다

어사대御史臺에서 정서鄭叙가 은밀하게 종실宗室과 연결되어 밤에 모여 잔치를 열었다고 하여 정서와 비서정자秘書正字 양벽梁碧, 융기색판관戎器色判官 김의련金義鍊, 대령부 전첨大寧府 典籤 유우劉遇, 녹사錄事 이시李施를 가두었다. 왕이 모두 풀어주고 대령부를 파하였으며 왕경王暻의 노비 김참金旵을 회인懷仁으로 유배 보내고 악공樂工 최예崔藝 등은 태형笞刑을 가하고 유배 보내었다.

사신史臣이 말하기를, "의종毅宗은 그와 개인적으로 관련된 사람들을[私昵] 능히 다스리지 못하여 풍헌風憲을 능멸하게[陵轢]하여 국법을 어지럽힌 것이 이미 지나쳤다. 대간臺諫의 말을 듣지 않고 법을 굽혀 그들을 용서하였으니 군소群小의 화가 미친 것도 당연하다."라고 하였다.

王晛 ▶ 1151년 5월 간관을 불러 위로하고 타이르다

간관諫官을 불러다가 위로하고 타일렀다. 특히 간의諫議 왕식王軾을 편전便殿 안으로 들어오게 하여 주연酒宴을 하사하고 조용히 말하였다.

王晛 ▶ 1151년 5월 대간이 궐문 밖에 엎드려 시사를 아뢰다

대간臺諫이 궐문 밖에 엎드려 시사時事를 아뢰었고, 지대사知臺事 최윤의崔允儀는 왕이 머무는 곳으로 바로 들어가 간쟁하였다. 〈왕이〉 대리臺吏 이빈李份을 소환하고 정서鄭叙는 장형杖刑을 가하여 동래東萊로 유배 보냈으며 양벽梁碧은 회진會津으로, 김의련金義鍊은 청주淸州로, 김참金旵은 박도樸島로 유배 보냈다. 또 평장사平章事 최유청崔惟淸은 정서가 제왕과 잔치할 때에 그릇을 빌려주어 대신大臣의 체모를 잃었으므로 벼슬을 낮춰 남경유수南京留守로 삼았고, 잡단雜端 이작승李綽升은 대성臺省에서 정서를 탄핵할 때 집에 있으면서 참여하지 않았으므로 벼슬을 낮춰 남해현령南海縣令으로 삼았는데 모두 정서의 매부이며, 정서 등이 유배되자 김존중金存中은 더욱 총애를 받았다.

王晛 ▶ 1151년 5월 **내전숭반 정함을 파직하다**

내전숭반內殿崇班 정함鄭誠을 파직하였는데 간관諫官의 논청論請이 끊이지 않았기 때문이다.

王晛 ▶ 1151년 5월 **수사도 판국자감사 김영관 등을 임명하다**

김영관金永寬을 수사도 판국자감사守司徒 判國子監事로, 문공원文公元을 중서시랑평장사 판이부사中書侍郞平章事 判吏部事로, 유필庾弼을 참지정사 판병부사參知政事 判兵部事로, 김영석金永錫을 정당문학政堂文學으로, 최자영崔子英을 지문하성사知門下省事로, 최함崔諴을 판삼사사判三司事로, 최윤의崔允儀를 어사대부 동지추밀원사御史大夫 同知樞密院事로, 임극충任克忠을 추밀원부사樞密院副使로 삼았다.

王晛 ▶ 1151년 6월 **보문각학사 등에게 명하여 책부원구를 교정하게 하다**

보문각학사寶文閣學士와 대제待制 및 한림학사翰林學士에게 명하여 매일 정의당精義堂에 모여 『책부원구冊府元龜』를 교정하게 하였다.

王晛 ▶ 1151년 6월 **금에서 횡사사를 보내다**

금金에서 횡사사橫賜使로 소부소감少府少監 소충蕭忠이 왔다.

王晛 ▶ 1151년 6월 **이부에서 정서 등의 죄를 기록하기를 청하니 따르다**

이부吏部에서 정서鄭敍·최유청崔惟淸·이작승李綽升의 죄를 정부政簿에 기록하기를 청하니 이를 따랐다.

王眠 ▶ 1151년 6월 내시 이양윤 등을 불러 시를 시험하다

밤에 내시內侍 이양윤李陽允·사관史官 이인영李仁榮 등 30인을 봉원전奉元殿에 불러 종이와 붓을 주고 석류화시石榴花詩를 짓도록[賦] 명하고, 초에 금을 그어 시간을 제한하였다. 이양윤 등 7인이 합격하여 술과 과실 및 비단[絲絹]을 하사하였다.

王眠 ▶ 1151년 6월 왕이 도우시를 짓고 학사들에게 보이다

왕이 일필휘지로[走筆] 도우시禱雨詩를 짓고 학사學士들에게 널리 보여주었다[宣示].

王眠 ▶ 1151년 6월 가뭄으로 부채 사용을 금하다

가뭄으로 부채 사용을 금하였다.

王眠 ▶ 1151년 7월 조서를 내려 가뭄을 극복할 방안을 마련하게 하다

조서를 내리기를,

"금년에는 여러 달 동안 비가 내리지 않아서 벼와 곡식이 익지 않아 내외의 백성들이 장차 굶주리게[飢困] 되었으니 크게 근심이 된다. 길에 굶어죽은 자가 있는데도 〈창고의 곡식을〉 낼 줄을 모르니 어찌 정치를 하는 도리라고 하겠는가. 도병마사都兵馬使와 재추宰樞들은 구휼할 방법을 깊이 논의[熟議]하여 나의 백성[赤子]들로 하여금 혹시라도 굶주리는 일이 없도록 하라."

라고 하였다.

王眠 ▶ 1151년 7월 이식을 상서좌복야로 삼았으나 곧 사망하다

이식李軾을 상서좌복야 참지정사尙書左僕射 參知政事로 삼았는데, 오래지 않아 사망하였다.

王睍 ▶ 1151년 8월 **대관이 시사를 논하였으나 듣지 않다**

간관諫官과 시어사侍御史 김양金煬 등이 궐문 밖에 엎드려 사흘 동안 시사時事를 말하였으나 <왕이> 대답하지 않았다. 성省의 재신宰臣[省宰]들이 모두 죄를 달라 간청하고 조정에서 정사를 돌보지 않았다. 문공원文公元·유필庾弼·김영석金永錫·최자영崔子英 및 간관諫官 김자의金子儀·왕식王軾·박소朴䎘·이원응李元膺·이양신李陽伸·윤인첨尹鱗瞻, 대관臺官 최윤의崔允儀·김양·민각閔慤·한정韓靖을 불러 위로하고 타일러 정사를 돌보라고 하였다. 모두 조서를 받들지 않고 밤 2경[二鼓]에야 비로소 물러났다. 성의 재신과 대간도 부름을 받고 궐에 나아가 명을 기다렸으나 대답하지 않았다. 성의 재신과 어사대부御史大夫가 먼저 물러가니 왕이 기사騎士를 뒤뜰後庭로 불러 북을 치며[伐鼓] 격구擊毬를 하였다. 정언正言 이지심李知深이 이틀 동안 대궐문 밖에 엎드려 극력 간쟁하였다.

王睍 ▶ 1151년 8월 **북원에서 놀면서 기사에게 명하여 격구를 하게 하다**

왕이 북원北園에서 놀면서 기사騎士에게 명하여 격구擊毬를 하게 하였다.

王睍 ▶ 1151년 8월 **대간의 뜻에 따라 정함을 축출하다**

성의 재신[省宰]를 불러 이르기를, "이미 대간臺諫이 아뢴 바대로 따랐다."라고 하였다. 그러나 단지 정함鄭諴을 내쫓았을 뿐이었다.

王睍 ▶ 1151년 9월 **경령전에 배알하다**

령전景靈殿에 배알하였다.

王睍 ▶ 1151년 10월 **태묘에 제사지내다**

친히 태묘에 제사지냈다[祫].

王眖 ▶ 1151년 11월 금에 사신을 보내 생신 축하와 횡사에 사례하고 신정을 하례하다

송괴宋瓌를 금金에 보내어 임금의 생신을 하례해 준 것에 대해 사례하였고 조단신趙端臣은 횡사橫賜에 대해 사례하게 하였으며, 오일취는 신정을 하례하게 하였다.

王眖 ▶ 1151년 11월 금에서 사신을 보내 왕의 생신을 하례하다

금金이 소자민蕭子敏을 보내어 임금의 생신을 하례하였다.

王眖 ▶ 1151년 11월 금에 사신을 보내 방물을 진상하고 용흥절을 하례하다

서순徐淳을 금金에 보내어 방물方物을 진상하였고 최응청崔應淸은 용흥절龍興節을 하례하게 하였다.

王眖 ▶ 1151년 12월 수사공 문공원 등을 임명하다

문공원文公元을 수사공守司空으로, 유필庾弼을 중서시랑평장사中書侍郞平章事로 삼았고 임극충任克忠을 동지추밀원사同知樞密院事로, 왕식王軾을 어사대부 동지추밀원사御史大夫 同知樞密院事고 삼았고, 이언림李彦林을 상서우복야尙書右僕射로 삼았다.

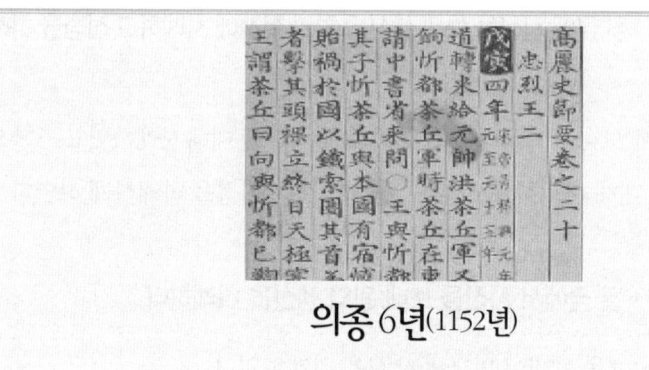

의종 6년(1152년)
-의종장효대왕-

王晛 ▶ 1152년 1월 **강안전에 임어하여 채붕을 관람하다**

강안전康安殿에 임어하여, 채붕綵棚을 관람하였다. 영관伶官과 양부악兩部樂은 전날 밤에 이미 연등대회燃燈大會를 지냈으므로 모두 이미 철거하였는데, 왕이 급히 다시 실시하라고 명하고 관람을 즐기며 피곤한 줄을 잊어 한낮에 되어서야 파하였다.

王晛 ▶ 1152년 3월 1일 **지진이 있다**

지진이 있었다.

王晛 ▶ 1152년 3월 **대간이 시사를 논하였으나 답하지 않다**

간관諫官이 사흘 동안 궐문 밖에 엎드려 시사時事를 아뢰었으나 〈왕이〉 대답하지 않았다.

王晛 ▶ 1152년 3월 **우간의 신숙 등이 간쟁하다**

우간의右諫議 신숙申淑 등이 대궐문 밖에 엎드려 간쟁諫諍하였는데, 평장사平章事 문공원文公元과 지문하성사知門下省事 최자영崔子英은 처음에는 논의에 참여하였으나 〈이

때는〉 오지 않았다.

王呪 ▶ 1152년 3월 **상춘정에서 연회를 열다**

상춘정賞春亭에서 잔치를 열고 영인伶人으로 하여금 잡희雜戲를 하게 하였다.

王呪 ▶ 1152년 3월 **조서를 내려 가뭄을 극복하기 위해 봉사를 올리게 하다**

조서를 내려 이르기를,

"가뭄旱魃이 매우 심하니 짐은 심히 두렵도다. 장차 널리 충언忠言을 채택하여 마음을 가다듬고 힘쓰며 다스림을 구하여 화기和氣를 부르려 한다."

라고 하였다. 이에 대간이 각기 봉사封事를 올려 시정時政의 득실得失을 말하였다.

王呪 ▶ 1152년 3월 **밤에 금원 숲 나무 사이에서 빛이 나다**

밤에 금원禁苑 숲의 나무 사이에 빛이 있었는데 눈부시게 밝은 것이 화염같아 바깥 사람들이 실화失火로 의심하고 궐문 밖에 모여 〈불을〉 끄려고 하다가 불이 아님을 알고 물러갔다. 당시에, 사람들은 왕이 밤에 놀기를 좋아하기 때문에 이런 이상한 일이 있다고 여겼다.

王呪 ▶ 1152년 4월 2일 **지진이 있다**

지진이 있었다.

王呪 ▶ 1152년 4월 **만수정에서 연회를 열다**

만수정萬壽亭에서 잔치를 열고 새벽이 되자 파하였다. 이보다 앞서 내시內侍 윤언문尹彦文이 괴석怪石을 모아 수창궁壽昌宮 북원北園에 가산假山을 쌓고 그 옆에 작은 정자를 만들어 만수萬壽라고 이름을 붙이고 황색 비단으로 벽을 덮어 사치스러움이 극도에 달하여 사람의 눈을 어지럽게 하였다. 연회가 장차 파하려 할 때 가산이 무너지고 암탉이 울었다.

王睍 ▶ 1152년 4월 어사중승 고영부 등이 간쟁하였으나 듣지 않다

어사중승御史中丞 고영부高瑩夫와 시어사侍御史 한정韓靖·최균심崔均深 등이 사흘 동안 궐문 밖에 엎드려 윤언문尹彦文·한취韓就·이대유有·영의榮儀 등을 내쫓을 것을 청하였으나 〈왕이〉 들어주지 않았다. 대관臺官이 두문불출杜門不出하였는데 어사대부御史大夫 최윤의崔允儀는 이르지 않았다.

王睍 ▶ 1152년 4월 대간을 불러 타이르다

대관臺官을 불러 타일렀는데[宣諭] 우간의右諫議 신숙申淑과 급사중給事中 임경林儆 등이 다시 상소를 올려 극력 간쟁하니 왕이 억지로 그 말을 따라 윤언문尹彦文 등 4인을 쫓아냈다.

王睍 ▶ 1152년 4월 상춘정에서 연회를 열다

밤에 상춘정賞春亭에서 잔치를 열었다.

王睍 ▶ 1152년 4월 간관이 격구하는 것을 간쟁하니 이를 그만두다

간관諫官이 궐문 밖에 엎드려 격구擊毬하는 것에 대해 간쟁하였으나 〈왕이〉 들어주지 않았다. 간관諫官이 드디어 한림원翰林院에서 유숙留宿하였다. 왕이 술을 하사하고 위로하며 타이르며 이에 말하기를, "말한 바가 매우 간절하니 어찌 감히 따르지 않겠는가."라고 하였다. 다음날 여러 말들을 모두 내보내고 일관日官에게 명하여 북문北門을 폐쇄하였다.

王睍 ▶ 1152년 4월 김의 등이 급제하다

김의金儀 등 27인에게 급제를 하사하였다.

王呪 ▶ 1152년 5월 **대관전에서 친히 시험을 보고 유의 등을 급제시키다**

대관전大觀殿에 임어하여 시詩와 부賦로 친히 시험을 보고 유의劉羲 등 35인에게 급제를 하사하였다.

王呪 ▶ 1152년 6월 **개국사에서 진휼하다**

개국사開國寺에서 굶주리고 병든 사람들에게 음식을 먹였다.

王呪 ▶ 1152년 7월 **우간의 신숙 등이 간쟁하다**

우간의右諫議 신숙申淑 등이 궐문 밖에 엎드려 간절하게 간쟁하기를 사흘 동안 하였다. 이때 평장사平章事 문공원文公元·유필庾弼, 정당문학政堂文學 김영석金永錫, 지문하성사知門下省事 최자영崔子英은 또 오지 않았다.

王呪 ▶ 1152년 7월 **대간이 간언하니 내시와 다방을 내쫓다**

대간臺諫이 궐문 밖에 엎드려 간언하니[論諫] 이에 내시內侍 14인과 다방茶房 5인을 내쫓았다.

王呪 ▶ 1152년 8월 **정함을 소환하여 내시에 충당하다**

정함鄭諴을 소환하여 다시 내시內侍에 충당하였다.

王呪 ▶ 1152년 9월 **백관이 태후에게 곤녕절을 하례하다**

백관百官이 만보전萬寶殿으로 나아가 태후太后에게 곤녕절坤寧節을 하례하였다.

王呪 ▶ 1152년 9월 **동지에 임어하여 활쏘고 말타기를 잘하는 자를 선발하다**

동지東池에 임어하여 활쏘고 말타기를 잘하는 이를 선발하고 그 달이 끝날 때까지 활쏘기를 관람하였다.

王晛 ▶ 1152년 11월 금에 사신을 보내 생신 축하에 대해 사례하고 신정을 하례하다

유공재柳公材를 금金에 보내어 임금의 생신을 하례해준 것에 대해 사례하였고, 박언추朴彥樞는 신정을 하례하게 하였다.

王晛 ▶ 1152년 11월 금에서 사신을 보내 왕의 생신을 하례하다

금金에서 완안지정完顏持正을 보내어 임금의 생신을 하례하였다.

王晛 ▶ 1152년 11월 금에 사신을 보내 방물을 진상하고 용흥절을 하례하다

이돈여李惇如를 금金에 보내어 방물方物을 진상하였고 민각閔慤은 용흥절龍興節을 하례하게 하였다.

王晛 ▶ 1152년 12월 평장사로 치사한 최관이 사망하다

평장사平章事로 치사한 최관崔灌이 사망하였다.

王晛 ▶ 1152년 12월 밤에 내전에서 백희를 관람하다

왕이 밤에 내전內殿에서 백희百戱를 관람하였다.

王晛 ▶ 1152년 12월 문하시랑동평장사 문공원 등을 임명하다

문공원文公元과 유필庾弼을 문하시랑동평장사門下侍郞同平章事로 삼았고, 김영석金永錫을 중서시랑평장사中書侍郞平章事로, 최자영崔子英을 참지정사參知政事로, 최함崔諴을 추밀원사樞密院使로, 최윤의崔允儀를 지추밀원사知樞密院事로 삼았다.

의종 7년(1153년)

－의종장효대왕－

王晛 ▶ 1153년 4월 **왕자 왕홍을 왕태자로 책봉하고 사면령을 내리다**

아들 왕홍王泓을 왕태자王太子로 책봉하고 사면령을 내렸으며 내외의 문무관의 관직을 올려주고 겸하여 전지와 시지[田柴]도 하사하였다.

王晛 ▶ 1153년 4월 **대관전에서 군신에게 연회를 베풀다**

대관전大觀殿에서 여러 신하들과 잔치를 열었다.

王晛 ▶ 1153년 6월 **목청전에 불이 나다**

목청전穆淸殿에 불이 났다.

王晛 ▶ 1153년 6월 **금에서 사신을 보내 연호 개정을 알려오다**

금金에서 사신을 보내어 연호를 개정하였음[改元]을 알렸다.

王晛 ▶ 1153년 8월 **곽원 등이 급제하다**

곽원郭元 등 30인과 명경明經 3인에게 급제를 하사하였다.

王睍 ▶ 1153년 10월 **어사대가 궐문 밖에 엎드려 시사를 논하다**

어사대御史臺가 궐문 밖에 엎드려 시사時事를 논하였다.

王睍 ▶ 1153년 11월 **금에서 사신을 보내 왕의 생신을 하례하다**

금金이 소부감少府監 아륵근언충阿勒根彦忠을 보내어 임금의 생신을 하례하였다.

王睍 ▶ 1153년 11월 **금에 사신을 보내 용흥절을 하례하고 생신 축하에 사례하다**

기거사인起居舍人 최누백崔婁伯을 금金에 보내어 용흥절龍興節을 하례하고 예부원외랑禮部員外郎 윤인첨은 생신을 하례해준 것에 대해 사례하게 하였으며, 어사잡단御史雜端 이양신李陽伸은 방물方物을 진상하고, 예부원외랑禮部員外郎 박유朴儒는 신정을 하례하게 하였다.

의종 8년(1154년)
−의종장효대왕−

王睍 ▶ 1154년 1월 **판병부사 최자영 등을 임명하다**

최자영崔子英을 판병부사判兵部事로, 김영석金永錫을 상서좌복야尙書左僕射로 삼았다.

王睍 ▶ 1154년 1월 **왕의 동생 왕민을 평량후로 책봉하다**

〈왕의〉 동생 왕민王旼을 책봉하여 평량후平涼侯로 하였다.

王睍 ▶ 1154년 1월 **경풍전에 임어하여 호종 문신들과 시를 짓다**

경풍전慶豊殿에 임어하여 호종扈從한 문신文臣을 불러서 '청교역에서 푸른 소를 헌납하였다[靑郊驛獻靑牛]'는 시를 지으라고[賦] 명하였다. 직한림원直翰林院 김효순金孝純 등 14인이 합격하자 물품을 차등있게 하사하였고 이와 함께 술과 과실도 하사하였다.

王睍 ▶ 1154년 1월 **최윤의 등에게 곡연을 열다**

지문하성사知門下省事 최윤의崔允儀와 추밀원사樞密院使 임극충任克忠을 불러 양화루陽和樓에서 곡연曲宴을 열고, 새벽 무렵[夜艾]에야 파하였다.

王睍 ▶ 1154년 3월 **최윤의 등 6인을 불러 양화루에서 곡연을 열다**

최윤의崔允儀·임극충任克忠·김존중金存中 등 6인을 불러 양화루陽和樓에서 곡연曲宴을 열었다.

王睍 ▶ 1154년 4월 **태묘에 제사지내고 사면령을 내리다**

태묘에서 친히 제사지내고[禰] 사면령을 내렸다.

王睍 ▶ 1154년 5월 1일 **일식이 있다**

일식이 있었다.

王睍 ▶ 1154년 5월 **참지정사로 치사한 윤포가 사망하다**

참지정사參知政事로 치사한 윤포尹誧가 사망하였다.

王睍 ▶ 1154년 5월 **동교에서 군사를 사열하다**

동교東郊에서 병사들을 사열하였다.

王睍 ▶ 1154년 5월 **과거법을 개정하다**

과거법科擧法을 개정하였다[更定]. 초장初場에서는 논論과 책策을 번갈아 시험하고[迭試], 중장中場에서는 경의經義를 시험하고, 종장終場에서는 시詩와 부賦를 시험하게 하였다. 또 국학생國學生은 6행行으로 시험을 봐 14분分 이상을 쌓은 자는 바로 종장終場을 응시하는 것을 허락하였고 정원에 구애받지 않았다. 또 삼장연권법三場連卷法도 면제해주었다.

王睍 ▶ 1154년 5월 **황보탁 등이 급제하다**

황보탁皇甫倬 등에게 급제를 하사하였다.

王曣 ▶ 1154년 6월 금에서 사신을 보내 양 2천 마리를 하사하다

금金에서 대부소감大府少監 양빈梁彬을 보내어 양 2,000마리를 하사하였다.

王曣 ▶ 1154년 9월 서경 중흥사를 창건하다

서경西京에 중흥사重興寺를 창건하였다.

王曣 ▶ 1154년 10월 노인들에게 밥을 먹이고 반승하다

노인들에게 밥을 먹이고 또 30,000명에게 반승飯僧 하였다.

王曣 ▶ 1154년 10월 소태현에 수로를 개착하였으나 완성하지 못하다

소태현蘇泰縣에 수로[河渠] 개착하였으나 그 공사를 마치지 못하였다.

王曣 ▶ 1154년 11월 금에서 사신을 보내 왕의 생신을 하례하다

금金에서 태부감大府監 이규李珪를 보내어 임금의 생신을 하례하였다.

王曣 ▶ 1154년 11월 금에 사신을 보내 방물을 진상하다

김영녕金永寧을 금金에 보내어 방물方物을 진상하였고 봉열奉說은 임금의 생신을 축하해준 것에 대해 사례하게 하였으며, 김인유金仁愈는 횡사橫賜에 대해 사례하게 하였다.

의종 9년(1155년)

-의종장효대왕-

1155년 2월 급사중 민각 등이 시사를 아뢰다

급사중給事中 민각閔慤과 좌사간左司諫 박득령朴得齡 등이 궐문 밖에 엎드려 시사時事를 아뢰었으나 〈왕이〉 대답하지 않았다.

1155년 5월 1일 일식이 있다

일식이 있었다.

1155년 5월 1일 경령전에 배알하다

단오端午에 경령전景靈殿에 배알하였다.

1155년 5월 1일 지문하성사 양원준 등을 임명하다

양원준梁元俊을 지문하성사知門下省事로 임극충任克忠을 추밀원사樞密院使로 삼았다.

1155년 8월 송 명주에서 표류인을 송환하다

송宋 명주明州에서 풍랑에 떠내려간漂風 우리나라 사람 지리선知里先 등 5인을 돌려보냈다.

王睍 ▶ 1155년 8월 **최자영 등에게 국정을 자문하다**

평장사平章事 최자영崔子英, 지문하성사知門下省事 양원준梁元俊, 기거사인起居舍人 최누백崔婁伯, 좌사간左司諫 박득령朴得齡, 좌정언左正言 허홍재許洪材, 우정언右正言 최우보崔祐甫를 불러 국정을 자문하였다. 최누백은 수원 사람으로 호장戶長 최상저崔尙翥의 아들이다. 15세에 아버지가 사냥하다가 호랑이에게 해를 당하자 최누백이 호랑이를 잡고자 하니 어머니가 그를 말렸는데, 최누백이 말하기를, "아버지의 원수를 갚지 않을 수 있겠습니까."라고 하였다. 즉시 도끼를 둘러메고 호랑이의 흔적을 따라갔는데, 호랑이가 이미 〈아버지를〉 잡아먹고 배가 불러 누워있었다. 최누백이 곧바로 앞으로 가서 호랑이를 꾸짖어 말하기를, "네가 우리 아버지를 잡아먹었으니 나는 마땅히 너를 잡아먹어야겠다."라고 하였다. 호랑이가 이에 꼬리를 흔들며 머리를 숙이고 엎드리자 재빠르게 베고 그 배를 갈라 아버지의 뼈와 살[骸肉]을 거두었고, 호랑이의 살은 항아리에 담아 냇물 가운데 묻고는 아버지의 장례를 치르고 여묘廬墓살이를 하였다. 하루는 잠깐 졸았는데[假寐] 아버지가 와서 시를 읊기를 "덤불을 헤치고 효자가 있는 여막에 도착하니 애틋한 정에 마음속 깊이 감격하여 흐르는 눈물 끝이 없네. 흙을 짊어지고 매일 무덤 위에 〈흙을〉 더하니 알아주는 이 밝은 달과 맑은 바람이로다. 살아서는 봉양하고 죽어서는 〈무덤을〉 지키니 효도에는 시작과 끝이 없다고 누가 말하였는가."라고 하였다. 시 읊기를 마치자 마침내 보이지 않았다. 삼년상을 마치자[服闋] 〈묻어두었던〉 호랑이 고기를 가져다 모두 먹었다.

王睍 ▶ 1155년 11월 **금에서 사신을 보내 왕의 생신을 하례하다**

금金에서 사신을 보내어 임금의 생신을 하례하였다.

王睍 ▶ 1155년 11월 **금에 사신을 보내 용흥절을 하례하고 생신 축하에 사례하다**

우사원외랑右司員外郎 김순金純을 금金에 보내어 용흥절龍興節을 하례하고 형부원외랑刑部員外郎 김온중金溫中은 임금의 생신을 하례해 준 것에 대해 사례하게 하였으며, 호부낭중戶部郎中 최자파崔子葩는 신정을 하례하게 하였고, 좌사간左司諫 박득령朴得齡은 방물方物을 진상하게 하였다.

王晛 ▶ 1155년 12월 왕장과 이귀수 등을 유배보내다

사공司空 왕장王璋의 벼슬을 삭탈하고 직장동정直長同正 이귀수李龜壽는 인주仁州로 유배 보냈다. 왕장은 제안공齊安公 왕서王偦의 아들로 본래 무뢰無賴하고 활쏘기와 말타기를 좋아하였는데, 이귀수와 함께 술을 마시고 노름을 하고 격구를 하였다. 왕의 동생인 중 충희沖曦가 흥왕사興王寺에 여러 차례 왕래하면서 놀자 흥왕사 관구내시管句內侍 박회준朴懷俊이 두 사람의 뜻은 헤아리기 어렵다고 아뢰었으므로 죄를 준 것이다. 왕장은 분노[慎恚]하여 얼마 지나지 않아 죽었다.

王晛 ▶ 1155년 12월 송에서 표류민 30여 구를 돌려보내다

송宋에서 풍랑에 떠내려간[漂風] 우리나라 사람 30여 구를 돌려보냈다.

王晛 ▶ 1155년 12월 유필의 졸기

문하시랑평장사門下侍郎平章事 유필庾弼이 사망하였다. 유필은 문장과 행실이 빼어나고 성질이 곧아 아부하지 않았다. 시호는 공숙恭肅이며 의종毅宗 묘정[王廟]에 배향配享되었다.

의종 10년(1156년)

−의종장효대왕−

王呪 ▶ 1156년 3월 김존중의 졸기

좌승선左承宣 김존중金存中을 태자소보太子少保로 삼았는데, 얼마 지나지 않아 사망하였다. 김존중은 성품이 총명하고 지혜로웠으며, 시를 잘 지어 명성이 있었다. 왕이 즉위하자 궁료宮僚로서의 옛 인연으로 인해 우정언右正言을 제수하였다. 정습명鄭襲明이 죽자 왕이 명망이 있는 이로 정습명을 대신하고자 하였는데, 정함鄭諴이 김존중을 극력 추천하여 승선에 제배除拜되었다. 일찍이 몰래 왕에게 아뢰기를, "태자는 어리고 종친은 성盛하여 〈종친들이〉 분에 넘치는 야심을 가지고 기회를 엿보고 있을까[覬覦] 걱정되니, 마땅히 양부兩府의 재상을 가려 동궁東宮의 사부師傅로 삼으시어 주공周公과 곽광霍光의 고사를 본받으십시오."라고 하였다. 왕이 그렇다고 여기고 유필庾弼을 태사太師로 삼고 최윤의崔允儀를 태부太傅로 삼았다. 벼슬한 지 얼마 되지 않아 유필이 죽자 김존중이 〈유필을〉 대신하여 소보少保가 되니 왕이 백료百僚에게 명하여 그의 집에 가서 축하하게 하였다. 정함과 더불어 서로 결탁하여 권세를 부리고[用事], 위압과 복덕[威福]을 크게 과시하여 자기에게 붙은 이는 진출시키고 자기를 거스르는 자는 배척하니, 앞뒤 가리지 않고 마구 진출하려는[冒進] 무리들이 모두 그의 집 문으로 달려가 재산이 거만鉅萬으로 늘었고, 그의 형제와 친척들은 〈그의〉 위세를 믿고 교만하고 방자하게 굴었다. 이때 이르러 등에 등창이 나 왕이 의원을 보내어 치료하게 하자〈의원이〉길에 계속 이어졌다.〈김존중이〉죽자 왕이 매우 슬퍼하며 정당문학政堂文學을 추증하였다.

王睍 ▶ 1156년 4월 왕이 흥왕사에 행차하여 화엄경을 전독하다

왕이 흥왕사興王寺에 가서『화엄경華嚴經』을 전독轉讀하였다. 궁궐에 돌아와 사면하고 무릇 법회法會에 종사한 이들에게는 모두 상과 관직을 주었다. 처음에 왕이 후사가 없자 왕비와 함께 맹세하기를, "만약 아들을 낳으면 마땅히 금과 은으로 글씨를 써서『화엄경』4부를 만들겠습니다."라고 하였다. 원자元子가 태어나자 2부를 사경寫經하여 완성하고 흥왕사 홍교원弘敎院을 수리하여〈사경을〉보관하였다. 크게 법회法會를 열어 낙성落成하였다.

王睍 ▶ 1156년 6월 황문장 등이 급제하다

황문장黃文莊 등 27인에게 급제를 하사하였다. 조서를 내려 이르기를,

"황문장은 병인년1146 과거에서 장원狀元을 한 황문부黃文富의 동생으로 형제가 모두 장원급제[魁科] 한 것은 옛날에도 드물게 있던 일이니 마땅히 아들 3명이 과거에 급제하는 예에 준하여 그 어머니에게 해마다 곡식 30석을 주도록 하라."

라고 하였다.

王睍 ▶ 1156년 7월 27일 혜성이 동방에 나타나다

혜성이 동방에 나타났다.

王睍 ▶ 1156년 8월 혜성이 나타났으므로 2죄 이하를 사면하다

혜성이 나타났으므로 2죄 이하를 사면하였다.

王曰 ▶ 1156년 8월 금에 사신을 보내 존호를 받은 것을 하례하다

상서尚書 한진韓縉을 금金에 보내어 존호尊號를 받은 것을 하례하였다.

王曰 ▶ 1156년 9월 임원후의 졸기

정안공定安公 임원후任元厚가 사망하였다. 임원후의 처음 이름[初名]은 원애元敳로 재능과 도량[器宇]이 넓고 깊고 풍채風彩가 엄중하였으며 경사經史에 두루 통하였다. 재상이 되어서는 근검하고 청렴결백하였다. 재상[宰執]들이 모두 묘청妙淸을 전적으로 믿었으나[傾信], 임원후는 홀로 〈묘청을〉 배척하고 따르지 않았으니 사람들이 그의 지혜에 복종하였다. 판이부判吏部가 되어서는 전주銓注를 함에 매우 공정하였으니 사람들이 그를 칭송하여 이르기를, "옛날의 산도山濤이다."라고 하였다. 왕이 즉위하자 태후太后의 아버지라 하여 조회朝會할 때 전殿에 올라 예를 행하게 하였는데, 간관諫官이 논박論駁하자 마침내 정안공定安公으로 봉하였다. 이로부터 한가하게 거하며 정신을 수양하였다[頤養].

王曰 ▶ 1156년 10월 내전에서 반승하다

500명에게 내전內殿에서 반승飯僧하였다.

王曰 ▶ 1156년 10월 최윤의 등에게 연회를 베풀다

평장사平章事 최윤의崔允儀·이지무李之茂, 지추밀원사知樞密院事 신숙申淑, 승선承宣 이원응李元膺·김이영金貽永, 대사성大司成 김영윤金永胤, 보문각학사寶文閣學士 김영부金永夫, 지합문사知閤門事 최온崔溫, 급사중給事中 최응청崔應淸, 전중감殿中監 최유칭崔褎稱, 어사잡단御史雜端 김양金讓 등을 불러 목청전穆淸殿에 들어오게 하고, 선구보善救寶와 양성정養性亭을 두루 둘러보고 어원御苑의 화훼花卉를 감상하였으며 충허각沖虛閣에서 잔치를 베풀었다. 처음에 왕이 궁궐[大內] 동북쪽 모퉁이에 전각[閣]을 하나 짓고 충허각沖虛閣이라 편액하였는데, 단청[金碧]이 선명하고 화려한 장식이 비할 데 없이 아름다웠다. 또 내전[內閣] 별실別室에 좋은 약을 비치해 두었는데 여러 병을 널리 치료하고자 하는 뜻에서 '선구보善救寶'라고 편액하였다. 또 그 옆에 정자를 짓고 기이한 돌과 이름난 꽃을 모아두고 '양성養性'이라고 편액하였다.

王晛 ▶ 1156년 윤10월 금의 정륭 연호를 정풍으로 고쳐 시행하다

금金이 정원貞元 4년을 고쳐 정륭正隆 원년으로 하였는데 세조의 휘諱를 피해 풍豊자로 융隆자를 대신하여 사용하였다.

王晛 ▶ 1156년 11월 금에서 사신을 보내오다

금金에서 정원장군定遠將軍 야율준례耶律遵禮를 보내왔다.

王晛 ▶ 1156년 12월 정함을 탄핵하려 한 최숙청을 유배 보내다

낭장郎將 최숙청崔淑清이 좌복야左僕射 권정균權正鈞에게 은밀히 일러 말하기를, "승선承宣 이원응李元膺과 환관宦官 정함鄭諴 등이 세력을 믿고 제멋대로 권력을 휘두르니 내가 이들을 베고자 하는데 어떻겠는가."라고 하였다. 권정균이 곧 아뢰자 최숙청을 원지遠地로 유배 보냈다.

의종 11년(1157년)

−의종장효대왕−

王眤 ▶ 1157년 1월 1일 **영통사 등에서 재앙을 물리치는 불사를 열게 하다**

바람이 서북쪽[乾方]에서 불자 태사太史가 아뢰어 말하기를, "나라에 우환이 있을 것입니다."라고 하였다. 왕이 두려워하자 복자卜者인 내시內侍 영의榮儀가 재앙을 물리치는 방법[禳禬]을 〈왕에게〉 올리니 왕이 그것을 믿고서 영통사靈通寺와 경천사敬天寺 등 5개의 사찰에 명하여 이달부터 올해가 끝날 때까지 항상 불사佛事를 열어 재앙을 물리치게 하였다. 영의의 아비인 영상榮尚이 일찍이 섬에 유배되었을 때 섬 안에 있던 반역죄인의 후손에게 장가들어 영의를 낳았다. 〈영의는〉 생김새가 괴이하였고, 성품이 간사하고 교활하였으며 항상 자기 스스로 말하기를 "나라의 기업基業의 멀고 가까움과 임금의 수명의 길고 짧음은 다만 신에게 제사하여 재앙을 없애고 복을 비는 것[禳禬]을 열심히 하였는지 게을리 하였는지와 임금이 순행[巡御]를 드물게 하는지 자주하는지에 달려 있습니다."라고 하였다. 왕이 그 말에 매우 미혹되었다. 영의는 매번 왕이 근심하고 두려워하는 것을 살피면서 그때그때 아뢰기를, "모년 모월 재앙이 있을 것 같아 걱정되는데, 만약 이러저러한 법회에 의지하여 그것을 물리친다면 우환이 없을 것입니다."라고 하였다. 이에 관사官司를 설치하고 기도를 올려[祈禳] 요행히 아무 일이 없으면 영의는 바로 말하기를, "모두 나의 힘이다."라고 하였다. 또 아뢰기를, "만약 수명을 늘이고자 한다면 반드시 천제석天帝釋과 관음보살觀音菩薩을 섬겨야 합니다."라고 하였다. 왕은 제석천과 관음보살의 상을 많이 그려 중외의 사원에 나누어 보내고 널리 범채梵㘣를 열고 이름하기를 축성법회祝聖法會라고 하였으며 주와 군의 창고[倉廩]를 열어 그 비용을 지불하였다. 영의가 역매[乘傳]를 타고 돌아보니 수령守令과 승도僧徒들이 모두 〈영의의〉 혹독함을 두려워하여 다투어 뇌물[賄賂]을 전하였다. 또 안화사安和寺에 제석帝釋과 관음觀音과 수보리須菩提의 소상塑像을 만들어 두고 승려를 모아 밤낮으로 여러 보살들의 이름을 계속하여 소리 내어 부르게 하였는데 연성법석連聲法席이라고 불렀다. 영의는 부지런하게 애쓰는 것처럼 보이게 꾸며 밤새도록[終宵] 예배하였다. 왕이 때마침 행차하여 그것을 보고는 특별히 포상[褒賞]을 더하여 주었다. 또 영의의 말을 믿고 가깝고 먼 곳의 신사神祠에서 두루 제사를 지내니 사신使臣의 왕래가 끊이지 않았다. 혹은 민간의 이름난 집을 취하여 이궁離宮이나 별관別館으로 삼고 혹은 백성들을 수고롭게 하여 산재山齋나 농막野墅을 짓고 무시로 순행巡幸하였다. 또한 여러 사찰에서 모두 법회法會를 베풀게 하여 길게는 1,000일 또는 10,000일을 기한으로 하였으니 경외京外의 곳간[府庫]가 모두 고갈되고 백성들이 모두 그를 원망하였다.

王睍 ▶ 1157년 1월 익양후의 집을 빼앗아 이궁을 창건하다

영의榮儀가 아뢰기를, "대궐 동쪽에 새로 익궐翼闕을 만들면 국운을 연장[延基]할 수 있습니다."라고 하였다. 왕이 동생 익양후翼陽侯의 집을 빼앗아 이궁離宮을 창건하였다.

王睍 ▶ 1157년 1월 목친전에서 복을 비는 재를 지내다

목친전睦親殿에 임어하여 동생인 중 현희玄曦 등 200여 명의 승려를 불러 재齋를 지내고 복을 빌었다.

王睍 ▶ 1157년 1월 익양후 등에게 연회를 베풀다

익양후翼陽侯와 재신宰臣 최윤의崔允儀·이지무李之茂 등을 불러 편전便殿에서 주연을 베풀었는데, 다음날 오시午時가 되어서야 비로소 파하였다.

王眈 ▶ 1157년 1월 국청사와 경천사에 행차하다

국청사國淸寺에 행차하고, 드디어 경천사敬天寺에 행차하였다. 유사有司에서 행재소行在所가 좁다는 이유로 사관史官을 물리기를 청하였다. 왕이 말하기를, "사관史官은 나의 말과 행동을 기록하니 잠시도 떨어질 수 없다."라고 하였다.

王眈 ▶ 1157년 2월 고조기의 졸기

중서시랑평장사中書侍郎平章事로 치사한 고조기高兆基가 사망하였다. 고조기의 처음 이름[初名]은 당유唐愈로 탐라耽羅 사람이다. 성품이 강개慷慨하고 경사經史를 섭렵하였으며 특히 오언시五言詩를 잘 지었다. 인종조仁宗朝에 대간臺諫이 되어 직언直言하기를 꺼리지 않아 이바지[裨益]하는 바가 많았다. 〈의종이〉 즉위하자 평장사平章事에 제수되었는데, 김존중金存中이 권세를 부리자 몸을 굽혀 영합[偸合]하니 당시 사람들이 비방하였다.

王眈 ▶ 1157년 2월 대령후 왕경을 유배보내고 최유청 등을 폄출하다

아우 대령후大寧侯 왕경王暻을 천안부天安府로 유배 보내고 남경유수貶南京留守 최유청崔惟淸은 벼슬을 낮춰 충주목사忠州牧使로 삼았으며, 공부상서工部尙書 임극정任克正은 양주방어사梁州防禦使로, 좌부승선左副承宣 김이영金貽永은 지승평군사知昇平郡事로 삼고, 전 어사잡단御史雜端 이작승李綽升은 복직시켜 남해현령南海縣令으로 삼았으며, 정사문鄭嗣文은 거제현巨濟縣으로 옮겨 유배 보내었다. 정사문은 곧 정서鄭敍이고, 김이영은 정서의 매서妹壻이며 임극정은 임원후任元厚의 아들로 대령후의 외숙이다. 당시 악공樂工 최예崔藝가 사면되어 개경에 돌아와 있었는데, 아내와 사이가 좋지 않아 아내가 무고하기를, 최예가 오히려 〈잘못을〉 고치지 않고 대령후의 집을 왕래한다고 하였다. 왕이 최유칭崔褎稱에게 그를 국문하라 명하였으나 증거가 없었다. 왕은 평소에 도참을 믿어 여러 형제들과 우애롭지 못하였기 때문에 또한 형제들을 의심하고 간신諫臣들을 은밀하게 타일러 대령후와 임극정 등의 죄를 논핵論劾하게 하였으며, 또한 태후太后가 그들을 구제할까 두려워하여 먼저 태후를 보제사普濟寺로 옮기고 마치 부득이해서 윤허한 것처럼 꾸몄다.

사신史臣 임민비林民庇가 말하기를, "상象이 악한 것은 천하가 모두 아는 바였으나 순舜임금이 유비有庳에 봉한 것은 〈형제가〉 우애하는 뜻을 해칠까 두려워서였다. 대령후大寧侯가 모반을 하였다는 정황이 밝혀지지 않았고 모후母后가 아직 계시는데도 차마 유배流竄를 가도록 하였으니 의종毅宗 또한 은혜가 적구나. 최유청崔惟淸은 마음가짐秉心이 정직하여 일대의 명신名臣이고 이작승李綽升은 청렴결백하고 거리낌 없이 바른 말을 하여 간신諫臣의 기질風이 있는데도 정함鄭諴에게 미움을 받아 유배流放를 면치 못하였으니 애석하도다."라고 하였다.

王眤 ▶ 1157년 3월 이중제와 그 가속을 유배 보내다

예빈경禮賓卿 이중제李仲齊와 가속家屬을 남도南島로 유배 보냈다. 이중제의 처 이씨는 성품이 악하였는데, 일찍이 종[僕]에게 신하답지 못한 말을 한 적이 있었다. 종의 아내가 평소 이씨를 원망하고 있어 드디어 환시宦寺에게 하소연하여 아뢰니 왕이 노하여 근신近臣에게 이씨는 두 손을 등뒤로 돌려 묶어[面縛] 오도록 명하고 온 집안[闔家]을 유배 보냈다流竄. 이로부터 참언讒言이 교묘하게 꾸며지니 왕이 여러 신하들을 의심하는 일이 많아졌다.

王眤 ▶ 1157년 4월 여러 이궁을 짓고 사치스럽게 꾸미다

궐 동쪽의 이궁離宮이 완성되어 궁의 이름을 수덕궁壽德宮이라 하고, 전각의 이름은 천녕전天寧殿이라 하였다. 또 시중侍中 왕충王沖의 집을 안창궁安昌宮으로 삼고, 참정參政 김정순金正純의 집은 정화궁靜和宮으로 삼았으며, 평장사平章事 유필庾弼의 집은 연창궁連昌宮이라 하고, 추밀부사樞密副使 김거공金巨公의 집은 서풍궁瑞豐宮이라 하였다.

또한 민가 50여 채를 허물고 대평정大平亭을 짓고 태자에게 명하여 편액을 쓰게 하였고 옆에는 이름난 꽃[名花]과 기이한 과실나무[異果]를 심게 하여 빼어나게 아름답고 진귀한 물건들을 좌우에 벌려 놓았다. 정자 남쪽에 못을 파고 관란정觀瀾亭을 만들고 그 북쪽에는 양이정養怡亭을 지었는데 모두 청자로 지붕을 이었고, 남쪽에는 양화정養和亭을 세우고 종려나무[椶]로 지붕을 이었다. 또 옥돌[玉石]을 갈아 환희대歡喜臺와 미성대美成臺 두 개의 대를 쌓고 괴석怪石을 모아 선산仙山을 만들고 멀리서 물을 끌어다가 비천飛泉을 만들었으니 극도로 사치스럽고 아름다웠다. 소인배[群小]들이 〈왕에게〉 아첨하여 민간民間에 진기한 물건들이 있으면 번번이 밀지密旨를 칭탁하여 멀고 가까움을 묻지 않고 다투어 취하니 물건을 실은 수레[駄載]가 길에 끊어지지 않아 백성들이 매우 고통스러워하였다.

王眖 ▶ 1157년 4월 **군신들에게 수덕궁을 구경하게 하다**

재추宰樞·대간臺諫·시신侍臣에게 명하여 수덕궁壽德宮을 구경[遊覽]하게 하고 술과 음식을 하사하였다.

王眖 ▶ 1157년 4월 **사면령을 내리고 정함을 복직시키다**

관란정觀瀾亭에 임어하여 2죄 이하를 사면하였고 정함鄭諴을 복직시켰다. 무릇 공사[營繕]에 참여한 자들에게는 모두 상을 주었다.

王眖 ▶ 1157년 4월 **문공원의 집을 사서 순어소로 삼다**

왕이 평장사平章事 문공원文公元의 집을 사서 순어소巡御所로 삼았다.

王眖 ▶ 1157년 4월 **왕이 일관을 거느리고 해안사에 행차하다**

영의榮儀가 아뢰기를, "내년에 나라에 재앙이 있을 것이니 옛 절[古寺]을 수리하여 재앙을 막아야 합니다."라고 하였다. 왕이 일관日官을 거느리고 해안사海安寺에 행차하여 풍수風水를 살폈다.

王睍 ▶ 1157년 5월 최윤의와 이원응에게 붉은 띠를 하사하다

밀전密殿에 임어하여 평장사平章事 최윤의崔允儀와 우승선右承宣 이원응李元膺 등을 불러 무소뿔로 만든 붉은 색 띠[犀紅鞓帶]를 각각 1개씩 하사하였다. 이날 밤 왕이 내시[內豎]와 악공[伶시을 거느리고 임정林亭을 돌아다니며 잔치를 열었는데 새벽이 되어도 끝나지 않았다.

王睍 ▶ 1157년 5월 정함을 권지각문지후로 삼다

박순충朴純沖을 추밀원부사樞密院副使로 삼고, 다시 정함鄭諴을 권지각문지후權知閤門祗候로 삼았다.

王睍 ▶ 1157년 5월 우릉도를 개척하려다가 포기하다

왕이 동해東海에 있는 우릉도羽陵島가 땅이 넓고 토지가 비옥하여 옛날에 주현州縣이 있던 곳이어서 백성들이 살 수 있다는 말을 듣고 명주도 감창溟州道 監倉 김유립金柔立을 보내어 가서 살펴보게 하였다. 김유립이 돌아와서 아뢰기를, "섬 가운데 큰 산이 있는데, 산꼭대기에서 시작하여 동쪽으로 가면 바다에 이르기까지 10,000여 보이고, 서쪽으로 가면 13,000여 보이며, 남쪽으로 가면 15,000여 보, 북쪽으로 가면 8,000보입니다. 촌락村落이 있던 터[基址]가 7곳이고 석불石佛·철종鐵鍾·석탑石塔이 있으며, 시호柴胡·호본蒿本·석남초石南草가 많이 자라고 있습니다. 그러나 땅에 암석이 많아 백성들이 살 수가 없습니다."라고 하였다. 마침내 그 논의를 중지하였다.

王睍 ▶ 1157년 5월 관정사에 행차하여 풍수를 살피다

관정사觀靜寺에 행차하여 풍수風水를 살폈다.

王曰 ▶ 1157년 6월 금에서 횡선사를 보내오다

금金에서 횡선사橫宣使로 대부경大府卿 장철張喆을 보내왔다.

王曰 ▶ 1157년 7월 송상이 앵무와 공작 등을 바치다

송상宋商이 앵무鸚鵡·공작孔雀·기이한 화초[異花]를 바쳤다.

王曰 ▶ 1157년 8월 총지사에 행차하다

총지사摠持寺에 행차하여 주지住持 회정懷正을 불러 임정林亭을 노닐며 구경하고 기복시祈福詩를 지었다[留題]. 호종하던 백관百官과 군졸軍卒은 숲속 골짜기에서 노숙하니 근심하고 한탄하는 이가 매우 많았다. 회정이 주술呪術로 총애를 받아 왕의 은총이 비할 데가 없었는데, 무릇 승도僧徒로 승직僧職과 상을 구하는 자는 모두 붙좇아 따르며 뇌물을 바치니 탐욕스럽고 비루함이 끝이 없었다[無厭].

王曰 ▶ 1157년 8월 최윤의의 간언으로 이궁 건설 계획을 중단하다

왕이 금오위金吾衛의 제상리堤上里에 이궁離宮을 세우고자 하였는데, 평장사平章事 최윤의崔允儀가 간절하게 간언하여 끝내 시행하지 못하였다.

王曰 ▶ 1157년 9월 수덕궁 증축을 명하다

9내시內侍 박윤공朴允恭에게 수덕궁壽德宮을 증축[增營]하라고 명하였다.

王曰 ▶ 1157년 10월 사원에서 기름과 꿀을 거두어 들이다

대부시大府寺에서 기름과 꿀이 다 떨어졌다고 보고하자 여러 사원에서 거두어 들여 재齋와 초醮에서의 소비에 충당하게 하였다.

1157년 10월 **3만 명에게 반승하다**

구정毬庭에서 30,000명에게 반승飯僧하였다.

1157년 11월 **금에 사신을 보내 용흥절을 하례하고 생신 축하에 사례하다**

공부낭중工部郎中 이광진李光縉을 금金에 보내어 임금의 생신을 하례해 준 것에 대해 사례하였고, 형부원외랑刑部員外郎 박육화朴育和는 횡사橫賜에 대해 사례하게 하였으며, 형부원외랑刑部員外郎 김돈중金敦中은 신정을 하례하게 하였고, 예빈소경禮賓少卿 최영의崔永儀는 방물方物을 진상하게 하였고, 공부원외랑工部員外郎 김가회金嘉會는 용흥절龍興節을 하례하게 하였다.

1157년 11월 **금에서 사신을 보내 왕의 생신을 하례하다**

금金에서 소부감少府監 완안덕수完顔德壽를 보내어 임금의 생신을 하례하였다.

1157년 11월 **정함의 고신에 서명하는 문제로 관료를 해임하다**

좌승선 직문하성左承宣 直門下省 이원응李元膺과 우승선 좌간의대부右承宣 左諫議大夫 이공승李公升에게 명하여 문하성門下省에 전지傳旨하여 정함鄭諴의 고신告身에 서명할 것을 독촉하니 재신宰臣과 간관諫官이 불가함을 주장하고 고집하였다論執. 이공승이 두세 차례 왕래하며 다시 전지傳旨하여 이르기를, "경들이 짐의 말을 듣지 않으니 짐은 음식을 먹어도 맛을 모르겠고 잠을 자도 자리가 편하지 않다."라고 하였다. 평장사平章事 최윤의崔允儀와 우간의右諫議 최응청崔應淸 및 이원응과 이공승 등이 부득이하게 서명하였다. 급사중給事中 이지심李知深, 사간司諫 최우보崔祐甫·배경의裵景誼만이 서명하지 않고 궐문 밖에 엎드려 극력으로 간쟁하였다. 좌천하여 이지심은 국자사업國子司業으로 삼았고 최우보는 상사봉어尙舍奉御로 삼았으며 배경의는 전중내급사殿中內給事로 삼았다. 정함이 이로부터 조열朝列에 참여할 수 있게 되었고 권세와 총애가 날로 융성해져 득의함이意氣 차고도 넘치니 친당親黨이 널리 늘어섰다布列. 관노官奴

인 왕광취王光就와 백자단白子端을 천거해 끌어들여 우익羽翼으로 삼고 참소讒訴를 교묘하게 꾸며서[交構] 조신朝臣을 능멸하고 짓밟았고[陵轢], 여항閭巷을 침탈하여 괴롭히니[侵漁] 환시宦寺가 법을 어지럽힘이 이보다 심할 수 없었다.

사신史臣이 말하기를, "환시宦寺가 사대부縉紳의 반열에 참여하는 것은 옛날에도 그 제도가 없었는데 왕이 유모의 지아비[乳媼]라는 이유로 사사로운 애정에 빠져 이미 조관朝官을 제수하고 또 고신告身〈에 서명할 것〉을 재촉하였다. 최윤의崔允儀가 재상이 되고 이공승李公升과 최응청崔應淸은 대관臺官이 되었으면서도 능히 그 죄를 바로잡지 못하고 또한 따라 〈고신에〉 서명을 하였으니 어째서인가. 이로 말미암아 환관[閹시]이 날로 성하여 왕광취王光就·백자단白子端과 같은 무리들이 서로 이어 권세를 부리고[用事] 〈왕의〉 총명함을 가리고 막았는데도 재상과 대간臺諫이 위협과 권세를 두려워하여 입을 다물고 아무 말도 하지 않다가 마침내 보현원普賢院의 변란에 이르게 하였도다. 아아."라고 하였다.

王唄 ▶ 1157년 12월 **정함의 사저를 경명궁으로 삼다**

조서를 내려 정함鄭諴의 사저를 경명궁慶明宮으로 삼았다. 정함의 집은 궁궐 동남쪽 30보 정도에 있는데 크고 작은 낭무廊廡가 무릇 200여 칸이고 누각樓閣이 높이 솟아 있고[峥嶸] 단청[金碧]이 빛나서 참람하게도 궁궐[宮禁]과 비슷하였다. 음양가陰陽家가 모두 〈그 집은〉 개가 머리를 들고 주인을 향해 짖는 형세라서 임금이 임하기에 마땅하지 않다고 하였으나 따르지 않았다.

王唄 ▶ 1157년 12월 **정당문학 최함 등을 임명하다**

최함崔諴을 정당문학으로 삼고, 김영부金永夫를 지추밀원사知樞密院事로 삼았다.

의종 12년(1158년)

－의종장효대왕－

王眖 ▶ 1158년 2월 인종의 기일이라 하여 반승하다

인종仁宗의 기일忌日이라 하여 대평정大平亭에서 반승飯僧하였다. 당시 왕이 불사佛事 열기를 좋아하여 승려들[緇徒]이 궁정에 차고 넘쳤고, 왕의 은총을 믿고 환관宦官과 결탁[附託]하여 백성들을 침탈하고 어지럽게 괴롭혔으며[侵擾], 경쟁하듯 절과 탑을 세워 피해가 날로 심해졌다.

王眖 ▶ 1158년 3월 1일 일식이 있다

일식日食이 있었다.

王眖 ▶ 1158년 3월 2죄 이하를 사면하다

2죄 이하를 사면하였고 또 서경의 반역자로 노비에 충당된 이들을 사면하였다.

王眖 ▶ 1158년 3월 광주목사 최유청 등을 임명하다

최유청崔惟淸을 옮겨[量移] 광주목사廣州牧使로 삼았고, 임극정任克正을 충주목사忠州牧使로 삼았으며 김이영金貽永을 남경유수南京留守로 삼았다.

王曔 ▶ 1158년 3월 **수덕궁에서 재추 및 대신과 연회를 열다**

수덕궁壽德宮에 행차하여 대평정大平亭에서 재추宰樞·대신侍臣과 연회를 벌였다.

王曔 ▶ 1158년 3월 **노인에게 음식을 나누어주다**

나라 안의 노인들에게 술과 음식을 나누어 주었다[大酺].

王曔 ▶ 1158년 4월 **신창관리 320여 호가 화재를 입다**

신창관리新倉館里의 320여 호가 화재를 입었다.

王曔 ▶ 1158년 5월 **김정명 등이 급제하다**

김정명金正明 등 27인에게 급제를 하사하였다.

王曔 ▶ 1158년 6월 **정함 고신에 서명할 것을 강요하다**

우승선 지어사대사右承宣 知御史臺事 이공승李公升, 중승中丞 송청윤宋淸允, 시어사侍御史 오충정吳忠正 등을 불러 말하기를, "정함鄭諴은 과인이 강보에 있을 때부터 부지런히 보호하고 길러[阿保] 오늘에 이르렀으므로 권지각문지후權知閤門祇候를 제수하여 그 공로를 갚으려 하였다. 이미 3년이 지나도록 경들이 고신告身에 서명하지 않으니 〈이는〉 실로 신하가 되어 임금을 사랑하는 마음이 아닌 것이다. 만약 서명하지 않는다면 너희들을 모두 죽여 젓갈을 담을 것[菹醢]이다."라고 하였다. 송청윤과 오충정은 엎드려 땀을 흘렸으나 오직 이공승만이 지旨를 받들지 않자 왕이 노하여 이공승을 꾸짖고 내쫓았다.

王曔 ▶ 1158년 6월 **신숙 등이 정함의 신분 문제로 관직 임명 철회를 요청하다**

지문하성사知門下省事 신숙申淑, 간의諫議 김양金詇·유공재柳公材, 중서사인中書舍人 홍원척洪源條, 기거사인起居舍人 김우번金于蕃, 우정언右正言 허세수許勢修가 상소를 올려 간언하여 아뢰기를, "정함鄭諴의 선조는 성조聖祖께서 창업할 때에 명을 거역하고 신하가 되지 않아 붙들어다 노비에 충당하고 종류에 따라 구별하여 조정朝廷의 반열에 서지 못하게 하였습니다. 지금 정함에게 현달한 지위[顯任]를 제수하시어 태조공신太祖功臣의 후예로 하여금 도리어 신하가 되지 못한 무리들에게 부림을 당하게 하고 있어 태조께서 법을 세워 자손들에게 전하신 좋으신 뜻에 어긋납니다. 청하건대 정함의 관직을 삭탈하시고 무릇 정함과 함께 결탁한 무리들도 또한 강등하여 서인庶人으로 삼으시기 바랍니다."라고 하였다. 왕이 크게 노하여 그 소疏를 돌려보냈다. 간관諫官들이 궐문 밖에 이틀간 엎드려 있었으나 끝내 뜻을 이루지 못하자 허세수는 눈물을 뿌리며 크게 탄식하고는 벼슬을 버리고 갔다.

王晛 ▶ 1158년 6월 **대간에게 정함 고신에 서명할 것을 강요하였으나 듣지 않다**

대간臺諫을 불러 정함鄭諴의 고신告身에 서명하라고 독촉하니 모두 네네 하고 따랐으나 이공승李公升만이 지旨를 받들지 않으니 왕이 이공승을 책망하며 말하기를, "너는 일찍이 간관諫官으로 있으면서 이미 정함의 고신에 서명하였는데, 지금 도리어 서명하지 않는 것은 어째서인가."라고 하였다. 〈이공승이〉 대답하여 아뢰기를, "신이 어제의 잘못을 깨달았으므로 조서를 받들지 않는 것입니다."라고 하였다. 왕이 노하여 이공승은 집으로 돌아가라고 명하였다[勅]. 김양金瑒 등이 또 소疏를 올려 간언하였으나 〈왕은〉 대답하지 않았다. 이날 해에 빛이 없었다.

王晛 ▶ 1158년 6월 **이공승을 다시 조정에 부르다**

이공승李公升을 불러 다시 조정에 나와 정사를 돌보라고[視事] 명하였다.

王晛 ▶ 1158년 7월 **신숙이 정함의 관직을 삭탈할 것을 청하자 이에 따르다**

신숙申淑이 홀로 궁궐에 나와 소疏를 올려 정함鄭諴의 관직을 삭탈할 것을 청하였다. 왕이 말하기를, "옛날에는 대신大臣으로서 혼자 간諫하는 이가 없었다."라고 하였다. 〈신숙이〉 대답하여 아뢰기를, "성조祖聖께서 나라를 창건하고 위업을 계승하신創圖 이래로 또한 환자宦寺로서 조관朝官에 제수된 자가 없었는데 지금聖朝에 이르러 비로소 있게 되었습니다. 신이 이것을 듣고 물러나서는 항상 분개하고 울분이 차 〈음식을〉 먹어도 맛을 알지 못하였으므로 감히 와서 청을 올립니다. 만약 신의 말이 틀렸다면 청하건대 〈신을〉 베어버리시기고, 신이 옳다면 〈정함의 관직을〉 삭탈하는 것을〉 허락한다는 대답을 내려주십시오."라고 하였다. 왕이 이에 제서를 내려 정함의 관직을 삭탈하고 중외中外에 포고布告하였다.

王呪 ▶ 1158년 8월 **박순충과 신숙 등을 좌천하다**

박순충朴純冲을 지문하성사로 삼았고 신숙申淑을 좌천하여 수사공 상서우복야守司空 尚書右僕射로 삼았는데 정함鄭諴의 관직을 삭탈할 것을 청하였기 때문이었다.

王呪 ▶ 1158년 8월 **유원도가 배주 토산에 궁궐 짓기를 청하다**

태사감후太史監候 유원도劉元度가 아뢰기를, "배주白州 토산兎山의 반월강半月崗은 실로 우리나라가 중흥할 만한 땅이니 만약 〈이곳에〉 궁궐宮闕을 짓는다면 7년 이내 북쪽 오랑캐北虜를 병탄幷呑할 수 있을 것입니다."라고 하였다. 이에 평장사平章事 최윤의崔允儀를 보내어 풍수風水를 살피게 하였는데 돌아와 아뢰기를, "산이 조회朝會하듯 늘어서 있고 물이 편안하게 흐르니 궁궐을 지을 만합니다."라고 하였다. 왕이 그렇게 여겼다.

王呪 ▶ 1158년 9월 **최윤의 등에 명하여 배주에 별궁을 짓게 하다**

최윤의崔允儀, 지주사知奏事 이원응李元膺, 내시內侍 박회준朴懷俊 등을 보내어 배주白州에 별궁別宮을 창건하게 하였는데, 박회준은 성품이 가혹하고 각박하여 서해도西海道에서 정부丁夫를 징발해 밤낮으로 재촉하여 얼마 지나지 않아 완성을 하니 궐 이름을 하사하여 중흥궁重興宮이라 하고 전각의 편액은 대화전大化殿이라 하였다. 술자術者가 사사로이 말하기를, "이는 도선道詵이 이른바 경방庚方이니 객호客虎가 머리를 들고 엄습掩襲하는 형세인데 여기에 궁궐을 창건하니 〈국가가〉 위태롭고 망하는[危亡] 우환이 있을까 두렵다."라고 하였다.

王晛 ▶ 1158년 9월 정함을 권지각문지후로 삼다

다시 정함鄭諴을 권지각문지후權知閣門祗候로 삼았다.

王晛 ▶ 1158년 9월 김돈중을 좌천하다

전중시어사殿中侍御史 김돈중金敦中을 좌천하여 호부원외랑戶部員外郎으로 삼았는데 정함鄭諴의 고신告身에 서명하지 않았기 때문이었다.

王晛 ▶ 1158년 10월 안평재에서 곡연을 열다

안평재安平齋에서 곡연曲宴을 열고 좌승선左承宣 이공승李公升을 불러 술잔을 올리게 하자[獻壽] 이공승은 시를 지어[賦詩] 바쳤다.

王晛 ▶ 1158년 10월 배주 중흥궐에 들어가 대화전에서 하례를 받다

배주白州에 행차하여 중흥궐重興闕에 들어가 거처하면서 대화전大化殿에서 하례를 받았다. 이날 천지가 캄캄하게 어두워지고 바람이 세게 불어 나무가 뽑히니 왕이 이를 몹시 괴이하게 여겨 여러 가지 방법으로 기양祈禳하였다.

王晛 ▶ 1158년 10월 대화전에게 군신에게 연회를 베풀다

대화전大化殿에서 여러 신하들과 연회를 벌였다.

王呪 ▶ 1158년 11월 환궁하여 사면령을 내리다

〈왕이 개경〉 궁궐로 돌아와 사면령을 내렸다.

王呪 ▶ 1158년 11월 양원준의 졸기

문하시랑평장사門下侍郞平章事로 치사한 양원준梁元俊이 사망하였다. 양원준은 서리胥吏출신으로 일찍이 간관諫官과 함께 정함鄭諴을 논핵하였는데 굳게 고집하여 변하지 않으니 당시의 여론[時議]이 그를 중히 여겼다. 성품이 맑고 검소하며 순진하고 곧아 처음부터 끝까지 한결같은 절개가 있었으며, 생계[産業]를 일삼지 않았고 물품이나 사례[餽謝]가 통하지 않았으므로 집[門巷]이 쓸쓸하였다. 처음 광주光州 수령으로 있을 때 아내가 시어머니를 모심에 공손하지 않았다고 하여 아내를 쫓아내니 아내와 아이가 울면서 애걸하였으나 끝내 허락하지 않고 그 처로 하여금 홀로 돌아가게 하였으므로 사람들 중 혹자는 그가 어질지 못하다고 비난하였다.

王呪 ▶ 1158년 11월 금에서 사신을 보내 왕의 생신을 하례하다

금金에서 고존복高存福을 보내어 임금의 생신을 하례하였다.

王呪 ▶ 1158년 11월 만보전에 불이 나다

만보전萬寶殿에 불이 났다.

王呪 ▶ 1158년 12월 부윤현 사람이 아버지와 계모를 죽이고 달아나다

부윤현富閏縣 사람 봉가奉街가 자기 아버지와 계모를 죽이고 도망쳤다.

의종 13년(1159년)

−의종장효대왕−

王晛 ▶ 1159년 1월 1일 **해 주변에 햇무리가 생기다**

해 주변에 햇무리가 생기니[日珥] 사람들이 그것을 바라보고는 다들 해 세 개가 한꺼번에 떴다고 하였다.

王晛 ▶ 1159년 1월 **정함이 왕에게 주식을 대접하다**

정함이 왕에게 음식과 술을 대접하고[饗] 의대衣對를 바쳤는데 최윤의崔允儀와 이원응李元膺 등이 시연侍宴하였고, 음악소리가 밖에까지 들리니 〈이를〉 들은 자들 가운데 탄식하지 않는 이가 없었고 얼굴을 가리고 눈물을 흘리며 말하기를, "권력이 환관內竪에게 있다."라고 하였다.

王晛 ▶ 1159년 2월 **대안사에 행차하다**

대안사大安寺에 행차하였는데 국자생國子生 이양평李良平이 길에서 〈왕을〉 뵙고 소疏를 올려 시사時事를 논하였다. 왕이 백관百官을 거느리고 반승飯僧하면서 시 한편을 짓고 신하들로 하여금 화답하는 글을 지어 올리게 하였다.

王睍 ▶ 1159년 2월 **신숙이 관직에서 물러나다**

우복야 지문하성사右僕射 知門下省事 신숙申淑이 관직을 버리고 전리田里로 돌아갔다.

王睍 ▶ 1159년 3월 **문하시중 왕충이 사망하다**

문하시중門下侍中 왕충王沖이 사망하였다.

王睍 ▶ 1159년 3월 **눈과 우박이 내려 초목이 모두 말라죽다**

무인. 눈과 싸락눈과 우박이 내려 평지에 3촌寸 정도 쌓였는데 초목草木이 모두 말라죽었다.

王睍 ▶ 1159년 5월 **신숙을 불러 돌아오게 하다**

신숙申淑을 불러 돌아오게 하였다.

王睍 ▶ 1159년 11월 15일 **지진이 있다**

지진이 있었다.

王睍 ▶ 1159년 11월 15일 **금에서 사신을 보내 왕의 생신을 하례하다**

금金에서 안원대장군安遠大將軍 완안덕온完顏德溫을 보내어 임금의 생신을 하례하였다.

의종 14년(1160년)

-의종장효대왕-

王曰 ▶ 1160년 3월 **흥왕사로 거처를 옮기다**

흥왕사로 이어移御하였는데, 길에서 한 노파老媼를 보고 베와 술을 하사하였다.

王曰 ▶ 1160년 3월 **재추와 시신을 불러 어원을 감상하게 하다**

재추宰樞와 시신侍臣을 불러 어원御苑에서 화초와 진기한 동물들을 감상하고 이어 술과 과일을 하사하였다.

王曰 ▶ 1160년 4월 **이원응을 참지정사로 삼았으나 사망하다**

추밀원부사樞密院副使 이원응李元膺을 참지정사參知政事로 삼았다. 이날 〈이원응이〉 사망하였다.

王曰 ▶ 1160년 5월 **최효저 등이 급제하다**

최효저崔孝著 등 33인과 명경明經 3인에게 급제를 하사하였다.

王曰 ▶ 1160년 6월 **금에서 사신을 보내오다**

금金에서 야율림耶律琳을 보내왔다.

王晛 ▶ 1160년 7월 신숙의 졸기

참지정사參知政事로 치사致仕한 신숙申淑이 사망하였다. 신숙은 고령군高靈郡 사람인데 경서經書를 널리 배웠으며 청렴하고 검소하며 충성스럽고 정직한 것으로 세상에 이름이 높았다.

王晛 ▶ 1160년 7월 중서시랑평장사 최함이 사망하다

중서시랑평장사中書侍郎平章事 최함崔諴이 사망하였다.

王晛 ▶ 1160년 8월 1일 일식이 있다

일식日食이 있었다.

王晛 ▶ 1160년 8월 28일 해 가운데 흑점이 있다

해 가운데 검은 점이 있었다.

王晛 ▶ 1160년 9월 후원에서 술자리를 벌이다

후원後苑에서 술자리를 벌이고 국화를 감상하였다.

王晛 ▶ 1160년 10월 보현원에 이어하다

보현원普賢院에 임어하여 구걸하는 이들에게[匄者] 사람마다 베 1필과 솜[綿] 2냥을 하사하였다. 보현원 누각에 임어하여 이틀 동안 행려行旅들에게 친히 밥과 국을 하사하였다.

王晛 ▶ 1160년 10월 구정에서 반승하다

사흘 동안 구정毬庭에서 승려 30,000명에게 반승飯僧하였다.

王晛 ▶ 1160년 11월 금에서 사신을 보내 왕의 생신을 하례하다

금金에서 고통高通을 보내어 임금의 생신을 하례하였다.

의종 15년(1161년)

−의종장효대왕−

1161년 5월 왕이 희우시를 지어 유신에게 보이다

왕이 희우시喜雨詩를 지어 유신儒臣에게 보여주었다.

1161년 7월 사면령을 내리다

사면령을 내렸다.

1161년 8월 28일 태백성이 나타나다

태백성이 하늘을 가로질렀다.

1161년 10월 왕과 대신을 저주하였다고 무고한 백성을 처벌하다

감음현感陰縣 사람 자화子和와 의장義章 등이, 정서鄭叙의 처 임씨任氏가 현리縣吏 인량仁梁과 더불어 임금[王] 및 대신大臣을 저주하였다고 무고하였다. 왕이 각문지후閣門祗候 임문분林文賁에게 명하여 조사하고 신문하게[按問] 하였는데 곧 자화가 인량과 더불어 틈이 생겨 인량을 모함하고자 하였다. 이에 자화와 의장을 강에 던지고 감음현은 강등하여 부곡部曲으로 삼았다.

王晛 ▶ 1161년 11월 6일 **태백성이 나타나다**

태백성이 낮에 나타나 하늘을 가로질렀다.

王晛 ▶ 1161년 11월 **서북면에서 금 임금이 시해되었다고 보고하다**

서북면西北面에서 금나라 임금[金主]이 시해되었다고 보고하였다.

王晛 ▶ 1161년 11월 **구정에 임어하여 풍악을 구경하다**

구정毬庭에 임어하여 풍악을 구경하였다[觀樂].

王晛 ▶ 1161년 12월 **지문하성사 김영부 등을 임명하다**

김영부金永夫를 지문하성사知門下省事로, 최유칭崔褎稱을 추밀원부사樞密院副使로, 최유청崔惟淸을 중서시랑평장사中書侍郞平章事로 삼고 치사致仕하게 하였다.

의종 16년(1162년)

―의종장효대왕―

王眂 ▶ 1162년 1월 1일 **일식이 있다**

일식日食이 있었다.

王眂 ▶ 1162년 2월 **경연에 임어하여 경의를 강론하다**

경연經筵에 임어하여 경의經義를 강론하였다.

王眂 ▶ 1162년 3월 **지추밀원사 김거공 등을 임명하다**

김거공金巨公을 지추밀원사知樞密院事로, 최유칭崔褎稱을 동지추밀원사同知樞密院事로, 조진약曹晉若을 추밀원부사樞密院副使로 삼았다.

王眂 ▶ 1162년 3월 **어사대에서 내시 김헌황 등을 탄핵하다**

어사대御史臺에서 내시內侍 김헌황金獻璜이 환자宦者 백선연白善淵에게 아첨하며 섬겼다고 탄핵하여 아뢰었기에[劾奏] 삭적削籍하였다. 백선연은 본래 남경南京의 관노官奴였다. 왕이 일찍이 남경에 행차하였을 때 그를 보고 기뻐하여 불러 양자養子라고 불렀다. 이로 인해 왕광취王光就와 더불어 서로 침실 안[臥內]에 출입하였는데 궁인宮人

무비無比와 더불어 친압하여 〈둘에 대한〉 몹시 추잡한 소문이 있었다.

王眠 ▶ 1162년 3월 **간관이 별궁의 공헌을 혁파할 것을 건의하다**

간관이 궐문 밖에 엎드려 소疏를 올려 별궁別宮의 공헌貢獻을 혁파할 것을 청하였으나 〈왕이〉 들어주지 않았다. 왕이 음양비축陰陽秘祝의 설을 지나치게 믿어 매번 행재소行在所에 승려 수백 인을 모아 항상 재齋·초醮를 지내니 소비되는 비용이[糜費] 헤아릴 수가 없어 내탕고[帑藏]가 텅 비었다. 또한 사제[私第]를 취하여 별궁別宮으로 삼은 것이 많고, 백성들의 재물을 강제로 거두어 별공別貢이라 부르며 환자宦者들로 하여금 감독하게 하니 이로 인하여 사적인 이득을 취하였다. 당시 가뭄[旱荒]과 역병[疫癘]으로 중외中外의 길에 굶어죽은 시신이 즐비하였다.

王眠 ▶ 1162년 4월 **가뭄이 들어 백관에게 시정을 논하라는 조서를 내리다**

가뭄이 오랫동안 계속되자 조서를 내려 이르기를,
"짐이 정치에 임하여 〈나라를〉 잘 다스리고자 여러 신하들과 더불어 마음을 모으고 덕을 합하기를 생각하여 날마다 충언을 듣고 정치를 하는데 시행하여 위로는 천심天心에 답하고 아래로는 백성들의 소망에 부응하고자 한다. 4품 이상의 문무관료들은 각기 시정時政의 득실得失과 백성들을 이롭게 하고 해롭게 하는 것을 아뢰어 채택됨을 준비하라."
라고 하였다.

王眠 ▶ 1162년 5월 **이계원 등이 급제하다**

이계원李繼元 등 29인과 명경明經 3인에게 급제를 하사하였다.

王眠 ▶ 1162년 5월 **이천 등에서 도적이 일어나자 토벌하게 하다**

이천伊川·안협安峽·동주東州·평강平康·영풍永豊·의주宜州·곡주谷州 지역에 도적이 일어나니 내시지후內侍祗候 노영순盧永醇과 병부낭중兵部郞中 김장金莊 등을 보내어 토벌하여 평정하게 하였다.

王呪 ▶ 1162년 5월 **구휼에 관한 조서를 내리다**

조서를 내려 이르기를,

"임금[人君]의 덕은 생명을 아끼고 죽이는 것을 싫어하며 백성의 고통을[民隱] 부지런히 구휼하는 데 있다. 근래 감옥이 비지 않고 백성들에게는 전염병이 많이 돌고 있어 짐은 매우 근심하고 있다. 사형[殊死] 이하 <죄는> 사면하고 여러 도와 군현郡縣의 체납된 조세는 감면하며, 창고[倉廩]를 열어 빈궁하고 의탁할 곳이 없는 자를 진휼하라. 태조太祖의 후예로 벼슬[祿仕]이 없는 자는 유사有司로 하여금 선발하게 하고 겸하여 청렴결백한 이와 절개를 지키는 이도 천거하라."

라고 하였다.

王呪 ▶ 1162년 5월 **관비가 임산부를 죽였기에 처벌하다**

관비官婢 선화善花가 어떤 임산부[孕婦]와 얼마 되지도 않는 곡식[斗粟]을 다투다가 그를 죽였다. 선화는 아들이 환관[宦寺]이어서 법사法司에 청탁하여 형을 면제받았고 사면을 기다렸다가 바로 원주原州로 보내졌는데, 유사有司에서 반박하여[駁奏] 자연도紫燕島로 유배지를 옮겼다. 이달에 바람과 가뭄이 심하니 사람들은 임산부의 원한[冤氣]이 감응하였기 때문이라고 여겼다.

王呪 ▶ 1162년 6월 **최광균의 고신에 서명하지 않은 간관을 독촉하다**

왕이 간관諫官들이 최광균崔光鈞의 고신告身에 서명하지 않았다고 하여 간의諫議 이지심李知深, 급사중給事中 박육화朴育和, 기거주起居注 윤인첨尹鱗瞻, 사간司諫 김효순金孝純, 정언正言 양순정梁純精·정단우鄭端遇를 불러 서명하기를 독촉하자 낭사郎舍들이 두려워 위축되어 '예예' 대답 하고 물러갔다. 당시 궁인宮人 무비無比가 왕의 총애를 받고 있었는데, 최광균은 무비의 사위이고, 임금의 애첩[內嬖]이라는 연유로 갑자기 식목녹사式目錄事에 제수되니 사대부士大夫 가운데 분하여 이를 갈지 않는 이가 없었다. 어떤 사람이 간관들을 조롱하여 말하기를, "말을 하다 그만두면[莫說] 사간이 되고, 말이 없으면[無言] 정언이며, 말을 더듬으면[口吃] 간의가 되니, 느긋하게 있으면서 무엇을 논할 것인가."라고 하였다.

王睍 ▶ 1162년 6월 **개경에 도적 30여 인이 나타나다**

개경[京城]에 도적 30여 인이 나타났는데, 밤중에 영평문永平門에 이르러 문지기[門卒]들을 쳐서 달아나게 하고는[擊走] 빗장을 끊고 달아났다.

王睍 ▶ 1162년 7월 **박순충의 졸기**

중서시랑평장사中書侍郎平章事로 치사致仕한 박순충朴純冲이 사망하였다. 박순충은 서리胥吏에서 시작하여 재상宰輔에 올랐으며 근면하고 검소함을 스스로 잘 지켰다.

王睍 ▶ 1162년 8월 **오정중을 어사중승으로 삼다**

오중정吳中正을 어사중승御史中丞으로 삼았다. 오중정은 이서吏胥로 시작하여 여러 번 외직外寄에 보임되었는데 사람됨이 엄격하고 굳세나 무조건적으로 사람을 따랐고[詭隨] 고아와 굶주린 이들을 구휼하지 않고 귀근貴近과 결탁하여 화복禍福을 능히 〈마음대로〉 하였다. 다만 말과 용모로 인해 중요한 직책[要劇]을 모두 지냈다[備歷]. 당시 좌산기左散騎 최유칭崔褎稱도 성품이 강하고 사나워 자기에게 아부하지 않는 이를 싫어하였다. 오중정이 〈최유칭과〉 함께 성낭省郞이 되자 가죽에 기름칠하듯 뺀질뺀질하게 아첨하며 은혜와 원수를 반드시 갚았으니 사람들이 모두 두려워 바로 보지 못하고 곁눈질 하였다. 최유칭이 천거하여 어사중승이 되었는데 정사를 본 지 하루만에 사망하였다.

王眈 ▶ 1162년 8월 **최윤의의 졸기**

문하시랑평장사 최윤의崔允儀가 사망하였다. 최윤의는 일찍이 판이부判吏部가 되었을 때 전주銓注가 공평하고 타당하여 현명하고 능력있는 이를 임용하였으며, 두 차례 과거를 관장하였는데 당시에 〈마땅한〉 사람을 얻었다고 칭찬하였다.

王眈 ▶ 1162년 9월 **왕의 폐행의 방술이 발각되자 무고를 당한 인물이 처벌되다**

왕의 사랑을 받던 여인이嬖倖 방술媚道를 썼는데, 은밀하게 닭을 그린 그림을 왕의 침상의 요 안에 넣어두었다. 사실이 발각되자 주부동정注簿同正 김의보金義輔가 내시內侍 윤지원尹至元과 더불어 몰래 공모하여 저주한 것이라고 무고하였다. 김의보는 목을 베었고, 윤지원은 무인도로 유배 보냈다.

王眈 ▶ 1162년 11월 **왕태자에게 관례를 행하다**

왕태자에게 관례元服를 베풀었다.

王眈 ▶ 1162년 11월 **금에서 사신을 보내 새 황제의 즉위를 알리다**

금金에서 대부감大府監 완안흥完顏興을 보내어 〈황제의〉 즉위를 알렸다.

王眈 ▶ 1162년 12월 1일 **태백성이 나타나다**

1태백성이 4일간 하늘을 가로질렀다.

王眈 ▶ 1162년 12월 **판이부사 이지무 등을 임명하다**

이지무李之茂를 판이부사判吏部事로, 김영부金永夫를 참지정사 판병부사參知政事 判兵部事로, 김거공金巨公을 지문하성사知門下省事로, 최유칭崔褎稱을 지추밀원사知樞密院事로, 조진약曹晉若을 동지추밀원사同知樞密院事로, 김영윤金永胤을 추밀원부사樞密院副使로 삼았다.

> 王睍 ▶ 1162년 12월 **인지재에 행차하다**

　인지재仁智齋에 행차하였는데 곧 경룡재慶龍齋이다. 〈왕이〉 친히 시 한 편을 지어 이르기를, "꿈속에서 참으로 길지吉地라고 분명히 들었으니, 부소산扶蘇山 아래는 신선들의 별세계로다."라고 하였다. 드디어 넓게 증축하고 장식을 하고서는 날마다 사랑하는 후궁嬖倖과 술과 놀이에 빠져 국정을 돌보지 않으니, 간관諫官이 혹 철거하기를 청하면 왕은 번번이 꿈에서 알려준 것이라는 핑계로 거부하였으므로 이 시를 짓게 된 것이다. 이로부터 간諫하는 사람들도 〈간언하기를〉 그만두었다.

> 王睍 ▶ 1162년 12월 **금에 사신을 보내 즉위를 축하하다**

　김영윤金永胤과 김순부金淳夫를 금金에 보내어 즉위를 하례하였다.

의종 17년(1163년)

―의종장효대왕―

王呪 ▶ 1163년 2월 천주사와 흥원사에 행차하다

천수사天壽寺와 흥원사洪圓寺 두 절에 행차하였다가 심하게 술에 취해 〈절에서〉 유숙하였는데, 따라간 관료들과 호위군사[衛士]들은 모두 밥을 먹지 못하였다.

王呪 ▶ 1163년 2월 혜민국 앞에서 놀던 아이들이 갑자기 사라지다

혜민국惠民局 남쪽 거리에서 어린아이들이 동과 서 두 무리로 나누어 각각 풀을 묶어 어린 여자아이를 만들어 비단으로 옷을 입히고, 또 계집종 하나를 꾸며 그 뒤를 따르게 하였는데, 앞에는 사방 1장丈 정도 되는 궤안几案이 있어 금과 옥으로 장식을 하고 음식을 차려두었다. 구경하는 자들이 담장처럼 둘러싸고 있었다. 두 대열이 아름다움과 솜씨를 다투면서 큰 소리로 떠들썩하게 소란을 피웠는데, 그렇게 하기를 5~6일 동안 하고서야 파하였으나 간 곳을 알지 못하였다.

王呪 ▶ 1163년 3월 3년 여묘살이를 한 손응시의 마을에 정문을 세워 표창하다

동면도감판관東面都監判官 손응시孫應時가 3년간 여묘廬墓살이를 하니 마을에 정문旌門을 세워 표창하라고 조서를 내렸다.

王眈 ▶ 1163년 4월 **태묘에 제사지내고 사면령을 내리다**

친히 태묘大廟에서 제사지내고[享] 사면령을 내렸으며 백관의 관작을 1급씩 올려주고 그 〈제사에서〉 일을 맡아본 5품 이상의 관리들은 각각 아들 1명의 음직蔭職을 허락하였다.

王眈 ▶ 1163년 5월 **김거공의 졸기**

지문하성사知門下省事 김거공金巨公이 사망하였다. 김거공은 서리胥吏에서 시작하였는데 성품이 청렴하고 매사에 조심성이 있었으며 용모와 자세가 아름다웠고 사령辭令을 잘하였다. 항상 각문閤門을 겸직하였는데 몸가짐이 세심하고 단아하여 마침내 재상宰輔에 올랐다. 이때 이르러 최유칭崔褎稱과 틈이 생기자 근심하고 분개하다 죽었다.

王眈 ▶ 1163년 6월 1일 **일식이 있다**

일식日食이 있었다.

王眈 ▶ 1163년 6월 **금에서 횡사사를 보내오다**

금金에서 횡사사橫賜使로 소부감少府監 한강韓鋼이 왔다.

王眈 ▶ 1163년 7월 **송 도강 서덕영 등이 황제의 밀지를 받아 물품을 전하다**

송宋의 도강都綱 서덕영徐德榮 등이 와서 공작孔雀과 진귀한 장난감을 바쳤다. 서덕영은 또한 송 황제의 밀지密旨로써 금은합金銀盒 2개에 침향沈香을 가득 담아 바쳤다.

王眈 ▶ 1163년 7월 **동서북면 병마사를 임명하다**

위위경衛尉卿 이양실李陽實을 지서북면병마사知西北面兵馬事로, 급사중給事中 박육화朴

育和를 동북면병마부사東北面兵馬副使로 삼았다. 유사有司에서 이양실은 번진藩鎭을 맡기에 합당하지 않다고 탄핵하니 서순徐淳을 유임시켰다.

王眈 ▶ 1163년 8월 문극겸이 상소를 올려 시정을 아뢰다

좌정언左正言 문극겸文克謙이 궐문 밖에 엎드려 소를 올려 말하기를,

"환자宦者 백선연白善淵은 위엄과 복덕福德을 제멋대로 행하고, 은밀하게 궁인宮人 무비無比와 더불어 추잡하고 더러운 행실을 하였습니다. 술인術人 영의榮儀는 잘못된 도[左道]를 가지고 임금님께 아첨하여 백순궁百順宮과 관북궁館北宮의 두 궁궐을 두고 사사롭게 재물을 모아 축리祝釐와 재초齋醮의 비용을 지불하였고, 백선연과 더불어 그 사무를 관장하였습니다. 무릇 양계兩界의 병마사兵馬使와 5도五道의 안찰사按察使가 임금님을 뵙고 부임지로 떠나는 날[陛辭之日]에는 반드시 양궁兩宮에서 술자리를 열어 위로하며 전송하였는데, 각자 방물方物을 올리도록 하여 그 바치는 것의 많고 적음에 따라 전최殿最를 하였습니다. 집집마다 추렴하는 데에까지 이르니 백성들의 원망을 초래하고 있습니다. 좌상시左常侍 최유칭崔褎稱은 추요樞要의 직임을 맡아 권세가 중외를 뒤덮었는데 탐욕스러움[貪墨]이 끝이 없으며, 자기에게 붙지 않는 자가 있으면 반드시 그를 모함[中傷]하였고, 재산은 거만鉅萬으로 늘었습니다. 청하건대 백선연과 무비는 목을 베고, 영의는 내쫓아 목자牧子에 충당하고 최유칭은 파직함으로써 온 나라에 사죄하시기 바랍니다."

라고 하였다. 또한 소疏에서 궁궐[宮禁] 침실[帷薄]의 일을 언급하였으므로 왕이 크게 노하여 그 소를 불태웠다. 최유칭이 대궐에 나아가 변명하기를 청하자 왕이 문극겸을 불러 서로 마주보고 시비를 가리게 하였다[對辨]. 문극겸의 말이 매우 절실하고 지극하였으나 마침내 〈문극겸의〉 관직을 낮추어 황주판관黃州判官으로 삼았다. 처음에 문극겸이 소문의 초고를 썼을 때 간의諫議 이지심李知深, 급사중給事中 박육화朴育和, 기거주起居注 윤인첨尹鱗瞻 등이 기꺼이 연서連署하지 않았는데, 문극겸이 폄직貶職되었음에도 또한 태연자약하게 정무를 보니 당시 사람들이 송宋나라 사람의 '함께 놀던 영준英俊의 얼굴은 어찌 그리 두꺼운가[竝遊英俊顔何厚之句].'라는 구절을 읊으며 그

들을 비웃었다.

王晛 ▶ 1163년 9월 진득문을 내시로 삼다

보성군판관寶城郡判官 진득문秦得文을 내시內侍로 삼았다. 진득문은 처음에 서리胥吏로 시작하였다가 환관宦寺과 결탁하여 보성군의 수령[郡倅]이 되었는데 대나무 상[竹床], 대자리[竹几], 대나무 상자[竹箴]를 만들어 바치니 왕이 좋아하며 불렀다. 백선연白善淵·왕광취王光就에게 아첨하여 섬기기를 노복[僕隸]처럼 하였다.

王晛 ▶ 1163년 10월 이순우 등이 급제하다

이순우李純祐 등 28인과 명경明經 3인에게 급제를 하사하였다.

王晛 ▶ 1163년 10월 9일 지진이 있다

지진이 있었다.

王晛 ▶ 1163년 10월 백고좌회를 열고 반승하다

백고좌회百高座會를 열고 승려 30,000명에게 반승飯僧하였다.

王晛 ▶ 1163년 11월 금에서 사신을 보내 왕의 생신을 하례하다

금金에서 대부감大府監 야율의耶律章를 보내어 임금의 생신을 하례하였다.

王晛 ▶ 1163년 12월 지문하성사 최유청 등을 임명하다

최유칭崔褒稱을 지문하성사知門下省事로, 김영윤金永胤을 동지추밀원사同知樞密院事로, 서공徐恭을 추밀원부사樞密院副使로 삼았다.

의종 18년(1164년)

―의종장효대왕―

王曰 ▶ 1164년 3월 **송에 사신을 보내 놋그릇을 바치다**

차내전숭반借內殿崇班 조동희趙冬曦와 차우시금借右侍禁 박광통朴光通을 송宋에 보내어 놋그릇[鍮銅器]을 바쳤다.

王曰 ▶ 1164년 3월 **인지재로 이어하는데 정중부 등이 반역할 마음을 가지다**

장차 인지재仁智齋로 이어移御하려 하는데, 예종睿宗의 궁인宮人의 아들인 법천사法泉寺 주지住持 각예覺倪가 술과 음식을 준비하여 달령원獺嶺院에서 어가御駕를 맞이하였다. 왕이 풍월風月을 읊으며 감상하며 여러 학사學士들과 더불어 시를 주고받음[唱和]이 끝이 없었다. 대장군大將軍 정중부鄭仲夫 이하 여러 장수들이 피곤하고 분개하니 비로소 모반을 꾀하는 마음[不軌之心]을 가지게 되었다. 왕이 술에 취해 곧장 귀법사歸法寺로 들어갔는데 날이 저물어도 시종侍從들은 왕이 간 곳을 몰랐고 〈왕은〉 한밤중이 되어서야 돌아왔다.

王曰 ▶ 1164년 4월 **태묘에 제사지내고 사면령을 내리다**

친히 태묘大廟에서 제사지내고[禘] 사면령을 내렸다.

1164년 4월 **이공승을 형부상서로 삼다**

추밀원지주사 이공승李公升을 형부상서刑部尙書로 삼았다. 이공승은 체제사를 올리는 날[禘日] 제사지내는 일이 이미 갖추어졌다[辦]라고 갑자기 아뢰어 왕이 묘정廟庭에 들어갔는데, 집례執禮가 아직 준비가 되지 않았다고 아뢰자 왕이 크게 노하여 무겁게 처벌을 가하려 하였으나 우승선右承宣 이담李聃이 구해주어[營救] 다만 지주사에서만 파직되었다. 이보다 앞서 왕이 관북궁館北宮에 굴窟室을 만들고 대臺를 쌓고는 금과 옥으로 장식하니 극도로 사치스럽고 아름다웠다. 하루는 환자宦者 백선연白善淵·왕광취王光就 등과 아울러 술자리를 벌이고 이공승·김양金暘·이담李聃을 불러 실컷 술을 마셨는데 왕이 취해 막幕에 들어가 좌우에 명하여 창화唱和하게 하였다.

1164년 5월 **최유칭과 이담을 불러 수문전에서 잔치하다**

최유칭崔裒稱과 이담李聃을 불러 수문전修文殿에서 잔치를 하였다. 또 상춘정賞春亭에서 잔치를 하였는데 새벽이 될 때까지 마셨다[酣飮].

1164년 6월 1일 **일식이 있었는데 태사가 아뢰지 않다**

일식日食이 있었는데, 태사太史가 아뢰지 않았다.

1164년 6월 **중서시랑동평장사 김영부 등일 임명하다**

김영부金永夫를 중서시랑동평장사中書侍郞同平章事로 삼고, 최유칭崔裒稱을 상서좌복야 참지정사로 삼았으며, 김영윤金永胤을 지추밀원사知樞密院事로 삼았다.

1164년 7월 **직무에 충실할 것과 사치를 금하는 조서를 내리다**

조서를 내려 이르기를,

"근자에 듣건대 백료百僚와 서사庶士가 밤낮으로 일하는 것을 꺼려하여 직무에 태만하면서 녹봉만 도적질한다고 하니 임무를 맡겨 책임을 지운 뜻에 실로 어긋나므로, 유사에서는 부지런한지 태만한지를 조사하여 승진시키거나 출척하도록 하라. 또한 백성은 나라의 근본이고 근본이 튼튼해야 나라가 평안한 것인데, 근래에는 공사公私의 토목공사로 백성이 살아갈 수가 없는데도 환관宦寺들은 자기 집을 지으면서 앞다투어 사치하고 화려하게 하니, 유사에서는 모두 금지하도록 하라." 라고 하였다.

王晛 ▶ 1164년 8월 **도둑이 태묘의 제기를 훔치다**

도둑이 태묘大廟의 제기祭器를 훔쳤다.

王晛 ▶ 1164년 9월 **지화재에서 격구를 관람하다**

지화재志和齋로 이어移御하여 격구擊毬를 관람하였다.

王晛 ▶ 1164년 10월 **김원례 등이 급제하다**

김원례金元禮 등 28인, 명경明經 3인에게 급제를 하사하였다.

王晛 ▶ 1164년 11월 13일 **흰 무지개가 해를 감싸다**

흰 무지개白虹가 해 주위를 감쌌고, 남쪽·서쪽·북쪽에 각각 고리가 생겨 마치 해 〈여러 개가〉 서로 이어진 것 같았다.

王晛 ▶ 1164년 11월 **금에서 사신을 보내 왕의 생신을 하례하다**

금金이 대부감大府監 오골론수정烏骨論守貞을 보내어 생신을 하례하였다.

王晛 ▶ 1164년 11월 22일 **안개가 짙게 끼다**

계묘. 짙은 안개陰霧가 사방으로 자욱하여 길 가던 사람들이 길을 잃을 정도였다. 태사太史가 아뢰기를, "『오행지五行志』에 '안개는 여러 삿된 기운이 모인 것이니 여러 날 계속되고 개이지 않으면 그 나라는 혼란해질 것이다.'라고 하였습니다. 또 말하기를, '안개가 생겨 10보 밖의 사람이 보이지 않으면 이것을 어두운 낮[晝昏]이라 부르며 파국破國의 징조이다.'라고 합니다. 왕이 출입하고 기거함에 있어 일정한 법도가 있지 않으면 안 됩니다. 그러나 지금 폐하께서는 그 자리에 계시지도 않고 마땅하지 않은 사람에게 〈자리를〉 맡기시었으며, 명당明堂을 오랫동안 비워두고 거처하지 않으시고, 하늘의 재앙[天災]이 두려운데도 반성하지 않으시면서 옮기시는 것[移徙]이 일정하지 않고 때에 맞지 않게 호령號令을 하시기 때문에 이러한 괴이한 조짐이 있는 것입니다."라고 하였다. 왕이 끝내 깨닫지 못하였다.

王眖 ▶ 1164년 윤11월 금에 사신을 보내 생신을 축하해준 것에 사례하다

김장金旵을 금金에 보내어 임금의 생신을 하례해준 것에 대해 사례하였다.

王眖 ▶ 1164년 12월 판병부사 최유칭 등을 임명하다

최유칭崔褎稱을 판병부사判兵部事로, 김영윤金永胤을 추밀원사樞密院使로, 서공徐恭을 동지추밀원사同知樞密院事로 삼았다.

의종 19년(1165년)

−의종장효대왕−

王呪 ▶ **1165년 1월 증산사에 나가 머물다**

증산사甑山寺로 나가 머물자 우정언右正言 조문귀趙文貴가 간諫하였으나 〈왕이〉 듣지 않았다.

王呪 ▶ **1165년 3월 금군이 인주와 정주의 섬을 공격하여 군사를 포로로 잡아가다**

금金 대부영주大夫營主가 정예병 70여 인을 보내어 인주麟州와 정주靜州 경내의 섬을 공격하여 방어하고 수비하던 정주별장靜州別將 원상元尙 등 16인을 잡아서 돌아갔다. 섬은 인주와 정주까지의 거리가 7~8,000보여서 두 주의 백성들은 일찍이 왕래하며 농사짓고 고기잡고 나무를 하고 풀을 베었었는데 금나라 사람들이 틈을 타서 나무를 하고 가축을 기르면서 그로 인해 많이 들어와 살았다. 계미년1164 가을에 급사중給事中 김광중金光中이 병마부사兵馬副使가 되었는데 땅을 수복해서 공을 세우고자 멋대로 군사를 내어 공격하여 그 집에 불을 지르고 곧이어 방수防戍와 둔전屯田을 두었다. 김장金莊이 금金에 갔을 때 금의 황제[金主]가 김장을 꾸짖으며 말하기를, "변경에서 갑자기 예상 밖의 일이 일어났는데, 너희 임금이 시켜서 그렇게 된 것인가, 변경의 관리가 그런 것인가. 만약 변경의 관리가 한 일이라면 너희 임금은 마땅히 그를 징계해야 할 것이다."라고 하였다. 김장이 돌아와 아뢰니 왕은 곧 그 섬을 돌려주고 방수

防戍를 철수하라 명하였다. 서북면병마부사西北面兵馬副使 윤인첨尹鱗瞻 등이 땅이 줄어드는 것을 수치스럽게 여겨 오히려 명령을 따르지 않았기 때문에 금에서 장차 침입해 오려 하였다. 윤인첨이 두려워서 의주판관義州判官 조동희趙冬曦와 더불어 몰래 모의를 하고 드디어 대부영에 이첩移牒하여 포로[俘獲]를 돌려줄 것을 요청하니 다음날 곧바로 포로들이 돌아왔으나 윤인첨 등은 비밀로 하고 아뢰지 않았다.

王晛 ▶ 1165년 3월 보현원과 인제원 등에 이어하다

신유. 보현원普賢院으로 이어移御하는데 날씨가 춥고 비가 많이 내려 위졸衛卒 중에 얼어죽은 이가 9인이었다. 신미. 인제원仁濟院으로 이어하였다. 여름 4월 경진. 관란사觀瀾寺에 행차하였다. 이보다 앞서 이부시랑吏部侍郞 한정韓靖이 인제원 안에 따로 절[佛宇]을 짓고 복을 비는 곳[祝釐之所]이라고 불렀다. 내시시랑內侍侍郞 김돈중金敦中과 대제待制 김돈시金敦時가 관란사를 중수하고 역시 복을 비는 곳이라고 칭하였다. 왕이 한정과 김돈중·김돈시 형제에게 일러 말하기를, "들으니 경들이 과인에게 복을 돌리고자 한다고 하니 짐이 매우 가상하게 여겨 장차 그곳에 가보려고 한다."라고 하였다. 한정과 김돈중 등은 절의 북쪽 산이 민둥산으로 초목이 없었으므로 인근의 백성들을 모아 소나무·잣나무·삼나무·노송나무와 기이한 화초를 심고 단壇을 쌓아 어실御室을 만들었는데, 단청金碧으로 장식하고 댓돌과 섬돌은 모두 괴석怪石을 사용하였다. 이에 이르러 김돈중은 절의 서대西臺에서 크게 잔치를 열었는데, 휘장[帷帳]과 그릇[器皿]과 진귀한 음식[珍羞]이 극히 화려하고 사치스러웠다. 왕이 재상[宰輔]·근신近臣들과 더불어 흡족하게 즐기고 김돈중·김돈시·한정에게 백금白金·나견羅絹·단사丹絲를 매우 후하게 하사하였다. 또 예성강禮成江 사람이 일찍이 백선연白善淵·왕숙공王肅恭·영의榮儀에게 뇌물을 바치고 예성을 현縣으로 삼아 달라고 청하였다. 백선연 등이 왕에게 권하여 예성강에 놀러갔는데, 예성강 사람이 백성들에게서 백은白銀 300여 근을 거두었고, 기이하고 교묘한 기술과 재주[奇技淫伎]가 많았다. 왕이 또한 수희水戲를 보고 싶어서 내시內侍 박회준朴懷俊 등에게 명하여 50여 척의 배에 모두 비단 돛을 달고 풍악과 기생, 채붕綵棚과 물고기 잡는 도구를 싣게 하고는 앞에서 놀이를 벌였다. 어떤 사람이 귀신놀이[鬼戱]를 하면서 불을 삼켰다가 뱉어내었는데, 잘못하여 배 한 척을 불태우자 왕이 크게 웃었다.

王眤 ▶ 1165년 3월 **좌우번의 내시들이 진기한 노리개를 바치다**

좌우번의 내시內侍들이 다투어 진기한 노리개[珍玩]를 바쳤는데, 좌번에는 백은白銀 10근과 단사丹絲 65근을 하사하였고, 우번에는 백은 10근과 단사 95근을 하사하였다. 당시 우번에는 세력[豪勢]이 있는 이들이 많아 환자宦者를 통해 왕지王旨로써 공사公私에 모아둔 진귀한 보물 및 서화書畫 등의 물건과 아울러 준마駿馬 2필을 함께 바쳤다. 좌번은 능히 미치지 못함을 부끄럽게 여겨 다른 사람의 준마 5필을 빌려 바쳤는데, 후에 빚을 갚지 못하여 매일 독촉을 받았으니 당시 사람들이 이를 비웃었다.

王眤 ▶ 1165년 3월 **경복사와 봉령사로 이어하다**

경복사景福寺로 이어移御하였다. 무자. 봉령사奉靈寺로 이어하였는데 곧 정함鄭諴이 복을 비는 곳[祝釐之所]이었다. 정함이 왕을 대접하였는데 준비한 물품[供辦]이 인제원仁濟院이나 관란사觀瀾寺보다 훨씬 심하였다. 왕이 취해 직접 생황을 불고, 음율을 아는 자를 물었더니 좌우에서 급제及第 이홍승李鴻升으로 대답하였다. 곧바로 불러 〈왕의〉 앞에 이르게 하고 생황과 피리를 불어보라 명하고서 드디어 기뻐하며 서로 만나게 됨이 늦었다라고 하며 내시內侍에 소속시키도록 명하였다.

王眤 ▶ 1165년 3월 **판적요지에 배를 띄우고 환관들과 연회를 즐기다**

왕이 판적요지板積窯池에 배를 띄우고 환자宦者 백선연白善淵·왕광취王光就, 내시內侍 박회준朴懷俊·유장劉莊 등과 더불어 술자리를 열고 풍악을 벌이다가 드디어 수루水樓에 올라 최유칭崔褎稱·서공徐恭 등과 함께 마셨다. 또 예성강禮成江 뱃사공[篙工]과 고기잡이 하는 이들을 불러 수희水戱를 시키고 구경하고는 물건을 차등있게 하사하였다. 밤 2경에야 관북궁館北宮으로 돌아왔는데, 호종하던 관리들이 길을 잃고 쓰러지는 자가 속출하였다.

王睍 ▶ 1165년 5월 문하시랑 이지무 등을 임명하다

이지무李之茂를 문하시랑 동중서문하평장사門下侍郞 同中書門下平章事로 삼고, 최유칭崔褎稱을 중서시랑 동중서문하평장사中書侍郞 同中書門下平章事로 삼았으며, 김영윤金永胤을 상서좌복야尙書左僕射로 삼았고, 서공徐恭을 지추밀원사知樞密院事로, 김양金晹을 추밀원부사樞密院副使로 삼았다.

王睍 ▶ 1165년 6월 홍수가 나서 민가가 떠내려가다

홍수[大水]가 나 민가民家가 떠내려가고 익사溺死한 사람이 많았다.

王睍 ▶ 1165년 11월 금에서 사신을 보내 왕의 생신을 하례하다

금金에서 소부감少府監 완안장完顔章을 보내어 임금의 생신을 하례하였다.

王睍 ▶ 1165년 12월 수태보 판이부사 최유칭 등을 임명하다

최유칭을 수태보 판이부사守太保 判吏部事로, 김영윤金永胤을 지문하성사 판병부사知門下省事 判兵部事로, 이공승李公升을 추밀원부사樞密院副使로 삼았다.

의종 20년(1166년)

―의종장효대왕―

王眄 ▶ 1166년 4월 백선연이 불상을 주조하여 왕에게 아첨하다

백선연白善淵이 왕의 나이[行年]대로 동銅으로 불상 40구를 주조하고 관음보살觀音菩薩을 그린 그림 40정幀을 만들어 불탄일[佛生日]에 별원別院에서 등불을 켜고 복을 빌었는데[祝釐], 왕이 밤을 틈타 미행하여 그것을 구경하였다.

王眄 ▶ 1166년 4월 왕이 중 각예와 성수원에서 연회를 열다

왕이 중 각예覺倪와 더불어 밤에 성수원聖壽院에서 잔치하였다.

王眄 ▶ 1166년 4월 각예를 불러 달구경을 하다

각예覺倪를 불러 달구경을 하며 시를 지었다[賦詩].

王眄 ▶ 1166년 4월 청녕재에서 연회를 열다

왕이 청녕재淸寧齋에서 연회를 벌였는데 밤 5경이 되어서야 돌아왔다.

王眄 ▶ 1166년 6월 박소 등이 급제하다

박소朴紹 등 30인에게 급제를 하사하였다.

王晛 ▶ 1166년 7월 금에서 횡사사를 보내오다

금金에서 횡사사橫賜使로 상서우사낭중尙書右司郞中 이자도移刺道가 왔다.

王晛 ▶ 1166년 10월 구정에서 반승하다

구정毬庭에서 30,000명에게 반승飯僧하였다.

王晛 ▶ 1166년 11월 청녕재에서 연회를 열다

청녕재淸寧齋에서 밤에 잔치를 열었는데[夜宴], 총애를 받는 환관[寵宦] 이영李榮이 기이한 애완물[奇玩之物]을 가지고 와서 왕을 맞이하고 여악女樂을 벌여서 술을 마시며 즐기기를 밤중까지 하였다.

王晛 ▶ 1166년 11월 금에서 사신을 보내 왕의 생신을 하례하다

금金에서 대부감大府監 야율성정耶律成正을 보내어 임금의 생신을 하례하였다.

의종 21년(1167년)

—의종장효대왕—

王晛 ▶ 1167년 1월 **전라주도안찰부사 윤평수가 은을 바치다**

전라주로안찰부사全羅州路按察副使 윤평수尹平壽가 백성들에게서 은80근을 거두어서 바쳤다.

王晛 ▶ 1167년 1월 **왕의 가마에 화살이 떨어져 계엄을 내리다**

연등회에 왕이 봉은사奉恩寺에 갔다가 밤에 돌아와 관풍루觀風樓에 이르렀다. 좌승선左承宣 김돈중金敦中의 말이 본래 길들여 있지 않았는데, 징과 북鉦鼓 소리를 듣고는 더욱 놀라 돌연히 한 기사騎士의 화살통矢房을 들이받아 화살이 튀어 올라 왕의 가마[輦] 옆에 떨어졌으나 김돈중이 자수自首하지 않았다. 왕은 경악하여 화살이 날아왔다고 하며 빨리 달려 궁궐로 돌아와 궁성宮城의 경계를 엄중히 하였다.

王晛 ▶ 1167년 1월 **방을 걸어 적을 잡고자 하다**

유사有司에 명하여 저자거리에 방榜을 걸고 이르기를,
"적賊을 고하는 자는 유직有職·무직無職을 논하지 않고 원하는 바에 따라 동반東班은 정랑正郞, 서반西班은 장군將軍을 제수하고 공사公私의 천예賤隸들 또한 관직에 참여하는 것을 허락할 것이며, 아울러 은200근을 주고, 여자의 경우에는 은300근을 줄 것이다."

라고 하였다. 왕은 오히려 〈적을〉 잡지 못할까 염려하여 또 명하기를, 황금 15근과 은병銀瓶 200개를 거리에 매달아 두고 〈적을〉 잡게 하였다.

王晛 ▶ 1167년 1월 부병을 주둔시켜 불측한 일에 대비하다

부병府兵을 대궐 뜰에 주둔시켜 불측不測한 일에 대비하였다. 이로부터 용맹한 자를 선발하여 내순검內巡檢이라 부르고 두 번番으로 나누어 항상 자주색 옷을 입고 활과 검을 지니고 의장儀仗 밖에 나누어 서게 하였는데, 비나 눈이 와도 피하지 않았고 밤이 되면 새벽까지 순찰을 돌며 경계하였다.

王晛 ▶ 1167년 1월 적을 잡지 못했다 하여 재추를 책망하다

왕이 적賊을 잡지 못한다고 하며 조서를 내려 재추宰樞를 책망하였다. 이에 체포되는 자가 잇달았는데, 대령후大寧侯 왕경王暻의 가동家僮인 나언羅彦·유성有成·황익黃益 등을 의심하여 매우 끔찍하게[深刻] 국문鞫問하니 나언 등이 거짓으로 자백하였다[誣服]. 제왕諸王·재추宰樞·백료百僚·기로耆老들이 대궐로 나아가 죄인을 잡은 것을 하례하였고, 나언·유성·황익 및 유성의 아내를 참수였다. 또 임금의 호위[禁衛]를 신중하게 하지 않았다고 하여 견룡牽龍·순검巡檢·지유指諭 14인을 전리田里로 유배 보냈다.

王晛 ▶ 1167년 3월 왕이 장흥원에 행차하여 각예와 술을 마시다

왕이 비를 무릅쓰고 장흥원長興院에 행차하여 각예覺倪와 더불어 밤에 술을 마시고는 우승선右承宣 김돈중金敦中에게 명하여 시를 짓게 하였다[賦詩].

王晛 ▶ 1167년 3월 왕이 청령재 기슭에 중미정을 세우고 즐기다

왕이 미행微行으로 금신굴金身窟에 가서 나한재羅漢齋를 지내고 현화사玄化寺로 돌아와 이공승李公升·허홍재許洪材·각예覺倪 등과 더불어 중미정衆美亭 남쪽 못에 배를 띄우고 술을 마시며 매우 즐거워하였다. 이에 앞서 청령재淸寧齋 남쪽 기슭에 정자각丁字閣을 세우고 중미정衆美亭이라고 편액하였는데, 정자 남쪽 시내에 흙과 돌을 쌓아 물을 저장하고 언덕 위에 초가로 정자茅亭를 지으니, 오리와 기러기가 날고 갈대가 우거져 완연히 강호江湖의 모습과 같았으며, 그 가운데 배를 띄우고 아이들로 하여금 뱃노래棹歌와 어부들의 노래漁唱를 부르게 하면서 마음껏 잔치하며 놀았다. 처음에 정자를 지을 때 역졸役卒들이 개인적으로 양식을 가져와야 했는데, 어떤 역졸이 매우 가난하여 스스로 〈양식을〉 지급할 수 없어 역도役徒들이 함께 밥 한 숟가락씩을 나누어주어 먹게 하였다. 하루는 그의 처가 밥을 가지고 와서 먹이고 또 말하기를, "친한 분을 불러 함께 드세요."라고 하였다. 역졸이 말하기를, "집이 가난한데 어떻게 준비를 하였는가. 혹시 다른 사람과 사통하고 얻어온 것인가, 혹시 남의 것을 훔친 것인가."라고 하였다. 아내가 말하기를, "생김새가 추한데 누구와 사통하겠으며 천성이 옹졸하니 어찌 능히 훔치겠습니까. 다만 머리카락을 잘라 먹을 것을 사왔습니다."라고 하였다. 이에 그 머리를 보여주니 역졸은 목이 메어 우느라 먹지 못하였고, 〈이야기를〉 듣는 자도 슬퍼하였다.

王眤 ▶ 1167년 3월 **귀법사 동쪽 고개에 행차하여 술자리를 가지다**

귀법사歸法寺 동쪽 고개에 행차하여 시신侍臣과 더불어 술자리를 가졌다

王眤 ▶ 1167년 4월 1일 **일식이 있다**

일식日食이 있었다.

王眤 ▶ 1167년 4월 **하청절이라 하여 연회를 즐기고 만춘정을 꾸미다**

하청절河淸節이므로 만춘정萬春亭에 행차하여 연흥전延興殿에서 재추宰樞·시신侍臣과 잔치를 열었는데, 대악서大樂署와 관현방管絃坊에서 채붕綵棚과 준화樽花를 설치하고 헌선도獻仙桃와 포구락抛毬樂 등 성기聲伎의 놀이를 하였다. 또 정자 남쪽 포구에 배

를 띄우고 물을 따라 오르내리며 서로 더불어 창화唱和하다가 밤이 되어서야 파하였다. 정자는 판적요板積窯 안에 있었는데 전각의 이름은 연흥전延興殿이라 하였고, 남쪽에는 시냇물이 굽이굽이 돌고 좌우에는 소나무·대나무·화초를 심었다. 또 모정茅亭과 초루草樓가 모두 7곳이었는데 그 중 편액한 것이 넷이니, 이르기를 영덕정靈德亭·수락당壽樂堂·선벽재鮮碧齋·옥간정玉竿亭이라 하였다. 다리는 금화교錦花橋라 칭하고 문은 수덕문水德門이라 하였다. 임금이 타는 배는 수놓은 비단으로 꾸몄는데 놀이를 즐기기 위한 것으로 총 3년이 걸려 완성되니 모두 박회준朴懷俊·유장劉庄·백선연白善淵이 종용하여 그렇게 한 것이다.

사신史臣이 말하기를, "나라를 다스리는 요체는 나라의 재물을 아껴 쓰고 백성을 사랑하는 데 있는데, 의종은 연못과 누대池臺를 많이 세워 재물을 낭비하고 백성들을 힘들게 하였으며, 항상 총애하는 이들嬖倖과 더불어 향락만을 좇아 국정을 돌보지 않았는데도 재상과 대간臺諫 중에는 간언을 하는 이가 한 사람도 없었으니 결국 거제巨濟로 쫓겨간 것은 당연하다."라고 하였다.

王睍 ▶ 1167년 4월 **왕의 동생 중 충희가 음식을 바치다**

왕의 동생 중 충희沖曦가 청녕재淸寧齋에서 음식을 바치니[享], 각예覺倪와 시신侍臣을 불러 함께 마시고, 늦게 중미정衆美亭 남쪽 못에 배를 띄워 밤이 될 때까지 놀았다. 충희는 바로 현희玄曦이다.

王睍 ▶ 1167년 4월 **청녕재에서 연회를 열다**

청녕재淸寧齋에서 잔치하며 시를 지어[賦詩] 여러 신하들로 하여금 화답시를 올리게 하였다.

王睍 ▶ 1167년 5월 **남강에 배를 띄우고 잔치를 즐기다**

임진현臨津縣에 행차하였다. 다음날 재추宰樞 김영윤金永胤·서공徐恭·이공승李公升·

최온崔溫, 승선承宣 이담李聃·허홍재許洪材·김돈중金敦中 등과 더불어 남강南江에 배를 띄우고 하루 종일 즐겼다. 사간司諫 임종식林宗植과 시어侍御 고자사高子思를 불러 잔치에 오게 하였다. 한밤중이 되어서야 보현원普賢院으로 이어移御하였는데, 시종侍從들이 따르지 못하였고, 고자사는 술이 취해 가지 못하였다.

사신史臣이 말하기를, "임금의 한 몸에 사직社稷과 생령生靈이 매어 있고, 대간臺諫의 직책은 허물을 바로잡고 그릇된 것을 따지는 것이다. 왕이 비록 위태로운 행동을 하며 스스로 자신의 몸을 가볍게 처신한다 하더라도 임종식林宗植 등이 간언하지 못하였을 뿐만 아니라 또 〈왕을〉 따라서 잔치를 즐기고 술을 막 먹고 취해 임금을 호종하는 법도를 잃었으니 매우 비루하다."라고 하였다.

王晛 ▶ 1167년 5월 장단현 응덕정에서 연회를 즐기다

장단현長湍縣 응덕정應德亭에 행차하여, 배 가운데 채붕綵棚을 묶어 놓고 여악女樂과 잡희雜戲를 싣고 강물에 띄워 두니 무릇 19척이었고, 모두 채색비단으로 장식하였다. 좌우의 총애하는 신하倖臣들과 더불어 잔치하고 즐겼다. 5경에 이르러 서쪽 언덕에 올라 과녁[侯]을 늘어놓고 그 위에 촛불을 두고는 좌우에게 명하여 쏘게 하였는데, 맞추는 자가 없자 내시內侍 노영순盧永醇이 말하기를, "왕聖上께서 과녁을 맞추시기를 기다린 연후 신들이 맞추겠습니다."라고 하였다. 왕이 활을 쏘아 촛불을 맞추자 좌우가 만세를 불렀고, 이담李聃이 이어서 맞추니 능라견綾羅絹을 하사하였다. 이틀을 머물며 수희水戲를 구경하고 응덕정應德亭으로부터 촛불을 켜고 배에 올라 여러 가지 풍악을 성대하게 벌였다. 황락정皇樂亭을 지나다가 술자리를 열고 밤에야 보현원普賢院에 이르렀는데, 또 만춘정萬春亭에 행차하여 술자리를 열고 밤에 이담의 별장別墅으로 들어갔다.

王晛 ▶ 1167년 6월 용연사 남쪽 석벽에 정자를 짓고 즐기다

현화사玄化寺로 이어移御하였다. 이에 앞서 왕이 성 동쪽 사천沙川 용연사龍淵寺 남쪽에 두세 길이 되는 석벽石壁이 깎은 듯이 냇물에 임해 서 있어 호암虎嵒이라 부르는데,

흐르는 물이 〈여기서〉 멈춰 모여 있고, 수목이 울창하다는 것을 듣고 내시內侍 이당주李唐柱·배연裵衍 등에게 명하여 그 옆에 정자를 짓고 연복정延福亭이라 이름하고 기이한 꽃과 나무를 네 귀퉁이에 줄지어 심게 하였다. 물이 얕아 배를 띄울 수 없자 제방을 쌓아 호수로 만들었는데, 그 땅은 흰 모래로 되어 있고 물살이 세차서 비가 오면 번번이 무너지고, 무너질 때마다 보수하여 주야로 쉬지 못하니 백성들이 매우 고통스럽게 여겼다. 이날 재상과 시신侍臣들과 정자 위에서 잔치를 베풀고 실컷 즐긴 뒤 파하였다.

王眖 ▶ 1167년 7월 귀법사, 현화사 등에 행차하다

귀법사歸法寺에 행차하였다가 곧이어 현화사玄化寺로 임어하며 말을 달려 달령獺嶺의 다원茶院에 이르렀는데 따르는 신하從臣들이 모두 미치지 못하고 왕만 홀로 다원 기둥에 기대어 시자侍者에게 일러 말하기를, "정습명鄭襲明이 만약 살아 있었더라면 내가 어찌 여기에 올 수 있었겠는가."라고 하였다.

王眖 ▶ 1167년 8월 남경에 행차하다

남경南京으로 행차하였는데 어가御駕가 가돈원加頓院에 이르자 광주廣州에서 의위儀衛와 악부樂部를 준비하여 영접하고 말과 견여肩輿와 양산陽傘을 바쳤다.

王眖 ▶ 1167년 9월 남경유수가 어가를 맞이하다

남경유수南京留守가 예를 갖추어 어가御駕를 영접하고 양산과 말과 소를 바쳤다. 밤에 내시內侍와 중방重房에 명하여 활을 쏘게 하고 맞춘 자에게는 능견綾絹을 하사하였다.

王眖 ▶ 1167년 9월 삼각산 승가사 등에 행차하다

삼각산三角山 승가사僧伽寺·문수사文殊寺·장의사藏義寺 등에 행차하였다.

王眖 ▶ 1167년 9월 **연흥전에서 신료들과 연회를 열다**

연흥전延興殿에서 여러 신하들과 잔치를 하고 사람들마다 각각 말 1필을 하사하였다.

王眖 ▶ 1167년 9월 **남경을 출발하여 파평현 강에 이르다**

남경南京에서 출발하여 파평현坡平縣 강에 이르자 여러 군신들과 배에서 잔치를 하였는데, 시신侍臣들이 모두 술에 취해 법도를 잃었고, 추밀원사樞密院使 이공승李公升이 쓰러져 어가御駕 앞에 실었다.

王眖 ▶ 1167년 9월 **개경에 도착하여 은전을 내리는 조서를 반포하다**

남경南京으로부터 〈개경에〉 도착하자 중외中外에 조서를 내려 은전[推恩]을 차등있게 내렸다. 이 행차 때 광주廣州의 장서기掌書記 김유金鏐가 백성들의 재물을 함부로 거두어서[聚斂] 진귀한 그릇으로 바꾸어 환자宦者에게 많은 뇌물을 주었다. 이에 백선연白善淵과 왕숙공王肅恭 등이 김유를 천거하여 내시內侍로 삼았다.

王眖 ▶ 1167년 11월 **금에 사신을 보내 생신 축하에 대해 사례하다**

예빈소경禮賓少卿 최현崔儇을 금金에 보내어 임금의 생신을 하례해준 것에 대해 사례하였다.

王眖 ▶ 1167년 11월 **금에서 사신을 보내 왕의 생신을 하례하다**

금金에서 소부감少府監 이위국李衛國을 보내어 임금의 생신을 하례하였다.

의종 22년(1168년)

−의종장효대왕−

王眤 ▶ 1168년 1월 신료들과 밤새 연회를 열다

여러 신하들과 잔치를 베풀어 밤을 새웠다.

王眤 ▶ 1168년 1월 태자가 강양백 왕함의 딸을 맞아 비로 삼다

태자太子가 강양백江陽伯 왕감王瑊의 딸을 들여 비로 삼았다.

王眤 ▶ 1168년 1월 왕이 꿈속에서 지은 시를 보여주다

왕이 꿈속에서 지은 시를 여러 신하들에게 보여주니 신료들이 칭송하고 하례하였다.

王眤 ▶ 1168년 2월 선경전에서 반승하다

선경전宣慶殿에서 1,000명에게 반승飯僧하였다.

王眤 ▶ 1168년 2월 강양백 왕후를 강양후로 삼다

강양백江陽伯 왕감王瑊을 높여 후侯로 삼았다.

王眴 ▶ 1168년 3월 **익양후, 평량후를 피하여 서경에 행차하다**

서경西京에 행차하였다. 당시 왕의 아우인 익양후翼陽候와 평량후平凉侯가 매우 민심을 얻었으므로 왕이 변란이 있을까 의심하여 이어移御하여 피하였다. 어가御駕가 평주平州 숭수원崇壽院 서쪽 정자에 이르자 재신[宰輔]·시신侍臣을 불러 술을 돌리고, 남계南溪에 배를 띄우고 물길을 거슬러가며 놀다가 저녁 무렵이 되어서야 파하였다.

王眴 ▶ 1168년 3월 **벽파정에서 잔치를 열다**

왕이 황주黃州 동선역洞仙驛에 머물며 벽파정碧波亭에서 잔치를 열고 또 남계南溪에 배를 띄우고 밤이 되도록 잔치를 즐겼으며 악공樂工과 잡희雜戲를 공연한 사람들에게 백금白金 3근을 하사하였다.

王眴 ▶ 1168년 3월 **태조 진전에 배알하다**

태조太祖의 진전眞殿에 배알하였다.

王眴 ▶ 1168년 3월 **서경을 중시하는 하교를 내리다**

관풍전觀風殿에 임어해서 하교下敎하여 이르기를,
"짐이 듣건대 서경[鎬京]은 만대의 쇠하지 않는 땅으로 후세의 왕이 된 자가 이곳에 임어하여 새로 교서를 반포하면 나라 풍속이 청명해지고 백성들이 편안하게 될 것이라고 하였다. 짐이 정치를 한 이래 정사[萬機]가 실로 번다하여 순행[巡御]할 겨를이 없었으나 이제 일관日官이 아뢴 바를 따라 이 도읍에 행차하여 왔으니, 장차 낡은 것은 뜯어 고치고 새로 정립하여[革舊鼎新] 임금의 덕화[王化]를 부흥시키려고 옛 성인[古聖]이 훈계[勸戒]하신 가르침과 지금의 폐단을 구제할 일을 채택하여 9조의 새로운 령令을 반포한다."
라고 하였다. 이날 청원루淸遠樓에서 재추宰樞·근신近臣과 함께 잔치를 열었는데, 서로 더불어 창화唱和하며 즐겼다.

1168년 4월 **흥복사에 행차하여 잔치를 즐기다**

여름 4월 흥복사興福寺에 행차하여 남포南浦에 용선龍船을 띄우고 재추宰樞·근신近臣과 잔치를 열었다. 또 홍복사洪福寺에 행차하여 다경루多景樓에서 잔치를 열었는데, 수희水戲를 하는 사람들에게 백금白金 2근을 하사하였다.

1168년 4월 **서경의 묘청의 난 연루자를 사면하다**

왕지王旨를 선포하여 이르기를,
"서도西都는 곧 조종祖宗이 순어巡御하시던 땅이었는데, 지난 을묘년1135의 난 이후 국가에 일이 많아 여러 해 동안 임금이 순행하지 못하다가 이제야 옛날에 물들었던 더러운 습속을 모두 새롭게 하고 또 장차 기업을 연장하고 보전하려고 이 서도에 행차하였다. 어가御駕를 맞이할 때 잘못한 것이 있어 유사有司에서 체포한 자와 공적인 죄로 도형을 받은 자 및 사적인 죄로 장형을 받은 자公徒私杖 이하 속동贖銅과 징와懲瓦에 해당하는 자들은 모두 해제하고 놓아주라. 또 을묘년에 연좌되어 남계南界로 유배간 자들 또한 석방하여 귀향시키도록 하라. 여러 영부領府 및 3위군三衛軍으로 어가를 맞이하는 데 수고한 이들에게는 각각 사람마다 쌀 1석을 주도록 하라."
라고 하였다.

1168년 4월 **장락전에서 신료들과 잔치를 열다**

장락전長樂殿에서 여러 신하들과 잔치를 열었다.

1168년 4월 **하청절이라 하여 연회를 열다**

하청절河淸節이라 하여 다시 장락전長樂殿에서 잔치를 열었다.

1168년 4월 **영명사에 행차하였다가 대동강에서 배를 띄우다**

영명사永明寺에 행차하였다가 대동강大同江에서 배를 띄웠다.

王眖 ▶ 1168년 4월 **부벽루에 임어하여 농마희를 관람하다**

부벽루浮碧樓로 임어하여 신기군神騎軍의 농마희弄馬戲를 관람하고 백금白金 2근을 하사하였다.

王眖 ▶ 1168년 4월 **부벽루에 행차하여 수희를 관람하다**

부벽루浮碧樓에 행차하여 수희水戲를 관람하고 백금白金과 천[布物]을 하사하였으며, 재추宰樞·근신近臣과 배 안에서 잔치를 열고 한밤중이 되어서야 파하였다.

王眖 ▶ 1168년 **왕이 서경에서 돌아오다**

가을. 왕이 서경西京에서 돌아왔다.

王眖 ▶ 1168년 11월 **금에서 사신을 보내 왕의 생신을 하례하다**

금金이 완안정完顔靖을 보내어 임금의 생신을 하례하였다.

王眖 ▶ 1168년 11월 **금에 사신을 보내 생신 축하에 대해 사례하다**

예빈소경禮賓少卿 서추徐諏를 금金에 보내어 임금의 생신을 하례해준 것에 대해 사례하였다.

王眖 ▶ 1168년 12월 **금에 사신을 보내 신정을 하례하고 방물을 바치다**

사재소경司宰少卿 진광현陳玄光을 보내어 신정을 하례하고, 위위소경衛尉少卿 최윤서崔允湑는 방물方物을 바치게 하였다.

의종 23년(1169년)

－의종장효대왕－

王띤 ▶ 1169년 1월 1일 왕이 조하를 받고 하정표를 대신 지어 신료들에게 보이다

왕이 조하를 받고, 신료臣僚들의 하정표賀正表를 대신 지어 재추宰樞·근시近侍·국학문신國學文臣들에게 널리 보여주었다. 이에 금내 6관禁內 六官의 문신文臣 등이 표문을 받들고 어제御製를 칭송하니 왕이 기뻐하며 술과 과일을 하사하였고 행두 직한림원 行頭直翰林院 전치유田致儒를 내시內侍에 속하게 하였다. 대학관大學官이 또 6관학생六管學生과 중국中朝 제과制科에 합격한 이들을 거느리고 각각 표문을 올려 칭하稱賀하니 술과 안주를 하사하였다.

王띤 ▶ 1169년 1월 봉향리 이궁에 행차하여 잔치를 열다

봉향리奉香里의 이궁離宮으로 행차하여 여러 신하들과 잔치를 하고 이어 송상宋商과 일본〈상인들〉이 바친 장난감[玩物]을 하사하였다.

王띤 ▶ 1169년 2월 여러 신하들과 잔치를 열다

여러 신하들과 잔치하였다.

> 王眈 ▶ 1169년 3월 **서도 순행에 대해 소를 짓고 나한재를 열다**

왕이 서도西都 순행巡御에 대해 친히 소疏를 짓고 산호정山呼亭에서 나한재羅漢齋를 열었다.

> 王眈 ▶ 1169년 3월 **서경에 행차하다가 평주 숭수원에서 잔치를 열다**

서경西京에 행차하다가 평주平州에서 어가御駕를 멈추고 숭수원崇壽院 남쪽 못에 배를 띄워 호종扈從하는 신료臣僚들과 밤에 잔치를 열었다[夜宴].

> 王眈 ▶ 1169년 3월 **영명사에서 배를 타고 홍복사, 팔경정에 이르러 잔치를 열다**

영명사永明寺에 행차하여 용선龍船을 대동강大同江에 띄우고 술자리를 가졌다. 또 영명사에서 배를 타고 홍복사洪福寺에 갔다가 마침내 팔경정八景亭에 행차하여 수희水戱를 관람하였다.

> 王眈 ▶ 1169년 4월 **어가가 패강 용서정에 이르러 잔치를 즐기다**

어가御駕가 패강浿江 용서정龍嶼亭에 이르자 배를 타고 술자리를 벌였다.

> 王眈 ▶ 1169년 4월 **개경으로 돌아와 사면령을 내리다**

개경으로 돌아와 사면령을 내렸다.

> 王眈 ▶ 1169년 6월 **연복정에서 잔치를 열다**

연복정延福亭에서 재추宰樞·시신侍臣과 잔치를 열었다.

> 王眈 ▶ 1169년 7월 **벽잠정에 행차하려 하자 어사대에서 간하였으나 듣지 않다**

왕이 벽잠정碧岑亭에 행차하려 하자 어사대御史臺에서 궐문 밖에 엎드려 이궁離宮

행차가 빈번한 것과 안찰사按察使와 찰방察訪의 법을 굽힌 일을 논하였으나 모두 들어주지 않았다.

王眠 ▶ 1169년 7월 금에서 횡사사를 보내 양을 하사하다

금金이 횡사사橫賜使로 부보랑符寶郞 도단회정徒單懷貞을 보내어 양 2,000마리를 하사하였는데, 그 중 한 마리는 뿔이 4개였다. 추밀사樞密使 이공승李公升이 상서로운 동물이라고 하며 표문을 올려 하례하니 당시 사람들이 〈그를〉 사각승선四角承宣이라고 조롱하였다.

王眠 ▶ 1169년 8월 1일 일식이 있다

일식日食이 있었다.

王眠 ▶ 1169년 11월 금에서 사신을 보내 왕의 생신을 하례하다

금金에서 대부감大府監 마귀충馬貴忠을 보내어 임금의 생신을 하례하였다.

王眠 ▶ 1169년 12월 중서시랑평장사 김영윤이 사망하다

중서시랑평장사中書侍郞平章事 김영윤金永胤이 사망하였다.

王眠 ▶ 1169년 12월 중서시랑평장사 최유칭이 병으로 치사하다

중서시랑평장사中書侍郞平章事 최유칭崔褎稱이 병으로 치사致仕하였다.

王眠 ▶ 1169년 12월 허홍재를 중서시랑평장사 판이부사로 임명하다

허홍재許洪材를 중서시랑평장사 판이부사中書侍郞平章事 判吏部事로 삼았다.

의종 24년(1170년)

−의종장효대왕−

王曰 ▶ 1170년 1월 1일 **대관전에서 조하를 받고 신료들의 하표를 직접 짓다**

왕이 대관전大觀殿에서 하례를 받고 신료들의 하표賀表를 친히 지었는데, 그 대략에 이르기를,

"공손히 생각하건대 폐하께서는 요堯 임금의 성철聖哲과 순舜 임금의 총명聰明을 중첩重疊하시고 정사를 돌보는 여가에 하루 세 번 신하들을 만나는 부지런함[三接之勤]을 닦으셨습니다. 사신詞臣과 더불어 즐기시며 사륙변려문의 훌륭한 문장을 지으시고 친히 밀석密席에 임하시어 시詩·서書·경經·사史의 묘한 문장을 강론하시었습니다. 금나라 사신[北使]은 장수를 기원하며 술잔을 올리고[上壽] 임금님을 칭송하는 글을 올렸으며[致辭], 일본[日域]은 보물을 올리고 황제라고 불렀으니 백성이 생긴 이래 오늘에 비할 데가 없습니다."

라고 하였다. 공덕功德의 성대함을 지극하게 말하여 여러 신하에게 널리 내려 보이니 백관百官이 표문을 올려 하례하였다. 이날 봉원전奉元殿에 임어하여 『서경강서書經講書』「익직益稷」을 강론하였다.

王曰 ▶ 1170년 1월 28일 **영통사에 가서 화엄회를 열다**

왕이 영통사靈通寺에 가서 화엄회華嚴會를 열고 친히 부처님께 바치는 소[佛疏]를 짓

고 문신文臣들에게 두루 보여주니 백관百官이 표문을 올려 하례하였다. 신사. 궁궐로 돌아와 제왕諸王에게 명하여 광화문廣化門의 좌우 행랑에 비단으로 만든 천막綵幕을 치고는 관현방管絃坊과 대악서大樂署에서 채붕綵棚을 묶고 백희百戱를 공연하며 어가御駕를 맞이하게 하였는데, 모두 금·은·주옥과 수놓은 비단錦繡, 나기羅綺, 산호, 대모玳瑁로 장식하여 그 기묘함과 사치스럼과 화려함은 전고前古에 비길 데가 없었다. 국자학관國子學官이 학생을 인솔하고 가요歌謠를 바쳤다. 왕이 가마輦를 멈추고 음악을 관람하다가 3경三更이 되어서야 대궐에 들어갔다. 승선承宣 김돈중金敦中·노영순盧永醇·임종식林宗植이 봉원전奉元殿에서 왕에게 잔치를 올리니觴 왕이 매우 기뻐하여 새벽이 되어서야 파하였다.

王眠 ▶ 1170년 2월 **연복정에 행차하여 잔치를 즐기다**

연복정延福亭에 행차하여 평장사平章事 허홍재許洪材, 지어사대사知御史臺事 이복기李復基, 기거주起居注 한뢰韓賴 등을 불러 배를 띄우고 하루 종일 잔치를 즐기고 비로소 화평재和平齋에 임어하였다.

王眠 ▶ 1170년 2월 3일 **낭성이 남극에 나타나다**

갑신. 낭성狼星이 남극南極에 나타났는데, 서해도안찰사西海道按察使 박순하朴純嘏가 노인성老人星이라 하여 급히 말을 달려와 아뢰었다.

王眠 ▶ 1170년 3월 9일 **허홍재 등과 배를 띄우고 곡연을 열다**

허홍재許洪材·이복기李復基·한뢰韓賴·김돈중金敦中 등과 더불어 배를 띄우고 곡연曲宴을 열었다. 임술. 또한 그렇게 하였다. 을축. 또 배에서 잔치를 열고 밤이 되어서야 현화사玄化寺에 행차하였는데 도중에 큰 비를 만나 말을 달려서 이르렀다.

> 王晛 ▶ 1170년 3월 **서경 노인당과 해주 상산에 제사를 지내다**

지문하성사知門下省事 최온崔溫을 보내어 서경西京의 노인당老人堂에서 제사를 지내고, 우부승선右副承宣 임종직林宗植은 해주海州의 상산床山에 보내어 노인성老人星에 제사를 지냈으며, 무릇 안팎에 노인당이 있는 곳에는 모두 사신을 보내어 제사를 지냈다.

> 王晛 ▶ 1170년 3월 **문극겸을 전중내급사로 삼다**

문극겸文克謙을 전중내급사殿中內給事로 삼았다. 문극겸은 이미 폄직貶職되어 황주판관黃州判官이 되어 있었으나 얼마 지나지 않아 작은 잘못에 연좌되어 면직되었는데, 왕이 오히려 예전 일로 노여워하여 다시 배척하여 진주판관晉州判官으로 삼았다. 혹자가 아뢰기를, "문극겸은 곧은 신하이니 계속 폄직하여 외주外州에 있게 하여 언로言路를 막는 것은 마땅한 처사가 아닙니다."라고 하였다. 왕이 마지못해 이 관직을 제수하였다.

> 王晛 ▶ 1170년 3월 **왕이 서강에서 놀고자 하였다가 말리는 꿈을 꾸고 나서 중지하다**

왕이 서강西江에서 놀고자 하였는데 꿈에 한 부인이 나타나 문에 서서 고해 아뢰기를, "왕께서 만약 서강에서 놀고자 하신다면 반드시 5월까지 기다리십시오."라고 하였다. 왕이 〈잠에서〉 깨어 곧 중지하였다.

> 王晛 ▶ 1170년 4월 **내전에서 노인성에 초제를 지내다**

내전內殿에서 친히 노인성老人星에 초제醮祭를 지냈다.

> 王晛 ▶ 1170년 4월 **죽장사에서 노인성에 제사를 지낸 일을 치하하다**

충주목부사忠州牧副使 최광균崔光鈞이 아뢰기를, "지난 달 28일에 죽장사竹杖寺에서 노인성老人星에 제사를 지냈는데, 그날 저녁 수성壽星이 나타나더니 술잔을 세 번 올리자三獻 곧 없어졌습니다."라고 하였다. 왕이 크게 기뻐하였고, 백관은 칭송하며 하례하였다.

王眡 ▶ 1170년 4월 연복정에서 잔치를 열다

연복정延福亭에 행차하여 시신侍臣들과 배에서 잔치를 벌였는데 한밤중에야 파하였다.

王眡 ▶ 1170년 4월 금내 6관이 수성이 다시 나타난 데 대해 하례하다

금내6관禁內六官의 문신文臣들이 수성壽星이 다시 나타난 것에 대해 표表를 올려 하례하자 술과 과일을 하사하였다.

王眡 ▶ 1170년 4월 태자에 명하여 복원궁에서 초제를 지내게 하다

수성壽星이 다시 나타나자 태자太子에게 명하여 복원궁福源宮에서 초제醮祭를 지내게 하였고, 평장사平章事 허홍재許洪材는 상춘정賞春亭에서 초제를 지내게 하였으며, 좌승선左承宣 김돈중金敦中은 충주忠州 죽장사竹杖寺에서 초제를 지내게 하였다.

王眡 ▶ 1170년 4월 왕이 노인성에 초제를 지내고자 당을 만들게 하다

왕이 친히 노인성老人星에 초제醮祭를 지내고자 하여 판예빈성사判禮賓省事 김우번金于蕃과 낭중郎中 진역승陳力升에게 명하여 진관사眞觀寺 남쪽 기슭에 당堂을 만들게 하였다. 또 따로 기은소祈恩所를 세우고 금과 은으로 꽃金銀花을 만들고 금과 옥으로 그릇을 만들었다.

王眡 ▶ 1170년 4월 왕의 행차가 잦으니 호종하던 정중부 등이 역심을 품다

화평재和平齋에 행차하였다. 당시 왕은 무시로 놀러다니면서 매번 경치가 아름다운 곳에 이르면 번번이 행차를 멈추고 가까이 두고 총애하는 문신들과 더불어 술 마시고 시를 읊으면서 돌아갈 줄을 모르니 호종扈從하는 장수와 군사들이 피곤하여 성을 내었다. 대장군大將軍 정중부鄭仲夫가 나가서 소변을 보는데 견룡행수 산원牽龍行首散員 이의방李義方과 이고李高가 따라가 정중부에게 몰래 말하기를, "오늘날 문신들은 득의양양하여 취하도록 술을 마시고 배부르게 음식을 먹는데, 무신들은 모두 굶주리고 피로하니 이것을 어찌 참을 수 있습니까."라고 하였다. 정중부도 일찍이 수염을 태웠던 것에 대해 유감이 있어 마침내 흉악한 음모[兇謀]를 꾸몄다.

王呪 ▶ 1170년 5월 **화평재에서 연회를 열다**

화평재和平齋에서 문신들이 잔치를 열고 밤이 될 때까지 창화唱和하였고, 내시內侍 황문장黃文莊에게 명하여 붓을 잡고 쓰게 하였다. 여러 신하들이 성덕聖德을 칭찬하고 태평성대의 글을 좋아하는 임금[大平好文之主]이라고 불렀다.

王呪 ▶ 1170년 5월 18일 **연복정에서 잔치를 열다**

연복정延福亭에 행차하여 밤에 배를 띄우고 시신侍臣과 잔치를 벌였다. 경오. 또 그렇게 하였다.

王呪 ▶ 1170년 5월 **염현사로 이어하는데 호종 군졸들이 애를 먹다**

염현사念賢寺로 이어하였는데 임금이 탄 수레[乘輿]가 막 출발하려 할 때 허홍재許洪材·이복기李復基·한뢰韓賴 등과 더불어 배에 술자리를 열고 임금과 신하가 모두 몹시 취하여 밤이 깊도록 돌아갈 줄을 몰랐다. 김돈중金敦中이 앞으로 나아가 왕에게 아뢰기를, "아침부터 밤까지 호종하는 군졸들은 모두 굶주리고 피로하였는데 임금께서는 어찌 심하게 즐기기만 하십니까. 또 밤도 어두운데 관람할 것이 무엇이 있어 오래도록 여기 머물고 계십니까."라고 하였다. 왕이 기뻐하지 않으며 명하여 어가御駕가 행차하니 이미 새벽이 되고 있었다.

王睍 ▶ 1170년 윤5월 **연복정에서 잔치를 열다**

연복정延福亭에 임어하여 밤에 시신侍臣들고 잔치를 벌였다.

王睍 ▶ 1170년 윤5월 **연복정에서 잔치를 열다**

내시전중감內侍殿中監 김천金闡에게 명하여 연복정延福亭에서 잔치를 열고 재추宰樞·승선承宣·대간臺諫과 더불어 배를 타고 잔치를 즐겼는데 밤이 다하도록 그치지 않았으며 여러 신하들이 모두 크게 취하였다.

王睍 ▶ 1170년 윤5월 **신료들이 수성이 나타난 것을 하례하다**

여러 신하들이 수성壽星이 나타난 것을 하례하였다. 왕은 상참관常參官 이상과 잔치를 벌였는데 친히 악장樂章 다섯 수를 짓고 악공에게 명하여 노래부르게 하고는 채붕綵棚을 엮고 백희百戱를 베풀면서 밤이 되어서야 파하였으며, 잔치에 참석한 관료들에게는 각각 말 한 필씩을 하사하였다. 이날 밤 한뢰韓賴·이복기李復基와 더불어 편전便殿에서 작은 잔치를 열고[曲宴] 특별히 무소뿔로 만든 붉은 색 띠[紅鞓犀帶]를 하사하여 남달리 총애하고 있음을 보였다.

王睍 ▶ 1170년 윤5월 **연복정에 행차하니 신료들이 아첨하다**

연복정延福亭에 행차하자 여러 신하들이 모두 〈자기들이〉 본 것들을 길조[嘉瑞]라고 점쳤다. 정자에 쑥이 3줄기 자란 것을 상서로운 풀[瑞草]이라 하고, 내시內侍 황문장黃文莊은 물새[水鳥]를 보고 가리켜 현작玄鶴이라 하며 시를 지어 찬양하였다. 왕이 한참 동안 칭찬하더니[稱嘆] 시를 지어 기리고 정언正言에 임명하고자 하였으나 나이가 젊어 국자박사 직한림원國子博士 直翰林院으로 고쳐 임명하였다.

王睍 ▶ 1170년 윤5월 **왕손 탄생을 금에 사신을 보내 알리려다가 중단하다**

왕손이 태어나자 임금이 기뻐하며 사신을 보내어 금金에 알리고자 즉시 동문원

同文院에 명하여 이첩移牒하여 금나라의 지휘指揮를 기다리게 하였다. 금나라 황제[金主]가 이것을 듣고 말하기를, "저 나라에서 대를 이을 손자가 태어난 것은 정말로 경사스러운 일이다. 사신을 보내어 고하려고 하는데 이미 충성스럽고 근실함은 알았으니 번거롭게 멀리 사신을 보내올 것은 없다."라고 하였다.

王晛 ▶ 1170년 6월 **연복정 남천의 제방을 보수하도록 명하다**

연복정延福亭 남천南川의 제방이 터지자 다시 막으라고 명하였다. 조서를 내려 이르기를,

"군졸軍卒이 힘이 다하여 제방을 막을 수 없으니 마을에서 장정을 징발하여 쌓도록 하라."

라고 하였다. 수문水門 네댓 군데를 열고 제방 위에 정자를 짓고 기이한 꽃과 나무를 심었다.

王晛 ▶ 1170년 7월 1일 **일식이 있다**

일식日食이 있었다.

王晛 ▶ 1170년 7월 **보현원 남계에서 술자리를 열다**

허홍재許洪材·이득기李復基·한뢰韓賴 등과 더불어 보현원普賢院 남계南溪에서 배를 띄우고서 술자리를 열고 창화唱和하였다.

王晛 ▶ 1170년 7월 **이복기가 왕에게 옷과 장난감 등을 바치다**

이복기李復基가 옷과 장난감 및 술·육포·과일을 바쳤다. 밤에 왕이 배를 띄우고 재추宰樞·시신侍臣과 잔치를 열고 이복기를 돌아보며 이르기를, "임금을 사랑하는 충성이 누가 경과 같겠는가."라고 하였다.

王띤 ▶ 1170년 7월 **문하시랑동평장사 허홍재 등을 임명하다**

허홍재許洪材를 문하시랑동평장사門下侍郎同平章事로 삼고, 최온崔溫을 참지정사參知政事로, 이광진李光縉을 동지추밀원사同知樞密院事로, 양순정梁純精을 추밀원부사樞密院副使로 삼았으며, 지추밀원사知樞密院事 서순徐淳을 좌천시켜 상서좌복야 판비서성사尙書左僕射 判秘書省事로 삼았다. 서순은 성질이 곧고 꾸밈이 없어 〈왕의〉 좌우에게 아첨하며 구하지 않아 이복기를 헐뜯었기 때문이었다. 밤에 배를 띄우고 허홍재 및 여러 시신侍臣들과 잔치를 벌였다.

王띤 ▶ 1170년 8월 **연복정 남천 제방을 보수하는 데 군졸들이 원망하다**

연복정延福亭 남천南川 제방이 또 터지자 군졸을 크게 내어 막으니 원망과 탄식이 길에 가득하였다.

王띤 ▶ 1170년 8월 **동강서재에 행차하다**

동강서재東江書齋에 행차하였다.

王띤 ▶ 1170년 8월 **수주 백성이 금 거북이를 발견하여 진헌하다**

수주水州의 백성이 밭을 갈다가 금 1정錠을 얻었는데 길이가 2촌 정도 되었고 머리와 꼬리가 모두 뾰족하여 생김이 거북과 같았다. 지주사知州事 오록지吳錄之가 가져다가 바치니 좌우가 만세萬歲를 외치며 말하기를, "하늘이 금거북이를 내려주심은 성덕聖德에 감응한 것입니다."라고 하였다. 여러 신하들이 모두 하례하였다.

王띤 ▶ 1170년 8월 29일 **왕의 총애를 믿은 임종식, 한뢰 등이 원망을 받다**

왕이 연복정延福亭에서 흥왕사興王寺로 갔다. 당시 왕이 황음荒淫하여 정사政事를 돌보지 않았으며, 승선承宣 임종식林宗植, 기거주起居注 한뢰韓賴는 또한 원대한 생각은 없고 〈왕의〉 총애를 믿고 오만하게 다른 사람들을 무시하며[傲物] 무사武士를 멸시하니 여러 사람들의 노여움이 더욱 심해졌다. 이날 정중부鄭仲夫가 이의방李義方과 이고李高에게 일러 말하기를, "오늘은 우리가 거사할 만하다. 그러나 왕이 만약 다시 궁궐로 돌아간다면 잠시 꾹 참고 있어야 할 것이고, 만일 또 보현원普賢院으로 옮겨 행차한다면 이 기회를 놓쳐서는 안 될 것이다."라고 하였다.

王睍 ▶ 1170년 8월 30일 **정중부 등이 무신정변을 일으키다**

왕이 보현원으로 행차하려고 오문五門 앞에 이르러서는 시신侍臣을 불러 술잔을 돌렸는데[行酒] 술에 취하자 좌우를 돌아보며 말하기를, "장하도다. 이 땅은 군사들을 연습시킬 만하다."라고 하였다. 무신武臣에게 명하여 오병수박희五兵手搏戲를 하게 하였는데, <왕이> 무신들이 불만을 가지고 원망하고 있음을 알고 있어 후하게 하사하여 그들을 위로하고자 하였기 때문이다. 한뢰는 무신들이 <임금의> 총애를 받을까 두려워하여 드디어 시기[猜忌]하는 마음을 품었다. 대장군大將軍 이소응李紹膺이 한 사람과 서로 치다가 이소응이 이기지 못하고 달아나니 한뢰가 앞으로 나가 그의 뺨을 때려 즉시 계단 아래로 떨어뜨리자 왕과 여러 신하들이 박수를 치며 크게 웃었고 임종식과 이복기李復基는 또 이소응에게 욕을 하였다. 이에 정중부·김광미金光美·양숙梁肅·진준陳俊 등이 얼굴빛이 변하고 서로 눈짓을 하더니 정중부가 화가 난 소리로 한뢰를 꾸짖으며 이르기를, "이소응은 비록 무신武夫이나 관직이 3품인데 어찌 욕보임이 이리 심한가."라고 하였다. 왕이 정중부의 손을 잡고 위로하고 화해시켰는데 이고가 칼을 뽑고 정중부에게 눈짓을 하니 정중부가 그를 저지하였다. 날이 어두워지고 어가御駕가 보현원 가까이에 이르자 이고가 이의방과 더불어 먼저 가 왕의 명령이래[旨] 속이고 순검군巡檢軍을 모았다. 왕이 막 보현원 문에 들어가고 여러 신하들이 물러나려 하는데 이고 등이 임종식·이복기를 문에서 손으로 때려 죽였다. 좌승선左承宣 김돈중金敦中은 난이 일어난 것을 알고 길에서 거짓으로 취한 척 하고 말에서 떨어져 도망쳤다. 한뢰는 친한 환관에게 의지하여 몰래 안으로 들어가 왕의 침상[御牀] 아래 숨었다. 왕이 크게 놀라 환관[宦者] 왕광취王光就로 하여금 그를 막게 하니 정중부가 말하기를, "화의 근원인 한뢰가 아직 임금님 곁에 있으니 그를 내보내 베시기를 청합니다."라고 하였다. 내시內侍 배윤재裵允才가 들어와 아뢰었으나 한뢰가 왕의 옷을 잡고 나오지 않자 이고가 또 칼을 뽑고서 그를 위협하니 곧 나왔으므로 즉시 그를 죽였다. 지유指諭 김석재金錫才가 이의방에게 말하기를, "이고가 감히 어전에서 칼을 뽑았단 말인가."라고 하였다. 이의방이 눈을 부릅뜨고 그를 꾸짖으니 김석재는 다시 말하지 못하였다. 이에 승선承宣 이세통李世通, 내시內侍 이당주李唐柱, 어사잡단御史雜端 김기신金起莘, 지후祗候 유익겸柳益謙, 사천감司天監 김자기金子期, 태사령太史令 허자단許子端 등 호종하던 문관文官 및 대소신료들과 환시宦寺 등이 모두 해를 입어 시체가 산처럼 쌓였다. 처음에 정중부와 이의방이 약속하여 말하기를, "우리들은 오른쪽 어깨 부분 옷을 찢어 어깨를 드러내고袒衽 복두幞頭는 벗기로 하며, 그렇지 않은 자는 모두 죽이자."라고 하였다. 그러므로 무인 중에서도 복두를 벗지 않은 자는 많이 죽임을 당하였는데, 오직 승선承宣 노영순盧永醇은 본래 무신집안의 아들이고 또 무신들과 더불어 서로 잘 지냈다고 하여 〈죽음을〉 면하였다. 왕이 크게 두려워하여 그들의 마음을 위안慰安하려고 여러 장수들에게 칼을 하사하니 무신들이 더욱 교만하였고 횡포를 부렸다. 이보다 앞서 동요에 이르기를, "어느 곳이 보현원 절인가. 이 선을 따라가면 모두 도살되리."라고 하였다. 어떤 이가 정중부와 이의방에게 고해 말하기를, "김돈중은 먼저 알고 도망쳤습니다."라고 하였다. 정중부와 이의방이 놀라 말하기를, "만약 김돈중이 성으로 들어가 태자의 령令을 받들어 성문을 닫고 굳게 막으며 반란의 수괴를 체포하자고 아뢰면 일이 매우 위태롭게 될 것인데 어찌하면 좋겠는가."라고 하였다. 이의방이 말하기를, "만약 그렇게 된다면, 저는 남쪽으로 강과 바다로 투항하지 못한다면, 북쪽으로 거란 오랑캐에게 투항하여 피하겠습니다."라고 하였다. 드디어 발이 빠른 자를 서울로 보내어 정탐하게 하였는데, 그 사람이 밤에 성에 들어가 김돈중의 집에 이르러 염탐해 보니 적막하여 사람의 소리가 들리지 않아 승선承宣이 있는 곳을 물으니 어가를 호종하러 가서 돌아오지 않았다고 대답하였다. 그 사람이 돌아와 보고 하니 정중부와 이의방이 기뻐하며 말하기를, "일이 이미 성공하였다."라고 하였다. 이에 그 무리는 머물러 행궁行宮을 지키면서 날래고 용감한 이를 선발하여 곧바로 개경[京城]으로 달려가게 하여 가구소街衢所에 이르러 별감別監 김수장金守藏을 죽이고, 곧바로 대궐로 들어가 추밀원부사樞密院副使 양순정梁純精, 사천감司天監 음중인陰仲寅, 대부소경大府少卿 박보균朴甫均, 감찰어사監察御史 최동식崔東軾, 내시지후內侍祗候 김광金光 등 내직內直 관료를 잡아 모두 죽였다. 전중내급사殿中內給事 문극겸文克謙은 성중省中에서 숙직하고 있다가 난이 일어났다는 것을 듣고 도망쳐 숨었는데 병사가 뒤따라가 그를 잡자 문극겸이 말하기를, "나는 전 정언正言 문극겸이다. 임금께서 내 말을 따랐더라면 어찌 오늘의 난리가 있었겠는가. 날카로운 칼로 나를 베기를 원한다."라고 하였다. 병사가 이상하게 여겨 〈그를〉 사로잡아 여러 장수 앞에 데리고 가니 여러 장수가 말하기를, "우리가 평소에 이름을 들었던 사람이니 죽이지 말라."라고 하였다. 그리하여 궁성宮城에 가두어 두었다. 이고와 이의방 등이 순검군을 이끌고 밤에 태자궁太子宮에 이르러 행궁별감行宮別監 김거보金居實와 원외랑員外郎 이인보李仁甫 등을 죽였다. 또 천동택泉洞宅에 들어가 별상원別常員 10여 인을 죽이고 사람으로 하여금 길에서 소리치기를, "모든 문신의 관을 쓴 자는 비록 서리胥吏라 하더라도 씨를 남기지 말라."라고 하였다. 군졸卒伍들이 벌떼처럼 일어나 판이부사判吏部事로 치사致仕한 최유칭崔褎稱, 판이부사判吏部事 허홍재許洪材, 동지추밀원사同知樞密院事 서순徐醇, 지추밀원사知樞密院事 최온崔溫, 상서우승尙書右丞 김돈시金敦時, 국자감대사성國子監大司成 이지심李知深, 비서감秘書監 김광중金光中, 이부시랑吏部侍郎 윤돈신尹敦信, 위위소경衛尉少卿 조문귀趙文貴, 대부소경大府少卿 최윤서崔允諝, 시랑侍郎 조문진趙文振, 내시소경內侍少卿 진현광陳玄光, 시어사侍御史 박윤공朴允恭, 병부낭중兵部郎中 강처약康處約, 도성낭중都省郎中 강처균康處均, 봉어奉御 전치유田致儒, 지후祗候 배진裵縉과 배연裵衍 등 50여 인을 찾아 죽였다. 왕이 더욱 두려워하여 정중부를 불러 난을 그치게 할 것을 의논하였는데, 정중부는 네네 하기만 하면서 대답하지 않았다. 왕이 즉시 이고·이의방을 응양용호군중랑장鷹揚龍虎軍中郎將으로 삼고, 나머지 무인 중 상장군上將軍에게는 전례대로 수사공복야守司空僕射를 더하고, 대장군에게는 상장군을 더하였으며, 이의방의 형 이준의李俊儀는 승선承宣으로 삼았다. 정중부 등이 왕을 모시고 궁으로 돌아왔다.

사신史臣 유승단兪升旦이 말하기를, "임금元首과 신하股肱는 한 몸으로 서로 협력하므로 옛날의 현명하고 어진 임금[哲王]은 문무를 좌우의 손과 같이 보아서 피차와 경중이 없었으니 임금은 위에서 밝고 신하들은 조정에서 화합하여 반란의 화[禍]가 이로부터 일어나지 않았다. 의종이 처음 정치를 할 때 본보기가 되어[規模] 볼 만한 것이 있었으니, 진실로 충성스럽고 바른 사람을 얻어 왕을 보좌하게 하였다면 반드시 선정을 하여 후세에 칭찬을 들었을 것이다. 불행하게도 아첨을 잘하고 말만 잘하는 무리와 경박하고 시끄러운 무리들이 좌우에 늘어서 있었고, 재회齋會와 초제醮祭에 재물을 기울여 없애며, 부지런히 정사를 돌보아야 할 〈시간을〉 주색酒色으로 옮겼고, 시를 짓고 흥취를 내 노는 것으로[吟風詠月] 임금과 신하가 정사를 논하고 문답하는 것을 대신하였으니 점차 무신들의 분노가 쌓여 화가 장차 이르렀다. 의종이 오병수박희五兵手搏戱를 하라고 명하여 이로써 후하게 하사하여 원망을 위로해 주고자 하였으니 왕의 마음에도 실로 추측되는 바가 있어서였는데, 한뢰韓賴 등이 무인들이 총애를 받을까 염려하여 갑자기 꺼리고 너그럽지 못한 마음을 가져 드디어 곤강에 불꽃이 일어 옥석의 구분 없이 모두 태워버리게 되고, 마침내 임금[乘輿]이 난을 피해 옮겨갔다가 제명에 죽지[令終] 못하였으니 통탄스러움을 이루 다 할 수 있겠는가."라고 하였다.

王曰 ▶ 1170년 8월 **연복정 남천 제방을 보수하는 데 군졸들이 원망하다**

연복정延福亭 남천南川 제방이 또 터지자 군졸을 크게 내어 막으니 원망과 탄식이 길에 가득하였다.

王曰 ▶ 1170년 8월 **동강서재에 행차하다**

동강서재東江書齋에 행차하였다.

王曰 ▶ 1170년 8월 **수주 백성이 금 거북이를 발견하여 진헌하다**

수주水州의 백성이 밭을 갈다가 금 1정錠을 얻었는데 길이가 2촌 정도 되었고 머리와 꼬리가 모두 뾰족하여 생김이 거북과 같았다. 지주사知州事 오록지吳錄之가 가져다가 바치니 좌우가 만세萬歲를 외치며 말하기를, "하늘이 금거북이를 내려주심은 성덕聖德에 감응한 것입니다." 라고 하였다. 여러 신하들이 모두 하례하였다.

王呪 ▶ 1170년 9월 1일 정중부가 내시와 환관 등을 죽이다

해가 저물 무렵[晡時] 임금이 강안전康安殿에 들어가 왕광취王光就와 동료[儕輩]들을 모아 정중부 등을 토벌하려고 모의하였으나 한숙韓淑이 모의를 누설하였다. 정중부 등이 또 어가御駕를 따르는 내시內侍 10여 인을 찾아내어 그들을 죽였다. 왕이 수문전修文殿에 앉아 술을 마시며 태연자약하면서 악관[伶官]에게 음악을 연주하게 하고는 한밤중에야 침전에 들었다. 이고李高와 채원蔡元이 왕을 시해하고자 하였으나 양숙梁淑이 그들을 저지하였다. 순검군巡檢軍이 창과 벽을 뚫고 내탕內帑에서 진귀한 보물을 훔쳤다. 정중부가 왕을 위협하여 군기감軍器監으로 옮기고, 태자는 영은관迎恩館으로 옮겼다.

王呪 ▶ 1170년 9월 2일 왕을 거제현으로 추방하고 김돈중을 죽이다

왕을 거제현巨濟縣으로 추방하고 태자는 진도현珍島縣으로 추방하였으며 태손太孫을 죽였다. 왕이 총애하는 여인[愛姬] 무비無比는 청교역靑郊驛으로 도망가 숨었는데, 정중부 등이 찾아내 죽이고자 하였으나 태후가 굳이 청하므로 이에 〈죽음을〉 면하고 왕을 따라갔다. 김돈중金敦中은 감악산紺嶽山으로 도망쳐 들어갔는데, 정중부가 옛 원한을 가지고 그에게 현상금을 걸고 몹시 급히 찾았는데, 김돈중이 몰래 하인을 시켜 개경에 들어가서 집의 안부를 살피게 하였으나 하인이 막중한 현상금을 탐하여 마침내 고변하니 사천沙川 가에서 김돈중을 죽였다. 김돈중이 죽음에 임해 탄식하여 말하기를, "나는 한뢰韓賴·이복기李復基와 무리짓지 않았다. 다만 화살을 흘린 변고[流矢之變]로 화가 무고한 이들까지 미쳤으니 오늘날이 온 것은 당연하다." 라고 하였다. 병부시랑兵部侍郎 조동희趙冬曦가 일찍이 왕업을 연장할 땅[延基地]을 살펴보기

위해 서해도西海道에 갔다가 변란을 듣고 장차 동계東界로 가서 거병하여 적을 토벌하고자 철령鐵嶺에 이르렀다. 사나운 호랑이가 길에 나타나 가지 못하고 있었는데, 기병이 그를 추격하여 사로잡았다. 정중부 등이 회의하기를, "조동희는 본래 탐라耽羅를 평정한 공이 있으니 먼 곳으로 유배를 보내도록 하자."라고 하였다. 〈그런데〉 지키는 이가 갑자기 그를 죽여 시체를 물에 던져버렸다. 또 내시소경內侍少卿 최현崔儇을 죽이고 소경少卿 최준崔倬과 원외랑員外郞 최식崔寔은 유배 보냈다. 정중부 등이 살해된 문신의 집을 철거하려고 하니 진준陳俊이 만류하며 말하기를, "우리들이 미워하고 원망한 자는 이복기와 한뢰 등 4~5인인데, 지금 무고한 이들까지 죽인 것은 너무 심하였습니다. 만약 그 집까지 모두 철거한다면 그 처자가 장차 어디에 얹혀 살 수 있겠습니까."라고 하였다. 이의방李義方 등이 들어주지 않아 결국 병사들을 풀어 집을 무너뜨렸다. 이후 무인들의 상습常習이 되어 만약 원한이 있는 자가 있으면 번번이 그 집을 헐어버렸다.

사신史臣 김양경金良鏡이 말하기를, "왕이 태자였을 때, 인종仁宗이 임종에 임해 일러 말하기를, '나라를 다스리는 데에는 마땅히 정습명鄭襲明의 말을 들어야 한다.'라고 하였다. 정습명은 본래 정직한데다 막중한 부탁이 더해져 충언忠言을 모두 아뢰어 〈임금의〉 누락된 바를 도와서 보충하였으나, 김존중金存中과 정함鄭諴 등이 밤낮으로 참소하여 그를 제거하니 왕은 이에 김존중으로 대신하게 하였다. 이로부터 아첨하고 총애받는 무리들[佞倖]이 날로 진출하고, 충직[忠讜]한 이들은 날로 물러나게 되니 왕은 더욱 하고 싶은 대로 하여[縱恣] 어지러이 쾌락을 즐기며 멋대로 놀았고, 돌아다니며 노는 것[盤遊]이 한도가 없었다. 처음에는 격구擊毬 때문에 정중부와 친하게 지내며 대간이 간언하여도 들어주지 않았고, 마지막에는 사장詞章 때문에 한뢰를 친압하여 무신[武衲]들이 몹시 분하게 여기고 원망하나 깨닫지 못하다가 마침내 한뢰가 변란을 불러 자신이 정중부의 손에 죽고 조정의 신하들도 모두 섬멸당하게 되었다. 대개 왕이 좋아한 것은 처음과 끝이 달랐지만 그것이 변란에 이르게 한 것은 동일하였다. 그러므로 임금은 좋아하는 것을 삼가지 않을 수 없는 것이다."라고 하였다.

명종총서

명종광효대왕明宗光孝大王

휘는 호晧이며, 자는 지단之旦, 옛 휘는 흔昕이다. 의종毅宗의 동복 동생[母弟]이며, 인종仁宗 9년(1131년) 신해 10월 경진에 태어났다. 성품이 어질고 효성스러우며 문학을 좋아하였다. 처음에 익양후翼陽侯로 봉해졌으며, 정중부鄭仲夫가 의종을 폐하고 맞아들여 왕으로 세웠다. 부드럽고 나약하며 결단성이 없어 정권이 아랫사람에게 있었다. 최충헌崔忠獻에 의해 폐위되었다. 27년간 재위하였고, 향년 72세였다.

명종 즉위년(1170년)

-명종광효대왕-

王皓 ▶ 1170년 9월 2일 정중부 등이 익양공 왕호를 맞이하여 즉위시키다

이날 정중부鄭仲夫·이의방李義方·이고李高 등이 군사를 거느리고 왕의 동생 익양공翼陽公 왕호王皓를 맞이하니 대관전大觀殿에서 즉위하였다. 전왕前王이 도참의 설을 믿어 여러 아우를 꺼려하였는데, 왕이 잠저에 있을 때 전참典籤 최여해崔汝諧가 일찍이 꾼 꿈에 태조가 홀笏을 왕에게 주자 왕이 받아서 용상龍床에 앉고 최여해는 백관과 더불어 하례를 올렸다. 깨고 나서 기이하게 여겨 왕에게 고하였다. 왕이 말하기를, "삼가여 다시는 말하지 말 것이니, 이는 큰일이다. 임금께서 들으시면 반드시 나를 해칠 것이다."라고 하였다. 이에 이르러 과연 징험되었다.

王皓 ▶ 1170년 9월 정중부 등이 백자단 등을 목을 베고 왕의 사저를 나누어 갖다

정중부鄭仲夫 등이 〈전왕의〉 총애를 받던 환자宦者 백자단白子端·왕광취王光就와 아첨하던 신해[倖臣] 영의榮儀·유방劉方義 등을 죽이고 머리를 저자거리에 내걸었으며, 기타 환자[宦寺] 및 총애를 믿고 교만방자하던 자를 거의 다 죽였다. 처음에 전왕이 3개의 사저를 짓고 관북택館北宅·천동택泉洞宅·곽정동택藿井洞宅이라 이름하고 재물을 거두어 모은 것이 거만鉅萬에 이르렀다. 이에 이르러 정중부·이의방李義方·이고李高가 모두 나누어 차지하였다.

王皓 ▶ 1170년 9월 **왕이 즉위하고 논공행상을 행하다**

왕이 수문전修文殿에 임어하니 이준의李俊儀·정중부鄭仲夫·이의방李義方·이고李高가 모시고 따랐다. 문극겸文克謙을 석방하여 비목批目을 쓰라고 명하였다. 임극충任克忠을 중서시랑평장사中書侍郎平章事로 삼고, 정중부鄭仲夫·노영순盧永醇·양숙梁淑을 참지정사參知政事로, 한취韓就를 추밀원사樞密院使로 삼고, 윤인첨尹鱗瞻을 지추밀원사知樞密院事로, 김성미金成美를 복야僕射로 삼았으며, 김천金闡을 추밀원부사樞密院副使로 삼고, 이준의李俊儀는 좌승선左承宣으로 삼고, 문극겸文克謙은 우승선右承宣으로 삼고, 이소응李紹膺은 좌산기상시左散騎常侍로 삼고, 이고李高는 대장군 위위경大將軍 衛尉卿으로 삼고, 이의방李義方은 대장군 전중감大將軍 殿中監으로 삼았다. 이고와 이의방 모두 집주執奏를 겸하였다. 기탁성奇卓成을 어사대사御史臺事로 삼고, 채원蔡元을 장군將軍으로 삼았으며 그밖에도 무신武臣 가운데 자격과 서열을 뛰어넘어 현달하고 요긴한 관직을 겸임한 이가 이루 다 셀 수 없었다. 이의방 등이 이미 왕에게 아뢰어 문극겸을 승선承宣으로 삼았으므로, 문신 가운데 이공승李公升 등 〈문극겸에게〉 의뢰하여 화를 면한 이가 많았고, 무관 또한 그를 의지하여 고사故事를 상의하고 문의하는[咨訪] 일이 많았기 때문에 얼마되지 않아 용호군 대장군龍虎軍 大將軍을 겸하였다.

王皓 ▶ 1170년 9월 **무신들이 문신을 죽이려 하다**

여러 무신들이 중방重房에 모여 문신 가운데 살아남은 자를 모두 불렀는데, 이고李高가 그들을 모두 죽이려 하자 정중부鄭仲夫가 저지하였다. 한 군사가 병부낭중兵部郞中 진윤승陳允升의 집에 와서 속여 말하기를, "왕명이 있기를[有旨] 먼저 대궐에 오는 자에게 승선承宣을 제수한다고 합니다."라고 하였다. 진윤승이 나가니 군사가 그를 죽이고 큰 돌을 품에 안겨 주었다. 이에 앞서 수성壽星이 나타나 진관사眞觀寺 남쪽에 사당祠을 지을 때 진윤승이 공사를 감독하였는데, 모든 군졸들이 돌을 운반할 때 반드시 저울에 달아 돌을 받았기 때문에 이러한 일에 이른 것이었다.

王皓 ▶ 1170년 10월 **크게 사면하고 정중부 등을 공신으로 삼다**

　크게 사면하고, 정중부鄭仲夫·이의방李義方·이고李高를 벽상공신壁上功臣으로 삼아 공신각功臣閣 위에 화상을 그렸고, 양숙梁淑과 채원蔡元은 그 다음으로 삼아 조신朝臣의 관작을 1등급 더하여 주었다. 김이영金貽永·이작승李綽升·정서鄭敍 등을 소환하여 모두 직전職田을 회복시켜 주었다. 화계畫雞와 유시流矢 사건으로 유배되었던 자도 모두 개경으로 오도록 하였다. 정중부는 서해도西海道의 군현郡縣을 자기의 고향인 해주海州에 속하게 하였고, 이의방은 외향外鄕인 금구金溝를 현령관縣令官으로 하였다.

王皓 ▶ 1170년 10월 **유응규가 금에서 단식을 하여 새 왕의 즉위를 승인받다**

　공부낭중工部郞中 유응규庾應圭를 금金에 보내어 표문을 올려 말하기를,

　"엎드려 보건대 신의 형 왕현王晛은 오랫동안 주실周室을 높이 받들고 즐거이 한漢의 번국藩蕃〈으로서의 도리를〉 따랐습니다만 마흔이 지난 나이에 병이 들어 여러 해 동안 괴로워하였습니다. 아주 훌륭한 〈의원도〉 그 손을 잡아주지 못하거늘 한 알의 약이 어찌 그 영험한 효험이 있겠으며, 병이 깊이 들어 점점 심해지니 고꾸라질까 두려워하였습니다. 근자에 중한 책임을 벗어놓고 이제 막 남은 생을 보존하려고 하였으니, 신의 선대 국왕인 신 아무개가 남긴 부탁을 따라 신이 황송하게도 동모제로서 선대의 유업을 맡길 만하다 하여 신으로 하여금 임시로 군국軍國의 사무를 맡게 하였습니다. 신이 피하여도 계획이 없고, 받아도 또한 진실로 어려우니 장차 상국에 호소하여 아뢰고자 하였으나 돌아보니 산을 넘고 물을 건너가기가 너무 멀었습니다. 또 백성들에게는 임금이 없을 수 없고 편안하게 다스리는 것에는 사람이 없어서는 안 되니 억지로 민심에 따라 임시로 직무를 맡게 되었으므로 감히 사실을 갖추어 황제宸嚴께 전합니다."

　라고 하였다. 전왕前王의 표문에서는 이르기를,

　"신이 오랫동안 병에 걸려 점차 쇠약해지더니 마음과 정신이 어둡고 거칠어지고, 기력도 이로 인해 점차 쇠잔하여 의원이 고약을 써도 효험이 없고, 약을 먹어 명현瞑眩이 있어도 병이 낫지 않으니 병이 고황에 들어 치료할 수가 없고, 하늘이 혼

백魂魄을 가져가십니다. 앞선 사람의 가르치신 말씀을 삼가 복종하고 열국列國에 앞서 조공하려고 하나, 민정民政이 책상에 높이 쌓여도 혹은 결정을 폐하기도 하고, 국빈國賓이 연속하여 오더라도 장차 영접하는 예를 잃기도 하여 나라를 다스리는 도가 이미 무너지고, 황제를 섬기는 예의도 많이 빠뜨리고 있습니다. 이제는 병상에 엎드려 있어 몸과 사지를 거의 버려두고 있으니 〈황제께서〉 보호해 주신 사사로운 은혜를 우러르고, 〈신의 선조께서〉 씨뿌리고 개척한 왕업을 깊이 생각하게 됩니다.

신이 예전에 신의 부왕인 선대 국왕이 살아있을 때 일찍이 신에게 부탁하여 이르시기를, '혹시 왕위를 교체해야 한다면 반드시 먼저 네 아우에게 주라.'라고 하셨습니다. 지금 신에게는 원자元子 왕홍王泓이 있지만 어려서 지혜롭지 못하더니 장성해서도 허물이 많아 종묘主鬯을 맡는 것도 감당하지 못할 것이거늘 하물며 번국의 직명을 받들 수 있겠습니까. 삼가 살펴보건대 신의 아우 왕호는 충순忠順한 덕이 있어 임금과 어버이를 삼가 섬겼고夙勤, 화목하고 공손한 마음은 언제나朝夕 나태함이 없었으니 그의 착한 행실淑行이 처음과 같음을 아름답게 여기고, 더욱이 〈선대왕의〉 명이 징험함이 있음을 깨달았으니 이에 신의 동생 왕호가 군국 사무를 임시로 지키게 하고자 감히 이렇게 아뢰니 바라건대 간절함을 굽어 살펴주십시오."

라고 하였다.

사신史臣 김양경金良鏡이 말하기를, "옛날 당唐 명종明宗 때에 대리소경大理少卿 강징康澄이 상소上疏하여 시사時事를 간언하여 아뢰기를, '나라를 다스리는 사람이 두려워할 만하지 않은 것이 다섯 가지이고, 매우 두려워해야 하는 것이 여섯 가지이니, 해와 달과 별[三辰]이 운행이 잘못된 것은 두려워 할 것이 아니고, 천체[天象]에 변화가 보이는 것도 두려워 할 것이 아니며, 소인小人의 근거없는 말[訛言]도 두려워 할 것이 아니고, 산이 무너지고 냇물이 마르는 것도 두려워 할 것이 아니며, 홍수·가뭄·병충해도 두려워 할 것이 아닙니다. 어진 선비가 숨어 있는 것은 매우 두려워해야 하며, 염치가 세상에서 사라지는 것도 매우 두려워해야 하며, 상하가 서로를 지켜주는 것도 매우 두려워해야 하며, 비방하거나 칭찬함이 진실을 어지럽히는 것도 매우 두려워해야 하며, 직언이 들리지 않는 것도 매우 두려워해야 합니다.'라고 하였다. 구양공(歐陽公)이 이 말을 적으며 이르기를, '무릇 나라를 다스리는 자가 경계하지 않을 수 없다. 옳다, 이 말이여.'라고 하였다. 전 임금은 불교를 숭상하고 받들었으며 신지(神祇)를 공경하고 믿어 별도로 경색(經色)·위의색(威儀色)·기은색(祈恩色)·대초색(大醮色)을 세우고 재회(齋會)와 초제(醮祭)의 비용을 거두어들임에 한도가 없이 구차(區區)하게 부처를 섬기고 신을 섬겼으며, 이복기(李復基)·임종식(林宗植)·한뢰(韓賴)와 같은 간신배와 아첨꾼(姦諛)을 좌우에 두고 정함(鄭諴)·왕광취(王光就)·백자단(白子端)과 같이 간사하고 아첨을 잘하는 이(憸壬)를 환관(內竪)으로 삼고, 영의(榮儀)·김자기(金子幾)와 같이 아첨하는 이(阿曲)를 술사(術士)로 삼았으며 총애하는 첩인 무비(無比)가 궁궐을 주관하니, 왕의 마음을 기쁘게 하고 왕의 뜻을 주도하려고 서로 요사스러운 아첨을 하고 교묘한 말(利口)들이 어지럽게 일어나고(紛騰) 바른 말(讜言)은 끊어져 변란이 개경에서(輦轂之間) 일어났지만 끝내 이를 알지 못하였던 것이다. 이것이 그 두려워하지 않을 바를 두려워하고, 두려워할 바를 두려워하지 않아서 그러한 것인가. 또 화란(禍亂)이 있던 처음에 한 사람도 목숨을 바치지 않았고, 왕위를 교체한 뒤에는 이와 같이 허위로 문서를 꾸며 만들었으니 더욱 한탄할 일이다."라고 하였다.

王晧 ▶ 1170년 10월 **금에서 사신을 보내 왕의 생신을 하례하다**

금(金)에서 대종정승(大宗正丞) 야율규(耶律糺)를 보내어 임금의 생신을 하례하려 하였는데, 야율규가 국경에 이르자 변경의 관리가 전왕(前王)이 양위하였다고 하며 이를 물리쳤다.

명종 1년(1171년)
-명종광효대왕-

王晧 ▶ 1171년 1월 **원자 왕숙이 관례를 하다**

원자元子 왕숙王璹이 관례를 하였다.

王晧 ▶ 1171년 1월 **이고가 반란을 일으키려다가 실패하여 죽임을 당하다**

대장군大將軍 한순韓順, 장군將軍 한공韓恭·신대여申大輿·사직재史直哉·차중규車仲規 등이 서로 더불어 말하기를, "이의방李義方·이고李高 등이 멋대로 조신朝臣을 죽여 해害가 충성스럽고 선량한 사람들에게까지 미치니, 의義가 아니다."라고 하였다. 이의방이 이것을 듣고 그들을 잡아 죽였다. 오직 차중규만이 평소 이의방과 친분이 있었다고 하여 유배 보냈다. 이고가 분수에 맞지 않는 희망에 뜻을 두고 있어 불량배[惡小] 및 법운사法雲寺 중 수혜修惠, 개국사開國寺 중 현소玄素 등과 몰래 결탁하고 밤낮으로 연회를 벌여 술을 마시며 일러 말하기를, "큰 일이 만약에 성공하면 너희들은 모두 높은 벼슬[峻班]에 오를 것이다."라고 하였다. 마침내 거짓으로 제서를 만들었다. 원자元子가 관례冠禮를 치를 즈음에 왕이 장차 여정궁麗正宮에서 잔치를 베풀려 하였다. 이고가 선화사宣花使가 되어 잔치에 참석하게 되자 몰래 현소玄素를 시켜 불량배[惡小]를 법운사 수혜의 방에 불러 모으게 하고 말을 죽여 그 고기를 먹고는 각자 소매에 칼을 감추고 담장 사이에 숨었다가 장차 난을 일으키려 하였다. 교위校尉 김대용金大用의 아들로 이고의 구사驅使가 된 이가 있었는데, 그 음모를 듣고는 김대용에게 고했다. 김대용은 내시장군內侍將軍 채원蔡元과 사이가 좋았는데, 마침내 가서 음모를 고하였다. 이의방李義方은 자기를 핍박한다 하여 평소 이고를 싫어했는데, 이에 이르자 또한 그 모의를 알고는 채원과 함께 이고 등이 궁궐문 밖에 이르기를 기다려 즉시 철퇴로 때려 죽이고는 순검군巡檢軍으로 하여금 그 어미와 당여黨與를 사로잡게 하여 모두 죽였다. 그 아비는 평소 이고가 못나고 어리석다 하여 아들로 여기지 않았으므로 죽음을 면하고 유배 되었다.

王晧 ▶ 1171년 4월 채원이 조정의 신하를 죽이려다가 발각되어 처형되다

채원蔡元이 조정의 신하朝臣를 모두 죽이고자 몰래 음모를 꾸몄으나 일이 누설되었다. 이의방義方이 또 채원을 꺼려 드디어 조정에서 죽이고 아울러 문객門客과 여러 불량배[群小]를 사로잡아 모두 죽였다.

王晧 ▶ 1171년 5월 유응규가 금에서 명종의 즉위를 승인받고 돌아오다

유응규庾應圭가 금金에서 돌아왔다. 유응규가 처음 국경에 들어갔을 때 황제가 파사로婆娑路에 조서를 내려 〈유응규를〉 들이지 못하게 하고 유사有司로 하여금 이문移文하여 상세히 묻게 하였다. 유응규가 아뢰기를, "전 임금의 오랫동안 병을 앓고 있었는데 늙어서 정신도 흐릿해져 나라를 다스리지 못하니 동모제同母弟인 왕호王晧로써 나랏일을 임시로 대행하게 하고 있습니다."라고 하였다. 황제가 말하기를, "나라를 물려주는 것은 큰일인데, 어찌하여 먼저 사정을 진술하여 간절하게 청하지[陳請] 않았는가."라고 하였다. 유사에 조서를 내려 재차 상세하게 물어보도록 하였다. 유응규가 도착하니 황제가 표문을 보고 이르기를, "너희 나라가 비록 작으나 역시 군신君臣간의 의리와 형제간의 순서를 알 것인데, 어찌 형을 폐하고 왕위를 찬탈하고서 거짓말을 쓰고 수식하여 상국上國을 기망하는가. 하늘을 대신하여 벌을 주어 그 죄를 응징할 것이다."라고 하였다. 유응규가 대답하여 아뢰기를, "전 임금이 불행히도 병이 있었고, 아들 또한 총명하지 못하기 때문에 부왕父王의 유명遺命을 좇아 동생에게 양위한 것일 뿐입니다. 우리나라(小國)가 어찌 감히 천자를 기망하겠습니까. 배신(陪臣)이 탕확(湯鑊)과 부월(斧鉞)의 죽임을 당하더라도 다시 다른 할 말은 없습니다."라고 하였다. 끝내 굴복하지 않았으나 황제는 오히려 의심하여 결국 회신하는 조서를 보내 전 왕의 양위를 허락하지 않으며 말하기를, "그대는 24년(二紀) 동안 습봉(襲封)하여 한 나라로 번국이 되어왔다. 근래 여러 번 사신을 보내는 시기를 어기고 단지 글을 보내 보고만 하고 있어 변고(變故)까 생겼는지를 줄곧 매우 근심하고 있었는데, 지금 비로소 봉장(封章)을 읽어보니 병이 오래되었다고 설명하면서, 편안하게 다스리는 일을 오래도록 하지 못하게 될 것을 두려워하여 그 아버지가 명으로 사후의 일을 부탁한 것을 이어받아 동생으로 하여금 왕위에 이르게 하여 〈왕위를〉 서로 전하고자 그 사람에게 맡겨서 나라를 대신 다스리게 하였다고 한다. 경의 말이 비록 순리라고 하더라도 짐의 생각으로는 믿어지지가 않으니 계속해서 사신을 보내 그 일을 가서 묻게 하겠다."라고 하였다. 조서를 유응규에게 주니 유응규가 아뢰기를, "배신(陪臣)이 올린 것은 2건의 표문이나, 새 임금님의 표문에 대해서는 지금 회답하는 조서가 없습니다. 어느 곳에 사신을 가더라도 임금의 명을 욕되지 않게 하는 것이 신하의 직책입니다."라고 하였다. 그러면서 음식을 먹지 않고 예복을 갖추고 뜰에 서서 대궐을 향해 명을 기다리며 사흘 동안 밤낮으로 자리를 옮기지 않았다. 관반(館伴)이 〈황제에게〉 아뢰니 황제가 여러 차례 사신을 보내 식사를 권했으나 오히려 먹지 않았다. 종자가 밤에 몰래 마실 것을 가져다주자 유응규는 성을 내며 소리를 질러 꾸짖기를, "너도 사람인데 어찌 간사한 일을 이리 심하게 하느냐."라고 하였다. 닷새째가 되자 몸과 얼굴이 심하게 마르고 숨이 장차 끊어질 듯 하고 힘이 서있을 수도 없을 정도여서 여러 번 쓰러지는 지경에 이르니 황제가 그의 충성을 가엽게 여겨 대신을 보내 위로하고 타이르며 말하기를, "너희 나라가 비록 작지만 이 같은 신하가 있으니 죄를 물으려는 논의는 이미 중지하였고, 허락하는(依允) 조서를 내리고자 한다. 그대 또한 음식을 먹어 몸이 상하지 않게 하라."라고 하였다. 유응규가 아뢰기를, "황제의 은총이 비록 두터우나 신이 아직 회답하는 조서를 받지 못하였는데 어찌 감히 음식을 먹겠습니까. 조서를 받는 날이 곧 신의 목숨을 잇는 때입니다."라고 하였다. 7일 동안 음식을 먹지 않으니 황제가 더욱 가엾게 여겨 회답하는 조서를 주고 어찬御饌과 폐백幣帛을 하사하며 후하게 위로하여 보냈다. 〈유응규가〉 돌아오자 공으로 발탁하여 군기감 겸 태자중사인軍器監兼太子中舍人을 제수하고 금자金紫를 하사하였다. 재상이 또 유응규의 자손을 서용하여 후세를 권장하자고 청하니 〈왕이〉 그것을 따랐다.

王晧 ▶ 1171년 5월 임수 등이 급제하다

임수林遂 등 28인과 명경明經 4인에게 급제를 하사하였다.

王晧 ▶ 1171년 6월 왕이 대관전에서 보살계를 받다

왕이 대관전大觀殿에서 보살계菩薩戒를 받았다.

王晧 ▶ 1171년 7월 대관전에서 소재도량을 열다

대관전大觀殿에서 3일간 소재도량消災道場을 열었다.

王晧 ▶ 1171년 7월 양광충청주도와 경상진합주도를 나누어 두 도로 하다

양광충청주도楊廣忠淸州道를 나누어 두 도로 하고, 경상진합주도慶尙晉陜州道를 나누어 두 도로 하였다.

王晧 ▶ 1171년 7월 금의 순문사가 와서 전왕에게 조서를 하사하다

금金에서 순문사詢問使 완안정完顏靖 등이 오니 왕이 대관전大觀殿에서 조서를 맞이하였다. 전왕에게 하사한 조서에서 이르기를,
"그대는 그대의 나라를 다스리는 데 선대의 왕업을 닦으며 행해왔다. 올해에 이르러 봉장封章을 올려 병으로 이미 나라를 다스리는 일에 해이했고, 그 아들은 왕업을 이어받기에 능력이 없다고 여겨 선왕이 사후의 일에 대해 남긴 부탁을 좇아 동모

제同母第에게 양위하여 서로 전한다고 하였다. 오히려 참된 마음에서 나온 것이 아닌가 우려하여 이에 가서 조서로 물으니 사신이 돌아올 때에는 문서로 상세히 보고하기 바란다."
라고 하였다.

王皓 ▶ 1171년 7월 **서공의 졸기**

평장사平章事 서공徐恭이 죽었다. 서공은 담력과 지략이 있고, 말타기와 활쏘기를 잘 하였다. 여섯 번이나 양계병마사兩界兵馬使가 되었는데, 사졸士卒들이 즐겨 따랐다. 재상이 되어서는 뜻이 더욱 겸손하여 문관[文吏]들이 교만하고 오만한 것을 매우 싫어하였고, 무인武人을 예우하였으므로 경인년1170의 난 때 중방重房에서 순검군巡檢軍 20인으로 하여금 그의 집을 둘러싸고 지키도록 하여 화가 미치지 않았다.

王皓 ▶ 1171년 8월 **금의 순문사가 하직하다**

완안정完顔靖이 하직하므로 대관전大觀殿에서 잔치를 벌였다. 완안정이 문재[詢問] 왕은 전왕이 이미 왕위를 피해 다른 곳에 나가 살고 있으며 병이 위중하여 자리에 나와 황제의 명을 받을 수 없고, 길이 또한 험하고 멀어 황제의 사신이 가기 마땅치 못하다고 핑계대었다. 완안정은 이 때문에 전왕을 볼 수 없었다. 왕이 이에 전왕의 표문을 갖추어서 완안정에게 부쳐 보내었다.

王皓 ▶ 1171년 9월 **간관이 최윤의 등을 탄핵하다**

좌간의左諫議 김신윤金莘尹, 우간의右諫議 김보당金甫當, 좌산기상시左散騎常侍 이소응李紹膺, 좌사간左司諫 이응초李應招, 우정언右正言 최당崔讜 등이 상소하기를,
"전조의 재상 최윤의崔允儀, 간의諫議 이원응李元膺, 중승中丞 오중정吳中正 등은 환관宦官 정함鄭諴의 고신告身에 서명하였고, 서해안찰사西海按察使 박순하朴純煆는 노인성老人星이 나타났다고 망령되게 아뢰었으며, 지수주사知水州事 오록지吳錄之는 금거북이

의 상서를 망령되게 바쳤으니 청하건대 모두 그 자손들을 벼슬에 오르지 못하게[禁錮] 하시기 바랍니다. 승선承宣 이준의李俊儀와 문극겸文克謙은 대성臺省을 겸직하였는데, 중간에서 권세를 부렸으므로 청하건대 겸관兼官을 해임하시기 바랍니다."

라고 하였다. 〈왕이〉 그것을 따랐으나 오직 이준의와 문극겸의 일은 허락하지 않았다. 다음날 간관諫官이 대궐 문 밖에 엎드려 힘써 간쟁하였는데, 이준의는 술에 취해 순검군巡檢軍으로 하여금 그들을 욕보이게 하였다. 왕이 이를 듣고 이준의를 불러 위로하고 마음을 풀어주고, 간관은 황성隍城에 가두었으며, 좌천하여 김신윤은 판대부사判大府事, 김보당은 공부시랑工部侍郎, 이응초는 예부원외랑禮部員外郎, 최당은 전중내급사殿中內給事로 삼았다. 〈관직을〉 고쳐 이준의는 위위소경衛尉少卿으로, 문극겸은 대부소경大府少卿으로 임명하였다.

王皓 ▶ 1171년 9월 20일 태양에 검은 점이 보이다

해에 검은 점이 있었는데, 크기가 복숭아만 했다.

王皓 ▶ 1171년 10월 17일 태양에 검은 점이 보이다

무오. 해에 검은 점이 있었는데, 크기가 복숭아만 했다.

王皓 ▶ 1171년 10월 금에 고주사를 보내다

예부시랑禮部侍郎 장익명張翼明과 도부서都部署 황공우黃公遇를 금에 보내 고주告奏하였다.

王皓 ▶ 1171년 10월 선경전에서 백고좌회를 열고 반승하다

선경전宣慶殿에서 백고좌회百高座會를 열고 30,000명에게 반승飯僧하였다.

王皓 ▶ 1171년 10월 **궁궐에서 불이 났으나 정중부 등이 군사의 진입을 막다**

궁궐에 불이 나자 여러 절의 승려 및 부위군府衛軍이 궁궐에 가서 불을 끄려 하였는데, 정중부鄭仲夫·이준의李俊儀·이의방李義方 등이 변란이 있을까 두려워하여 자성문紫城門을 닫고 들이지 않아 〈궁궐의〉 건물이 모두 불탔다. 왕이 산호정山呼亭에 나가 통곡하였고, 유응규庾應圭는 경령전景靈殿으로 가 5실室에 있는 선대왕들의 어진[祖眞]을 품에 안고 나왔으며 또 중서성中書省으로 가서 국인國印을 꺼냈다.

王皓 ▶ 1171년 10월 **왕의 생일을 건흥절로 삼다**

왕의 생일을 건흥절乾興節로 삼았다.

명종 2년(1172년)

−명종광효대왕−

王皓 ▶ 1172년 1월 **왕이 경령전에 배알하다**

〈왕이〉 경령전景靈殿에 배알하였다.

王皓 ▶ 1172년 1월 **판서북면병마사 정중부 등을 임명하다**

정중부鄭仲夫를 판서북면병마사判西北面兵馬事로 삼았고, 김천金闡을 병마사兵馬使로 삼았으며, 윤인첨尹鱗瞻을 판동북면병마사判東北面兵馬事로 삼았고, 진준陳俊을 병마사兵馬使로 삼았다.

王皓 ▶ 1172년 2월 **금에 파견되었던 사신이 책봉을 예고하는 칙서를 받들고 돌아오다**

장익명張益明과 황공우黃公遇가 금金에서 돌아왔다. 칙서에서 이르기를,

"그대는 멀리 제후의 땅에 있으면서 나라 사람들에게 신망이 두터웠고 진실로 항상 공평하게 마음을 먹었다. 때마침 형제가 병이 들어 여러 번 봉장封章을 올려 아뢰고 양위하게 된 유래를 진술하였으며, 형편에 따라 왕위를 대리하고 정성을 다해 청하는 것은 그 뜻이 가문을 잇고 나라를 보전하려 하는 것이니 의리상 조서를 내려 은혜를 더하는 것이 마땅하겠다. 이로 인해 사신이 돌아가는 길에 우선 나의 대답을

[諭音] 반포하고 이어서 사신을 보내 책명冊命하려 한다."
라고 하였다.

王皓 ▸ 1172년 2월 2월 보름에 연등회를 열기로 하였다가 상원으로 복구하다

유사有司에서 태조太祖의 구제舊制의 의거하여 2월 보름에 연등회를 열 것을 청하였다. 왕은 그 청을 거듭 피하다가 〈그 청을〉 따랐다. 이듬해 다시 상원上元으로 연등회날을 삼았다.

王皓 ▸ 1172년 3월 금에 사신을 보내 존호를 올린 것을 하례하다

상서우승尙書右丞 이문저李文著와 시랑侍郎 최포崔誧를 금金에 보내 존호尊號를 올린 것을 하례하였다.

王皓 ▸ 1172년 5월 금에서 국왕을 책봉하고 의물을 하사하다

금金에서 대부감 상경거도위大府監 上輕車都尉 오고론중영烏古論仲榮과 한림직학사翰林直學士 장형張亨을 보내 와서 왕을 개부의동삼사 고려국왕開府儀同三司 高麗國王으로 책봉하고 이에 면복冕服·금인金印·상로象輅·안마鞍馬·비단[匹段]·활과 화살[弓矢] 등의 물건을 하사하였다.

王皓 ▸ 1172년 6월 중서시랑평장사 양숙 등을 임명하다

양숙梁淑을 중서시랑평장사中書侍郎平章事, 한취韓就를 참지정사參知政事로 삼았다.

王皓 ▸ 1172년 6월 53개 현에 감무를 두기로 하다

좌승선左承宣 이준의李俊儀가 여러 주諸州의 관내의 53현에 감무監務를 둘 것을 주청하니 여러 신하들에게 명하여 의논하게 했는데, 이준의의 권세가 중하고 성정 또한 시기심이 많고 음험하였으므로 감히 다른 의견[異同]이 없었다.

王皓 ▶ 1172년 6월 송유인을 대신하여 우학유를 서북면병마사로 삼다

서북면병마사 대장군西北面兵馬使 大將軍 송유인宋有仁이 해임되기를 간청하므로 금오위 대장군金吾衛 大將軍 우학유于學儒로 그를 대신하게 하였다. 경인년1170 이후로 북쪽 사람들이 제멋대로 방자하게 굴어 창주昌州사람은 그 고을 수령의 사랑하는 기생[愛妓]을 죽여 아문衙門에 두었고, 성주成州사람은 삼등현三登縣을 멸망시킬 것을 의논할 때 따르지 않아 죽임을 당한 이가 수십 인에 이르렀고, 철주鐵州사람은 그 수령을 죽이려고 모의하다가 격투가 벌어져 죽었다. 송유인이 능히 제지하지 못하고 해가 자기에게 미칠까 두려워하여 병을 핑계로 교체해 주기를 간청한 것인데, 우학유 또한 능히 제지하지 못하였다.

王皓 ▶ 1172년 7월 장문경 등이 급제하다

장문경張聞慶 등 29인에게 급제를 하사하였다.

王皓 ▶ 1172년 7월 이변이 잇따르자 조서를 내려 스스로를 책망하다

왕이 궁궐이 불타고, 벌레가 솔잎을 먹었으며, 천문[乾文]에 여러 차례 이변이 있었다고 하여 조서를 내려 스스로를 책망하고[責躬] 사면령을 내렸다.

王皓 ▶ 1172년 8월 금에 사신을 보내 책봉해준 것에 사례하다

태복경太僕卿 김훤金晅을 금에 보내 책봉해 준 것에 대해 사례하였다.

王皓 ▶ 1172년 9월 창릉을 배알하다

〈왕이〉 창릉昌陵에 배알하였다.

王皓 ▶ 1172년 10월 22일 태백성이 나타나다

태백성太白星이 하늘을 가로질렀다. 경신. 또한 그러하였다.

`王皓` ▶ **1172년 11월 왕이 보제사에 행차하다**

〈왕이〉 보제사普濟寺에 행차하였다. 이로부터 여러 차례 사원寺院에 행차하였다.

`王皓` ▶ **1172년 12월 금에서 왕의 생일을 물어오다**

금金에서 첩牒을 보내어 왕의 생일을 물었다.

`王皓` ▶ **1172년 12월 금에 사신을 보내 방물을 진상하다**

위위경衛尉卿 채상정蔡祥正을 금金에 보내 방물方物을 진상하였다.

명종 3년(1173년)

-명종광효대왕-

王晧 ▶ 1173년 1월 **왕이 경령전에 배알하다**

〈왕이〉 경령전景靈殿에 배알하였다.

王晧 ▶ 1173년 윤1월 **금에 사신을 보내 방물을 바치고 만춘절을 하례하다**

예빈소경禮賓少卿 권광필權光弼을 금金에 보내 방물方物을 바쳤고, 대부소경大府少卿 이응구李應球로 하여금 만춘절萬春節을 하례하게 하였다.

王晧 ▶ 1173년 윤1월 **안찰사와 감창사에게 권농사를 겸직하게 하다**

7도 안찰사按察使와 5도 감창사監倉使에게 모두 권농사勸農使를 겸하게 하였다.

王晧 ▶ 1173년 4월 **태묘에 제사지내고 사면령을 내리다**

친히 태묘大廟에 제사禘를 지내고 사면령을 내렸다.

王晧 ▶ 1173년 4월 **가뭄이 이어져 흉년이 들고 역병이 돌다**

비를 빌었다. 정월부터 비가 오지 않아 샘과 우물이 모두 마르고 벼와 보리가 말라버렸으며, 돌림병도 아울러 창성하니 사람들이 많이 굶어 죽었고, 인육人肉을 파는 자까지 생기는 지경에 이르렀다.

王皓 ▶ 1173년 4월 원자 왕숙을 왕태자로 책봉하다

원자元子 왕숙王璹을 책봉하여 왕태자王太子로 삼았다.

王皓 ▶ 1173년 4월 근신들과 연회를 열다

근신近臣이 헌수獻壽[上壽]하여 밤이 깊어도 파하지 않고 좌우左右가 조금 소란하니 좌부승선左副承宣 문극겸文克謙이 간하여 아뢰기를, "전 왕이 폐위된 까닭을 경계하지 않을 수 있겠습니까."라고 하였다. 왕에게 안으로 들어갈 것을 권하자 우승선右承宣 이준의李俊儀가 노하여 문극겸을 꾸짖었고, 이의방李義方은 기생을 데리고 중방重房으로 들어가 여러 장수들과 더불어 마음대로 마시고, 시끄럽게 떠들고 웃으며 북을 치는 소리가 궁궐 안에까지 들렸으나 대개 두려워하거나 거리낌이 없었다.

王皓 ▶ 1173년 4월 이의방이 평두량도감을 설치하다

이의방李義方이 평두량도감平斗量都監을 설치하고 두승斗升은 모두 평미래[㮯]를 쓰게 했는데 범하는 자는 자재刾하여 섬에 유배하였다. 1년을 넘기지 못하고 다시 처음과 같아졌다.

王皓 ▶ 1173년 5월 1일 일식이 있다

임진 초하루. 일식이 있었다.

王皓 ▶ 1173년 5월 왕이 경령전에 배알하다

〈왕이〉 경령전景靈殿에 배알하였다.

王皓 ▶ 1173년 5월 **문무 3품으로부터 녹봉을 거두어 재를 열다**

문무3품으로 하여금 녹봉에서 추렴하여 재齋를 열고 보제사普濟寺에서 비를 빌게 하였다.

王皓 ▶ 1173년 6월 **송에서 서덕영을 보내오다**

송宋에서 서덕영徐德榮을 보내왔다.

王皓 ▶ 1173년 6월 **최시행 등이 급제하다**

최시행崔時幸 등 32인에게 급제를 하사하였다.

王皓 ▶ 1173년 8월 **왕이 경령전에 배알하다**

〈왕이〉 경령전景靈殿에 배알하였다.

王皓 ▶ 1173년 8월 **동북면에서 김보당이 반란을 일으키다**

동북면병마사 간의대부東北面兵馬使 諫議大夫 김보당金甫當이 동계東界에서 병사를 일으켰다. 김보당은 담력이 있었으므로 정중부鄭仲夫와 이의방李義方 등이 그를 꺼렸다. 김보당은 정중부와 이의방을 토벌하고 전 왕을 복위시키고자 하여 녹사錄事 이경직李敬直 및 장순석張純錫과 더불어 모의하여 장순석과 유인준柳寅俊을 남로병마사南路兵馬使로 삼고 배윤재裵允材를 서해도병마사西海道兵馬使로 삼아 군대를 일으키게 하고 곧이어 동북면 지병마사東北面 知兵馬事 한언국韓彦國과 더불어 병사를 일으켜 이에 호응하였다. 장순석과 유인준 등이 거제巨濟에 이르러 전 왕을 받들고 경주慶州로 나와 머물렀는데 정중부와 이의방이 이를 듣고는 장군將軍 이의민李義旼과 산원散員 박존위朴存威로 하여금 병사를 거느리고 남로로 나아가게 하고, 또 병사를 서해로西海路로 보내어 도모하게 하였다. 이의민은 경주사람이다. 키가 8척이고, 힘이 남보다 훨씬 뛰어났는데, 형 2인과 더불어 시골[鄕曲]에서 방자하게 굴어 사람들의 근심거리가 되자 안렴사按廉使 김자양金子陽이 잡다가 매질을 하며 고문을 하니 두 형은 감옥 안에서 죽었고 이의민 혼자 죽지 않았는데, 김자양이 〈그를〉 뽑아 경군京軍에 넣었다. 아내를 데리고 짐을 이고지고 개경에 도착하니 마침 날이 저물어 성문이 이미 닫혔으니 성 남쪽의 숙소에서 자게 되었는데, 꿈에 긴 사다리가 있어 성문에서부터 대궐에 이르렀고, 사다리를 밟고 올라갔는데, 꿈에서 깨자 이상하게 여겼다. 수박手搏을 잘해서 의종毅宗이 그를 아꼈는데, 경인년1170의 변란에서 이의민이 죽인 사람이 많았다.

王晧 ▶ 1173년 9월 김보당의 무고에 따라 문신들이 많이 처형되다

한언국韓彦國을 체포하여 죽였다. 안북도호부安北都護府에서는 김보당金甫當과 이경직李敬直 등을 잡아 개경으로 보냈는데, 이의방은 영은관迎恩館에 있으면서 죄를 물어 조사하고訊鞫 저자에서 그들을 죽였다. 처음 김보당이 병사를 일으킬 모의를 했을 때 내시內侍 진의광陳義光과 배윤재裵允材가 그것을 알고 있었는데 김보당이 죽음에 임박하여 무고하여 말하기를 "무릇 문신文臣 가운데 더불어 모의하지 않은 이가 누가 있겠습니까."라고 하였다. 이에 〈문신들을〉 모두 죄를 물어 마구 죽이고誅戮 혹은 강물에 던지기도 하였다. 한 병졸이 재상 윤인첨尹鱗瞻을 잡아 묶고 다음으로 유응규庾應圭를 결박하려 하자 유응규가 화난 소리로 꾸짖어 말하기를, "너는 천한 병졸이거늘 감히 재상과 낭관郎官을 욕보이느냐."라고 하였다. 병졸은 감히 가까이 가지 못하였다. 유응규가 가서 여러 장수들을 보고 말하기를, "예로부터 예의 없이 능히 국가를 보전하였다는 것은 듣지 못했습니다. 또 옛 법에 형벌은 대부大夫에게는 미치지 않는다고 하였습니다. 공公들이 나라를 바로잡을 뜻이 있다면 마땅히 옛 일과 선례를 본받아야 할 것인데, 어찌 천한 군졸로 하여금 대신大臣을 묶어 욕보입니까. 더구나 윤공尹公은 장수다운 지략이 있으니 나라에 큰 일이 있을 때 이러한 인물을 버려서는 안 됩니다. 또한 무고한 이를 많이 죽이면 반드시 재앙과 화가 있을 것입니다."라고 하였다. 여러 장수가 말하기를, "경인년1170의 일은 만일 공이 〈금나라에〉 아뢰지 않았더라면 우리들은 처형되어 시체로 젓갈이 담궈졌을 것[菹醢]입니다."라고 하였다. 곧 맞아들여 앉히고 예를 표하였으며, 비로소 윤인첨을 묶었던 결박도

풀어주었다. 당시 문사文士들을 죽여 모두 없애니 중앙과 지방이 흉흉하여 아침저녁으로 〈자신을〉 보존하지 못하였으므로 낭장郎將 김부金富가 정중부鄭仲夫와 이의방李義方에게 일러 말하기를, "하늘의 뜻은 알 수 없는 것이며 인심은 예측할 수 없는 것이니 힘을 믿고 의義를 헤아리지 않고서 의관衣冠을 갖춘 문사文士들을 풀 베듯 죽여버린다면 세상에서 김보당 같은 이가 어찌 줄어들겠습니까. 우리들 가운데 자녀가 있는 자는 모두 문관文官들과 통혼通婚을 하여 그 마음을 안정시키는 것이 오래 갈 수 있는 방법입니다."라고 하였다. 무리가 그 말을 따랐다. 이로부터 화가 조금 그쳤다.

王晧 ▶ 1173년 9월 이의민이 경주에서 의종을 살해하다

이의민李義旼 등이 경주慶州에 이르니 어떤 사람이 길을 막고 말하기를, "전 왕이 여기에 온 것은 경주사람들의 뜻이 아니고 장순석張純錫과 유인준柳寅俊 등으로 말미암은 것일 뿐입니다. 지금 그 무리를 보면 수백 명에 불과하고 모두 오합지졸이니 그 수괴를 없앤다면 나머지는 모두 무너져 달아날 것입니다. 청하건대 조금만 머물러 주시면 제가 돌아가 일을 도모하겠으니 다만 경주 사람들에게는 죄를 주시지 말기를 바랄 뿐입니다."라고 하였다. 이의민이 말하기를, "내가 있으니 걱정하지 말라."라고 하였다. 그 사람이 드디어 경주에 들어가 여러 무리와 모의하여 말하기를, "장순석의 무리는 지금 임금님이 보낸 것이 아니니 그를 죽인들 무슨 해가 되겠는가."라고 하였다. 밤에 병사들로 포위하여 공격해서 수백 명을 참수하고 전왕은 객사客舍에 가두고 사람들로 하여금 지키게 하였다.

겨울 10월 경신일 초하루. 마침내 이의민 등을 인도하여 성에 들어오게 하고는 전왕을 끌어내어 곤원사坤元寺 북쪽 못 가에 이르러 술 몇 잔을 올렸다. 이의민이 등뼈를 부러뜨렸는데, 손놀림에 따라 소리가 나니 〈이의민은〉 곧 크게 웃었다. 박존위朴存威가 〈의종의 시신을〉 요에 싸고 두 개의 가마솥을 합하여 〈그 속에 넣고〉 못 안에 던졌는데, 홀연히 회오리바람이 일어나면서 흙먼지와 모래가 날아오르니 사람들이 모두 큰소리로 떠들며 흩어졌다. 절의 중 가운데 헤엄을 잘 치는 이가 있어 가마솥은 가져가고 시신은 버렸는데, 시신이 물가에 나온 지 며칠이 되어도 물고기·

자라·까마귀·솔개가 감히 〈시신을〉 훼손하지 못하였다. 전 부호장副戶長 필인弼仁 등이 몰래 관을 갖추어 물가에 〈시신을〉 받들어 묻었다. 예전에 전왕이 금나라 사신을 위해 연회를 열었는데, 사신이 승선承宣 김돈중金敦中을 보고는 집례執禮에게 물어 말하기를, "저 훤하게 생기고 키가 큰 사람은 신분이 높은데다가 문장도 아주 잘 쓰는데, 그 이름이 무엇입니까?"라고 하였다. 대답하여 말하기를, "이름은 김돈중인데, 상국相國 김부식金富軾의 아들로, 과거에 장원급제 한 사람입니다."라고 하였다. 금나라 사신이 말하기를, "과연 확실하구나."라고 하였다. 왕이 그것을 듣고 요청하여 말하기를, "과인의 수명은 얼마나 되겠습니까."라고 하였다. 금나라 사신이 아뢰기를, "국왕의 수명은 길어서 헤아릴 수가 없으니, 지금 조정에 가득 찬 늙고 젊은 신하들이 모두 죽은 연후에 냇가에 임하는 근심이 있을 것입니다."라고 하였다. 왕은 반드시 오래 살 것이라 스스로 생각하고는 냇가에 임하는 근심이 무엇인지는 다시 물어보지 않았다. 경인년1170과 계사년1173의 난에 미쳐 늙고 젊은 문신들이 모두 해를 당했고, 왕 또한 못가의 변을 당하게 되었으니 그 말이 과연 사실이 되었다.

王晧 ▶ 1173년 9월 이의방이 이춘부와 두경승을 남로선유사로 삼다

이의방李義方이 그의 종형從兄인 낭장郎將 이춘부李椿夫와 두경승杜景升을 남로선유사南路宣諭使로 삼았다. 이춘부가 성품이 잔인하여 고을의 수령[邑宰]을 많이 죽이니 두경승이 조용히 일러 말하기를, "명을 받은 날 방진方鎭이 역모를 꾸미고 주군州郡이 응하여 재앙과 난리[禍亂]가 이어지기에 평정하기 어려울 것이라고 염려하였습니다. 지금 공의 위엄과 위세[威靈]에 힘입어 우두머리[巨魁]를 다 죽였고, 먼저 소리만 미쳐도 속수무책으로 명령을 청하게 되었으며 죽인 사람이 이미 많으니 청하건대 지금부터는 모두 관대하게 대하고 혹시 반역한 정황이 있다 하더라도 흔적[情迹]이 분명하게 드러난 연후에 죽이도록 합시다."라고 하였다. 이춘부가 그 말을 따르니 남쪽 지방이 기쁜 마음으로 순종하였다. 이춘부가 두경승에게 일러 말하기를, "처음에는 공公을 어리석고 겁쟁이라고 여겼는데, 지금은 공이 관대하고 근신하여 능히 큰 일을 이룰 수 있음을 알았으니, 지난번에 공의 계책이 아니었더라면 어찌 반역

[橫逆]이 그치지 않았을 뿐이겠습니까. 또한 나도 불의不義에 빠지게 되었을 것입니다."라고 하였다. 이 때문에 생사를 같이 하는 벗[勿頸交]이 되었다.

王晧 ▶ 1173년 10월 지방관에 무인을 임용하도록 하다

제서를 내리기를,

"3경京4도호都護8목牧으로부터 군·현·관館·역驛의 직임에 이르기까지 모두 무인武人을 임용하라."

라고 하였다.

王晧 ▶ 1173년 10월 이의방을 위위경 흥위위섭대장군으로 삼다

이의방을 위위경 흥위위섭대장군 지병부사衛尉卿 興威衛攝大將軍 知兵部事로 삼았다.

王晧 ▶ 1173년 11월 금에 사신을 보내 신정을 하례하다

내시낭중內侍郎中 최균崔均을 금金에 보내 신정을 하례하였다.

王晧 ▶ 1173년 11월 태자를 책봉하여 사면령을 내리다

태자太子를 책봉하였으므로 사면령을 내렸다.

명종 4년(1174년)

―명종광효대왕―

王皓 ▶ 1174년 1월 개경 사찰의 승려들이 이의방을 제거하려다 실패하다

　귀법사歸法寺 중 100여 인이 성의 북문北門을 침범하여 선유승록宣諭僧錄 언선彥宣을 죽이자 이의방李義方이 병사 10,000여 인을 이끌고 수십 명의 중을 죽이니 나머지는 모두 흩어져 가버렸고 병졸 또한 죽거나 다친 자가 많았다. 중광사重光寺·홍호사弘護寺·귀법사歸法寺·홍화사弘化寺 등 여러 절의 중 2,000여 인이 성 동문東門에 모이자 성문을 닫아버렸다. 이에 성 밖의 인가에 불을 질러 그 불이 번져 숭인문崇仁門이 불타자 성으로 들어가 이의방 형제를 죽이고자 하였다. 이의방이 이를 알고 부병府兵을 징집하여 중들을 쫓아버리고 중 100여 명의 베어 죽였는데, 부병 또한 죽은 자가 많았다. 이에 부병으로 하여금 성문을 나누어 지키게 하고 중의 출입을 금지하였으며, 부병을 보내 중광사重光寺·홍호사弘護寺·귀법사歸法寺·용흥사龍興寺·묘지사妙智寺·복흥사福興寺 등의 절을 파괴하였다. 이준의가 그를 제지하였더니 이의방이 성내며 말하기를, "만약 그대 말을 따른다면 일은 이루어지지 못할 것입니다."라고 하였다. 마침내 그 절에 불을 지르고 재물[貨財]와 기명器皿을 빼앗아 돌아갔다. 승도僧徒들이 길에서 기다리고 있다가 중간에 마주쳐 공격하여 〈물건들을〉 빼앗아서 돌아가니 부병 가운데 죽은 자가 매우 많았다. 이준의가 이의방을 꾸짖으며 말하기를, "네게는 세 가지 큰 죄악이 있으니, 임금을 추방하고서 죽이고 그 저택과 희첩姬妾을 취한 것

이 첫째이다. 태후의 여동생을 위협하여 간통한 것이 둘째이다. 국정은 전단한 것이 셋째이다."라고 하였다. 이의방이 크게 화를 내며 칼을 뽑아 그를 죽이고자 하니 문극겸文克謙이 그를 제지하며 말하기를, "동생이 형을 죽이는 것은 죄악이 그보다 큰 것이 없으니 무슨 면목으로 사람을 보겠는가. 만약 내 말을 들을 수 없다면 먼저 나를 죽이라."라고 하였다. 이의방과 문극겸은 서로 사이가 좋았고, 또 〈문극겸은〉 그 아우 이린李隣의 장인이므로 그 말을 쫓았다. 이준의가 도망쳐 서문西門으로 나가니 이의방은 검을 빼 자신의 가슴을 베고 누웠다. 정중부鄭仲夫가 말하기를, "형제가 궁중에서 싸우니 무슨 이유인가."라고 하였다. 〈정중부가〉 이준의를 잡아 죽이려고 하니 정중부의 처가 그것을 듣고 사람을 시켜 일러 말하기를, "이의방 형제의 일이 당신과 무슨 상관이 있습니까."라고 하였다. 이로 말미암아 이준의는 〈죽음을〉 면할 수 있었다. 그러나 〈이준의가〉 사귀던 옛 친구들[交舊]은 감히 〈이준의를〉 찾아가 보지 못하였고 문객門客 또한 흩어지니 이준의는 이의방에게 가서 사과하였고, 이의방 또한 몰래 가서 이준의에게 사과하였다.

王皓 ▶ 1174년 3월 **이의방의 딸을 태자빈으로 삼다**

태자太子가 이의방李義方의 딸을 들여 비로 삼았다.

王皓 ▶ 1174년 5월 **경대승 등에게 격구를 하게 하다**

지유指諭 우광윤于光胤·백임지白任至, 행수行首 이관부李冠夫·송군수宋群秀·경대승慶大升, 견룡牽龍 차약송車若松 등에게 명하여 격구를 하게 하고 비단[綾絹]를 차등있게 하사하였다.

王皓 ▶ 1174년 5월 **백악산 등에 연기궁궐조성관을 두게 하다**

제서를 내리기를,

"좌소左蘇 백악산白岳山, 우소右蘇 백마산白馬山, 북소北蘇 기달산箕達山에 연기궁궐조성관延基宮闕造成官을 두라."
라고 하였다.

王皓 ▶ 1174년 6월 금에서 횡선사를 보내오다

금金에서 횡선사橫宣使 완안충完顔珫이 왔다.

王皓 ▶ 1174년 7월 금에 사신을 보내 만춘절을 하례하고 방물을 진상하게 하다

급사중給事中 피영문皮瑩文을 금金에 보내 만춘절萬春節을 하례하였고, 중낭장中郎將 송승부宋勝夫는 방물方物을 진상하게 하였으며, 도관 원외랑都官 員外郎 노장魯璋은 횡선사橫宣使를 보내준 것에 대해 하례하게 하였고, 좌사 원외랑左司 員外郎 조영인趙永仁은 신정을 하례하게 하였다.

王皓 ▶ 1174년 8월 송에서 표류민 5인을 돌려보내다

송宋에서 바람에 표류하여 간 우리나라 사람 장화張和 등 5인을 돌려보냈다.

王皓 ▶ 1174년 9월 중구일이라 하여 신료들과 연회를 열다

중구일重九日이어서 추밀원樞密院과 중방重房의 신하들과 화평궁和平宮에서 잔치를 벌였다.

王皓 ▶ 1174년 9월 조위총이 서경을 근거로 반란을 일으키다

서경유수 병부상서西京留守 兵部尙書 조위총趙位寵이 군대를 일으켜 정중부鄭仲夫와 이의방李義方을 토벌하기를 모의하고 격문을 보내 동북東北 양계兩界의 여러 성을 소집하여 이르기를, "풍문으로 듣자하니 개경[上京]의 중방重房에서 의논하여 말하기를, '근래 북계의 여러 성에는 대체로 심성이 거칠고 사나운[桀驁] 이들이 많다고 하니 마땅히 가서 공격하여 토벌해야 할 것이다.'라고 하였다고 한다. 군대가 이미 크게 일어났으니 어찌 앉아서 스스로 죽임을 당하겠는가. 마땅히 각자 군사와 말을 규합하여 속히 서경西京으로 오라."라고 하였다. 이에 절령岊嶺 이북 40여 성이 모두 호응하였으나 오직 연주도령延州都領 현담윤玄覃胤과 그의 아들 현덕수玄德秀는 연주 군대의 장수들에게 일러 말하기를, "예전에 거란 소손녕蕭遜寧이 우리를 침범했을 때 여러 성이 모두 항복했지만 오직 우리 연주는 홀로 의연하게 굳게 지켜 공적이 왕부王府에 기록되어 있다. 지금 조위총이 화를 일으킬 마음을 품고서 군대를 일으켜 왕명을 거역하니 천지에서 용납할 수 없는 것이다. 진실로 충의忠義의 마음을 가지고 있다면 어찌 차마 그 명령을 따르겠는가."라고 하였다. 마침내 연주의 장수들과 더불어 궁궐을 향해 늘어서 절을 하고 만세萬歲를 부르고 성문을 닫고 굳게 지켰다.

王皓 ▶ 1174년 10월 조위총이 연주에 반란에 가담할 것을 권하였으나 연주에서 따르지 않다

조위총趙位寵이 사람을 시켜 연주延州에 문서를 보내 이르기를,

"지금 북계北界의 40여 성의 군사와 말이 이미 여기에 모였는데, 오직 너희 성만 오지 않았다. 장차 정예병을 보내 죄를 물으려 하니 진실로 두세 사람이 하는 말을 듣지 말고 마땅히 말에게 꼴을 먹이고 병사를 일으켜 속히 평양西都로 오라."

라고 하였다. 이날 연주성에서는 현덕수玄德秀를 권행병마대사權行兵馬臺事로 추대하였고, 현덕수는 주州의 장수 언통彦通 등을 30여 인을 보내 서도西都에서 온 사신을 사로잡아 죽였다. 조위총이 또 문서를 보내 이르기를,

"지금 군대를 일으킨 것은 장차 북쪽 변경에 있는 여러 성들을 구하기 위한 것이다. 여러 성의 병사들이 이미 청천강淸川江에 이르렀는데, 오직 너희 성만 오지 않았으니 장차 군사를 내어 가서 공격하여 너희를 멸망시키겠다."

라고 하였다. 이에 연주의 인심이 매우 흉흉하여 혹은 조위총에게 호응하고자 하는 사람도 있었으므로 현덕수는 맹주孟州의 장리將吏의 서신을 가짜로 만들어 성 밖의 촌민村民에게 비밀리에 명령하여 가짜 서신을 성 안으로 던지게 하였는데, 서신에 이르기를,

"개경[上京]의 군사 10령領이 이미 철령鐵嶺을 넘어 동계東界로부터 장차 평양西都 를 공격하려고 하니 무릇 주州·진鎭 가운데 조위총을 위해 잘못을 저지른[詿誤] 자는 경솔하게 군대를 일으켜서는 안 될 것이며 각기 굳게 수비하면서 명령을 기다리라." 라고 하였다. 성중의 사람들이 이것을 믿고 두 마음을 먹지 않았다. 현덕수는 주의 부사副使 최박문崔博文, 판관判官 안지언安之彦·김공유金公裕 등과 더불어 군사를 나누어 모든 성문에 진을 치고 지켰다.

王皓 ▶ 1174년 10월 **윤인첨에게 3군을 이끌고 조위총을 토벌하게 하다**

중서시랑평장사中書侍郎平章事 윤인첨尹鱗瞻으로 하여금 3군三軍을 이끌고 조위총趙 位寵을 치게 하고, 또 내시 예부낭중內侍 禮部郎中 최균崔均을 동북로도지휘사東北路都指揮 使로 삼아 여러 성에 가서 타이르게 하였다.

王皓 ▶ 1174년 10월 **연주가 조위총의 반란에 가담하지 않다**

병마사兵馬使 차중규車仲圭가 연주延州로 가면서 운반역雲畔驛에 이르자 운주雲州 사 람들이 그를 죽였다. 분대감찰어사分臺監察御史 임탁재林擢才와 녹사錄事 이당취李唐就 등 이 연주延州에 이르러 말하기를, "병마사兵馬使가 이미 죽어 우리들은 돌아갈 곳이 없 어 인印을 품고 왔으니 그대의 주[貴州]에서 살길을 찾습니다."라고 하였다. 이에 주 사람들이 선지별감 장군宣旨別監 將軍 현이후玄利厚로 하여금 병마사의 일을 대행權行兵 馬使事하게 하였다. 현이후는 현덕수의 동생이다. 현덕수에게 임시로 감창사의 일[權 監倉使事]을 맡게 하고 이당취는 이전대로 병마녹사兵馬錄事로 삼아 여러 부서를 바꿔 설치하고 군사를 엄히 다스리며 지켰다. 이날 안북도령安北都領 강우문姜遇文 등 34개 성의 도령이 연주에 편지를 보내 이르기를, "개경[上京]이 장차 대군을 내어 북쪽 변경 의 여러 성을 토벌하려고 한다고 하는데, 여러 성은 실로 죄가 없기 때문에 서경西京 의 조 상서趙尙書가 우리들을 구하고자 군대와 말을 불러 모았으나 오직 그대의 성만 오지 않았으니 그 뜻은 어떠한가. 만약 다른 꿍꿍이를 가지고 따르지 않은 것이라면 그 족속을 몰살시킴이 마땅하다. 의당 군대와 말을 끌고 서경에 와서 후회하는 일이 없도록 해야 할 것이다."라고 하였다.

王皓 ▶ 1174년 10월 윤인첨의 관군이 절령에서 반란군에 크게 패하다

윤인첨尹鱗瞻이 절령역岊嶺驛에 이르렀는데 마침 큰 바람이 불고 눈이 내리자 서경의 병사들이 눈을 무릅쓰고 철령을 따라 내려와 불의에 출병하여 갑자기 〈관군을〉 공격하게 대파하였다. 윤인첨이 〈적을〉 속이고 적진 속에 몰래 들어가려고 하자 도지병마사都知兵馬事 정균鄭筠이 그를 제제하며 말하기를, "우두머리가 되는 장수主將는 스스로 가벼이 행동해서는 안 됩니다."라고 하였다. 〈정균이〉 윤인첨의 말을 채찍질하여 포위를 뚫고 뛰쳐나와 겨우 죽음을 면하게 하고 마침내 군사를 거두어 돌아왔다.

王皓 ▶ 1174년 10월 최균이 이끈 관군이 서경군에게 대패하다

중랑장中郎將 이경백李景伯을 보내 최균崔均에게 임시로 예부시랑禮部侍郎을 제수하고 병마부사兵馬副使에 대신 임용하고는 병마사兵馬使와 더불어 힘을 합쳐 서경의 병사西兵들을 치게 하였다. 최균이 보룡역寶龍驛에 이르러 명령을 듣고 이경백에게 일러 말하기를, "내가 여러 성을 보니 조위총趙位寵과 연결되어 있어 모두 두 마음을 품고 있으므로 적병賊兵이 만약 이른다면 향배를 알 수 없습니다. 하지만 임금님의 명령을 피할 수 있겠습니까."라고 하였다. 즉시 화주영和州營으로 들어갔다. 이날 밤 적장敵將 김박승金朴升과 조관趙冠 등이 와서 공격하자 낭장郎將 이거李琚가 성문을 열고 그들을 성 안으로 들이니 최균이 병마사 대장군兵馬使 大將軍 이의李儀와 어사御史 지인정智仁挺과 함께 붙잡혔다. 최균이 꾸짖으며 말하기를, "너희 역적들의 장군인賊帥 조위총은 군졸行伍에서 일어나 지위가 팔좌八座에 이르렀으므로 나라의 은혜가 막대함에도 은혜를 잊고 의리를 배반하여 병사를 일으켜 반역을 꾀하였고, 너희들은 그 흉악함을 도와 임금님이 보낸 사람을 잡아두었으니 만약 관군이 뒤이어 온다면 너희들이 어디로 도망가겠는가."라고 하였다. 최균·이의 및 막료幕僚·군교軍校가 모두 살해당했다.

王皓 ▶ 1174년 10월 **두경승이 서경군을 격파하다**

　장군將軍 두경승杜景升을 동로가발병마부사東路加發兵馬副使로 삼았으니, 병사 5,000여 인을 거느리고 고산孤山에 이르러 군대를 셋으로 나누고서 좌익左翼과 우익右翼으로써 서경의 군대를 갑자기 공격하여 대파하고 1,000여 명의 목을 베었다. 계속해서 의주宜州에 이르니 김박승金朴升이 성문에 수레를 늘어놓고 방어하므로 두경승 또한 정예병을 선발하여 그 성을 공격하여 빼앗고서 김박승을 사로잡아 베고 머리를 개경[京城]으로 보냈다. 여러 주州·진鎭이 차차로 〈관군에게〉 와서 따랐고, 앞선 군대가 맹주孟州에 도착하자 적병이 험난한 곳에 의거하여 항거하므로 이의민李義旼과 석린石璘 등이 함께 공격하여 격파하고 400명의 머리를 베자 맹주와 덕주德州의 군사 또한 성을 버리고 달아났다. 두경승은 〈성에〉 거하는 백성들을 위로하고 타이르고는 각자 편안히 살게 하였다.

王皓 ▶ 1174년 10월 **서경군이 연주를 공격하였으나 실패하다**

　운주낭장雲州郞將 군우君禹가 변맹邊孟에게 서신을 주어 연주延州를 타이르며 이르기를, "서경西京의 차사원差使員이 40여 개의 성 및 여러 사원의 중과 잡군雜軍 10,000여 명을 이끌고 그대의 성을 치려고 하니 의당 신중하게 생각하여 속히 부름에 나와야 할 것이다."라고 하였다. 임탁재林擢才가 변맹의 머리를 베어 성 밖에 효시하였는데, 얼마 후 서경의 군대가 와서 성을 공격하니 임탁재가 그들을 격파하였다. 날이 저물어 서경의 군대가 다시 성 남쪽에 진을 치고 타이르며 말하기를, "동북의 여러 성이 군대를 일으켜 삼한三韓을 바로잡고자 하는데, 오직 너희 성만은 응하지 않은 것이 군사 10,000을 일으켜 와서 공격하는 까닭이다. 만일 현이후玄利厚 형제, 임탁재, 이당취李唐就 등을 베고 성문을 열고 나와 항복하는 사람이 있다면 장차 후한 상을 줄 것이다. 그렇지 않으면 반드시 죽일 것이다."라고 하였다. 현덕수玄德秀가 군대를 이끌고 나가 그들을 공격하니 서경의 병사들이 크게 무너졌다.

王晧 ▶ 1174년 10월 **서경군이 개경을 공격하였으나 실패하고 밀려나다**

서경의 군사들이 개경[京都]를 향해 오다가 개경 서쪽 권유로權有路에 주둔하였다. 이의방李義方이 화를 심하게 내어 서경 사람인 상서尙書 윤인미尹仁美, 대장군大將軍 김덕신金德臣, 장군將軍 김석재金錫材를 잡아 귀천을 가리지 않고 모두 죽여 저자거리에 효수하였다. 〈이의방이〉 병사들을 이끌고 나가 먼저 최숙崔淑 등 수십 인의 기병을 보내 적진을 향해 돌격하게 하여 여러 명을 죽이니 모든 군사들이 그 기세를 타자 서경 군사들이 놀라 혼란에 빠져 대패하여 도망갔다. 이의방이 승세勝勢를 타고 북쪽으로 추격하여 대동강大同江에 이르자 조위총趙位寵은 흩어진 군사들을 모아 다시 성을 지켰다. 이의방이 성 밖에 군사들을 주둔하게 하고 한 달 여를 머물렀으나 모진 추위로 전투를 할 수가 없어 다시 서경 군사들에게 패하고 돌아왔다.

王晧 ▶ 1174년 10월 **관군이 조위총의 아들 조경 등의 목을 베다**

관군官軍이 조위총趙位寵의 아들 조경趙卿과 장군將軍 우위선禹爲善을 사로잡아 베고 그 목을 개경으로 보냈다.

王晧 ▶ 1174년 11월 1일 **일식이 있다**

일식이 있었다.

王晧 ▶ 1174년 11월 **서경군이 연주를 포위하였으나 실패하다**

서경 군사들[西兵]이 다시 연주延州을 여러 겹으로 포위하자 현덕수玄德秀가 고용지高勇之와 이당취李唐就 등을 보내 갑자기 공격하여 그들을 대패시키고 사로잡아 죽인 이가 매우 많았다. 〈서경 군사들이〉 다시 성을 공격하자 현덕수는 또 나가 그들을 격파하였고, 획득한 병장기는 셀 수 없이 많았다.

王皓 ▶ 1174년 11월 **서경 공격군의 지휘부를 재편하다**

평장사平章事 윤인첨尹鱗瞻을 원수元帥로 삼고, 추밀원부사樞密院副使 기탁성奇卓誠을 부원수로 삼고, 지추밀원사知樞密院事 진준陳俊을 좌군병마사左軍兵馬使로 삼고, 동지추밀원사同知樞密院事 경진慶珍을 우군병마사右軍兵馬使로 삼고, 상장군上將軍 최충렬崔忠烈을 중군병마사中軍兵馬使로 삼고, 섭대장군攝大將軍 정균鄭筠을 지병마사知兵馬事로 삼고, 상장군上將軍 조언趙彦을 전군병마사前軍兵馬使로 삼고, 섭대장군攝大將軍 문장필文章弼을 지병마사知兵馬事로 삼고, 상장군上將軍 이제황李齊晃을 후군병마사後軍兵馬使로 삼고, 사재경司宰卿 하사청河斯淸을 지병마사知兵馬事로 삼을 것을 명하고 다시 서경西京을 공격하였다.

王皓 ▶ 1174년 12월 **사면령을 내리고 군인들에게 곡식을 하사하다**

사면령을 내리고, 서쪽으로 정벌을 나간 군졸에게 사람마다 쌀 1석을 하사하였으며, 숙위군宿衛軍의 처자로 밖에 있는 자에게는 2명당 곡식 1석을 주었다.

王皓 ▶ 1174년 12월 **두경승의 공을 인정하여 후군총군사로 삼다**

두경승杜景升이 돌아오니 왕이 말하기를, "경은 죽음을 각오하고 나라를 위해 몸을 돌보지 않고서 흉악한 무리들로 하여금 기세가 꺾이게 하였으니 그 공이 적지 않다. 그러나 큰 악인大憝이 여전히 있어 사직社稷의 부끄러움이자 욕된 일이니 경은 힘쓰라."라고 하였다. 그리고 명하여 〈두경승을〉 후군총군사後軍摠管使로 삼았다.

王皓 ▶ 1174년 12월 **이린을 집주로 삼다**

이린李隣을 집주執奏로 삼았다.

王皓 ▶ 1174년 12월 **이의방과 그 당여가 제거되다**

윤인첨尹鱗瞻이 여러 장수들을 이끌고 서교西郊에서 군사를 훈련하였다. 이의방李

義方이 딸을 동궁東宮에 들인 뒤로 복을 베풀고 사람을 위압하는 것을 더욱 제 마음대로 하여 조정의 정치를 흐리고 어지럽게 만드니 여러 사람들의 마음에 분함과 원망이 생겼다. 이의방이 우연히 선의문宣義門 밖을 나가자 정균鄭筠이 몰래 종군승從軍僧 종참宗旵 등을 꾀어 호소할 것이 있다고 핑계를 대고는 이의방의 뒤를 따라가 틈을 엿보아 그를 죽이고, 사람을 여러 곳으로 나누어 이준의李俊儀 형제 및 그 당여인 고득원高得元과 유윤원柳允元 등을 수색하여 잡아 그들을 모두 죽였다. 왕이 군사들이 놀라 동요할까 염려하여 유응규庾應圭로 하여금 그들을 달래게 하였다. 군인들은 모두 문신文臣들이 승려들을 부추겨 사변을 일으킨 것으로 의심하여 윤인첨을 죽이려고 하자 유응규가 돌아와 정중부鄭仲夫에게 고하니 〈정중부〉가 사람을 보내 그 뜻을 깨닫도록 일러주고 난 뒤에야 〈군인들의 동요가〉 중지하였다. 중들은 적신賊臣의 딸이 동궁의 배필이 되는 것은 불가하다고 하여 이의방의 딸을 내쫓으라고 아뢰었다. 〈중들이〉 마침내 보제사普濟寺에 모였으나 출발하지 않았고, 윤인첨 등은 곧 떠났는데, 조위총趙位寵의 심복이 연주連州에 있으므로 윤인첨이 여러 장수들에게 일러 말하기를, "내가 듣기로는 이탈한 자[携貳]를 부를 때에는 안으로 받아들이고, 반역한 자를 칠 때에는 그들을 흩어 분산시켜야 한다고 한다. 만약 내가 먼저 서경西京을 공격한다면 연주에 있는 자가 북쪽 사람들을 불러서 권유하여 함께 앞뒤에서 몰아칠 것이니[掎角] 나는 앞뒤로 적의 공격을 받게 될 것이므로 좋은 계책이 아니다. 지금 연주는 서경[西都]을 기대어 믿고서 내가 도착할 것을 헤아리지 못하고 있으니 의당 연주를 먼저 공격해야 할 것이다. 연주가 만약 항복하면 북쪽에 있는 주州의 여러 성들이 반드시 모두 귀순할 것이니 그런 연후에 순종하는 이를 거느리고 반역하는 이를 공격한다면 뜻이 갖추어지고 힘이 하나로 되어 이루지 못할 것이 없을 것이다."라고 하였다. 드디어 연주로 향했다.

王晧 ▶ 1174년 12월 보제사에 관원을 보내 중들을 위로하다

지주사知奏事 이광정李光挺과 좌부승선左副承宣 문극겸文克謙을 보제사普濟寺로 보내 중들을 위로하고 타일렀다.

王皓 ▶ 1174년 12월 **최유청의 졸기**

중서시랑평장사中書侍郞平章事 최유청崔惟淸이 죽었다. 최유청은 창원군昌原郡 사람으로 평장사 최석崔奭의 아들이다. 어려서 고아가 되었으나 학문을 좋아하여 경經·사史·자子·집集에 모두 통하지 않은 바가 없었다. 과거에 급제하여 말하기를, "배운 것이 넉넉한 뒤에야 벼슬하겠다."라고 하였다. 두문불출하고 독서를 하였으며 벼슬을 구하지 않았고 천거하는 자가 있으면 말하기를, "학문이 아직 이루어지지 않았습니다."라고 하며 굳이 사양하였다. 오래 있다가 천거되어 직한림원直翰林院이 되었고 승진하여 평장사에 이르렀다. 경인년(1170년)의 난과 계사년(1173년)의 난에 문신文臣들이 모두 해를 당했으나 여러 장수들이 평소 그의 덕망에 복종하였으므로 군사軍士들을 경계하여 그의 집에는 들어가지 못하게 하였으며, 최유청의 기복朞服과 공복功服에 해당하는 친척들은 모두 화를 면할 수 있었다. 왕이 즉위하자 오래도록 쌓은 덕망宿德으로써 다시 재상이 되었다. 일찍이 『이한림집주李翰林集註』와 『유문사실柳文事實』을 찬술했는데 왕이 그것을 보고 가상히 여겨 목판에 새겨 전하게 하였다. 성품은 불교浮屠를 좋아하여 날마다 불경佛經을 암송하였다.

王皓 ▶ 1174년 12월 **정중부가 정권을 장악하다**

정중부鄭仲夫를 문하시중門下侍中으로, 진준陳俊을 참지정사參知政事로, 경진慶珍을 지문하성사知門下省事로, 기탁성奇卓誠을 지추밀원사知樞密院事로, 송유인宋有仁을 추밀원부사樞密院副使로, 이광정李光挺을 추밀원부사 어사대부樞密院副使 御史大夫로 삼았다. 이보다 앞서 정중부는 이고李高와 채원蔡元이 살해되는 것을 보고는 속으로 두려워하여 자리를 사양하고 두문불출하고자 했다. 이의방李義方 형제가 술과 안주를 가지고 그 집을 찾아가 〈문을〉 두드리니 정중부가 맞이하여 집안으로 들여 사실대로 말하였고, 이의방 등이 서로 약속하고 맹세하여 부자의 관계를 맺자고 하니 말이 매우 간절하고 절실하여 정중부가 안심하였다. 이에 이르러 시중侍中에 제수되고 널리 전원田園을 가꾸었는데, 가동家僮과 문객門客들이 그 세력에 의지하여 제멋대로 방자하게 구니 중앙과 지방에서 괴로워하였다. 송유인은 예전에 송상宋商 서덕언徐德彦의 처를 취하여 재물이 거만鉅萬이나 되었다. 예종睿宗 때 환관에게 뇌물을 주어 섭대장군攝大將軍에 제수되었으며 자못 문관文官과 더불어 교류하며 왕래하여 무관武官들이 항상 미워하였다. 정중부가 권세를 부리게 되자 송유인은 자신의 처지가 외롭고 위태로워져서 화가 자기에게 미칠까 두려워하다 처를 쫓아내고 정중부의 딸에게 장가들기를 구하니 정중부가 허락하였다. 이에 이르러 갑자기 추부樞府에 올라 화복禍福을 크게 관장하니 인물을 등용하고 물러나게 하는 것이 모두 그의 입에서 나왔다.

王皓 ▶ 1174년 12월 **금에서 사신을 보내와서 왕의 생신을 하례하다**

금金에서 사신을 보내 와서 〈임금의〉 생신을 하례하였다.

명종 5년(1175년)

-명종광효대왕-

王晧 ▶ **1175년 1월 조위총에게 조서를 내려 효유하니 항복을 청하였으나 곧 그만 두다**

　조위총趙位寵이 군사들을 보내 요덕현耀德縣을 공격하였다. 왕이 전중감殿中監 유응규庾應圭와 급사중給事中 사정유史正儒를 보내 타이르는 말을 백성들에게 널리 선포하였다宣諭. 조서를 내려 이르기를,

　"짐이 신민의 추대로 조업祖業을 크게 계승하여 왕위大寶에 오른 지 이제 6년이 되었는데, 문신과 무신들이 협력하여 돕는 것에 힘입어 조종祖宗과 삼한三韓을 지켜 왔다. 최근에 적신賊臣이 국정國政을 마음대로 하며 불의한 일을 많이 행하여 피해가 중앙과 지방에 미침으로써 인심이 원망하고 배반하게 되어 전쟁이 일어나게 되었으니 무지한 소민小民에 이르기까지 죽거나 다친 이가 매우 많으므로 짐은 매우 애통하도다. 그 적신은 이미 경들이 표문으로 아뢴 바를 따라 떨치고 일어나 소탕하였고, 경들이 또한 사신을 보내 선유宣諭할 것을 아뢰었으므로 충성을 기쁘게 여기고 사신을 보내 선유하니 짐의 지극한 뜻을 알고서 다시 충성하기에 힘쓰라."

라고 하였다. 유응규가 군신간의 대의大義로써 타이르니 조위총이 곧바로 표문을 올려 항복을 청하였다. 유응규가 장차 돌아오려고 하자 서경西京의 비장裨將 이인李仁과 백명白明 등이 유응규의 말안장을 움켜쥐고 매우 불손하게 말을 하자 유응규

가 그들을 꾸짖으며 말하기를, "천한 군졸이 어찌 임금의 사신에게 이리도 무례하게 구는가."라고 하였다. 유응규의 행렬이 생양역生陽驛에 이르렀을 때 사정유가 피곤하고 병이나 유숙하기를 청하였다. 유응규가 말하기를, "다행히 호랑이 입에서 벗어났으니 마땅히 동이 틀 때까지 멀리 가서 미처 예상하지 못한 변을 피해야 한다."라고 하였다. 고원역高原驛과 동선역洞仙驛의 두 역에 이르러 사정유가 다시 유숙하기를 굳이 청하였으나 또 들어주지 않고 다음날 개경에 들어갔다. 조위총이 후회하고 마침내 정예의 기병을 보내 동선역까지 추격하였으나 미치지 못하니 그 분함을 이기지 못하여 관청의 아전을 베고 돌아갔다.

王皓 ▶ 1175년 1월 조위총이 표문을 올려 이의방을 죽인 것을 하례하다

조위총趙位寵이 좌영낭장左營郞將 서준명徐俊明을 보내 표문을 올려 이의방李義方을 죽인 것을 하례하니 왕은 서준명을 법운사法雲寺에 가두었다.

王皓 ▶ 1175년 2월 서경군이 연주를 공격하였으나 실패하다

여러 성의 군사들이 다시 연주를 공격했으나 현덕수玄德秀가 쳐서 패퇴시켰다.

王皓 ▶ 1175년 3월 관군이 서경군을 격파하다

연주連州에서 관군官軍이 그들을 포위하여 공격한다고 조위총趙位寵에게 구해줄 것을 청하니 조위총은 장군을 보내 그들을 구하였으나 관군은 사잇길로 따라가 그들을 격퇴하고 1,500여명의 목을 베었으며 220여 인을 사로잡았다.

王皓 ▶ 1175년 4월 관군이 서경군을 격파하다

관군이 망원茶院에서 서경군西凡을 만나게 되자 그들을 습격하여 700여 명의 목을 베고 60여 인을 사로잡았다.

王皓 ▶ 1175년 4월 **조서를 내려 진언을 구하다**

조서를 내려 이르기를,

"짐은 덕이 적은데도 외람되게 왕위[丕緒]를 계승하여 지혜와 식견[識見]이 부족하고 사리에 밝지 못하며, 형정[刑政]이 어그러지고, 위엄이 가볍고 덕이 부족하여 아랫사람을 잘 다스리지 못하였으므로 서북지역의 백성들이 연달아 반역[不軌]을 도모하였다. 경인년1170과 계사년1173부터 지금에 이르기까지 죽거나 다친 자가 들에 가득하고 전란이 그치지 않아 화기[和氣]를 상하게 하고 하늘에서의 이변이 자주 나타나니 이것은 곧 과인이 부덕한 까닭으로 생긴 바 마음을 졸이며 몹시 근심하여 편하게 있을 겨를이 없다.

『서경[書經]』에 이르기를, '백성은 나라의 근본이니 근본이 견고해야 나라가 평안하다.'라고 하였다. 백성을 편안하게 하는 것이 가장 중요한 일이니 여러 고을을 다스리는 지방관들은[分憂列郡者] 백성들을 해쳐 떠돌아다니며 살 곳을 잃게 해서는 안 될 것이다.

감옥에 가는 것은 사람에게는 큰 일이니 『서경[書經]』이르기를, '형벌은 형벌이 없기를 기약하는 것이다.'라고 하였다. 그러므로 사실과 원통함을 조사하고 그 시작과 끝을 궁구하여 법을 벗어나 멋대로 형벌[刑罰]을 적용하지 말기를 바라나 짐이 우매함으로 인하여 억울한 죄인이 있을까 의심스러워 짐이 가엽고 불쌍하게 여기니 너희 형관[刑官]들은 자비심으로 옥사[獄事]를 처결하도록 하라.

요즈음 유력자의 집을 찾아다니며 벼슬을 구하거나 승진을 구하는[奔競] 풍습이 되고 형정[刑政]이 함부로 이루어지고 그르치게 되어 공정한 문[公門]을 열고 사사로운 길을 막아 어진이를 등용하는 길을 넓히지 못하고 있다. 상벌이라는 것은 임금의 권한인데 근래 권신이 조정에 있으면서 위복[威福]이 사삿집으로부터 나오니 법도를 어지럽히고 질서를 잃었으며, 이러한 풍토를 개혁하지 않으면 국가를 상하게 함이 있을 것이다. 지금 이후로 만약 이러한 일이 있다면 유사[有司]가 법을 들어 논죄하도록 하라.

근래 백성들의 풍속이 박정하고 불성실하여 부모에게조차도 살아계실 때 봉양하지 않고, 죽었을 때는 추모追慕하지 않고 있으니 만약 충성스럽고 효성스러우며 우애가 있고 공손한 이가 있다면 귀천을 묻지 말고 특별이 정려하고 권하도록 하라. 또 화려하고 사치함이 정도를 넘었고, 잔치와 술자리가 너무 지나치니 그러한 것들은 모두 제거하며, 금은으로 장식한 물건의 경우는 또한 사용하지 말라.

하늘은 우리 백성들이 듣는 것으로부터 듣고 하늘은 우리 백성들이 보는 것으로부터 보는 것이나, 백성들이 괴리乖離된 까닭으로 재변이 자주 거듭되므로, 바라건대 화목함으로써 조화를 이루어 하늘과 백성의 도움을 얻고자 한다. 인심을 화합하는 방법은 과연 어디 있는가. 과인 혼자의 지혜로는 베풀 수 없으니 성省과 대臺 및 여러 관청은 각각 〈방법을〉 진술하여 숨김이 없도록 함이 마땅하다."

라고 하였다.

王晧 ▶ 1175년 5월 16일 전왕의 국상을 선포하고 장사지내다

전왕의 국상을 선포發喪하니 백관百官은 3일간 검은 관에 흰 옷을 입었다. 임인일에 내시內侍 10인에게 명하여 장례행렬을 호위하게 하였다. 능은 희릉禧陵이라 하고 시호는 장효莊孝, 묘호는 의종毅宗이라 하였다. 조위총趙位寵이 군사를 일으켜 이의방李義方이 임금을 시해하고 장례도 치르지 않은 죄를 공개적으로 말하였으므로[聲言], 받들어 희릉에 장사지냈고, 그 진영은 해안사海安寺에 봉안하였다. 장군將軍 박존위朴存威는 일찍이 운중도雲中道에 사자로 갔었는데, 매번 〈전왕의 시신을 물에 던질 때 사용한〉 가마솥을 바친 일을 자랑하였다. 이에 이르러 운주雲州사람들이 조위총에 호응하여 박존위를 베었다.

王晧 ▶ 1175년 5월 왕이 경령전에 배알하다

〈왕이〉 경령전景靈殿에 배알하였다.

王晧 ▶ 1175년 5월 용강현이 조위총에게 붙으려다가 귀순하다

용강현龍岡縣의 백성들이 조위총趙位寵에게 붙고자 하므로 급제한 양원귀楊元貴가 타일러 귀순하게 하였다. 왕이 기뻐하여 양원귀에게 수궁승守宮丞을 제수하고 내시內侍에 속하게 하였다.

王晧 ▶ 1175년 6월 두경승이 연주를 함락시켰고 윤인첨은 서경을 포위하다

후군총관後軍摠管 두경승杜景升이 연주漣州가 오래도록 항복하지 않는다고 하여 토성土城을 쌓고 밖에는 대포를 세우고 성을 공격하여 빼앗았다. 또 의주도령義州都領 최경약崔敬若과 영유令繇·영영令英 등을 베었다. 이때 서북지역의 여러 성이 모두 다시 항복하고 영접하니 드디어 군사를 옮겨 서경西京을 공격하였다. 윤인첨尹鱗瞻이 말하기를, "서경은 성이 험하고 견고하여 오래도록 피로한 군졸들이 개미처럼 달라붙어 공격하는 것은 계책이 아닙니다. 다만 장기간 포위하여 나와서 노략질하지 못하게 하고 또 다시 불러 회유하며 살 길을 열어 보여준다면 성 안에 협박을 받은 자는 반드시 나와 항복할 것을 도모할 것입니다. 이렇게 된다면 조위총趙位寵은 곧 일개 굶주린 죄수일 뿐이니 그가 능히 무엇을 할 수 있겠습니까."라고 하였다. 이에 성의 동북쪽에 흙산土山을 쌓고 지켰다. 조위총은 음식이 다 떨어지자 사람의 시신을 먹는데 이르렀으면서도 때때로 나와 싸움을 걸었지만 〈윤인첨은〉 벽을 견고하게 하고 나오지 않았고, 사로잡은 자에게는 옷과 음식을 하사하여 〈성안으로〉 보내니 성에서는 그것을 듣고 성에 줄을 매달아 타고 내려와 귀부하는 자가 매우 많았다.

王晧 ▶ 1175년 7월 조위총이 금에 사신을 보내 이의방의 죄를 알리려 하였으나 실패하다

조위총趙位寵이 김존심金存心과 조규趙規를 금金에 보내어 이의방李義方이 임금을 쫓아내고 시해한 죄를 아뢰게 하였는데, 김존심은 도중에 조규를 죽이고 예안강禮安江에 와서 배를 정박했다. 왕이 중사中使에게 명하여 맞아 위로하며 김존심에게 벼슬을 제수하여 내시각문지후內侍閣門祗候로 삼고 그가 인솔하여 온 군대의 장수 60인에게는 관직과 상을 차등있게 주었다.

王皓 ▶ 1175년 8월 **서경군을 따르지 않은 영주와 연주의 호장과 도령을 포상하다**

영주寧州와 연주延州 두 주는 조위총趙位寵에게 붙지 않고 견고하게 성을 지켰다고 하여 안북호장安北戶長 노문유魯文腴를 임명하여 각문지후閣門祗候로 삼고, 현덕수玄德秀의 아버지인 연주도령延州都領 현담윤玄覃胤은 장군將軍으로 삼아 그 고향에 거처하게 하였으며 현덕수는 내시지후內侍祗候로 삼았고 안북도령安北都領 강우문姜遇文·송자청宋子淸·문신로文臣老에게는 관직과 상을 차등있게 주었으며 모두 서울에 거주하도록 하였다. 원래 안북은 처음에는 조위총趙位寵에게 붙었으나 후에 그를 배반하였다.

王皓 ▶ 1175년 8월 **왕이 순천관에 행차하다**

〈왕이〉 순천관順天館에 행차하여 천황사天皇祠와 지진사地眞祠에서 복을 빌었다.

王皓 ▶ 1175년 8월 **금에 고주사를 보내다**

고주사告奏使로 차비서승借秘書丞 박소朴紹를 금金에 보냈다.

王皓 ▶ 1175년 8월 **남적과 연루되었다는 참소를 입어 송지인 등이 유배되다**

산업 급제算業 及第 팽지서彭之緒가 참소하기를 승선承宣 송지인宋智仁과 진사進士 진공서秦公緒가 몰래 남적南賊 석령사石令史와 더불어 반란을 일으키려고 모의하고 있다고 하였다. 왕이 내시內侍 이존장李存章과 낭장郞將 차약송車若松에게 명하여 그를 국문하게 하니 붙잡아 옥에 가둔 이가 매우 많았으므로 다시 내시內侍 윤민첨尹民瞻과 상장군上將軍 최세보崔世輔에게 명하여 자세히 살피고 증거를 조사하게 하였으나 진위眞僞를 논하지 않고 모두 섬으로 유배 보냈다. 또 성문을 닫고 음모에 참여한 이를 대대적으로 수색하였다. 대부소경大府少卿 이상로李商老가 참소를 입어 해도에 유배되었다. 관원[百司]은 비록 그의 억울함을 알았지만 두려워서 감히 말하는 자가 없었다. 며칠 동안 조정의 정사를 보지 못했다.

王皓 ▶ 1175년 9월 **강점이 조위총과의 전투에서 패하여 해임되다**

절령병마사 대장군[岊嶺兵馬使 大將軍] 강점[康漸]이 조위총[趙位寵]과 더불어 전투를 벌였으나 전투에서 패하자 관직에서 해임하였다.

王皓 ▶ 1175년 9월 **관군이 서경군을 격파하다**

관군[官軍]이 서경군과 맞서 싸워 크게 패퇴시키고 3,000여 명의 목을 베었으며 그 요해지인 봉황두[鳳凰頭]를 취하여 성을 쌓았다.

王皓 ▶ 1175년 9월 **유응규의 졸기**

공부시랑[工部侍郎] 유응규[庾應圭]가 죽었다. 유응규는 평장사[平章事] 유필[庾弼]의 아들이다. 성품이 뛰어나게 영리하고 슬기로웠으며 풍채가 아름다워 당시 사람들이 그를 일러 옥인[玉人]이라 하였다. 글을 잘 지었으나 과거를 두 번 봐도 급제하지 못했다. 내시[內侍]에 임명되자 태도와 행실이 곧고 한결같으며 가지고 있는 생각과 뜻이 단정하고 반듯하여 일을 결단하는 것이 어른스러웠다. 남경[南京]에 나가 수령으로 있을 때 정치에서는 청렴함과 강직함을 숭상하여 남에게서는 티끌 하나도 취하지 않았는데, 그의 아내가 해산하다가 병을 얻었으나 다만 나물국[菜羹] 뿐이어서 관아의 아전 하나가 몰래 꿩 한 마리를 보냈더니 아내가 말하기를, "남편[良人]은 평생토록 남이 보낸 물건을 받은 적이 없거늘 어찌 나의 입과 배를 위해 남편의 맑은 덕에 누를 끼치겠는가."라고 하였다. 아전이 부끄러워하며 물러나니 남경 사람들이 칭송하였다. 일찍이 금[金]에 고주사[告奏使]로 갔는데 금나라 사람들이 그 사절의 절개를 높이 여겨 매번 사신 왕래 때마다 반드시 안부를 물었다. 45세에 사망하였다.

王皓 ▶ 1175년 9월 **신안백 왕성의 딸을 태자비로 삼다**

태자가 신안백信安伯 왕성王珹의 딸을 들여 비로 삼았다.

王皓 ▶ 1175년 10월 **백룡변 등이 급제하다**

백룡변白龍變 등 28인과 명경明經의 3인에게 급제를 하사하였다.

王皓 ▶ 1175년 10월 **조위총이 금에 내속하기를 청하였으나 금에서 이를 거부하다**

조위총趙位寵이 서언徐彦 등을 금金에 보내 표문을 올려 아뢰기를,

"전왕은 본래 왕위를 피해 양위한 것이 아니라 대장군大將軍 정중부鄭仲夫와 낭장郎將 이의방李義方이 시해한 것입니다. 신 조위총은 자비령慈悲嶺 서쪽에서 압록강鴨綠江에 이르기까지 40여 성을 가지고 〈금에〉 내속內屬하기를 청하오니, 바라건대 군대를 보내 원조하여 주시기 바랍니다."

라고 하였다. 금나라 황제가 서언 등을 잡아 〈고려로〉 보냈다.

王皓 ▶ 1175년 11월 **남적과 연루되었다는 이유로 문신을 유배 보내다**

어떤 사람이 중방重房에 무고하여 말하기를, "문신文臣과 남적南賊이 반란을 일으킬 것을 몰래 모의하였습니다."라고 하였다. 이날 도교승都校丞 김윤승金允升 등 7인을 섬으로 유배 보냈고, 병부상서兵部尙書 이윤수李允修의 관직을 내려 거제현령巨濟縣令으로 삼았다.

王皓 ▶ 1175년 11월 **400인을 징발하여 위국초맹반으로 삼다**

팔관회八關會를 열었다. 당시 서경 정벌로 인해 숙위하는 군졸이 부족했으므로 400인을 추가로 징발하고 위국초맹반衛國抄猛班이라 이름을 붙이고는 모두 칼과 창을 들고 구정毬庭을 둘러싸고 지키게 하였다.

王皓 ▶ 1175년 11월 **정중부가 왕에게 보제사 행차를 강권하다**

시중侍中 정중부鄭仲夫가 보제사普濟寺를 중수하고 낙성회落成會를 열면서 왕이 행차하기를 청하였다. 유사有司가 간하여 제지하자 정중부는 몰래 승록사僧錄司에 왕의 친행親幸을 주청奏請하도록 하고 성찬盛饌을 갖추어 진상하였다. 왕은 오래 머물고 싶어 하지 않아 재추宰樞·승선承宣·시신侍臣들로 하여금 동시에 연회에 가게 하였다.

王皓 ▶ 1175년 12월 6일 **태백성이 나타나다**

태백성太白星이 낮아 나타나 하늘을 가로질렀다.

王皓 ▶ 1175년 12월 **정중부에게 궤장을 하사하다**

정중부에게 궤장几杖을 하사하였다. 정중부의 나이가 이미 70이 되었으나 벼슬자리를 떠나고자 하지 않자 낭중郎中 장충의張忠義가 그의 뜻에 아부하며 말하기를, "재상에게 궤장을 하사하면 비록 70세가 넘어도 치사하지 않습니다."라고 하였다. 〈이 말에〉 정중부가 기뻐하면서 예관禮官에게 한漢의 공광孔光의 고사에 비유하여 아뢰게 해서 궤장을 하사하게 한 것으로 백관들이 그의 집 문에 나아가 축하하였다.

명종 6년(1176년)

−명종광효대왕−

王皓 ▶ 1176년 1월 **금에서 사신을 보내와서 왕의 생신을 하례하다**

　금金에서 대감大監 아전부阿典溥 등이 와서 〈임금의〉 생신을 하례하였다. 이때 군대가 서경을 정벌하는 중이라 금의 사신[客使]이 우리나라의 허실虛實을 엿볼까 염려하여 신기초맹반神騎抄猛班을 보내 길에서 맞이하게 하였다.

王皓 ▶ 1176년 1월 **공주 명학소의 망이와 망소이가 반란을 일으키다**

　공주公州 명학소鳴鶴所 백성 망이亡伊와 망소이亡所伊 등이 당여黨與를 불러 모으고 스스로 산행병마사山行兵馬使라 칭하며 공주를 공격하여 함락시켰다. 지후祗候 채원부蔡元富와 낭장郞將 박강수朴剛壽 등을 보내 타일렀으나[宣諭] 적이 따르지 않았다. 2월에 장사壯士 3,000명을 불러 모으고 대장군大將軍 정황재丁黃載와 장군將軍 장박인張博仁 등에게 명하여 토벌하게 하였다.

王皓 ▶ 1176년 1월 **금나라 사람이 동해 상음현을 침략하다**

　금金나라 사람이 병선兵船 10여 척으로 동해東海의 상음현霜陰縣을 침략하였다.

王皓 ▶ 1176년 3월 1일 **일식이 있다**

일식이 있었다.

王皓 ▶ 1176년 3월 **조위총이 서북지역 주진에 군사를 청하였으나 실패하다**

조위총趙位寵이 사람을 시켜 거짓으로 거사居士의 복장을 입고 서북지역의 주州와 진鎭에 병사를 청하였으나 정주靜州에 이르러 사로잡혔다.

王皓 ▶ 1176년 3월 **정중부가 병으로 관직에서 물러나기를 청하다**

정중부鄭仲夫가 병으로 관직에서 물러나기를 청하였다.

王皓 ▶ 1176년 3월 **동해 바닷물이 핏빛으로 변하다**

동해 바닷물이 3일간 누렇게 탁해지더니 핏빛으로 변하였다.

王皓 ▶ 1176년 3월 **인주, 의주 등에서 조위총에 호응하다**

인주麟州 사람 강부康夫·녹승祿升·정신鄭臣 등이 방수장군防守將軍 채윤화蔡允和를 죽였다. 왕이 내시지후內侍祗候 최존崔存으로 하여금 가서 타이르게 하였다. 얼마 지나지 않아 또 의주분도義州分道 윤광보尹光輔와 방어판관防禦判官 이언승李彦升을 죽이고 조위총趙位寵에 호응하니 조위총이 사람을 보내 여러 성의 추호酋豪를 거짓관직[僞官]에 임명하였다. 인주도령 낭장麟州都領郎將 홍덕洪德이 그 사람을 잡아 항거하고자 꾀하였다. 강부 등이 소매 속에 칼날을 숨기고 홍덕의 집에 가 그를 해치고자 하였는데, 홍덕이 군사를 문에 숨겨두었다가 강부를 베었다.

王皓 ▶ 1176년 3월 **조위총이 관군을 격파하다**

조위총趙位寵이 성을 나가 관군과 전투를 벌이다 거짓으로 패한 척 하고 돌아가니 관군이 뒤를 쫓아 용흥덕부龍興德部에 이르자 조위총이 군대를 돌려 공격하니 관군 가운데 죽은 자가 매우 많았다.

王皓 ▶ 1176년 3월 남적과의 전투에서 패해 승군을 징집하다

병마사兵馬使가 아뢰기를
"남적南賊과의 전투에서 이기지 못하고 사졸士卒이 많이 죽었으니 청하건대 승려를 모아 군사를 늘려주시기 바랍니다."
라고 하였다.

王皓 ▶ 1176년 3월 송유인을 무고한 최찰송을 유배 보내다

산원동정散員同正 최찰송崔察松이 복야僕射 송유인宋有仁이 반란을 꾀한다고 고발하였는데, 자세히 조사해 보니 사실이 아니었으므로 최찰송에게 자자刺字하여 섬으로 유배 보냈고 그 집을 적몰하였다.

王皓 ▶ 1176년 4월 26일 태사에서 별자리의 변동을 보고 서경 진압을 예측하다

밤에 검은 기운이 서북쪽으로부터 동남방향으로 뻗었는데 너비가 베와 같았다. 태사太史가 아뢰기를,
"3개월을 지나지 않고서 서경西京이 반드시 패할 것입니다."
라고 하였다.

王皓 ▶ 1176년 5월 군신을 인견하여 시정 득실을 논하다

여러 신하들을 불러들여[引見] 당시 정치의 득실得失을 물었다.

王皓 ▶ 1176년 6월 명학소를 충순현으로 승격시키다

망이亡伊의 고향인 명학소鳴鶴所를 높여 충순현忠順縣으로 하였다.

王皓 ▶ 1176년 6월 **서경을 함락시키고 조위총의 목을 베다**

윤인첨尹鱗瞻이 서경西京의 통양문通陽門을 공격하였고, 두경승杜景升은 대동문大同門을 공격하여 문을 부수니 성안이 크게 무너졌으며 조위총趙位寵을 사로잡아 베고 그 당여 10여 인을 가두었으며 나머지는 모두 위로하고 성에 거하는 백성들은 예전처럼 편안히 살게 하였다[按堵]. 태조太祖의 진전眞殿에 배알하고 조위총의 머리는 함에 담아 병마부사兵馬副使 채상정蔡祥正을 보내서 싸움에서 이겼음을 보고하였다. 조위총의 머리를 저자거리에 효수하였고 또 조위총의 처자식과 포로[俘獲] 100여 인을 보냈다. 이보다 먼저 윤인첨尹鱗瞻이 문득 서경성 위에서 시끄럽게 떠드는 소리를 듣고 물으니 이르기를, "성 위에서 사람들이 입룡立龍이라 외치며 축하하고 있습니다."라고 하였다. 윤인첨이 말하기를, "조위총이 장차 죽겠구나. 사람과 머리를 떼었으니 어찌 살겠는가."라고 하였다.

王皓 ▶ 1176년 6월 **서경의 장병을 격려하다**

추밀원부사樞密院副使 이문저李文著와 대장군大將軍 송경보宋慶寶를 보내 서경西京에 가서 여러 장수들을 격려하고 타이르게[奬諭] 하였다.

王皓 ▶ 1176년 7월 **윤인첨이 표문을 올려 서경 함락을 하례하다**

윤인첨尹鱗瞻이 비서소감秘書少監 유세적庾世績을 보내 표문을 올려 서경을 평정한 것을 하례하니 유세적에거 소부감少府監을 제수하였다.

王皓 ▶ 1176년 7월 **서경 토벌군에게 귀환을 명하니 개선하다**

이부시랑吏部侍郎 오광척吳光陟을 보내 군사를 이끌고 돌아오라는 조서를 내렸다. 윤인첨尹鱗瞻에게는 추충정난광국공신 상주국 감수국사推忠靖難匡國功臣 上柱國 監修國史를 더하여 주었다. 참지정사參知政事 진준陳俊을 보내 금교역金郊驛으로 수고한 여러 장수들을 마중나가게 하였으며, 왕의 동생 평량후平涼侯를 보내 마천정馬川亭에서 잔치를 베풀어 주었다. 여러 장수들이 개선하자 잔치를 베풀어 주어 공로를 치하하였다.

王皓 ▶ 1176년 8월 장군 김광영이 기두의 무리에게 해를 당하다

장군將軍 김광영金光英이 길에서 말 앞에 와서 읍하는 기두旗頭 1명을 만났는데, 김광영은 그가 절하지 않는다고 화를 내며 그를 가구소街衢所에 잡아 가두었다. 그 무리들이 떼지어 몰려와 멋대로 그를 풀어주고 곧바로 김광영의 집으로 가 소리지르며 큰 소리로 떠들었다. 김광영이 창을 빼 들고 막았으나 그 무리의 분노가 심하였으므로 김광영은 그들이 담을 넘을까 두려워하여 피하였는데, 무리가 집을 헐어버리고 갔다.

王皓 ▶ 1176년 8월 정균과 송유인을 탄핵하는 방이 내걸리다

여러 영부領府의 군인들이 이름을 숨기고 방榜을 내걸고 이르기를, "시중侍中 정중부鄭仲夫와 그의 아들 승선承宣 정균鄭筠과 사위인 복야僕射 송유인宋有仁이 권력을 제멋대로 휘두르며 방자한데, 남적南賊이 일어난 것은 그 근원이 여기에서 말미암은 것이다. 만약 군대를 내어 가서 토벌하려면 반드시 먼저 이 무리를 제거한 연후에야 가능할 것이다."라고 하였다. 정균이 이를 듣고 두려워하며 관직에서 해임해 줄 것을 간청하고 여러 날 동안 나오지 않았다.

王皓 ▶ 1176년 8월 박정희를 서경부유수로 삼다

소경少卿 박정희朴挺羲를 서경부유수西京副留守로 삼았다.

王皓 ▶ 1176년 8월 진간공 등이 급제하다

진간공秦幹公 등 30인과 명경明經 4인에게 급제를 하사하였다. 고사故事에 새로 급제한 사람에게는 거리에서 음악을 연주하는 것을 허락하여 영광스럽게 하였는데, 근래에는 병란兵亂으로 인해 오래도록 폐지되었다가 이때 이르러 다시 시행하게 하였다.

王皓 ▶ 1176년 9월 장군 박순을 보내 남적을 타이르게 하다

장군將軍 박순朴純과 형부낭중刑部郞中 박인택朴仁澤을 보내 가서 남적南賊을 타이르게 하였다.

王皓 ▶ 1176년 9월 남적이 예산현을 함락시키고 감무를 살해하다

남적南賊이 예산현禮山縣을 공격하여 함락하고 감무監務를 살해했다.

王皓 ▶ 1176년 9월 이의방의 복수를 도모한 무신들을 처벌하다

장군將軍 이영령李永齡, 별장別將 고득시高得時, 대정隊正 돈장敦章 등이 이의방李義方을 위해 정중부鄭仲夫에게 원수갚기를 도모하다가 일이 누설되니 중방重房에서 체포하여 먼 섬으로 귀양보냈다. 이영령 등은 본래 이의방의 문객門客이었다.

王皓 ▶ 1176년 9월 노약순 등이 망이를 끌어들여 난을 도모하다가 처벌되다

양온령동정良醞令同正 노약순盧若純과 주사동정主事同正 한수도韓受圖가 평장사平章事 이공승李公升과 상서우승尙書右丞 함유일咸有一, 내시 장작소감內侍將作少監 독고효獨孤孝 등의 편지를 거짓으로 만들어 망이亡伊에게 보내고 그들을 끌어들여 난을 일으키고자 하였다. 망이가 그 사신을 붙잡아 안무별감安撫別監 노약충盧若沖에게 보냈더니 노약충은 형틀을 채워 개경으로 보냈다. 왕이 승선承宣 문장필文章弼에게 명령하여 국문하게 하였더니 노약순 등이 아뢰기를,

"지금 임금을 시해한 역적이 길에서 대관大官이 되었으니 우리들은 몹시 분하고 화가 나는 것을 이길 수가 없어 지방의 적外賊을 끌어들여 그들을 베어 없애버리려고 하였다. 돌아보면 우리들의 이름이 미미하여 혹시 따르지 않을까 두려워 이공승 등은 평소 사람들이 우러러보는 명망이 있으므로 거짓으로 그 편지를 만들었던 것

라고 하였다. 왕이 듣고는 의롭다 여겼으나 중방重房에서 그 죄를 주청하므로 모두 자자刺字하여 먼 섬으로 유배 보냈다. 노약충은 노약순의 형으로 또한 연좌되어 쫓겨났다.

王皓 ▶ 1176년 11월 금에 사신을 보내 신정을 하례하다

장군將軍 오숙부吳叔夫를 금金에 보내 신정을 하례하였고 장군將軍 오광척吳光陟과 낭장郞中 윤종회尹宗誨로 하여금 서언徐彦을 잡아 보내준 것에 대해 사례하게 하였으며 옥대玉帶 2개를 진상하도록 하였다.

王皓 ▶ 1176년 12월 윤인첨의 졸기

중서시랑평장사中書侍郞平章事 윤인첨尹鱗瞻이 죽었다. 윤인첨은 평장사 윤언이尹彦頤의 아들이다. 사람됨이 보통 사람들보다 총명하여 비록 천 명, 백 명이라도 한번 이름을 들으면 항상 기억하고 잊지 않았다. 경인년1170이후 무신이 권력을 잡자 윤인첨은 매번 견제[掣肘] 당해 지조없이 시속時俗에 아첨[脂韋]하며 자기를 보존할 뿐이었다. 서경西京을 평정함에 미쳐 상벌이 공평하지 않고 처리하는 것이 마땅함을 잃어 서북지역에서 항복하고 귀부하여 온 백성들로 하여금 여러 차례 배반을 하게 하니 사람들의 평판이 그를 비난하였다.

王皓 ▶ 1176년 12월 정세유 등을 보내 남적을 토벌하게 하다

대장군大將軍 정세유鄭世猷와 이부李夫를 보내 처치병마사處置兵馬使로 삼고 좌도左道 우도右道로 나누어 가서 남적南賊을 토벌하게 하였다. 정세유 등이 개국사開國寺) 문 앞에 모여 한 달 동안 군사를 훈련시킨 뒤 떠났다.

王皓 ▶ 1176년 12월 **조위총에 호응하지 않은 선주의 방효진을 포상하다**

예전에 서북西北지역의 여러 성이 모두 조위총趙位寵에게 붙었는데, 선주宣州의 향공진사鄕貢進士 방서란房瑞鸞이 그 형 방효진房孝珍과 방득령房得齡에게 일러 말하기를, "지금 조위총은 여러 성의 토호土豪들을 협박하고 꾀어 거짓 관직을 임명하고 병사를 모아 서경西京으로 가도록 하고 있어 우리들 또한 그 가운데 참여하고 있습니다. 내 장인婦翁 윤충담尹仲瞻은 병마판관兵馬判官으로서 〈장인의〉 종형從兄인 윤인첨尹鱗瞻의 휘하에 있으니 사위가 장인을 공격하는 것은 인정상 차마 할 수 없는 일입니다. 하물며 조위총이 반역을 도모하는 것은 끝내는 반드시 스스로 패할 것이니 형님들은 마땅히 깊이 생각하여 계획을 세우셔야 할 것입니다."라고 하였다. 방효진 등이 그러하다고 여기고 밤에 몰래 선주 사람들을 달래며 말하기를, "조위총은 처음에는 적신賊臣을 죽인다는 것을 명분으로 삼았기 때문에 여러 성에서 호응하였으며 군대를 일으켜[稱兵] 궁궐을 향해 갔는데, 개경 근교[郊坰]에 이르렀을 때 병사들이 처음 교전[交鋒]하게 되자 서경 사람들은 싸움에서 졌고, 관군이 추격하여 시체가 길에 가득하니 비록 살아남은 이들을 거두어 다시 군대를 꾸려 저항하고자 모의하려 해도 기세가 이미 꺾여 다시 〈세력을〉 떨칠 수 없으며, 믿을 것은 오직 험난한 지세와 견고한 성곽뿐이다. 만약 임금님의 군대가 하루 아침에 갑자기 서경을 공격해서 빼앗고 군대를 옮겨 이곳을 공격한다면 성 전체가 반드시 부서져 가루가 될 것이다. 또 조위총의 뜻은 적을 토벌하는데 그치지 않으니 만약 계획을 바꾸지 않는다면 〈조위총과〉 더불어 동악同惡으로 후세에 추하게 전해질까 두렵도다. 지금 솔선하여 의병을 일으켜[倡義] 역적을 제거하고 순리대로 힘쓰려고 하니 그대들 또한 여기에 뜻이 있는가."라고 하였다. 고을 사람들이 모두 복종하였다. 도령낭장都領郎將 의유義儒라는 이가 있어 거짓으로 장군將軍에 임명되었는데, 홀로 불가하다 하므로 방효진이 기회를 엿보아 활을 쏘아 죽이고 곧바로 사람을 보내 의주義州에 고하니 의주 사람들 또한 거짓 우두머리[僞酋]인 경탁景綽 등을 죽여서 호응하였으며 함께 사람을 보내 적의 머리를 가지고 사잇길을 따라 가서 행영行營에 빨리 보고하니 여러 성에서 그 소식을 듣고 모두 군대를 해산하였다. 일이 알려지자 왕이 가상히 여기고 방효진에게 산원散員의 관작을 하사하였고, 방서란에게는 동정同正을 하사하고 내시內侍에 속하게 했다. 이에 이르러 고을 사람들은 방효진만 홀로 벼슬과 상을 받은 것을 시기하여 마침내 방득령과 그 어미를 죽였다.

명종 7년(1177년)

-명종광효대왕-

王皓 ▶ 1177년 1월 **망이와 망소이가 항복하다**

망이亡伊와 망소이亡所伊가 와서 항복하니 창고의 곡식을 하사하고 감찰어사監察御史 김덕강金德剛에게 명령하여 그들의 고향으로 압송하게 하였다.

王皓 ▶ 1177년 1월 **금에 사신을 보내 방물을 진상하고 만춘절을 하례하다**

장군將軍 정수필丁守弼을 금金에 보내 방물方物을 진상하였고, 병부시랑兵部侍郎 최광정崔光廷으로 하여금 만춘절萬春節을 하례하게 하였다.

王皓 ▶ 1177년 1월 **금에서 사신을 보내와서 왕의 생신을 하례하다**

금金에서 야율자원耶律子元을 보내와 생신을 하례하였다.

王皓 ▶ 1177년 2월 **전라주도안찰사가 미륵산 도적이 항복했다고 보고하다**

전라주도안찰사全羅州道按察使가 미륵산彌勒山의 도적賊이 항복했다고 보고하였다.

王皓 ▶ 1177년 2월 **망이 등이 다시 배반하여 가야사를 노략질하다**

망이亡伊 등이 다시 배반하여 가야사伽倻寺를 노략질하였다.

王皓 ▶ 1177년 2월 12일 **20일 동안 안개가 끼다**

20일 동안 크게 안개가 끼었는데, 밤낮으로 안개가 계속되어 햇빛과 달빛이 없었다.

王皓 ▶ 1177년 2월 **승통 충희가 반역을 도모한다는 고변이 있었으나 무고로 드러나다**

흥왕사 중이 고변을 아뢰어 승통僧統 충희沖曦가 몰래 중들과 결탁하여 왕위를 찬탈하려는 반역을 도모한다고 하여 충희를 체포하여 국문하였으나 그것이 무고임을 알고 풀어주었다.

王皓 ▶ 1177년 2월 **남적이 황려현과 진주를 노략질하다**

남적南賊이 황려현黃驪縣을 노략질하였고 또 진주鎭州를 노략질하였다.

王皓 ▶ 1177년 2월 **가야산 도적 손청이 토벌되다**

우도병마사右道兵馬使가 가야산伽倻山 도적의 우두머리인 손청孫淸과 그 무리를 사로잡아 베었는데, 손청은 일찍이 스스로를 병마사라고 칭했다.

王皓 ▶ 1177년 2월 **서해도에서 도적이 일어나다**

도적이 서해도西海道에서 일어나니 호부원외랑戶部員外郞 박소朴紹를 보내 주현州縣의 병사를 징발하여 토벌하였다.

王皓 ▶ 1177년 3월 **생일회사사 왕규가 금에서 돌아오다**

생일회사사生日回謝使 왕규王珪가 금金에서 돌아왔다. 왕규는 평장사 이지무李之茂의 사위이다. 이지무의 아들 이세연李世延은 김보당金甫當의 매부[妹壻]로 계사년1173의 난에서 죽었는데 이의방은 왕규도 함께 해치려고 하였으므로 그 아내를 가두고 그를 수색했으나 정중부鄭仲夫의 집에 숨어서 화를 면하게 되었다. 당시 정중부의 딸이 과부가 되어 집에 있었는데, 왕규를 보고 좋아하여 사통하였다. 왕규가 결국 옛 처를 버렸다. 이의방이 죽자 복직하였다. 이에 이르러 금金에 사신으로 다녀왔다. 이보다 앞서 정주 중랑장靜州中郞將 김순부金純富가 낭장郞將 용순用純을 죽이려고 하자 용순이 도망하여 개경으로 왔는데, 왕규가 〈금에서〉 돌아와 국경 안에 들어오니 김순부 등은 왕규가 권신權臣의 사위라고 하여 위협하여 억류하여 인질로 삼고서는 용순을 죽여달라고 청하면서 왕규에게 일러 말하기를, "공公의 부자父子는 의관衣冠의 집안인데 지금 옛 처를 배신하고 버리고서 권세 있는 집에 혼인으로 결탁하여 구차하게 살기를 도모하니 명예와 의리가 이미 손상되었는데, 장차 어찌 얼굴을 들고 사대부들과 함께 조정에 서겠는가."라고 하였다. 왕규는 움츠리며 부끄러워하면서 대답하지 못하였으며, 의주분도義州分道 왕도王度가 타일러 풀어주게 한 덕분에 벗어나 돌아왔다.

王皓 ▶ 1177년 3월 금에 진상한 옥대에 문제가 있다 하여 사절을 보내 사죄하다

오광척吳光陟이 금金에서 돌아와 말하기를, "진상한 옥대玉帶 가운데 하나는 곧 석유石乳로 옥이 아니어서 유사有司가 이를 아뢰었더니 황제가 말하기를, '작은 나라에 분별하여 감식할 사람이 없어서 옥으로 오해한 것일 뿐이다. 또 사람은 물건을 경시하지 않고 오직 그 물건의 덕을 생각할 뿐이니 만약 다시 물리친다면 어찌 예의와 체통이 있겠는가.'라고 하였습니다. 왕이 이것을 듣고 부끄럽고 두려워하여 낭중郞中 박효진朴孝縉을 보내 표문을 올려 사죄하고 죄를 청하였다.

王皓 ▶ 1177년 3월 망이 등이 홍경원을 불태우고 왕경을 공격할 것임을 선언하다

망이亡伊 등이 홍경원弘慶院을 불태우고 거주하던 중 10여 인을 죽이고는 주지住持를 협박하여 편지를 가지고 개경으로 가게 하였는데, 대략 아뢰기를,

"이미 내 고향을 현縣으로 승격시키고 또 수령을 두어 편안하게 하고 어루만져 위로했으나 오래지 않아 다시 군사를 일으켜 와서 토벌하고 나의 어머니와 아내를

잡아서 옥에 가두었으니 그 뜻은 어디에 있는 것인가. 차라리 칼날 아래서 죽을지언정 끝내 항복하여 포로가 되지는 않을 것이며 반드시 왕경에 이르고야 말겠다."
라고 하였다.

王皓 ▶ 1177년 3월 좌도병마사가 도적의 우두머리 이광 등을 사로잡다

좌도병마사左道兵馬使가 도적의 우두머리인 이광李光 등 10여 인을 사로잡았다.

王皓 ▶ 1177년 4월 의주와 정주가 배반하다

의주義州와 정주靜州 2주가 배반하니 직문하直門下 사정유史正儒를 보내 타일렀다.

王皓 ▶ 1177년 4월 남적이 아주를 함락시키다

남적南賊이 아주牙州를 함락시켰다. 당시 청주淸州 관내의 군현郡縣이 모두 적에게 함락당했는데 오직 청주만이 굳게 지키고 있었다.

王皓 ▶ 1177년 4월 동북 양계의 주진 판관에 무관을 임명하지 않기로 하다

중방重房에서 아뢰기를,
"동계東界와 북계北界 양계의 주진판관州鎭判官은 무관武官으로 임명하는 것을 허락하지 마십시오."
라고 하였다. 〈왕이〉 그것을 따랐다. 이 의논을 주도한 이는 장군將軍 홍중방洪仲邦이었다. 무관 김돈의金敦義 등 6인이 홍중방이 나오기를 기다려 길을 막고 호소號訴하였다. 중방에서 이들을 사로잡아 자자刺字하고 섬에 유배 보냈다.

王皓 ▶ 1177년 4월 안평공 왕경의 졸기

안평공安平公 왕경王璥이 죽었다. 왕경은 성품이 조용하고 학문을 좋아하였으며 방기方技에 능통하고 글씨를 잘 쓰고 그림을 잘 그렸으나 불서[釋典]을 좋아했고 선승을 본받아 게偈를 짓고 죽었다.

王皓 ▶ 1177년 4월 **최기정 등이 급제하다**

최기정崔基靜 등 35인과 명경明經 4인에게 급제를 하사하였다.

王皓 ▶ 1177년 5월 **선지사용별감을 보내 남적 토벌의 전공을 조사하다**

선지사용별감宣旨使用別監을 보내 남적제치좌우도병마사南賊制置左右道兵馬使의 전공의 많고 적음을 자세히 조사[審覈]하게 하였다.

王皓 ▶ 1177년 5월 **충순현을 삭제하다**

충순현忠順縣을 삭제하라는 조서를 내렸다.

王皓 ▶ 1177년 5월 **조위총의 잔당이 난을 일으키다**

조위총趙位寵의 남은 무리 500여 인이 난을 일으켜 유수판관留守判官 박녕朴寧 및 처음에 항복을 청했던 자들을 죽였는데, 부유수副留守 박정희朴廷義와 사록司錄 김득려金得礪 등은 몰래 숨어 〈죽음을〉 면할 수 있었다. 예전에 왕의 군대가 〈서경을〉 공격하여 포위하자 성을 넘어 항복한 자가 무려 1,000여 인이었으며, 성이 함락되자 장정은 모두 도망쳐 숨었다. 그 후에 항복했던 자들이 도망친 자들을 반역자라 하며 그들의 부녀자를 빼앗아 아내로 삼았고 재산을 탈취했기 때문에 장정들이 난을 일으킨 것으로 이러한 변고에 이르렀다. 대장군大將軍 이경백李景伯과 낭중郎中 박소朴紹를 보내 가서 그들을 타이르게 하였다.

王皓 ▶ 1177년 5월 **무신들이 장보를 제거하다**

내시낭장 겸 병부원외랑內侍郎將 兼 兵部員外郎 장보莊甫는 성품이 굳고 곧아서 권귀權貴에 아부하지 않았다. 일찍이 내시장군內侍將軍 정존실鄭存實이 사람을 대할 때 교만하고 거만하게 구는 것을 면전에서 책망하였더니 중방重房에서 이를 듣고는 장관長官을 능욕했다고 하여 장보를 탄핵하고 의논하여 거제현령巨濟縣令으로 관직을 낮추려고 하였다. 장보가 분노를 이기지 못하여 추밀원樞密院으로 가서 추밀원사 상장군樞密院使 上將軍 이광정李光挺과 부사 상장군副使 上將軍 최충렬崔忠烈에게 말하기를, "듣건대 공들이 장보를 바닷가로 좌천시키려고 한다는데 장보에게 무슨 죄가 있습니까."라고 하였다. 말소리와 얼굴빛에 엄하니 이광정 등은 화를 내며 즉시 먼 섬으로 유배 보내고는 몰래 사람을 시켜 강 중간에서 밀어 빠뜨려버리니 듣는 사람들이 모두 애석해했다.

王晧 ▶ 1177년 6월 금에서 횡선사를 보내오자 마중하러 갔던 군대가 서경군에게 피살되다

금金에서 횡선사橫宣使로 대부감大府監 도단양신徒單良臣이 왔다. 금나라 사신이 오니 나라에서는 서경西京에 남아 있는 적들이 도로를 막을까 의심하여 전쟁[軍旅] 뒤에 큰 길 근처[沿路]에 큰 전염병이 퍼졌다는 것을 구실삼아 다른 길을 따라 마중하기로 하고, 호부낭중戶部郎中 박소朴紹와 중랑장中郎將 아응시牙應時로 하여금 군관과 신기군神騎軍 80인을 거느리고 가서 예상치 못한 일에 대해 대비하게 하였다. 행렬이 통덕역通德驛에 이르자 적들이 과연 갑자기 나와 급습하니 죽은 자가 10중 8·9명이었고 박소 또한 살해되었다.

王晧 ▶ 1177년 6월 23일 태묘에 벼락이 치다

태묘에 벼락이 쳤다.

王晧 ▶ 1177년 6월 망이가 항복을 청하다

망이亡伊가 사람을 보내 항복하기를 청하였다.

王皓 ▶ 1177년 7월 **관군이 서경군에게 패배하다**

관군이 서경 적과 싸워 패하고 돌아왔다.

王皓 ▶ 1177년 7월 **왕이 자책하는 글을 지어 경령전에 사죄하다**

왕이 친히 잘못을 스스로 인정하고 자책하는 글을 지어 경령전景靈殿에 사죄를 고하였다.

王皓 ▶ 1177년 7월 **서경 반란군의 김단이 항복을 청하니 받아들이다**

서경 적의 우두머리인 낭장郞將 김단金旦이 항복하기를 청하니 서경에 한하여 죄를 사면한다曲赦는 제서를 내리고 중사中使를 보내 가서 타이르게 하였다.

王皓 ▶ 1177년 7월 **서경군이 관군을 공격하여 대파하다**

북로제치사北路制置使 이경백李景伯이 서북면병마사西北面兵馬使 두경승杜景升이 영청永淸에서 군대와 관련된 일을 더불어 의논하고자 한다는 것을 듣고 500여 명의 기병으로 하여금 맞이하게 하였다. 서경의 적 김단金旦 등이 복병을 두었다가 역로驛路 저격하니 기병이 모두 몰살되었고 오직 낭장郞將 고용지高勇之 등 10여 인만이 달아나 〈죽음을〉 면하였다. 두경승은 이미 길을 떠났다가 고변이 일어났다는 것을 듣고는 말을 달려 성에 들어갔는데, 서경의 적이 추격하였으나 미치지 못하였고 전리電吏를 잡아 죽였다.

王皓 ▶ 1177년 7월 **망이와 망소이 등이 사로잡히다**

병마사兵馬使 정세유鄭世猷 등이 망이亡伊와 망소이亡所伊 등을 사로잡아 청주옥淸州獄에 가두고는 사람을 보내 승전을 보고하였다.

王皓 ▶ 1177년 7월 **초맹반 행수 이돈작 등을 보내 서경적을 토벌하게 하다**

초맹반抄猛班의 행수 이돈작李頓綽과 김입성金立成을 보내 서경의 적을 토벌하였다.

王皓 ▶ 1177년 7월 **정중부와 갈등을 일으킨 염신약을 파면하다**

판대부사判大府事 염신약廉信若을 파면하였다. 이에 앞서 염신약의 구업전口業田이 봉성현峯城縣에 있었는데, 정중부鄭仲夫가 그것을 빼앗았다가 이후에 돌려주었다. 가을이 되어 염신약이 종을 보내 수확했는데, 정중부 집의 노비가 맞이하여 빼앗으니[邀奪] 이 때문에 서로 싸우자 정중부가 사람을 보내 염신약의 노비를 사로잡아 가구옥街衢獄에 보내 그를 죽이고는 마침내 중방重房에 보고하여 염신약을 탄핵하였다. 왕은 부득이하여 이에 염신약을 파면하였다.

王皓 ▶ 1177년 8월 **오군별호를 보내 서경적을 토벌하게 하다**

오군별호五軍別號를 보내 서경의 적을 토벌하였다.

王皓 ▶ 1177년 8월 **이경백을 소환하고 석린으로 대신하여 서북로지병마사로 삼다**

석린石麟을 서북로지병마사西北路知兵馬事로 삼았다. 당시 이경백李景伯이 두경승杜景升과 화합하지 못하여 싸움에서 여러 차례 불리하였으므로 이경백을 소환하고 석린으로 하여금 그를 대신하게 하였으며 두경승은 처치사를 겸하게 하였다.

王皓 ▶ 1177년 8월 **남로착적병마사 양익경이 귀환하다**

남로착적병마사南路捉賊兵馬使 양익경梁翼京이 돌아왔다. 양익경은 이르는 곳마다 탐욕스럽고 방자하니 아전과 백성들이 고통을 감당하지 못하여 모두 도적보다 피해가 심하다고 하였다.

王皓 ▶ 1177년 8월 **금의 사신이 춘주를 통해 돌아가다**

금金나라 사신이 돌아갔다. 당시 서경의 적이 길을 막아 임진강臨津江을 건너 춘주계春州界를 경유하여 행차가 정주定州에 도착해서 관문을 나갔다. 춘주부사春州副使 최충필崔忠弼은 사신 접대[供頓]를 핑계로 백성들에게서 거두어들이는 것이 매우 심하여 마침내 파면되었다.

王皓 ▶ 1177년 8월 **서경군 수괴 김단 등의 목을 베다**

서북로西北路에서 적의 수괴 김단金旦 등 5인의 머리를 베고 함에 넣어 개경으로 보냈다.

王皓 ▶ 1177년 8월 **한취의 졸기**

중서시랑평장사中書侍郎平章事로 치사한 한취韓就가 죽었다. 한취는 점을 잘 보아서 사람의 화복禍福을 능히 예언하였으므로, 경인년1170의 난이 일어났을 때 지혜로 몸을 보전하였다.

王皓 ▶ 1177년 9월 **이의민을 보내 서경적을 토벌하게 하다**

상장군上將軍 이의민李義旼을 보내 8명의 장군을 거느리고 서경의 적을 토벌하게 하였다.

王皓 ▶ 1177년 9월 **서경적이 담화사에서 향산으로 옮겨 주둔하다**

서경의 적이 서경의 담화사曇和寺에서 향산香山으로 옮겨 주둔하였다.

王皓 ▶ 1177년 10월 **궁궐도감과 시전에 불이 나다**

궁궐도감宮闕都監 및 시전市廛의 38칸에 불이 났다.

王晧 ▶ 1177년 10월 **서경적 우두머리 강축 등이 항복하다**

서경의 적의 우두머리인 강축康畜 등 3인이 와서 항복하니 모두에게 교위校尉를 제수하고 돌아가서 남은 무리를 타일러 항복하게 하였다.

王晧 ▶ 1177년 11월 **금에 사신을 보내 횡선사 파견에 사례하고 신정을 하례하다**

낭장郎將 최미崔美를 금金에 보내 횡선사橫宣使를 보내준 것에 대해 사례하고, 내시 원외랑內侍員外郎 최정崔貞으로 하여금 임금의 생일을 하례해 준 것에 대해 사례하도록 하였으며, 예부원외랑禮部員外郎 손응시孫應時로 하여금 신정을 하례하게 하였다.

王晧 ▶ 1177년 11월 **서경적 우두머리 조충이 항복하다**

서경 적의 우두머리인 조충曹忠이 와서 항복하였다.

王晧 ▶ 1177년 11월 **남적제치병마사 이부가 귀환하다**

남적제치병마사南賊制置兵馬使 이부李夫가 돌아왔다. 이부는 군대를 부리는 것이 엄정嚴整하여 이르는 곳마다 사졸들의 마음을 얻었으며, 여러 차례 전투에서 모두 이겼기 때문에 도적들이 겁이 나 숨을 죽였다.

王晧 ▶ 1177년 12월 **서북면병마사가 정주도령 등을 처형하다**

서북면병마사西北面兵馬使 최우청崔遇淸이 정주도령靜州都領 순부純夫와 낭장郎將 김숭金崇을 베었다. 순부 등은 여러 차례 반역을 꾀하였으나 나라에서 잠시 토벌하지 않았다가 이에 이르러 최우청이 고을 사람들을 회유하여 그를 죽이자 왕이 조서를 내려 그를 표창하였다.

명종 8년(1178년)

−명종광효대왕−

王皓 ▶ 1178년 1월 **금에 사신을 보내 만춘절을 하례하고 방물을 진상하게 하다**

장군將軍 노탁유盧卓儒를 금金에 보내 만춘절萬春節을 하례하고 병부낭중兵部郎中 최효구崔孝球로 하여금 방물方物을 진상하게 하였다.

王皓 ▶ 1178년 1월 **금에서 사신을 보내와서 왕의 생신을 하례하다**

금金에서 복산회충僕散懷忠을 보내 와서 〈임금의〉 생신을 하례하였다.

王皓 ▶ 1178년 1월 **찰방사를 각지에 파견하다**

찰방사察訪使을 여러 도에 나눠 보내 백성들의 괴로움을 묻고 관리와 봉사奉使를 출척黜陟하게 하였는데, 10년 이전으로 한정하여 전최殿最를 추론하게 하였다. 무릇 탄핵을 받은 자가 800여 인이었는데, 운중도찰방雲中道察訪 최효저崔孝著는 조사하여 밝힌[考覈] 것이 정밀하지 못하다 하여 파면되었고, 전라도全羅道의 송군수宋君秀는 관리의 승진과 파직을 행함에 있어서 사리사욕에 눈이 멀어 불법적인 일을 저질렀으나[徇私] 권문의 자식이라는 이유로 사람들 중에 의논을 하는 이가 업었다.

王皓 ▶ 1178년 1월 **흥왕사 중의 고변으로 고자장이 제거되다**

흥왕사興王寺 중이 중방重房에 고해 말하기를, "절의 중 가운데 덕수현德水縣 사람과 함께 반란을 일으키려 모의를 한 사람이 있는데, 산원散員 고자장高子章이 실제로 그것을 알고 있습니다."라고 하였다. 중방重房에서 중과 고자장을 체포하여 먼 섬으로 유배 보냈는데, 몰래 사람을 시켜 강 가운데 그들을 던지게 하였다. 고자장은 성품이 매우 포악하고 사나웠으므로 듣는 자들이 서로 기뻐하였다.

王皓 ▶ 1178년 1월 **북로병마사 이의민이 승첩을 고하다**

서북로병마사 이의민李義旼이 서적西賊 300여 명을 베고 승첩을 고하였다.

王皓 ▶ 1178년 2월 **서경유수판관이 부임길에 피살당하다**

서경유수판관西京留守判官 박인택朴仁澤이 장차 부임지로 가는데, 행렬이 고원역高原驛에 이르자 도적이 길에서 요격하여 죽였다.

王皓 ▶ 1178년 2월 **연등회를 2월 보름에 열기로 하다**

추밀원사樞密院使 이광정李光挺, 동지원사同知院事 최충렬崔忠烈, 부사副使 문극겸文克謙 등이 아뢰기를, "연등회는 전에는 2월 보름에 했는데 근래 부왕[聖考]께서 돌아가신 달[諱朔]인 까닭에 정월正月로 바꿔 개최한 것은 선왕先王의 본래 뜻에 어긋나는 것입니다. 최근에 해와 달과 별[三光]이 이변을 보이고, 음양의 두 기운이 조화를 이루지 못하는 것이 아마도 이것 때문인가 두렵습니다. 청하건대 가령 2월 보름에 소회小會와 대회大會의 모임을 열거나 음악을 연주하지는 않는다 하더라도, 공公·사私가 모두 분수에 따라 연등을 하라고 해 주십시오."라고 하였다. 〈왕이〉 그것을 따랐다.

王皓 ▶ 1178년 3월 **청주인들 내부에 갈등이 일어나 서로 죽이다**

청주淸州 사람들이 고을에 있는 사람 중에서 경적京籍에 속해 있으면서 물러나 거하는 자와 서로 사이가 벌어져 그들을 거의 다 잡아 죽였다. 그 무리 중 개경에 있는 자가 소식을 듣고는 원수를 갚으려고 왕명이라고 거짓으로 명령을 내려 죽기를 각오한 병사들[死士]을 모집하여 청주로 향하니 장군將軍 한경뢰韓慶賴를 보내 그들을 추격하여 제지하게 하였으나 따라잡지 못하였다. 청주사람들과 싸웠으나 이기지 못하여 죽은 자가 100여 인이었다. 〈이를〉 금지하고 제어하지 못했다고 하여 청주목의 부사牧副使 조온서趙溫舒와 사심관事審官인 대장군大將軍 박순필朴純弼, 장군將軍 경대승慶大升을 파직하였다.

王皓 ▶ 1178년 3월 찰방사가 압송한 장리를 용서하다

여러 도의 찰방사가 형틀을 씌워 압송한 뇌물을 받은 관리 35인을 용서하였다.

王皓 ▶ 3월 금에 생일회사사로 다녀온 최정이 파면되다

내시낭중內侍郎中 최정崔貞이 관직에서 물러났다. 당시 금金에 사신으로 가는 자에게는 데리고 가는 시종[傔從]의 수에 제한이 있었으므로, 장사로 이익을 바라는 자들이 다투어 사신의 집에 가서 은 2·3근斤을 뇌물로 바친 연후에야 사행使行에 따라갈 수 있었다. 최정이 생일회사사生日回謝使가 되자 송유인宋有仁이 자기 노비 1명을 데리고 갈 것을 부탁했는데, 최정에게 뇌물을 바치고 가기로 한 자로 이미 정해진 인원수를 다 채웠으므로 추가할 수 없었음에도 송유인의 노비가 자기 주인의 권세를 믿고 마침내 사행에 참여하였으나 결국 금나라 사람의 검문에 걸려 사로잡혀 송환되었고, 최정은 돌아오자 이일 때문에 파면되었다.

王皓 ▶ 1178년 3월 재추 등을 불러 서경에 대한 처치를 의논하다

재추宰樞 및 문무文武 3품 이상을 불러 서경西京에 대한 처치를 의논하였다.

王晧 ▶ 1178년 4월 병부에서 무산관을 모아 전주 짓는 것을 시험하다

병부兵部에서 무산관武散官을 모아 전주銓注 짓는 것을 시험보고, 지방관에 보임[外補]할 사람을 추천하였다.

王晧 ▶ 1178년 4월 서적이 곡주와 수안을 함락하다

서적西賊이 곡주와 수안遂安을 함락하고 재물, 곡식, 소와 말을 노략질하여 갔다.

王晧 ▶ 1178년 4월 태묘에 제사를 지내다

태묘[大廟]에서 제사를 지냈다[禘].

王晧 ▶ 1178년 4월 서경의 관제 및 봉록, 공해전을 다시 정하다

서경西京의 관제官制 및 봉록俸祿과 공해전公廨田을 차등 있게 다시 정했다.

王晧 ▶ 1178년 4월 5령의 군사를 동원하여 서경적을 체포하다

5령의 군사를 동원하여 가서 서경의 역적을 체포하였다.

王晧 ▶ 1178년 6월 진광순 등이 급제하다

진광순陳光恂 등 30인, 명경明經 3인, 은사恩賜 4인에게 급제를 하사하였다. 어사대御史臺에서 아뢰기를, "옛 제도에 새로 급제한 사람의 홍패紅牌는 사신을 내려보내 그 집에 가서 하사하였는데, 영접하는 번거로움과 비용으로 인해 가난한 선비로서는 준비할 수가 없습니다. 지금부터는 주렴 앞에서 홍패를 하사하시기를 청합니다."라고 하였다. 중서문하부中書門下府에서 반박하며 아뢰기를 "선왕先王의 제도에, 반드시 집에서 하사했던 것은 장차 〈급제자의〉 마을을 영광스럽게 하고 사람들로 하여금 흠모하게 하려는 것인데, 하물며 시행한지가 이미 오래되었으니 전대로 하는 것이 편하겠습니다."라고 하였다. 〈왕이〉 그 말을 따랐다.

王皓 ▶ 1178년 6월 **어사대에서 병부의 전주가 옳지 못하다고 탄핵하다**

어사대御史臺에서 병부兵部의 전주銓注가 정당함을 잃었다고 탄핵하였다. 당시 판사判事 민영모閔令謨가 글을 올려[上章] 스스로 중서문하中書門下 및 중방重房의 경우를 열거하면서 반박하고 탄핵하자, 어사대가 합사하여 죄를 청하니 왕이 힘써 타일러 모두 나와 조정에서 일을 보게 하였다.

王皓 ▶ 1178년 6월 **찰방사의 조치를 승인하여 지방관을 출척하다**

찰방사察訪使가 탄핵한 뇌물받은 관리의 관직을 파면하고 정치를 한 성적이 우수한 자는 모두 자급을 올려주었다.

王皓 ▶ 1178년 윤6월 **평장사 이광진이 죽다**

평장사平章事 이광진李光縉이 죽었다.

王皓 ▶ 1178년 7월 **송유인의 반대로 지방관 인사가 시행되지 못하다**

태학박사大學博士 노보여盧寶璵를 울주방어부사蔚州防禦副使로 삼았다. 참지정사參知政事 송유인宋有仁이 "지방관의 경우 문관과 무관을 교차하는 것이 이미 법으로 성립되어 있는데, 지금 울주판관蔚州判官 또한 문관이니 노보여를 함께 제수하는 것은 옳지 않습니다."라고 하였다. 송유인은 고신告身에 서명하지 않았다. 이때 또 명주부사溟州副使와 관성현령管城縣令 모두 문관文官이었고, 이부吏部 또한 문신으로 판관判官과 위尉를 삼았으나 성省에서의 서명이 이미 이루어졌으므로 노보여가 이것은 끌어들여 전례로 삼아 송유인에게 고하자 송유인은 화가 났으나 전에 이미 잘못 서명한 것으로 인해 형세가 자기가 아뢸 수 없게 되었으므로 중방重房을 설득하여 반박하여 아뢰게 하니 노보여 및 명주판관과 관성위管城尉가 모두 부임하지 못하였다.

王皓 ▶ 1178년 7월 **정중부의 뜻에 따라 옥사가 연이어 발생하다**

정중부鄭仲夫 집의 노비가 금하는 법을 범했으므로 중승中丞 송저宋詝와 어사御史 진광인晉光仁이 그를 묶어놓고 심문하였다. 정중부가 노하여 송저 등을 죽이려고 하였으나 그의 아들 정균鄭筠이 간하여 말렸다. 정중부가 결국 왕에게 아뢰어 송저 등에게 죄를 주고자 하였는데, 마침 기두旗頭 녹상祿尙이 정중부에게 고해 말하기를, "대장군大將軍 장박인張博仁과 전 장군將軍 조존부趙存夫 등이 밤이 깊기를 기다려 공의 집을 침범하려 합니다."라고 하였다. 정중부는 그 말을 믿고 장박인 등을 체포하여 옥에 가두라는 조서를 청하니 왕이 내시장군內侍將軍 오광척吳光陟 등에게 명하여 조사하고 심문하라 하였으나 증거가 없었다. 또 기두가 동령기두同領旗頭 80인에 대해 고하기를, 술집에 모여 감옥에 있는 장박인을 빼앗아 올 계획을 세웠다고 하니 정중부가 그를 국문하였는데 또한 증거가 없었으나 결국 장박인은 섬으로 귀양보내고 나머지는 모두 남쪽 변방으로 귀양보냈다. 또 기두 강실康實이 추밀樞密 최충렬崔忠烈이 장박인과 같은 무리라고 무고하자 정중부는 다시 조사하고 국문할 것을 청하였다. 이로부터 연이어 여러 차례 옥사가 일어나 송저 등을 다스릴 겨를이 없었으나 왕은 정중부의 분노가 풀어지지 않은 것을 걱정하여 송저를 파직하고 진광인은 공부원외랑工部員外郞으로 좌천하였다.

王皓 ▶ 1178년 8월 **별례기은도감을 설치하다**

별례기은도감別例祈恩都監을 두었으니 술승術僧 치순致純의 말을 따른 것이다.

王皓 ▶ 1178년 8월 **정균이 태후의 별궁을 사여받아 사저를 짓다**

광덕리廣德里에 옛날 태후太后의 별궁이 있었는데, 이 무렵 화재로 인해 살 수 없게 되자 좌승선左承宣 정균鄭筠이 별궁을 사서 사저私第로 삼고자 청하니 태후가 그 대금을 받지 않고 정균에게 주었다. 이에 이르러 크게 공사를 벌였다. 당시 왕이 수창궁壽昌宮에 있으면서 태후太后의 병을 돌보고 있었는데 그 땅은 궁궐에서의 거리가 100보도 안 되었으며 또 그 해의 운세[歲行]에 태후에게 꺼려야 하는 방위이므로 왕은 그곳을 매우 싫어하여 공사를 중지하고 싶어했으나 정균을 꺼려 그렇게 하지 못했다.

王皓 ▶ 1178년 9월 **어사 안유발이 최영유의 청탁을 거절하다**

7일간 명인전明仁殿에 장경도량藏經道場을 열고 참지정사參知政事 송유인宋有仁에게 명하여 행향行香하게 했는데, 지후祗候 최영유崔永濡가 찬인贊引으로서 늦게 도착하니 대감어사臺監御史가 그를 탄핵하고자 하였다. 최영유는 시어사侍御史 안유발安劉勃에게 청하여 말하기를, "내가 이미 참지정사에게 빌어서 이해를 구했으므로 〈임금님께는〉 아뢰지 말아주십시오."라고 하였다. 안유발이 말하기를, "나는 참정參政의 뜻을 알지 못하나 이 일은 모름지기 임금께 아뢰어야 하는 것이니 그대가 임금께 아뢰어 잠잠하게 해야 할 뿐이다."라고 하였다. 최영유가 왕의 동생인 중 충희沖曦에게 부탁하여 아뢰니 왕이 말하기를, "이것은 작은 잘못이므로 용서할 수 있지만 참정의 노여움은 어떻게 하겠는가. 참정에게 말하는 것이 마땅하다."라고 하였다. 안유발은 나중에 이부낭중吏部郎中이 되었다. 당시 이부에서는 처음으로 벼슬을 얻은 자는 그 성명에 점을 찍어 아뢰었으므로 점주點奏라고 불렀다. 이에 벼슬에 나가는 자는 모두 백은白銀을 뇌물로 주면서 예물이라고 하였으므로 다투어 점을 찍어주면서 말하기를, "누구누구는 모두 내가 벼슬에 나가게 하였다."라고 하였다. 오직 안유발만이 의연하게 점을 찍지 않고 말하기를, "나는 아는 바가 없다."라고 하니 세상이 그의 청렴함에 감복하였다.

王皓 ▶ 1178년 10월 **태묘에 협제를 지내고 사면령을 내리다**

〈왕이〉 친히 태묘大廟에서 협제祫祭를 지내며 서경의 적을 평정했음을 고하고, 사면령을 내렸다.

王皓 ▶ 1178년 10월 **항복한 서경적 수장에게 관직을 내리다**

서경 적의 우두머리인 광수光秀를 교위校尉로 삼고, 김보金甫를 섭교위攝校尉, 사진思

進·식단軾端·계훈戒訓을 대정隊正으로 삼았다. 예전에 조위총趙位寵이 남은 잔당을 다시 모아 3군三軍으로 나누었을 때 사진과 식단은 중군행수中軍行首, 계훈은 지유指諭, 김보金甫는 전군행수前軍行首, 광수光秀를 후군행수後軍行首가 되어 가주嘉州·위주渭州·태주泰州·연주漣州·순주順州 등의 산골짜기에 흩어져 거하면서 앞뒤로 약탈을 자행하여 백성들에게 큰 근심거리가 되었다. 일찍이 자주慈州와 숙주肅州 두 주를 공격하여 불을 지르고 또 묘덕妙德·향산香山의 여러 절을 공격하였다. 조정에서는 병사를 보내 그들을 토벌하였으나 여러 차례의 싸움에서 이기지 못하였다. 대장군大將軍 박제검朴齊儉이 병마사兵馬使가 되어 처음 군영에 이르러 녹사錄事 김중갑金重甲과 함께 여러 장교들을 몇 부분으로 나누어 흥화興化·운중도雲中道의 주州·진鎭의 병사들을 이끌고 기습할 계획을 세웠다. 적들이 험난한 산림에 의지하여 일정함이 없이 옮겨 다녀 토벌하기가 쉽지 않았고 또 여러 고을 주민[郡시]들 중 적의 이목耳目이 되어 주는 이가 많아 관군의 동정을 매번 적이 먼저 알아 싸움이 한 번 시작되면 병사들이 모두 패배하였다. 관군이 이것을 듣고 사기가 떨어져 머물러 있으면서 전진하지 않으니 500인만을 남겨두어 성원聲援하게 하고, 〈나머지 군사를〉 이끌고 돌아왔다. 적은 승기勝氣를 타고 영주寧州의 영화사靈化寺를 공격하여 파괴하고 승려들을 몰아 병사로 만들고는 마침내 연주를 공격하니 적의 기세가 더욱더 왕성하였다. 그러나 돌아다니며 노략질하는 날이 오래되자 성벽도 없는 〈작은〉 마을은 이미 약탈당해 남은 것이 없고, 큰 성은 모두 수비가 견고하여 갑자기 공격하여 빼앗지는 못해도 들판에 얻을 것이 없어 점차 굶주리고 곤궁해져 스스로 항복하여 세월을 연장하기를 꾀하였다. 가주嘉州의 적이 창주기사昌州記事 백공식白公軾을 길에서 만나 먼저 온 정성을 다해 성심으로 복종하겠다는 뜻을 말하니 박제검이 이것을 듣고 사람을 보내 불러서 권유하자 여러 곳에 주둔하던 적들이 서로 이끌고 와서 항복하였다. 박제검은 매번 적이 오는 것을 보면 번번이 어루만지고 위로하며 말하기를 "너희들은 모두 나의 자식이다."라고 하였다. 〈그리고〉 창고를 열어 그들을 진휼하니 전후로 무려 600여 곡이나 되었다. 마침내 그들이 점거하는 것을 들어주어 구주龜州와 연주漣州 등에 나누어 거하게 하고 그들로 하여금 안심하고 생업을 할 수 있게 했으며 3군의 행수行首들은 모두 역마를 이용하게 해주어[給傳] 개경으로 보냈다. 오직 중군행수 진국進國만이 항복하지 않고 그 무리 150여 인을 이끌고 북쪽 변경으로 투항하고자 하니 박제검은 군사를 보내 모두 사로잡아 죽였고, 구주별장龜州別將 동방포東方甫 등 17인은 일찍이 적들과 더불어 서로 왕래하였으므로 또한 모두 처형하였다[伏誅].

王皓 ▶ 1178년 10월 대관전에서 백좌도량을 열고 반승하다

대관전大觀殿에 백좌도량百座道場을 열고 중앙과 지방에서 30,000명에게 반승飯僧하도록 하였다.

王皓 ▶ 1178년 11월 금에 사신을 보내 신정을 하례하다

장군將軍 기세준奇世俊을 금金에 보내 임금의 생신을 하례해 준 것에 대해 사례하였고, 낭중郎中 김량金諒은 신정을 하례하게 하였다.

王皓 ▶ 1178년 11월 팔관대회에서 성재의 막차에 꽃과 술을 하사하다

팔관대회八關大會에 내시 대부소경內侍 大府少卿 정국검鄭國儉을 보내 성재省宰의 막차幕次에 꽃과 술을 하사하였다. 때가 조금 늦었다고 참정參政 송유인宋有仁이 화를 내며 받지 않자 왕은 승선承宣을 보내 애써 타이르니 비로소 받았다. 정국검은 탄핵을 받아 금적禁籍에서 삭제되었으나 후에 송유인에게 붙어 다시 내시가 되었다.

王皓 ▶ 1178년 11월 동서 양계의 상장 및 도령을 접견하다

〈임금이〉 편전便殿에 거둥하여 동서東西 양계兩界 여러 성의 상장上長과 도령都領을 오게 하여 만나고 상장에게는 비단匹段, 도령에게는 비단옷과 금허리띠 및 말 1필을 하사하였다. 서경이 평정된 이후 도적이 빈번하게 일어나니 다시 동요할까 염려되어 이렇게 하사를 하였으니 식자識者들은 이러한 임시방편을 탄식하였다.

王皓 ▶ 1178년 11월 **금군이 의주 관외에 주둔하다**

금金의 여덟 장군將軍의 병사들이 의주義州 관외에 와서 주둔하였다. 병마사兵馬使 염신약廉信若이 사람을 보내 따져 물었다. 대답하여 말하기를, "듣자하니 서경西京의 조위총趙位寵이 서쪽의 송西宋에 군사를 청하여 우리를 치고자 한다기에 병사를 주둔시켜 대비하려 하는 것이지 다른 뜻이 있어서는 아닙니다."라고 하였다. 〈염신약이〉 또 따져 묻기를, "조위총은 이미 처형되었고, 송宋은 또한 큰 바다에 막혀 있어 군사를 청할 길이 없으니 이는 모두 거짓말입니다. 〈그러한 말을〉 고한 자의 이름은 무엇입니까."라고 하였다. 금나라 장수가 말하기를, "용주龍州사람 아무개입니다."라고 하였다. 염신약이 사람을 시켜 가서 수색하게 하였으나 그 사람은 이미 도망갔으므로 여러 성으로 하여금 생김새를 가지고 그를 찾게 하여 영청현永淸縣에서 잡아 국문하였다. 그 사람이 과연 자복하여 말하기를, "제 아버지는 항상 국가의 기밀을 금나라 사람에게 고하고 많은 이익을 얻었습니다. 아버지가 돌아가시면서 그 일을 저에게 부탁하였으므로 저는 이것으로 공갈恐喝하여 저들로부터 후한 상을 구했을 뿐입니다."라고 하였다. 결국 그 사람을 베어 죽이고 그 어미는 적몰하여 관비官婢로 삼았다.

王皓 ▶ 1178년 11월 **문하시중 정중부가 치사하다**

문하시중門下侍中 정중부鄭仲夫가 치사致仕하였다. 송유인宋有仁을 문하시랑평장사門下侍郎平章事로 삼았다. 예전에 정중부가 총재冢宰가 되어 중서성中書省에 있을 때, 송유인은 〈정중부와〉 친분이 있어 공정하지 못할 수 있으므로[親嫌] 재상의 지위에 오르지 못하고 추밀樞密에 여러 해 있었으나 추밀시종관樞密侍從官은 오래 있어도 이익될 것이 없고 오직 상서성尙書省만이 있을 만하다고 여겨 몰래 나인[內人]에게 부탁하여 아뢰게 하니 즉시 상서복야尙書僕射에 제수되었다. 정중부가 치사함에 미쳐서는 곧바로 평장사平章事에 임명되었다. 당시 민영모閔令謨가 먼저 중서시랑평장사中書侍郎平章事가 되었는데, 왕은 송유인이 무신으로 기세를 부리고[使氣], 또 정중부의 사위라고 하여 마음으로는 그를 꺼려 반열을 민영보의 위로 하였으나 송유인은 굳게 사양하니, 또 민영모를 문하시랑평장사門下侍郎平章事로 하여 반열을 송유인보다 위로 하였다. 송유인은 일찍이 수덕궁壽德宮을 청하여 그곳에 머물렀는데, 집이 웅장하고 화려하여 대개 신하가 살 곳이 아니었으며 부귀와 사치가 왕실에 비할 만하였다.

명종 9년(1179년)

－명종광효대왕－

王皓 ▶ 1179년 1월 **금에 사신을 보내 방물을 진상하고 만춘절을 하례하다**

낭중郎中 이준재李俊材를 금金에 보내 방물方物을 진상하였고, 장군將軍 손석孫碩으로 하여금 만춘절萬春節을 하례하게 하였다.

王皓 ▶ 1179년 1월 **금에서 사신을 보내와서 왕의 생신을 하례하다**

금金에서 소부감少府監 좌광경左光慶을 보내 와서 〈임금의〉 생신을 하례하였다.

王皓 ▶ 1179년 2월 **기탁성의 졸기**

문하시랑평장사門下侍郎平章事 기탁성奇卓誠이 죽었다. 기탁성은 용모와 태도가 아름답고 활쏘기와 말타기를 잘 했는데, 의종毅宗이 말을 달리며 격구擊毬하기를 좋아했던 까닭에 장교將校에서 발탁되어 견룡牽龍이 되어 항상 왕의 곁에 있으면서 권귀權貴를 잘 섬겼다. 정권을 잡게 되자 재물을 탐하고 관직을 팔았으므로 이로 인하여 어진이는 자취를 감추고 아첨하고 남을 참소하는 이들은 다투어 진출하였다. 가신家臣 고충전高忠全과 이인령李仁齡은 모두 간사하고 교활하며 욕심이 많고 야비하여 나쁜 평판이 멀리까지 퍼졌다. 광평궁廣平宮이 오래도록 버려져 주인이 없자 기탁성은 왕에게 청하여 광평궁에 살고 싶어 했는데 그 아내가 간하여 말렸으나 듣지 않고 몇 달을 〈광평궁에서〉 살다가 죽었다.

王皓 ▸ 1179년 3월 **궁궐을 중수하다**

비로소 궁궐을 중수하였다.

王皓 ▸ 1179년 3월 **수정봉의 도적을 체포하다**

소경少卿 정국검鄭國儉이 수정봉水精峯의 도적을 잡아 옥에 가두었다. 수정봉은 길이 어둡고 험난하여 불량배[惡小] 5·6인이 항상 그곳에 모여 아름다운 부녀자를 보면 반드시 겁탈하고 그 옷과 물건을 빼앗았다. 정국검의 집이 수정봉 아래 있었는데, 문득 보니 한 부인이 잘 차려입고 봉우리길을 따라 내려가자 도적들이 기다리다가 위협하여 붙잡았고 따르던 계집종들은 모두 흩어지니 정국검은 차마 볼 수가 없어서 자신의 사위 이유성李維城과 최겸崔謙으로 하여금 가동家僮을 거느리고 가서 그들을 잡게 하였다. 도적들이 맞서서 공격하기를 매우 급히 하였으나 이유성 등이 힘써 싸워 3인을 체포하여 신문하니 곧 대장군大將軍 이부李富의 조카 및 권문權門의 아들과 조카들이었으므로, 사사로운 청탁이 이리저리 얽히게 되어 법관法官이 다스리지 않으려고 하였다. 형부원외랑刑部員外郎 조문식趙聞識만이 홀로 항의하면서 〈불량배들을〉 국문하여 죽이니 당시 여론이 통쾌해 했다.

王皓 ▸ 1179년 4월 **서리가 떨어져 풀이 죽다**

서리가 떨어져 풀이 죽었다.

王皓 ▸ 1179년 4월 **서경 반란군의 잔당을 처치하다**

서북면지병마사西北面知兵馬事 이부李富가 서경 적의 남은 무리들이 틈을 타 다시 일어날까 걱정되어 모두 죽이고자 하였는데, 식량이 결핍되었다는 것을 듣고 문서[牒]을 보내 여러 곳에 주둔하고 있던 적을 속여 말하기를, "모일에 모성에서 식량을 받으라."라고 하였다. 그리고는 비밀리에 여러 성에 문서[牒]를 보내 이르기를, "만약 적이 와서 성에 들어가면 문을 닫고 모두 죽여야 할 것이다."라고 하였다. 이에 〈적을〉 사로잡아 죽인 것이 무릇 5개의 성이었는데, 구주龜州에서 죽인 것이 300여 인에 이르렀고, 가주嘉州 사람들은 적 100여 인을 유인하여 〈그들이〉 창고에 들어가자 문에 자물쇠를 걸어버리자 적이 나무를 비벼 창고에 불을 내 스스로 죽었으며, 곡식은 무려 100,000곡이 모두 재가 되었다. 적의 대장 우방전牛方田 등이 깨닫고서 다시 불러 모아 도적질을 하자 병마사兵馬使가 군사를 내어 그들을 공격했으나 관군官軍이 이기지 못하였고 안북도호판관安北都護判官 함수산咸壽山은 전사하였다. 이에 다시 군사를 보충하여 여러 번 싸워 겨우 그들을 제거하였다.

王皓 ▶ 1179년 5월 **우학유의 졸기**

동지추밀원사同知樞密院事 우학유于學儒가 죽었다. 우학유는 뜻이 크고 기개가 있었고, 오랫동안 숙위宿衛를 하며 충성스럽고 근신함에 다름이 없었다. 이고李高와 이의방李義方 등이 장차 난을 일으키려고 군대를 주관할 사람을 의논하며 말하기를, "지금 우공于公을 버리고 다시 누가 있겠습니까."라고 하였다. 마침내 그의 집에 가서 도모하니 우학유가 말하기를, "공의 뜻이 큽니다. 그러나 저는 아버지가 일찍이 훈계하여 이르시기를 '무관武官이 문관文官에게 굴욕을 당하는 것은 오래되었는데, 분한 생각이 없겠는가. 문신을 제거하는 것은 썩은 것을 부러뜨리는 것처럼 쉽지만 문관이 해를 입게 되면 화가 우리들에게 미치는 것 또한 발뒤굼치를 돌리기도 전에 일어날 것이니 너는 신중해야 할 것이다.'라고 하셨습니다. 아버지께서 비록 돌아가셨지만 말씀은 여전히 귀에 쟁쟁하니 죽어도 따르지 못하겠습니다."라고 하였다. 이고와 이의방이 뜻을 이루자 우학유를 죽일 것을 꾀하니 우학유가 두려워하며 이의방의 누이에게 장가들기를 청하여 죽음을 면했다.

王皓 ▶ 1179년 5월 **지도성사 정균 등을 임명하다**

민영모閔令謨를 동중서시랑평장사 판이부사同中書侍郎平章事 判吏部事로, 송유인宋有仁

을 동중서시랑평장사 판병부사同中書侍郎平章事 判兵部事로, 좌승선 지병부사左承宣 知兵部事 정균鄭筠을 지도성사知都省事로 삼았다. 정균은 오래도록 지병부사로서 장주를 관장하였는데,知兵部掌奏 서반西班의 청탁이 분분하니 이것을 매우 싫어하여 여러 차례 면직해 달라고 청하였으나 윤허하지 않았다. 정균이 홀로 천신사天神寺로 나가 피하자 왕은 내시內侍를 보내 달래어서 돌아오게 했는데, 사자가 끊이지 않고 오자 정균은 마침내 돌아왔으며 이에 이르러 고쳐 제수되었다.

王皓 ▶ 1179년 5월 **홍중방의 졸기**

좌복야左僕射 홍중방洪仲方이 죽었다. 홍중방은 〈벼슬이〉 항오行伍에서 시작하여 경인년1170의 난리에서 중랑장中郞將으로서 대장군大將軍에 임명되었으며, 성품이 곧고 아부하지 않아 매번 남의 잘못은 면전에서 직접 꾸짖으니 왕이 그를 쓸 만한 인재[器]로 여겼으며, 사람들 또한 믿고 신뢰하였다. 당시 무신 산관散官으로 검교장군檢校將軍 이하 산원동정散員同正 이상이 모여 의논하여 동반東班의 권무관權務官을 빼앗고자 하였는데 중방重房과 대성臺省에서도 여러 사람들의 입을 두려워하여 감히 어느 누구도 말하지 못하였으나 홍중방만이 홀로 말하기를, "나라에서 관제를 두고 관직을 나눈 이래 오직 경卿·감監 외에는 무신이 문관文官을 겸직하지 않았습니다. 경인년 이후 우리들이 대臺·성省에 있게 되고 조정의 반열에 늘어서게 되었으며, 교위校尉·대정隊正도 복두幞頭를 쓰도록 허락되었고 서반西班의 산직散職이 지방관에 차임되게 되었으나 이는 진실로 선왕의 제도가 아닌 것입니다. 만약 또 갑자기 권무관權務官을 빼앗는다면 동서東西를 정한 제도는 어찌되겠습니까. 나는 죽을지언정 따르지 않겠습니다."라고 하였다. 의논이 결국 중단되었다. 이에 무신 산관[武散官]들이 무리지어 도로에 모여 집정執政에게 하소연하였다. 하루는 홍중방을 만나자 길을 막고서 깔보고 욕을 하니[慢罵] 홍중방이 소매를 걷어올리고 말을 난폭하게 몰아 밀어붙이며 중방에 와서 말하기를, "내가 오늘 거의 죽을 뻔하였으니 아랫사람이 윗사람을 능멸함이 이렇게까지 되었단 말입니까"라고 하였다. 이에 주모자 4·5인을 체포하여 섬에 유배를 보내니 당시의 여론이 〈그를〉 더욱 귀중하게 여겼다. 복야僕射

가 되어서 지방관[外邑]과 장리長吏를 관장하는 직임을 맡았는데, 주고 빼앗는 것과 좋아하고 싫어하는 것을 오직 자의로 행하였고 또 애첩嬖妾이 있어 이익을 탐하는 자들이 그에게 달라붙어 다투어 뇌물을 바쳤다.

王皓 ▶ 1179년 5월 궁궐 수리를 중지하다

궁궐 수리를 중지하였다.

王皓 ▶ 1179년 6월 진준의 졸기

참지정사參知政事 진준陳俊이 죽었다. 진준은 성품이 질박하고 정직하였으며 씩씩한 힘이 있었다. 일찍이 대장군大將軍으로서 북계北界를 수비하였는데, 무릇 수장戍將은 정각복두正角幞頭를 쓰지 않는 것이 관례였으나 진준만은 홀로 정각복두를 쓰니 지병마사兵馬事 양승용梁升庸이 법에 의거하여 금지했으나 듣지 않아 탄핵받고 파직되었다. 경인년1170과 계사년1173의 난 때 문신 집안 가운데 전준에게 힘입어 온전히 살아난 자가 매우 많았다.

王皓 ▶ 1179년 7월 18일 태백성이 나타나다

태백성太白星이 6일 동안 하늘을 가로질렀다.

王皓 ▶ 1179년 7월 태풍이 불어 곡식이 상하다

태풍이 곡식을 상하게 했다.

王皓 ▶ 1179년 7월 문극겸과 한문준 등을 좌천하다

추밀원사樞密院使 문극겸文克謙을 좌천하여 상서좌복야尙書左僕射로 삼았고, 추밀원부사樞密院副使 한문준韓文俊은 판사재시사判司宰寺事로 삼았다. 문극겸과 한문준은 모두 왕이 매우 아끼는 자이어서 송유인宋有仁이 그들을 질투하였다. 이보다 앞서 한문준은 한 무졸武卒의 직무와 관련된 일에 저촉되어 편지로 송유인에게 부탁하고 또 친히 자신이 요청을 하니 송유인이 노하여 말하기를, "공은 추기대신樞機大臣인데 번번이 개인적인 일로 집정관의 집을 찾아다니는 것은 공보公輔의 신망에 어그러짐이 있습니다."라고 하였다. 문극겸은 복상服喪중이어서 법가法駕를 따르지 않았는데, 송유인은 근신近臣의 근본을 잃은 것이라 하며 모두 탄핵하여 아뢰었다. 왕이 그 아뢴 것이 어기기 어렵고 또 그럴만한 죄가 아닌데 쫓아내는 것도 근심이 되어 여러 날 동안 가부를 결정하지 못하고 우물쭈물 하고 있었다. 송유인이 재차 더욱 강하게 주장하자 왕이 우승선右承宣 문장필文章弼에게 명하여 송유인의 집에 가 은밀하게 타일러 말하기를, "한문준이 본분을 잃은 것은 죄를 주어 마땅하나 문극겸의 경우에는 복상중이어서 그가 호종하지 않은 것은 국가의 법전國典이니 이것으로 죄를 준다면 예禮라고 하겠는가?"라고 하였다. 송유인은 오히려 조서를 받들지 않고 수일 동안 두문불출하니 문극겸 등이 몰래 아뢰어 말하기를, "임금님의 극진한 은혜는 신들이 만 번을 죽어도 갚기 어려우나 만일 그의 청을 윤허하지 않으신다면 신들에게는 반드시 예측할 수 없는 어려움이 있을 것입니다. 바라건대 그가 아뢴 바를〈담당관에〉내리시어 그가 만족하게 하여주십시오."라고 하였다. 왕이 부득이하게 제서를 내려 문극겸 등을 좌천시켰다.

王皓 ▶ 1179년 8월 **이광정이 왕총부를 가두다**

참지정사參知政事 이광정李光挺이 경시서령京市署令 왕총부王寵夫를 가두었다. 이광정이 일찍이 일을 왕총부에게 청탁하였으나 왕총부가 들어주지 않자 이광정은 왕총부를 유인하여 중서성에 이르게 하여 면전에서 가혹하고 심하게 책망하였으나 왕총부가 의리에 의거하여 굴복하지 않으니 이광정은 노하여 욕하면서 그를 뜰 아래로 끌어내리게 하여 의관을 벗기고 가두었다가 다음날 풀어주었다.

王皓 ▶ 1179년 9월 **경대승이 정중부와 송유인 등을 살해하다**

장군將軍 경대승慶大升이 정중부鄭仲夫와 사위 송유인宋有仁을 베어 죽였다. 경대승은 평소 정중부가 하는 짓을 분하게 여겼다. 또 그 아들 정균鄭筠이 공주에게 장가들기를 몰래 도모하므로 왕이 그것을 근심하였다. 경대승이 열심히 그들을 치려고 했지만 송유인이 두려워 틈을 찾지 못하다가 송유인이 문극겸과 한문준을 내쫓아 크게 인심을 잃고 조정의 신료들이 모두 미워하며 흘겨보자 경대승은 그와 친한 용사勇士인 견룡牽龍 허승許升에게 일러 말하기를, "내가 흉악한 무리를 제거하고자 하는데 네가 기꺼이 나를 따른다면 무슨 일이든 이룰 수 있을 것이다."라고 하였다. 허승이 승낙하였다. 경대승이 모의하여 말하기를, "장경회藏經會가 끝나는 밤에 숙위군사들은 반드시 모두 피곤하여 잠이 들 것이다. 내가 결사대 30여 인을 화의문和義門 밖에 매복시켜 둘 것이니 네가 먼저 안에서 정균을 죽이고 휘파람 소리[嘯聲]로 표시를 하면 내가 복병을 동원하여 호응하겠다."라고 하였다. 밤 4경[四更] 허승이 정균이 직려直廬에 들어가자 그를 죽이고 바로 길게 휘파람을 부니 경대승이 결사대를 이끌고 궁궐 담을 넘어 들어와 대장군大將軍 이경백과 지유指諭 문공려文公呂를 죽이고 보이는 대로 다 죽이니 궁궐 안이 부르짖고 소란스러웠고, 칼날이 서로 부딪쳤다. 왕이 몹시 놀라 충격을 받으니 경대승이 어실御室 밖으로 가서 큰 소리로 아뢰기를 "신들은 사직社稷을 호위하려는 것이니 청하건대 임금님께서는 두려워하지 마십시오."라고 하였다. 왕이 나와 궁문宮門에 거둥하여 경대승 등을 불러 손수 잔술[巵酒]을 주며 위로하였다. 경대승이 금군禁軍을 동원하여 나누어 보내 정중부와 송유인 부자를 체포하기를 청하였다. 정중부 등은 변란이 일어난 것을 듣고 도망쳐 민가民家에 숨었으나 모두 사로잡아 베어 죽이고 머리를 저자거리에 효시梟示하니 중앙과 지방에서 크게 기뻐하였다. 왕이 경대승 등을 불러 물어보기를, "지금 정균이 맡았던 승선承宣의 직임을 장군에게 제수하려고 한다."라고 하였다. 경대승이 아뢰기를, "신은 문자를 알지 못하니 감히 바라는 바가 아닙니다."라고 하였다. 왕이 말하기를, "공이 아니면 장차 누가 좋겠는가. 이부시랑吏部侍郞 오광척吳光陟은 어떠한가."라고 하였다. 대답하여 아뢰기를, "승선承宣은 왕명을 출납하니 유자儒者가 아니면 안 되며, 오광척은 비록 문자를 조금 이해하기는 하나 무신武臣이오니 아마도 정균과 비슷할 것 같습니다."라고 하였다. 왕이 말이 없었다. 이에 경대승은 오광척이 반드시 승선에 제수될 것으로 알고 그를 미워하였다. 경대승의 족형族兄인 장군將軍 손석孫碩이 평소 오광척과 원한이 있었으므로 경대승을 꾀어 함께 오광척을 죽여버리고 마침내 네 집의 당여[四家之黨] 장군將軍 김광영金光英, 지유指諭 석화石和·습련襲連, 중랑장中郎將 송득수宋得秀·기세정奇世貞 등을 사로잡아 죽이니 조정의 벼슬아치들이 궁궐에 와 축하하였다. 경대승이 말하기를, "임금을 시해한 자가 아직 살아 있는데 어찌 축하할 수 있는가."라고 하였다. 이의민李義旼이 이것을 듣고 크게 두려워하였다. 나중에 어떤 무관이 선언宣言하여 말하기를 "정 시중鄭侍中이 대의大義를 제일 먼저 주창하여 문신을 꺾어 누르고 여러 해에 걸친 우리들의 분함을 씻어 주었으니 공이 더할 수 없이 크다. 지금 경대승이 하루아침에 4공公을 죽였으니 누가 그를 칠 것인가."라고 하였다. 경대승은 두려워하여 결사대 백 수십 명을 불러서 오게 하여 문하에 두고 기르면서 도방都房이라 부르며 대비하게 하였다. 얼마 지나지 않아 사직辭職하고 집에 거했으나 나라에 큰 일이 있으면 반드시 나가 결정에 관여하였다.

王皓 ▶ 1179년 9월 송유인의 가신 석구를 유배 보내다

중서성영사中書省令史 석구石球를 섬에 유배 보냈다. 석구는 송유인宋有仁의 가신家臣인데, 송유인의 원수를 갚고자 하여 요사스러운 말을 지어 백성들을 현혹시키고 반란을 일으킬 것을 모의했으나 일이 발각되어 유배를 보냈다.

王皓 ▶ 1179년 10월 팔관회 경비를 줄이다

재상 최충렬崔忠烈이 건의하여 팔관회 경비의 폐해를 아뢰고 이어 말하기를, "백관百官의 과일상과 중금군中禁軍의 복식 장식이 너무 절제가 없으니 청하건대 일체 금지하시기 바랍니다."라고 하였다. 〈왕이〉 그것을 따랐다.

王皓 ▶ 1179년 11월 4일 지진이 있다

지진이 있었다.

王晧 ▶ 1179년 11월 17일 **이광정과 최충렬의 해직을 청하다**

형혹성熒惑星이 세성歲星을 범하니 재상 이광정李光挺과 최충렬崔忠烈이 성변星變을 이유로 해직을 청하였으나 〈왕이〉 윤허하지 않았다.

王晧 ▶ 1179년 11월 **사면령을 내리다**

사면령을 내렸다. 경대승慶大升이 정중부鄭仲夫와 송유인宋有仁을 제거한 이래로 마음을 스스로 보전하지 못하고 항상 여러 사람들로 하여금 마을과 거리를 몰래 정찰하게 하여 우연히 유언비어가 들리면 곧바로 잡아 가두고 국문하여 여러 차례 큰 옥사를 일으키고 형벌을 사용함이 매우 심하여 왕이 가엾게 여겼으므로 이 명령이 있었으니 중앙과 지방에서 모두 기뻐하였다.

王晧 ▶ 1179년 12월 **이광정이 해직을 청하였으나 윤허하지 않다**

이광정李光挺이 또 해직을 청하였으나 〈왕이〉 윤허하지 않았다.

王晧 ▶ 1179년 12월 8일 **지진이 있다**

지진이 있었다.

王晧 ▶ 1179년 12월 **유언비어가 있어 금군을 강화하다**

중방重房에서 12월[歲抄]에 변란이 있을 것이라는 요언妖言을 듣고 크게 두려워하여 금군禁軍으로 하여금 칼을 뽑아들고 대궐을 사방으로 둘러싸서 호위하게 하였더니 그 근시近侍와 환관闇宦 가운데 도망가 숨는 자가 반이 넘었다.

명종 10년(1180년)

-명종광효대왕-

王晧 ▶ 1180년 1월 금에서 사신을 보내와서 왕의 생신을 하례하다

금金에서 소부감少府監 노공盧珙을 보내 와서 생신을 하례하였다.

王晧 ▶ 1180년 1월 경대승의 도방이 약탈을 자행하다

개경[京城]에 도적이 많이 일어나 자칭 경대승慶大升의 도방都房이라 하므로 유사有司에서 체포하여 가두었으나 경대승이 번번이 풀어주었으므로, 이로 인해 공공연히 약탈과 노략질을 행하면서 조금도 두려워하거나 거리낌이 없었다. 이의민李義旼은 경대승이 자기를 해치려고 계획하고 있음을 들은 뒤로 항상 집에 용사勇士들을 모아 방비하였다. 또 도방에서 꺼리는 자를 해칠 것을 계획한다는 것을 듣고 이의민은 더욱 두려워하여 이에 마을의 거리에 큰 문을 세워 밤에 경계하면서 여문閭門이름을 하니 개경[京城]의 방리坊里에서 모두 이를 모방하여 여문을 세웠다.

王晧 ▶ 1180년 2월 궁궐을 영조하다

비로소 궁궐을 영조하였다.

王皓 ▶ 1180년 6월 **이득옥 등이 급제하다**

여름 이득옥李得玉 등 29인, 명경明經 3인에게 급제를 하사하였다.

王皓 ▶ 1180년 6월 **금에서 횡선사를 보내오다**

금金의 횡선사橫宣使로 소부감少府監 곽희국郭喜國이 왔다.

王皓 ▶ 1180년 6월 **경대승의 문객이 죄를 저질렀으나 경대승이 구원하다**

장군將軍 경대승慶大升의 문객門客이 양가良家의 자식을 죽였으므로 유사有司가 체포하여 다스리고자 하였으나 경대승이 힘써 구하여 죄를 면하게 하였다.

王皓 ▶ 1180년 6월 **왕이 후궁 명춘의 죽음을 크게 슬퍼하다**

임금이 아끼던 첩[內嬖] 명춘明春이 죽었다. 왕이 연인의 죽음을 슬퍼하는 것을 그치지 않고 목소리가 나오지 않을 정도로 호곡號哭하니 태후가 놀랐으나 위로하며 왕이 깨닫도록 말하기를, "비록 정이 두텁다 해도 그러나 중방重房에 소리가 들리게 해서는 안 됩니다."라고 하였다. 그러나 오히려 오열嗚咽을 그치지를 못하여 결국 친히 죽음을 슬퍼하는 시[悼亡詩]를 짓고 종친宗親들로 하여금 화답하는 시를 지어 올리게 하여 스스로를 위로하였다. 왕은 타고난 자질이 나약한데 그에 더하여 여러 차례 변고를 겪어 문득 놀라고 두려워하였으며, 무릇 군국기무軍國機務는 모두 무신들에게 견제되니 성색聲色조차도 감히 자기 마음대로 하지 못하였다. 적신賊臣이 평정되어 모조리 죽임을 당함에 이르러서 비로소 여자[姝第]와 사랑에 빠지게 되니 내폐內嬖 중 사랑을 독차지한[專房] 자가 5인이었는데, 그 중에서도 특히 총애를 받은 자는 순주純珠와 명춘明春 두 사람 뿐이었는데, 전해 겨울 순주가 죽고 명춘 또한 죽으니 후궁後宮 중에 〈왕의〉 마음을 기쁘게 해 줄 자가 없었다. 이에 명하여 두 명의 공주를 궁궐로 불러들여 임금의 의복衣服과 탈 것 등 여러 업무를 맡게 하고 아침저녁으로 곁을 떠나지 못하게 하였으니 간혹 같은 이불을 덮고 함께 자기도 하여 돌보고 생각하는 것[眷愛]이 말할 수 없는 것도 있었다. 그 사위가 여러 달을 혼자 지내게 되면서 분노를 이기지 못하여 마침내 이혼[絶婚]하고자 하였더니 왕이 그것을 듣고 이에 그 사위를 불러들여 태후궁太后宮에 거주하게 하고 매일 공주로 하여금 미복微服으로 가서 보고 위로하게 하였다. 11월이 되자 공주를 사저로 돌려보내니 또 순주와 명춘 및 여러 애첩들 소생의 어린 여자아이 수십 명을 궁궐 안으로 불러 모두에게 무늬가 알록달록한[斑斕] 옷을 입히고 비둘기 모양의 작은 수레[鳩車]에 태워 내정內庭에서 즐겁게 놀게 하니 울고 시끄럽고 와자지껄하게 떠드는 것이 궁궐과 같지 않았으므로 무신 등이 모두 말하지는 않았지만 속으로 비난하였고, 혹은 서로 이야기하며 한숨을 쉬며 한탄하는 자도 있었다. 왕은 의종毅宗이 불효하고 우애롭지 못한 것을 징계[懲艾]하였으므로 자신은 즉위한 이래 지성至誠으로 태후를 섬기고 종친과 외척[宗戚]들에게는 정을 두텁게 하고 화목하게 대하였다. 태후가 유종乳癰 앓게 되자 아우인 중 충희冲曦를 불러 병간호를 하게 하였는데, 충희가 궁녀들과 난잡한 행동을 많이 하였고, 또 공주를 간통하여 더러운 소리가 밖에까지 들렸다. 우사간右司諫 최선崔詵이 상소上疏하여 충희의 더러운 행동을 넌지시 아뢰며 그를 내보낼 것을 청하자 왕이 상소를 살펴보고 크게 놀라며 말하기를, "사간司諫이 우리 형제를 이간질 할 줄은 생각지도 못했다."라고 하였다. 마침내 최선을 파직하였다. 이후로 대간臺諫 가운데 감히 말하는 자가 없었으며 조신朝臣은 모두 충희에게 붙어 뇌물이 공공연히 행해졌다.

王晧 ▶ 1180년 7월 중방에서 종참 등을 유배 보내다

중방重房에서 종참宗旵 등 10여 명의 중을 섬으로 유배 보내었다. 예전에 종참 등은 정균鄭筠과 더불어 모의하여 이의방을 죽였고, 마침내 정균과 가까이 하며 친하게 지내면서 후정後庭에 출입하는 것에도 거리낌이 없었다. 정균이 죽자 당시 무신이 모두 이의방의 휘하에 있었고 또 군국軍國의 권력이 중방重房에 속하게 된 것은 모두 이의방의 힘에 연유한 것으로 여겼으므로 마침내 종참 등을 유배 보냈다.

王皓 ▶ 1180년 7월 **참지정사 이소응이 죽다**

참지정사參知政事 이소응李紹膺이 죽었다. 이소응은 봉록과 지위를 탐내고 아쉬워하여 나이가 70이 넘어서도 여전히 치사致仕하지 않았다.

王皓 ▶ 1180년 9월 **2죄 이하로 유배간 자를 풀어주다**

2죄 이하로 유배간 자들을 풀어주었다.

王皓 ▶ 1180년 10월 **경대승에게 서홍정과 말을 하사하다**

경대승慶大升에게 서홍정犀紅鞓 1개와 말 1필을 하사하였다.

王皓 ▶ 1180년 11월 **새 강안전이 완성되다**

중수하던 새 강안전康安殿이 완성되니 문을 편액하여 향복문嚮福門이라 하였는데 중방重房에 가까우니 무신들이 의논하여 이르기를, "향복은 항복降伏과 소리가 서로 비슷하니 아마도 문신들이 이것으로 무신을 눌러 항복하게 하려고 함이다."라고 하였다. 그 편액을 고치기를 주청하였니 평장사平章事 민영모閔令謨에게 명하여 고쳐 영희문永禧門이라 하자 무신들이 다시 말하기를 "문신의 뜻은 짐작할 수가 없으니 영희에 따로 깊은 뜻이 있는지 어찌 알겠습니까. 희禧는 복福이지만, 영永이라는 글자의 뜻은 길흉吉凶을 알 수가 없습니다. 중重이라는 글자는 본방本房의 칭호이니 고쳐 중희重禧로 하시기를 청합니다."라고 하였다. 〈왕이〉 그 말을 따랐다.

王皓 ▶ 1180년 11월 **금에 사신을 보내 횡선사 파견에 사례하고 신정을 하례하다**

비서소감秘書少監 왕도王度를 금金에 보내 횡선사橫宣使를 보내준 것에 대해 사례하고, 낭장郞將 심진승沈進升으로 하여금 임금의 생신을 하례해 준 것에 대해 사례하게 했으며, 병부낭중兵部郎中 진사룡陳士龍으로 하여금 신정을 하례하게 하였다.

王皓 ▶ 1180년 12월 5일 **태백성이 나타나다**

태백성太白星이 낮에 나타나 하늘을 가로질렀다.

王皓 ▶ 1180년 12월 **경대승이 허승 등을 죽이다**

장군將軍 경대승慶大升이 태자부 지유별장太子府 指諭別將 허승許升과 어견룡행수御牽龍行首 김광립金光立을 죽였다. 경대승은 정중부鄭仲夫를 죽인 이래로 항상 두려움을 품고서 집에 많은 장사壯士를 길렀고 긴 베개長枕와 큰 이불大被을 마련하고 날마다 돌아가며 숙직하게 하고, 혹은 자신이 함께 이불을 덮어 정성스러운 마음誠款을 보여주었다. 허승 등은 그가 함께 공을 세운 것을 믿고 거만하여 방자하게 굴었고, 몰래 불량배惡少를 길렀으며, 또 동궁東宮을 가까이 모시면서 뒷벽에 누워서 밤새도록 노래를 부르고 피리를 불어 방약무인旁若無人 하였다. 경대승이 그를 꺼려하여 허승을 자기의 집으로 불러 베어 죽이고 또 길에서 김광립을 보자 죽여버렸다. 군사들로 자기를 호위하게 하여 궐에 나가 아뢰기를, "허승 등은 그 마음이 내키는 대로 하여 신등을 죽이려고 했을 뿐만 아니라 또 반역不軌을 도모하였는데 일이 급박하게 되어 아뢰어 올릴 겨를이 없어 이미 베어 죽였습니다."라고 하였다. 왕이 근신近臣에게 명하여 위로하게 하니, 재상 이하 가운데 그의 집에 모여 축하하지 않은 이가 없었으며 어떤 사람들은 서찰을 보내어 축하하였다. 경대승은 스스로 조금 안심이 되어 군사들이 호위하는 것을 그만두었다.

王皓 ▶ 1180년 12월 **중서시랑평장사 최충렬 등을 임명하다**

최충렬崔忠烈을 중서시랑평장사中書侍郎平章事로 삼고, 한문준韓文俊은 참지정사參知政事로, 최우청崔遇淸은 추밀원사樞密院使로 삼았으며, 이응소李應招는 지추밀원사知樞密院事로, 최세보崔世輔는 동지추밀원사同知樞密院事로 삼았다.

명종 11년(1181년)

-명종광효대왕-

王皓 ▶ 1181년 1월 금에 사신을 보내 방물을 헌상하다

위위소경衛尉少卿 이보덕李輔德을 금金에 보내 방물方物을 헌상하였다.

王皓 ▶ 1181년 1월 연등회를 열어 크게 즐기다

연등대회燃燈大會 때 〈왕이〉 장전帳殿에 거둥하여 음악을 보고 밤에는 군신들과 흥겹게 술을 마시며 날이 다하도록 폐하지 않았는데, 군교軍校가 모두 술을 마시고 북을 치고 시끄럽게 떠들었으며, 견룡牽龍은 그 평상을 높이는 것을 다투어 부계浮階와 더불어 서로 가지런하니 존비의 등급이 없었다. 왕 또한 매우 취하여 일어나 춤추려 하자 좌승선左承宣 문장필文章弼이 간하여 중지시켰다.

王皓 ▶ 1181년 1월 금에 사신을 보내 만춘절을 하례하다

장군將軍 신보지申寶至를 금金에 보내 만춘절萬春節을 하례하였다.

王皓 ▶ 1181년 1월 금에서 사신을 보내와서 왕의 생신을 하례하다

금金에서 대부감大府監 임척任倜을 보내와 〈임금의〉 생신을 하례하였다.

王皓　1181년 1월 **분경을 금지하고 승진에 연한을 두다**

낭사郎舍에서 아뢰기를,

"옛 제도에 문리文吏와 산관散官 중 지방관에 보직되는 자는 모두 연한이 정해져 있어 공이 있지 않으면 등급을 뛰어넘어 승진[超遷]할 수 없었습니다. 지금은 혹 1~2년만에 등급을 초월하여 받기도 하고, 30여 년을 있어도 선발되지 못하니 인사人事[政]를 함부로 하여 사람들이 원망스러워 합니다. 과거에 급제[及第登科]한 자는 한限 5년, 서리胥吏에서 시작하여 관원이 된 자는 한限 8년 이상을 한도로 하여 시행을 허락하고 나머지는 모두 소급하여 중지하기를 청합니다."라고 하였다. 〈왕이〉 그 말을 따랐다. 당시 정사가 권문權門에서 나왔으므로 분경奔競과 뇌물賄賂에 대해 부끄럽고 미안한 마음이 없었고, 무신 중 기세가 있는 자는 각기 한사람씩 천거하여 관직을 차지하게 하였으며, 만약 차지하지 못하면 집정자의 집에 찾아가 온갖 말로 다투고 힐난하니 집정자도 모두 두려워하고 위축되어 부득이하게 허락하였다. 총재冢宰 민영모閔令謨는 성품이 어눌하고 비겁하였고 젊어서는 지조와 행실이 어그러졌으며, 판병부判兵部 이광정李光挺은 완고하고 탐욕스러우며 무식하였으니, 이런 까닭으로 전주銓注가 함부로 되므로[猥濫] 이에 이러한 주청이 있었다. 그러나 소급하여 중지하게 한 자가 또 뇌물을 사용하여 하지 못하는 일이 없었으므로 최충렬崔忠烈과 한문준韓文俊 같은 무리가 힘써 그 의논을 배척하며 말하기를, "전조前朝에서는 문신들이 각기 자기의 뜻을 고집하여 인물을 평가[臧否人物]하다가 패하기에 이르렀는데, 어찌 전철[往轍]을 다시 밟으려는가."라고 하였다. 여러 낭사가 서로 보며 놀라 얼굴빛이 변하였고, 다시는 그를 힐난하는 이가 없었다.

王皓　1181년 3월 **한신충 등의 반란 모의를 차단하다**

전 대정隊正 한신충韓信忠·채인정蔡仁靖·박돈순朴敦純 등이 반란을 일으키려 모의하는 것을 영사令史 대공기大公器가 알고서 장군將軍 경대승慶大升에게 고하니 경대승이 임금에게 아뢰고 사로잡아 국문하였다. 낭장郎將 석화石和와 별장別將 박화朴華, 주부注

簿 이돈실李敦實이 공초에 연루[辭連]되었으므로 이에 한신충·채인정蔡仁靖·박돈순朴敦純 등은 섬으로 유배를 보냈고, 석화는 좌천시켜 남해현령南海縣令으로 삼았으며, 박화는 하산도 구당사河山島 句當使로 삼았고, 이돈실은 광주廣州로 유배 보냈다.

王皓 ▶ 1181년 3월 도둑 떼가 대창과 봉은사를 약탈하다

도둑 떼가 대창大倉에 들어오니 대정隊正 송당청宋康淸이 군졸을 모아 힘껏 싸웠으나 이기지 못하고 죽었다. 또〈도둑 떼가〉봉은사에 들어가 북을 치고 시끄럽게 떠들며 위협하여 약탈했는데, 태조 진전太祖 眞殿에서 은병銀甁 30여 개를 도둑질하였다.

王皓 ▶ 1181년 윤3월 의주를 관할하던 송저를 좌천시키다

우간의右諫議 송저宋詝를 좌천하여 거제현령巨濟縣令으로 삼았다. 옛 제도에, 의주義州는 두 나라의 관문關門이 되므로 무릇 사신使介의 왕래와 문첩文牒의 출입은 모두 이곳을 경유하였으므로 반드시 문신 가운데서 가려뽑아 이곳을 지키게 하였으며, 그 분도원分道員도 또한 상참관常參官 가운데 명망名望이 있는 자로 보냈다. 경인년1170 이후부터 무신들이 권력을 행사하면서 변방을 지키는 장군은 모두 병마兵馬의 직임을 띠게 하고 분도分道로 삼았고, 창주昌州와 삭주朔州 두 성도 모두 장군에게 맡겼으며, 의주는 곧 문첩文牒을 서로주고 받는다 하여 문관과 무관 2인을 겸치하였으므로 고을 사람들이 경비로 인해 괴로워하였다. 송저가 병마사가 되니 호소하기를, "우리 고을은 본디 북쪽의 비루하고 부족한 시골인데 문무 분도가 항상 한 성에 거주하니 그 경비를 댈 돈이 부족하며, 몇 년 지나지 않아 고을은 폐허가 될 것이니 청하건대 상주馳奏하여 편리한대로 몇 개의 성으로 나누어 관장하게 해 주십시오."라고 하였다. 송저가 옳다고 여기고 문관으로 의주분도義州分道를 삼고 영주靈州와 위원진威遠鎭을 예속하게 하고, 무관武官으로 정주분도靜州分道를 삼아 인주麟州와 용주龍州를 예속하게 하자고 갖추어 아뢰었더니, 그 말을 따른다고 제서를 내렸다. 여러 장군들이 그것을 듣고 노하여 서로 일러 말하기를, "이것은 무신의 권력을 뺏고자 함이니 송저를 베어 죽임으로써 사죄받기를 청합니다."라고 하였다. 왕이 깜짝 놀라 친히 타이르고 〈기분을〉 풀어주고 마침내 송저를 좌천시켰다.

王皓 ▶ 1181년 4월 **이원목이 기우소를 지어 올리다**

직한림원直翰林院 이원목李元牧이 기우소祈雨疏를 지어 올렸는데 당시 정치의 잘못에 대한 말이 많자 왕이 이원목을 불러 이르기를, "속담에 '봄 가뭄은 밭에 비료를 주는 것과 같다.'라고 하였다. 간혹 비를 내리는 은택이 있다면 천심天心의 어질고 자애로움은 알 수 없는 것이거늘 근래 태사太史가 기우祈雨를 청하니 내가 어기기 어려워 허락하였던 것인데 너는 어찌하여 나의 잘못을 끌어들여 말을 꾸미는가."라고 하였다. 즉시 명령하여 다시 찬술하라고 하였다.

王皓 ▶ 1181년 4월 **이의민이 병을 핑계로 경주로 돌아가다**

형부상서 상장군刑部尙書 上將軍 이의민李義旼이 병을 핑계로 경주慶州로 돌아갔다. 옛날에 경대승慶大升이 허승許升을 죽이자 이의민은 병마사兵馬使로서 출진出鎭하였다. 어떤 사람이 경대승이 죽었다고 잘못 전하자 이의민은 그것을 듣고 크게 기뻐하며 말하기를, "내가 경대승을 죽이고자 했는데 누가 나보다 먼저 채찍을 들었는가."라고 하였다. 경대승이 듣고서 그를 원망하였다. 이의민이 돌아와 스스로 편안하지 못함을 두려워하여 가게 해 달라고 청하였다.

王皓 ▶ 1181년 7월 **매일 밤 궁문 밖을 순찰하게 하다**

밤에 수창궁壽昌宮 북쪽 담에서 돌을 던져 임금의 침실의 북쪽 창문에 닿은 것이 서너 번 있자 숙위가 모두 놀라 순찰하며 수색했으나 결국 찾지 못하였다. 중방에서 청하여 아뢰기를, "매일 밤 장군 1명이 수하의 군교軍校를 거느리고 궁문 밖 및 여러 요해처에 복병伏兵하여 갑작스럽게 일어난 변고에 대비하십시오."라고 하였다. 〈왕이〉 그 말을 따랐다.

王皓 ▶ 1181년 7월 재추와 중방 등이 모여 물가와 평두곡을 정하다

재추宰樞·중방重房·대간臺諫이 봉은사奉恩寺에 모여 시장의 물개[市價]와 평두곡平斗斛을 정하고, 어기는 자는 섬으로 귀양보내기로 하였다.

王皓 ▶ 1181년 8월 백관이 활쏘기를 연습하다

백관百官이 서교西郊에서 활쏘기를 연습하였다.

王皓 ▶ 1181년 9월 찰방사의 출척 조치를 시정하다

조서를 내려 이르기를,
 "짐이 듣건대 작년에 10도十道의 찰방사察訪使가 관리官吏를 출척黜陟하였으나 이치에 어긋난 것들이 많았다고 한다. 그 중에 포상을 지나치게 많이 입은 자는 오히려 괜찮다고 할 수 있을 것이나, 죄에 대한 벌을 잘못 받아 원통하고 억울하나 고할 곳이 없는 자는 애석하지 아니한가. 그 모두를 용서하여 죄를 면해 주고 옛날 관직에 따라 서용하라."
라고 하였다. 명하여 2죄 이하는 모두 형벌을 면제하고 부처付處하게 하였다. 나라에서 안찰사按察使를 보내 주현州縣을 순찰하게 하되 봄과 가을로 교대하게 하고[更代], 찰방사를 보내 관리를 출척하게 하였다. 인종仁宗 임술년1142부터 찰방사를 보내지 않고 오직 안찰사에게 위임하였더니 안찰사가 된 자가 다만 전례[故常]만 따르고 탄핵하여 드러내지[彈擧] 못했기 때문에 관리가 침탈[侵漁]하는 것에 힘썼으므로 백성들이 해를 입는 일이 많았다. 경인년1170과 계사년1173 이후 정치를 하면서 나오는 명령이 더욱 가혹해져 백성들의 삶은 더욱 어려워졌다. 무술년1178에 재상 송유인宋有仁과 이광정李光挺 등이 건의하여 다시 찰방사를 보내 관리 가운데 뇌물을 받은 것에 연루되어[坐贓] 벼슬자리에서 떨어진[落職]자가 990여 인으로 모두 다 장부[籍]에 기록하였다. 이에 함께 은50여 근을 모아 정중부鄭仲夫에게 뇌물을 주고 그 장부에서 〈이름이〉 삭제되기를 청했으나 정중부는 이루어주지 못하고 패배하였다. 이로부터 권귀權貴에게 큰 뇌물을 주고 이름을 지우기를 청하였으나 오히려 이루지 못하였다. 이에 이르러 권력을 가진 자가 지적해 말하기를, "하늘의 꾸짖음[天譴]이 여러 차례 나타나고, 근거없는 소문이 점차 성행하는 것은 모두 원통함이 넘쳐서이니 조서를 내려 용서하여 주십시오."라고 하였다. 대각臺閣에서는 한마디 말이 없었다.

王皓 ▶ 1181년 10월 서경에서 팔관회를 행하게 하다

참지정사參知政事 최충렬崔忠烈에게 명하여 서경西京에 가서 팔관회八關會를 행하게 하였다. 옛 제도에 매번 연등회와 팔관회 때에는 재상을 서경西京에 보내 대신 재제齋祭를 설행하게 했는데, 갑오년1174 서경에서 일이 생기자 조서를 내려 사신을 보내는 것을 정지하였다가, 근년 이래로 다만 3품관만을 보냈다. 최충렬은 그곳에서 뇌물을 받는 것을 이롭게 여겨 아뢰기를, "선왕께서는 모두 재상을 사신으로 보내신 것은 서경[冀京]을 중시해서였으니 바라건대 옛 제도에 의거하십시오."라고 하였다. 왕이 그의 뜻을 미루어 알고서 그의 말을 따랐다. 돌아올 때 그냥 받은 물건이 많아서 짐을 실은 수레 30여 량이 잇달아 성에 들어왔다.

王皓 ▶ 1181년 10월 이소응의 처를 노하게 한 박보광을 처벌하려 하다

지어사대사 대장군知御史臺事 大將軍 박제검朴齊儉의 아들 박보광朴葆光은 나이가 어린데 무뢰하여 길에서 이소응李紹膺을 처를 만나자 그녀를 따르는 계집종을 때리고 욕하였다. 이소응의 아내가 크게 노하여 동복僮僕을 데리고 박제검의 집에 이르러 그를 죽이고자 하니 박보광이 도망쳐 숨었다. 이소응의 사위는 바로 경대승慶大升의 동생으로, 이소응의 처는 경씨慶氏의 세력을 빙자하여 중방重房에 호소하니 중방에서 아뢰기를, "박보광은 경박하고 무뢰하여 길에서 재상의 처를 욕보였으니 매우 무례하므로 마땅히 법에 따라 처리해야 합니다."라고 하였다. 사건을 중방으로 내려보내 다스리게 하였는데, 박보광은 끝내 나오지 않았고 박제검이 연좌되어 파면되자 〈박제검은〉 중방 관료의 사가를 두루 찾아다니며 불쌍히 여겨주기를 바라니 중방이 그를 불쌍히 여겨 관직으로 복직 시켜 줄 것을 청하였다. 박제검은 몸이 헌장憲長에 있으면서도 아첨하고 인정이나 뇌물을 써서 사사롭게 만나보기를 청하니 대간의 기강이 크게 무너졌다.

王皓 ▶ 1181년 10월 대관전에서 인왕도량을 열고 반승하다

대관전大觀殿에서 인왕도량仁王道場을 열고 30,000명에게 반승飯僧하였다.

王皓 ▶ 1181년 11월 금에 사신을 보내 생일 축하에 사례하고 신정을 하례하다

장군將軍 최련崔璉을 금金에 보내 임금의 생신을 하례해 준 것을 사례하였고, 김용순金用純으로 하여금 신정을 하례하게 하였다.

王皓 ▶ 1181년 12월 의종의 어진을 선효사로 옮겨 봉안하다

의종毅宗의 어진御眞을 선효사宣孝寺로 옮겨 봉안하였다. 원래 성 서쪽의 해안사海安寺에 봉안하였었는데, 이에 이르러 무신들이 의논하여 이르기를, "의종은 무인을 원수로 여겼으니 진영을 무방武方에 봉안하는 것은 마땅치 않습니다."라고 하였다. 드디어 성 동쪽 오미원吳彌院을 고쳐 선효사라고 부르고 진전眞殿을 세우고 옮겨 봉안하였으며, 해안사는 중방重房의 원당願堂으로 삼았다.

王皓 ▶ 1181년 12월 지추밀원사 최세보 등을 임명하다

최세보崔世輔를 지추밀원사知樞密院事로, 송청宋淸과 한약韓約을 추밀원부사爲樞密院副使로 삼았다.

명종 12년(1182년)

-명종광효대왕-

王皓 ▶ 1182년 1월 **금에 사신을 보내 방물을 진상하고 만춘절을 하례하다**

낭장郞將 김광유金光裕를 금金에 보내 방물方物을 진상하고, 낭중郞中 전원균田元均을 보내 만춘절萬春節을 하례하게 하였다.

王皓 ▶ 1182년 1월 **금에서 사신을 보내와서 왕의 생신을 하례하다**

금金에서 야율중방耶律仲房을 보내 와서 생신을 하례하였다.

王皓 ▶ 1182년 2월 **중서시랑평장사 최충렬이 죽다**

중서시랑평장사中書侍郞平章事 최충렬崔忠烈이 죽었다.

王皓 ▶ 1182년 2월 **관성과 부성 두 현을 철폐하다**

관성管城과 부성富城의 두 현을 철폐하였다. 이보다 먼저 관성현령管城縣令 홍언洪彥이 백성을 침학하고 음란하고 거친 것이 한도가 없어 아전과 백성들이 홍언이 사랑하던 기생을 죽이고 마침내 홍언을 잡아 가두었다. 유사有司에서 조사하고 심문하여 주모자는 귀양보내고 홍언 또한 종신토록 벼슬하지 못하게[廢錮] 하였다. 또 부성현령富城縣令은 현위縣尉와 서로 사이가 좋지 않아 해가 무고한 이에게까지 미치니 온 고을이 괴로워하여 결국 지방 관아[尉廨]의 관리와 노복을 죽이고 위아의 문을 폐쇄하게 하여 출입하지 못하게 하였다. 유사가 아뢰기를, "두 현은 패역悖逆함이 막심하니 청하건대 관호官號를 삭제하고, 령令과 위尉는 두지 마십시오."라고 하였다. 〈왕이〉 그 말을 따랐다.

王晧 ▶ 1182년 3월 **3년간 여묘살이를 한 장광부를 표창하다**

군기주부軍器注簿 장광부張光富가 3년간 여묘廬墓하였으므로 마을에 정문旌門을 세워 표창하였다.

王晧 ▶ 1182년 3월 **동서북면 병마사를 임명하다**

상장군上將軍 권절평權節平을 서북면병마사西北面兵馬使로 삼고, 상서우승尙書右丞 송단宋端을 동북면병마사爲東北面兵馬使로 삼았다. 옛 제도에 양계兩界의 병마사가 길을 떠나는 날 오직 교외의 정자에서 모임을 열 뿐이며 비록 친구라 하더라도 사사로이 전별하지 못하게 하였는데, 이는 대개 그 위엄을 중시했기 때문이었다. 근년에 먼 길 떠나는 사람을 전송祖餞하는 것이 풍습으로 성행하여 교외의 들판에 떼를 지어 몰려들어 서로 허물없이 굴며 자못 위엄과 무게를 손상시켰다. 이에 이르러 이 두 사람은 일찍 나가 전별하는 것이 모두 미치지 못하게 하니 당시 여론은 이들이 체통을 차린 것을 훌륭하게 여겼다.

王晧 ▶ 1182년 3월 **전주의 기두 죽동 등이 반란을 일으키다**

전주全州의 기두旗頭 죽동竹同 등이 반란을 일으켰다. 예전에 사록司錄 진대유陳大有는 자못 청렴결백한 것을 자부하고 형벌을 사용하는 것이 매우 가혹하여 백성들이 많이 괴로워하였다. 국가에서 정용보승군遣精勇保勝軍으로 하여금 관선官船을 만들게 하니 진대유가 상호장上戶長 이택민李澤民 등과 더불어 공역을 감독하는 것이 매우 가혹하였다. 죽동 등 6인이 관노官奴와 불만을 가진 무리를 불러모아 마침내 진대유를 산사山寺로 쫓아보내고, 이택민 등 10여 명의 집을 불태우니 아전들이 모두 달아나 숨었고 이에 판관判官 고효승高孝升을 협박하여 고을의 아전을 바꾸게 하였다. 안찰사按察使 박유보朴惟甫가 고을에 들어가니 도적들이 군사의 대외兵伍를 크게 늘어세워 놓고 진대유의 불법한 일들을 열거하며 호소하니 안찰사는 부득이하게 진대유에게 형구를 씌워 개경[京師]로 보냈으며, 화복禍福으로 도적을 타일렀으나 따르지 않았다. 이에 도내道內의 군사를 동원하여 그들을 정벌하니 도적이 성을 닫고 굳게 지켰다. 각문지후閤門祗候 배공숙裴公淑과 낭장郎將 유영劉永 등을 보내 와서 반역의 상태를 물어보게 하였다. 배공숙 등은 성에 들어가 대정隊正 1인을 달래서 도적의 수괴를 제거할 것을 꾀하여 계획이 거의 이루어지려고 하는데, 참소를 당해 파직되었고 낭중郎中 임용비任龍臂와 낭장郎將 김신영金臣穎으로 그를 대신하게 하였다. 안찰사가 보낸 군사가 성을 공격하였으나 함락시키지 못하고 이미 40여 일이 되자 대정이 중들과 더불어 죽동 등 10여 인을 죽였다. 적이 평정되자 갑자기 임용비 등이 곧 이르러 남은 당여 30여 인을 찾아 베어 죽이고 성과 참호를 부수고 돌아왔다.

王皓 ▶ 1182년 5월 백관이 전주를 평정한 것을 축하하다

백관百官들이 전주全州를 평정한 것을 하례하였다.

王皓 ▶ 1182년 5월 근신을 보내 십원전에서 사리를 맞이하게 하다

근신近臣을 보내 십원전十員殿에서 사리[佛骨]을 맞이하게 하였다.

王皓 ▶ 1182년 6월 전라도안찰사를 교체하다

전라도안찰사全羅道按察使 박유보朴惟甫를 파면하고 이장보李章甫로 하여금 그를 대신하게 하였으니 전주를 편안히 어루만지지 못하고 마음대로 군사를 훈련[調兵]시켰기 때문이다.

王皓 ▶ 1182년 6월 **허징 등이 급제하다**

허징許徵 등 30인, 명경明經 4인에게 급제를 하사하였다.

王皓 ▶ 1182년 9월 **목친전과 여정궁이 완성되다**

목친전穆親殿과 여정궁麗正宮이 완성되었다.

王皓 ▶ 1182년 11월 **금에 사신을 보내 생일 축하에 사례하고 신정을 하례하다**

장군將軍 안윤공安允恭을 금金에 보내 생신을 하례해 준 것에 대해 사례하였고, 병부낭중兵部郎中 최영유로 하여금 신정을 하례하게 하였다.

王皓 ▶ 1182년 12월 **왕공을 수사도 소성후로 삼다**

왕공王珙을 수사도 소성후守司徒 邵城侯로 삼았다. 왕공은 성품이 탐욕스럽고 비루하여 물건을 사고 팔 때 가노家奴를 보내 차지하고 빼앗고는 값을 주지 않으니 비록 땔나무·풀·채소·과일에 대해서도 또한 그렇게 하였다. 파는 사람이 간혹 쫓아가서 그 값을 요구하면 번번이 구타와 욕설을 당하니 민간에서 매우 고통스럽게 여겼다. 추밀부사樞密副使 조원정曺元正의 가노가 시장에 들어가 죽은 꿩 두 마리를 팔았는데, 왕공의 노비가 그것을 빼앗으니 조원정이 법관法官에 무고하여 말하기를, "우리집 종이 서대犀帶 2개를 가지고 시장을 지나가는데 왕공의 노비가 강제로 빼앗았으니 청하건대 돌려주십시오."라고 하였다. 법관이 그 노비를 가두고 고문을 매우 혹독하게 하였더니 노비가 거짓으로 자백하였고 왕공도 당연히 같이 연좌되었다. 조원정에게 백은 6근을 뇌물로 주고 〈죄를〉 면하게 되니 듣는 자들이 조원정을 속인 일은 싫어했지만 또 왕공이 굴욕挫辱을 당한 것은 기뻐하였다. 왕공이 죽으니 나라 사람들이 모두 기뻐하며 말하기를, "우리들이 살게 되었다."라고 하였다.

王皓 ▶ 1182년 12월 **참지정사 문극겸 등을 임명하다**

문극겸을 참지정사參知政事로, 문장필文章弼은 추밀원부사樞密院副使로 삼았다.

명종 13년(1183년)

―명종광효대왕―

王皓 ▶ 1183년 1월 **금에서 사신을 보내와서 왕의 생신을 하례하다**

금金에서 대부감大府監 복산연僕散衍을 보내 와서 〈임금의〉 생신을 하례하였다.

王皓 ▶ 1183년 1월 **금에 사신을 보내 방물을 바치고 만춘절을 하례하다**

이부낭중吏部郞中 문장위文章偉를 금金에 보내 방물方物을 바치고, 낭장郞將 노효돈盧孝敦은 만춘절萬春節을 하례하게 하였다.

王皓 ▶ 1183년 2월 **이준창 형제를 참소하는 익명서가 날아들다**

어떤 남자가 밤에 익명서匿名書를 수창궁壽昌宮 문에 던지자 순검관巡檢官이 그것을 잡았는데 곧 형부시랑刑部侍郞 이준창李俊昌 형제를 참소하는 내용이었다. 왕은 성품이 유약하여 일이 모두 여러 장군들에게서 결정되었고 다만 머리를 끄덕일 뿐이었다. 여러 장수들이 그 글을 믿고 이준창 등을 죽이려고 의논하니 왕이 그것을 듣고 대장군大將軍 정방우鄭邦佑를 불러 꾸짖어 말하기를, "계사년1173 이래 무고한 자가 많은 피해를 입었으나 내가 구해주지 못하였으니 허물은 실로 내게 있다. 지금 이준창 등이 만약 실제로 반역을 꾀한다면 저 남자는 반드시 나타나서 아뢰었을 것이나 밤에 익명서를 던진 것은 잘못이 남자에게 있는 것인데 여러 장수들은 어찌 도리어 이준창을 죽이려고 하는가."라고 하였다. 여러 장수들이 남자를 고문하자 과연 무고함을 자백하므로 섬으로 유배 보내었다. 이준창이 일찍이 그 땅을 빼앗아 원한을 품은 것이었다.

王皓 ▶ 1183년 2월 **흰 개를 기르는 것을 금지한다는 소문이 돌다**

당시 근거없는 소문이 돌기를, "국가가 흰 개를 기르는 것을 금지하는데, 금령을 따르지 않는 자는 베어 죽인다."라고 하였다. 이에 흰 개를 기르는 사람들을 모두 죽였는데, 혹은 강 속에 던지기도 하였으며, 죽이기를 원치 않는 사람은 그 털에 검은 물을 들이기도 하였다. 특별히 조서를 내려 금지시키니 드디어 중지되었다.

王皓 ▶ 1183년 4월 **홍원사에서 화엄회를 열다**

홍원사洪圓寺에서 화엄회華嚴會를 열고 경인년1170과 계사년1173이래의 사망자를 천도하였다.

王皓 ▶ 1183년 5월 **중방에서 동반 관직을 줄일 것을 아뢰다**

중방重房에서 동반東班의 관직官職을 줄일 것을 아뢰었다.

王皓 ▶ 1183년 6월 **금에서 사신을 보내 양을 하사하다**

금金에서 대리경大理卿 흘석렬紇石烈을 보내 와서 양을 하사하였다.

王皓 ▶ 1183년 7월 **경대승의 졸기**

장군將軍 경대승慶大升이 죽었다. 경대승은 청주淸州 사람으로 중서시랑평장사中書侍郎平章事 경진慶珍의 아들이다. 힘[膂力]이 남들보다 뛰어났고 어려서부터 큰 뜻이 있어 가산家産을 일삼지 않았다. 15세에 음서로 교위校尉가 되었고 여러 번 관직을 옮겨 장군將軍에 이르렀다. 경진은 성품이 탐욕스럽고 비루하여 남의 전지를 많이 빼앗았는데, 경진이 죽자 경대승은 그 토지문서[田案]을 모두 선군選軍에게 바치고 하나도 취하지 않으니 사람들이 그 청렴함에 감복하였다. 항상 무인들의 불법不法한 일에 분개하였는데, 개연慨然히 복고復古에 뜻이 있어 문관들이 의지하며 중하게 여겼고 또 의종毅宗을 시해한 자를 제거하고자 하였으나 그 일은 어렵고 커서 칼날을 숨기고 꺼내지 못하였다. 정중부鄭仲夫와 송유인宋有仁을 베어 죽이자 왕이 속으로 꺼리면서 밖으로는 두터운 은총[優寵]을 보여 모든 주청에 대해 자신의 의지를 꺾고 따랐기 때문에 사람들이 많이 와서 따르고 붙었지만 학식과 용기와 지략이 있지 않은 자는 번번이 거절하니 무관들이 두려워하고 꺼려했으나 감히 방자하게 하지 못하였다. 어느 날 저녁 홀연히 정중부가 칼을 잡고 성내며 크게 꾸짖는 꿈을 꾸고는 인하여 병을 얻어 죽었으니 30세였다.

王皓 ▶ 1183년 7월 이광정이 거짓으로 사직을 청하다

문하시랑평장사門下侍郎平章事 이광정李光挺이 거짓으로 표문을 올려 사직을 청하니 <왕이> 허락하지 않았다. 당시 총재冢宰 민영모閔令謨는 나이가 70세가 아직 못 되었지만 치사할 뜻[告老之志]이 있었으나 오히려 결정을 하지 못하고 있었는데 이광정이 그 직을 대신하고 싶어 먼저 거짓으로 퇴직을 빈 것이니 대개 민영모를 핍박하여 빨리 치사하게 하기 위해서였다.

王皓 ▶ 1183년 8월 경대승의 도방을 체포하여 유배 보내다

경대승慶大升의 도방都房을 체포하여 모두 먼 섬으로 유배를 보냈다. 예전에 경대승이 정중부鄭仲夫를 토벌할 때 견룡牽龍 김자격金子格이 힘이 되었으므로 이로 인하여 경대승이 그를 더욱 사랑하여 그로 하여금 도방을 거느리게 하였다. 경대승이 죽자 도방에서 돈을 거두어 장례를 치루었다. 장례를 마치고 장차 뿔뿔이 흩어지려 할 때 술값을 모아 술을 마셨는데, 김자격이 도리어 무고하여 말하기를, "경대승 도방이 왕왕 다시 모이는 것은 장차 난을 일으키려는 것입니다."라고 하였다. 왕이 평소에 경대승을 꺼려하였으므로 중방重房에 명하여 그들을 사로잡게 하였고 장군將軍

정존실鄭存實 등으로 하여금 그들을 다스리게 하였는데, 무릇 60여 인을 잡아와 엄중하게 고문을 가하여 그 무리를 찾아내어 씨를 말리고자 하였다. 왕이 내시와 환관內僚을 시켜 형벌이 가혹한지 느슨한지를 엿보게 하고 모두 먼 섬으로 유배 보냈는데, 고문[捶楚]이 너무 혹독하여 길에서 죽는 이가 많아 살아남은 이가 4·5인에 불과하였다. 후에 정존실은 홍정紅鞓을 만드는 장인[紅鞓工]이 언광彥光의 집을 사는데 백은白銀 35근을 값으로 정했는도 다만 23근만을 전해주며 속여 말하기를, "네가 집을 옮기는 것을 기다려 모두 갚겠다."라고 하였다. 언광이 말하기를, "1·2근이라도 또한 불가하거늘 하물며 12근이겠습니까."라고 하였다. 마침내 이사하지 않았다. 정존실이 노하여 가구소街衢所에 가서 무고해 말하기를, "우리 집의 사람이 백은 12근을 가지고 저자거리를 지나가는데, 언광이 무리를 지어 협박하여 빼앗았으니 치죄하기를 청합니다."라고 하였다. 가구소의 관리는 비록 그것이 무고임을 알았지만 정존실이 모질고 사나운 것을 두려워하여 언광과 그의 아내와 종과 이웃사람 등 무려 40여 인을 가두고 고문하니 언광이 매우 급박하게 되었으나 계책이 나올 바가 없어 정존실에게 은 12근을 뇌물로 주고 풀려났다. 또 어떤 백성이 도로에 면해 집을 지었는데 정존실이 도로가 좁다고 핑계대며 집을 부수라고 명하더니 백성이 뇌물을 바치고서야 중지하였으므로 그 탐욕스럽고 난폭함이 이와 같았다.

王皓 ▶ 1183년 8월 금에 사신으로 가는 자의 짐의 양을 제한하다

재추宰樞가 아뢰기를,

"매년 사명使命을 받들고 금金에 가는 자가 사적인 교역[懋遷]을 이롭게 여겨 토산물을 많이 가져가므로 물건을 수송하고 옮기는 폐해가 있어 역리驛吏가 괴로워합니다. 사사롭게 가져가는 상자는 마땅히 정해진 수가 있어야 하며 위반한 자는 관직을 박탈해야 합니다."

라고 하였다. 〈왕이〉 이 말을 따랐다. 얼마 안 되어 장군將軍 이문중李文中과 한정수韓正修 등이 금金에 사신으로 가게 되자 큰 이익을 놓칠까 두려워하여 구례舊例를 회복시켜 달라고 청하니 왕이 또 허락하였다. 왕은 유약하고 결단력이 없어 정령政令

이 일정하지 못하여 아침에 나온 것을 저녁에 고치니 이와 같은 것이 많았다.

王皓 ▶ 1183년 8월 **이윤평과 조영인을 처벌하다**

예전에 양현고養賢庫의 기관記官이 창고에서 은그릇을 빌려 낭장郎將 이윤평李允平의 집에 맡겨두었다. 며칠이 지나 기관이 그릇을 가지러 갔다가 돌아오지 않자 그 처가 기다리다가 대바구니에 담긴 시신이 길가에 있다는 것을 듣고 가서 보니 바로 남편이었다. 처는 반드시 이윤평이 죽인 것이라 생각하고 유사有司에 그를 치죄해달라고 하소연 하였으나 이윤평이 불복不服하니 오랫동안 감옥에 있어 그 가족과 기관의 친구들 가운데 고문을 받아 죽은 자가 여러 사람이었다. 나라사람들이 모두 말하기를 "이윤평이 실제로 기관을 죽인 것인데, 법관이 고의로 느리게 처리하고 있다."라고 하였다. 당시 중군中軍에서 전투말을 점검했는데, 주부注簿 조영인趙永仁이 복식服飾과 안마鞍馬를 지극히 깨끗하고 화려하게 하고 신기반神騎班에 이름을 올릴 것을 구하니, 병마부사兵馬副使 백임지白任至가 말하기를, "조영인의 집이 본래 가난한데 지금은 매우 부유한 것에는 연유가 있을 것이다."라고 하였다. 체포하여 법사法司로 이송했는데 조영인은 드러나는 증거가 없다는 것을 믿고 조금도 두려워하는 기색이 없었는데, 갑자기 한 아이가 와서 고하여 말하기를, "저는 조영인 집안의 하인으로, 우리 주인이 기관들과 평소 친했는데, 하루는 기관이 은그릇을 싸서 집에 오자 주인은 그 물건이 탐나 독을 먹여 그를 죽였습니다. 제 어머니가 마침 앞에 있었는데, 주인은 일이 누설될까 두려워하여 함께 죽여 후원에 묻고 비밀이 새어나가지 않게 하였으며 은그릇 또한 어느 곳에 묻었습니다. 법사에 고발하여 원수를 갚으려고 하였으나 해를 입을까 두려워 감히 하지 못하였습니다."라고 하였다. 유사가 가서 땅을 파 모두 얻었다.

王皓 ▶ 1183년 11월 **문하시랑 민영모가 치사를 청하니 허락하다**

문하시랑 판이부사門下侍郞 判吏部事 민영모閔令謨가 치사致仕를 청하니 허락하였다.

王皓 ▶ 1183년 11월 18일 **태양에 검은 점이 보이다**

태양에 검은 점이 2일간 있었다.

王皓 ▶ 1183년 11월 22일 **왕태후 임씨가 죽다**

왕태후王太后 임씨任氏가 죽었다. 이해 여름 충희沖曦가 죽자 왕은 태후가 비통悲痛해 할 것을 두려워하여 비밀로 하고 말하지 않았는데, 수개월이 지나 태후가 충희의 죽음을 듣고는 여러 장수가 그를 해친 것이라 생각하고 분노하다가 병[氣疾]을 얻었다. 당시 평량공平涼公 왕민王旼 또한 치질을 앓아 오래도록 궁궐에 와 임금을 찾아뵙지 못하니, 태후는 왕민도 충희와 함께 화를 입었다고 의심하였으므로 왕이 왕민에게 명하여 작은 가마[腰輿]를 타고 들어가 뵙게 하니 태후가 기뻐하며 또 울면서 말하기를, "나는 네가 죽은 줄 알고 네 얼굴을 다시 볼 것이라고는 생각을 못 했다."라고 하였다. 왕민이 왕에게 아뢰기를, "모후의 병은 애쓰면서 속을 태워[勞心] 일어난 것 같으니 청하건대 음악을 베풀어 즐겁게 하여 풀어드리십시오."라고 하였다. 왕과 왕민이 함께 헌수上壽하여 즐겁게 하니 마음이 조금 가라앉았으나 얼마 지나지 않아 다시 위독해져 훙서하였으니 75세였다. 태후가 병들었을 때 왕은 친히 약을 조제하고 밤에는 옷을 풀지 않은 것이 여러 날이었고, 병이 위독해지자 왕은 울어서 눈이 다 부었으며, 훙서하자 왕은 아침저녁의 곡림哭臨에 슬퍼함이 심하였으므로 재상이 슬픔을 억제하기를 청하였으나 듣지 않았다.

王皓 ▶ 1183년 윤11월 **금에 사신을 보내 부고를 전하다**

호부원외랑戶部員外郞 최효저崔孝著를 금金에 보내 고애告哀하였고, 장군將軍 이문중李文中으로 하여금 임금의 생신을 하례해 준 것에 대해 사례하였으며, 낭장郞將 최문청崔文淸으로 하여금 신정을 하례하게 하였으며, 원외랑員外郞 정윤당鄭允當으로 하여금 양을 하사한 것에 대해 사례하게 하였다. 금에서 우리나라에 국상國喪이 있음을 걱정하여 사신 보내는 것을 사양하였으므로 모두 의주義州까지 갔다가 돌아왔다.

王皓 ▶ 1183년 윤11월 **이공승의 졸기**

평장사平章事로 치사致仕한 이공승李公升이 죽었다. 이공승은 나면서부터 남보다 뛰어나게 영리하였고, 총각 때에는 글을 지을 줄 알았으며, 품행[操行]이 고결하였고, 생산生産을 일삼지 않았다. 의종毅宗이 일찍이 달밤에 청녕재淸寧齋에서 놀다가 이공승에게 눈짓하며 말하기를, "가을달이 맑게 개니 한 점 티끌도 없는 것이 바로 이공승의 가슴 속과 같다."라고 하였다. 예전에 이공승이 연복정延福亭 터를 정해 마침내 큰 공사를 일으키니 원망하는 사람들이 많았다. 계사년1173의 난 때 이공승은 절에 숨었는데, 공을 바라는 자가 그를 사로잡아 이의방李義方에게 데리고 가니 이의방이 그를 죽이려 하였으나 문생門生 문극겸文克謙 덕분에 죽음을 면했다. 성품이 경솔하고 조급하여 남의 잘못을 용납하지 못하여 〈잘못을〉 보게 되면 번번이 업신여기며 꾸짖었다. 나이는 85세이며 시호는 문정文貞이다. 장례일에 아들 이춘로李椿老와 이계장李桂長은 음양설을 따라 좋지 않은 것은 피한다[拘忌]고 하면서 하관下官하기도 전에 곧바로 집으로 돌아갔고, 문극겸文克謙이 장사지내는 [襄事]일을 마쳤다.

王皓 ▶ 1183년 윤11월 23일 **태후를 순릉에 장사지내다**

태후太后를 순릉純陵에 장사지내고 공예恭睿라는 시호를 올렸고, 왕은 걸어서 미륵사彌勒寺에 이르러서 상복을 벗었다.

王皓 ▶ 1183년 윤11월 26일 **태백성이 나타나다**

태백성이 하늘을 가로질렀다.

王皓 ▶ 1183년 윤11월 **재추와 대성이 감선을 그칠 것을 청하였으나 윤허하지 않다**

재추宰樞와 대성臺省에서 표문을 올려 반찬을 다시 평소대로 하자고 청하였으나 〈왕이〉 윤허하지 않았다.

王皓 ▶ 1183년 12월 **수태보 판이부사 이광정 등을 임명하다**

이광정李光挺을 수태보 판이부사守太保 判吏部事로, 한문준韓文俊을 판병부사判兵部事로, 문극겸文克謙을 중서시랑평장사中書侍郞平章事로, 문장필文章弼을 동지추밀원사 어사대부同知樞密院事 御史大夫로, 두경승杜景升·염신약廉信若·조원정曺元正을 모두 추밀원부사樞密院副使로 삼았다. 조원정은 옥을 다루는 공장의 아들이고 그 어미는 관기官妓였으므로 의종 때 7품까지로 제한되었다가 경인년1170 이의방을 도와 힘을 썼으므로 드디어 통현通顯의 지위에 올랐다.

명종 14년(1184년)

—명종광효대왕—

王皓 ▶ 1184년 1월 4일 **태백성이 하늘을 가로지르다**

태백太白이 하늘을 가로질렀다.

王皓 ▶ 1184년 1월 **문무시직의 녹봉을 감하다**

문무시직文武試職의 녹봉을 감하였다.

王皓 ▶ 1184년 1월 **금에 보낸 사신들이 되돌아오다**

원외랑員外郞 문의혁文義赫을 금金에 보내어 방물方物을 바치고 장군 한정수韓正修를 보내어 만춘절萬春節을 하례하도록 하였는데, 모두 의주義州까지 갔다가 돌아왔으니, 금에서 우리나라에 국상國喪이 있음을 근심해주었기 때문이었다.

王皓 ▶ 1184년 2월 **공예태후의 졸곡 후에도 왕과 관원이 검은 띠를 두르다**

예관禮官이 아뢰기를, "인예태후仁睿太后의 상제喪制를 살펴보니 모두 문종文宗의 고사故事에 의거하여 졸곡卒哭한 후에는 주상主上과 군신 가운데 〈평소에〉 붉은 가죽띠[紅鞓]를 둘러야 할 사람은 모두 검은 띠[皁帶]를 둘렀으니, 지금 태후의 상에도 또한 이 제도에 의거해야 합니다."라고 하였다. 중서성中書省에서 논박論駁하여 의논하기를, 후비后妃의 상제喪制는 군왕君王의 상제와 같이 할 수 없다고 하였다. 왕이 노하여 꾸짖어 말하기를, "자식이 부모에게 하는 마음은 같은 것인데 어찌 아버지는 무겁게 대하고 어머니는 가볍게 대할 수 있겠는가. 졸곡한 후에 짐이 비록 경들에게 붉은 띠를 띠도록 허락하더라도 경들은 마땅히 예를 끌다가 굳이 사양해야 할 것인데, 하물며 상기祥期 안에 짐이 항상 검은 띠를 띠는데도 경들만이 홀로 붉은 띠를 띨 수 있겠는가. 이 어찌 불의不義함이 심한가."라고 하였다. 중서성의 관원 가운데 붉은 띠를 두르고자 한 자가 있어 동료들에게 넌지시 알려 이 논의를 아뢰게 하였다가, 이에 이르러서는 모두 부끄러워하였다.

王皓 ▶ 1184년 2월 **이의민을 소환하다**

이의민李義旼을 소환하였다. 이의민은 경대승慶大升을 두려워하여 누차 불러도 오지 않았다. 경대승이 사망하자 왕은 그가 난을 일으킬까 두려워하여 중사中使를 보내어 돈독하게 타일렀다. 도착하자 편전便殿으로 불러다가 보았다. 왕이 그의 흉포함을 두려워하여 겉으로 기뻐하고 위로하였다. 조정과 민간에서 모두 왕의 유약함을 안타깝게 여겼다.

王皓 ▶ 1184년 3월 12일 **경성에 지진이 일어나다**

경성에 지진이 있었다.

王皓 ▶ 1184년 4월 1일 **일식이 일어나다**

일식이 있었다.

王皓 ▶ 1184년 4월 **연등회를 열다**

연등대회燃燈大會에 연경궁延慶宮에 임어하여 풍악을 관람하였는데, 국섬國贍이라 하여 상원上元에는 정지하였다가 이때 이르러 행하였으나 다만 꽃을 꽂는[揷花] 여러 기예는 금하였다.

王皓 ▶ 1184년 4월 **가뭄 때문에 죄수를 재심하다**

오랜 가뭄이 들었으므로, 죄수들을 심사하게 하였다.

王皓 ▶ 1184년 5월 **금에서 제전사·조위사·기복사를 보내다**

금에서 태부감太府監 완안필完顏㢸신출자을 보내와 태후太后를 제사 지내고, 대장군大將軍 대중윤大仲允을 보내 조위弔慰하고, 완안삼승完顏三勝을 보내 〈왕을〉 기복起復시켰다. 완안필이 처음 서교정西郊亭에 이르자 접반사接伴使인 대장군大將軍 장박인張博仁이 춤을 추며[舞蹈] 문상례問上禮를 하였다. 완안필은 장박인이 국상國喪 중인데도 춤을 춘다 하여 기롱하여 말하기를, "이 무슨 실례失禮인가."라고 하였다. 장박인은 오히려 깨닫지 못하였다. 제사일에 이르러 완안필이 묻기를, "태후의 화상畵像이 앉아 있는가, 서 있는가."라고 하였다. 대답하기를, "앉아있습니다."라고 하였다. 완안필이 말하기를, "제후왕諸侯王의 어머니가 앉아 있는데 천자天子의 사신이 절하는 일이 옳겠는가. 반드시 영정影幀을 가려야만 들어가서 예禮를 행하겠다."라고 하였다. 왕이 양부兩府에 물으니 모두 아뢰기를, "불가합니다."라고 하므로, 이에 사람을 보내어 두 번 세 번 타일렀다. 완안필이 이에 따르고 당堂에 올라 두 번 절하고 술을 올렸다.

王皓 ▶ 1184년 5월 **국상 중이므로 금 사신을 위한 연회에서 길례를 좇지 않다**

금의 사신에게 대관전大觀殿에서 연회를 베풀었는데, 사신이 와서 들어오지 않고 말하기를, "왕이 이미 기복起復하였으므로 예절은 마땅히 길례吉禮를 따라 채붕綵棚을 매고 풍악을 연주하며 꽃을 꽂아야 할 것이니, 그렇지 않으면 연회를 받지 않겠소."라고 하였다. 왕이 사람을 시켜 대답하여 말하기를, "비록 기복하라는 명을 받았으나 연상練祥을 아직 마치지 못하였는데 길례吉禮를 따를 수 있겠습니까."라고 하였다.

금의 사신이 노하여 연회에 나오지 않았다. 그 후 10일 만에 대관전大觀殿에서 연회를 열었는데, 끝내 채붕을 매거나 꽃을 꽂거나 풍악을 연주하지는 않았다.

王皓 ▶ 1184년 7월 **최우청이 사망하다**

추밀원사 최우청崔遇淸이 사망하였다. 최우청은 성품이 어리석고 어두웠는데, 나이가 72세에 이르러서야 퇴직을 간청하였다. 당시 사람들이 이를 기롱하였다.

王皓 ▶ 1184년 8월 **폐첩이 죽자 명종이 고기를 끊고 정사를 돌보지 않다**

왕이 폐첩이 죽었다 하여 통곡하며 오랫동안 고기를 먹지 않고 정사를 돌보지 않았다. 사람들이 이를 비웃으며 말하기를, "모후母后의 상에는 50일이 채 되지 않아 다시 고기를 먹었는데, 이제 도리어 이와 같으니 이 무슨 실례인가."라고 하였다.

王皓 ▶ 1184년 8월 **성변을 핑계로 이광정과 문장필이 사직하다**

문하시랑門下侍郞 이광정李光挺과 어사대부御史大夫 문장필文章弼이 누차 태백성太白星이 상장성上將星과 집법성執法星을 범했다 하여 거짓으로 표문을 올려 사직하였다.

王皓 ▶ 1184년 9월 **이광정이 다시 관직에 나아오다**

이광정李光挺이 태백성太白星이 물러났다 하여 다시 관직에 나아갔다.

王皓 ▶ 1184년 9월 **무관들이 액운을 막고자 송저 등을 무고하다**

간의諫議 송저宋詝, 우사간右司諫 최심후崔基厚, 직사관直史館 왕허소王許김 등을 먼 지역의 섬으로 유배하였다. 이때 술인術人이 말하기를, "태백성太白星이 상장성上將星을 범하니 무관武官에게 필경 액운이 있을 것이다."라고 하였다. 이에 무관들이 문관에게 재액을 옮기고자 하여, 장군將軍 이시용李時用 등 30여 인이 대궐로 가서 송저 등의 죄를 꾸며내어, 유배할 것을 청하였다. 왕이 비록 무죄임을 알았지만, 유약하고 과

단성이 없어 하는 수 없이 그 청을 따랐으니 사람들이 많이 원통해하였다. 이시용 등은 오히려 무관의 액운을 막지 못할까 두려워하여 중랑장中郞將 김자격金子格이 일찍이 경대승慶大升을 도와 궁궐의 담장을 타고 넘은 죄를 끌어다가 논하여 섬으로 유배 보낼 것을 청하였다. 이를 따랐다.

王晧 ▸ 1184년 9월 **금극의 등에게 급제를 하사하다**

금극의琴克儀 등 31인과 명경明經 5인에게 급제를 하사하였다. 이때 송宋의 진사進士 왕봉진王逢辰이 상선商船을 따라서 이르렀다가 시험 볼 것을 청하기에 별도로 을과乙科를 주었다.

王晧 ▸ 1184년 10월 **백좌회를 열고 반승하다**

대관전大觀殿에서 백좌회를 열고, 구정毬庭에서 승려 10,000명에게 밥을 먹였다.

王晧 ▸ 1184년 10월 **문장필이 다시 관직에 나아오다**

어사대부御史大夫 문장필文章弼이 태백성太白星이 이미 멀리 물러났고 송저宋詝 또한 그 재액을 받았다 하여 다시 관직에 나아갔다. 그러나 오히려 의심을 품어 길을 비키게 하는 아전[喝道吏]을 말 뒤에 세웠으니, 대개 법을 집행하는 자리[執法位]〈에서 재액〉을 당하지 않고자 함이었다.

王晧 ▸ 1184년 10월 **금에서 이듬해의 신정 및 만춘절 하례를 정지하도록 하다**

금金의 군주가 동경東京에 행차하였다 하여, 조詔하여 이듬해의 신정 하례[賀正] 및 만춘절 하례[賀萬春節]를 정지하도록 하였다.

王晧 ▸ 1184년 11월 **문극겸의 의론을 좇아 중동팔관회를 열다**

팔관회八關會를 열고 왕이 구정毬庭에서 풍악을 관람하였으나 태후太后의 상월祥月

이라 하여 하례賀禮는 제외하였다. 처음에 예관禮官이 아뢰기를 11월[仲冬]은 태후의 기월忌月이므로 10월[孟冬]에 팔관회를 거행할 것을 청하였다. 왕이 재상에게 물으니 참지정사參知政事 문극겸文克謙이 말하기를,

"태조께서 처음 팔관회를 설행하신 것은 대개 천지의 신[神祇]을 위한 것이었습니다. 후세에 다른 일로 이를 앞당기거나 미룰 수는 없습니다. 하물며 태조께서 신명神明에 기도하여 말씀하시기를, '원하건대 대대로 11월에는 나라의 제사[國忌]가 없게 해주시되, 만약 불행히 제사가 있다면 나라의 명운[國祚]이 다한 것으로 의심하겠습니다.'라고 하시었습니다. 그런 까닭에 〈후삼국을〉 통합한 이래로 11월에 나라의 제사가 없었는데, 이제 그것이 있으니 이는 나라의 재앙이며, 또한 10월에 팔관회를 연다면 진실로 태조의 뜻이 아니므로 예관이 아뢴 말은 허락해서는 안 됩니다."

라고 하였다. 이를 따랐다. 다음날 대회에 왕이 또한 구정에서 풍악을 관람하는데, 평장사平章事 이광정李光挺이 장수를 비니 왕이 말하기를, "애석하구나, 경이 이미 늙었구나."라고 하였다. 이광정이 눈물을 닦으며 목메어 울었으니 이는 늙어서 관직에서 물러나게 될까 두려워한 것이었으므로 사람들이 모두 이를 비웃었다. 다음날 이광정이 표문을 올려 퇴직을 청하였는데, 구례에 퇴직을 청하는 자는 모두 그해 10월에 하였다. 이광정은 작위를 탐내고 이에 연연하였기에 이때 이르러 물러나기를 청하였다.

王皓 ▶ 1184년 11월 **동교에서 열병하다**

동교東郊서 크게 열병하였다.

王皓 ▶ 1184년 12월 **한문준 등을 임명하다**

한문준韓文俊을 문하시랑평장사 판이부사門下侍郎平章事 判吏部事로 삼고, 최세보崔世輔를 문하시랑평장사門下侍郎平章事 판병부사判兵部事로 삼았으며, 문극겸文克謙을 태자태보太子太保로 삼고, 문장필文章弼을 참지정사參知政事로, 김광식金光植·임민비林民庇를 추밀원부사樞密院副使로 삼고, 이의민李義旼을 수사공 좌복야守司空 左僕射로, 정방우鄭邦

祐를 지어 사대사知御史臺事로, 정윤당鄭允當을 이부원외랑吏部員外郎으로 삼았으며, 이거정李居正을 좌정언左正言으로 삼았다. 이때 재상의 반차는 한문준이 제2위에 있었고 문극겸이 제3위에, 최세보가 제4위에 있었는데, 한문준이 총재冢宰가 되기에 이르자 문극겸이 당연히 아상亞相으로 승진해야 했는데, 최세보의 윗자리에 있지 않고자 하여 먼저 스스로 물러나 사양하니, 최세보를 아상으로 삼았다. 정방우는 전리電吏 출신으로 출세하여 특별히 대헌臺憲을 제수 받으니 사람들의 뜻에 맞지 않았다. 정윤당은 나이가 어리고 무지하였으나 그의 아버지 정세유鄭世裕가 병마사兵馬使로 나가서 백성들의 재화를 거두어 계속 내부內府에 바쳤다가 복명復命하기에 이르러 그의 아들을 전조銓曹에 제수해줄 것을 청하였기 때문에 이러한 임명이 있었다. 이거정은 다른 재능이 없었으나 왕이 정언에 임명하고자 하여 임민비에게 묻기를, "이거정은 침묵하면서 인물을 평가하지 않는 자인가, 아니면 홀로 거리낌 없이 말하는 자인가."라고 하였다. 임민비는 어려서 이거정과 함께 배웠으므로 그를 천거하여 말하기를, "이거정은 성품이 화평하고 또한 말수가 적으니, 꼿꼿한 사람은 아닙니다."라고 하였다. 왕이 말하기를, "만약 그러하다면 마땅히 정언에 제배할 만하다."라고 하였다. 이에 정언에 제수하였다. 왕은 무릇 사람을 쓰는 데에 오직 폐신嬖臣이나 환관宦竪들과만 의논하니 이로 말미암아 분경奔競이 성행하고 뇌물이 공공연히 행해져서 어진 자와 그렇지 않은 자가 뒤섞였다. 폐신과 환관이 청탁하는 일이 있으면 왕이 묻기를, "뇌물을 얼마나 받았는가."라고 하였다. 많으면 좋아하면서 그 청을 따르고 그렇지 않으면 시일을 미루면서 더 많이 받기를 바랐으니, 그런 까닭에 근신들이 권력을 훔쳐 행하는 일이 전조보다 더 심하였다. 또한 왕이 잠저에 있을 때에 광정왕후光靖王后가 일찍 훙서하였으나 다시 왕후를 세우지 않았다. 그런 까닭에 즉위한 후에 후궁嬖姬과 얼자孼子들이 권세를 부리고 뇌물을 받아 왕의 권위를 참람히 기롱하니 조야가 실망하였다.

명종 15년(1185년)

-명종광효대왕-

王皓 ▶ 1185년 1월 10일 **해에 흑점이 나타나다**

태양에 흑점이 있었는데 크기가 배만하였다.

王皓 ▶ 1185년 1월 **문극겸을 판예부사에 임명하여 아상으로 삼다**

문극겸文克謙을 중서시랑 판예부사中書侍郎 判禮部事로 삼았다. 이에 앞서 문극겸이 마땅히 아상亞相이 되었어야 하는데 최세보崔世輔에게 양보하였다. 최세보 또한 굳이 사양하여 말하기를, "내가 문공에게 은혜를 받은 것이 실로 많은데 감히 그 윗자리에 앉을 수 있겠는가."라고 하였다. 왕이 예부禮部가 병부兵部보다 위에 있다고 하여 문극겸을 판예부判禮部에 제배하여 아상으로 삼고, 최세보를 그 다음으로 하였다. 식자들이 그들에게 서로 사양하는 기풍이 있음을 칭찬하였다.

王皓 ▶ 1185년 1월 **서북면병마사가 거란실을 바치다**

서북면병마사西北面兵馬使 이지명李知命이 거란실 5백 묶음을 바쳤다. 이지명이 하직인사를 할 때에 왕이 내전에 불러들여 친히 타일러 말하기를, "의주義州에서 비록 두 나라의 무역[互市]을 금하고 있지만 경이 마땅히 용주龍州 창고의 저포苧布를 가지고 가서 거란실을 사다가 바치라."라고 하였다. 그런 까닭에 이때 바쳤던 것이다.

의종毅宗 때에 무릇 금나라에서 준 실과 비단 등의 물건은 그 절반을 내부內府에 들여서 어용에 쓰게 하고, 절반은 대부大府에 보내 경비에 충당하게 하였다. 왕이 즉위하자 모두 내부에 들이게 하여 여러 후궁嬖倖에게 하사하니 내부의 저장이 텅 비게 되었으므로, 양계兩界에서 징수하여 구하는 것이 이에 이르게 되었다.

王皓 ▶ 1185년 2월 24일 **해에 흑점이 나타나다**

태양에 흑점이 있었는데 크기가 배 만하였다. 신사. 태양에 빛이 없었다.

王皓 ▶ 1185년 2월 **조원정이 아들의 출사를 청탁하며 무례하게 행동하다**

동궁東宮의 견룡지유牽龍指諭에 결원이 생기자 추밀원부사樞密院副使 조원정曺元正이 자기 아들로 보충하고자 하여 대궐로 가서 청하였다. 왕이 중관中官으로 하여금 타일러 말하기를, "상서尙書 사정유史正儒의 아들로 이미 보충하였다."라고 하였다. 조원정이 벌컥 화를 내며 중사中使에게 욕하며 말하기를, "어찌하여 사정유의 아들은 되고 조원정의 아들만 안 된다는 것인가."라고 하였다. 듣는 사람들이 비록 무지한 졸병이라 하더라도 분개하지 않는 자가 없었다. 조원정은 성품이 탐욕스럽고 포악하여 일찍이 동북면병마사東北面兵馬使로 나갔을 때 다른 사람의 재물을 빼앗은 것이 이루 다 헤아릴 수 없었다. 머리가 긴 자를 보면 반드시 잘라서 가발髢을 만들어 두 바리나 되기에 이르렀으며, 또한 마의馬衣를 거두어 역을 통해 집에 보냈다.

王皓 ▶ 1185년 3월 17일 **해에 흑점이 나타나다**

태양에 흑점이 있었다. 신축. 또한 이와 같았다.

王皓 ▶ 1185년 3월 **정방우를 서북면병마사로 삼다**

대장군大將軍 정방우鄭邦佑를 서북면병마사西北面兵馬使로 삼았다. 이에 앞서 정방우를 병마사로 삼았는데 중방重房에서 아뢰기를,

"옛날에 진숙陳淑이 병마사가 되었을 때 정방우가 전리電吏로서 따라갔으므로 북번北蕃의 아전과 백성들이 여전히 그 얼굴을 기억하는 자들이 있을 것입니다. 만약 그로 하여금 출진하게 한다면 인심이 복종하지 않을 것이며 도리어 나라에 인재가 없음을 보여주는 셈이 될 것입니다. 청하건대 그 명을 거두어주십시오."

라고 하였다. 왕이 이를 따랐다. 이때 이르러 다시 그를 파견하였는데 대간 가운데 감히 말하는 자가 없었다. 그러나 정방우가 부임하여서는 공평하고 청렴하며 법을 준수하였고 위엄과 은혜를 아울러서 베푸니 한 지방이 두려워하며 복종하였다.

王晧 ▶ 1185년 3월 왕과 태자가 박순필의 만행을 제어하지 못하다

병부상서兵部尙書 박순필朴純弼이 사제私第를 동궁東宮 곁에 크게 지었다. 태자가 왕에게 고하기를, "술인術人이 말하기를 박 상서의 사제가 동궁에서는 월건月建의 방위가 되므로 마땅히 지어서는 안 된다고 합니다. 신의 힘으로는 금지할 수 없습니다. 청하건대 주상께서 이를 금하여 주시기 바랍니다."라고 하였다. 왕이 말하기를, "박상서는 필시 내 말을 듣지 않을 것이니, 다만 네가 마음을 가다듬어 재변을 없애도록 하라."라고 하였다. 듣는 사람들 중에 분개하고 탄식하지 않는 자가 없었다.

王晧 ▶ 1185년 3월 왕이 그림에 전념하며 국사를 그르치다

문신에게 명하여 소상팔경瀟湘八景의 시를 짓게 하고 그 시의 뜻을 따라 모사해서 그림으로 만들었다. 왕이 그림에 정통하여 화공畫工 고유방高惟訪·이광필李光弼 등과 함께 물건의 모양을 그리기를 종일토록 하면서도 피로함도 잊었는데, 특히 산수山水를 잘 그려서 군국軍國의 만기萬機에 뜻을 두지 않았다. 근신들이 기분을 맞추고자 하여 무릇 아뢸 일은 간략한 것을 위주로 하였다. 이광필의 아들은 나이가 적었는데도 서경西京을 정벌할 때의 공으로 대정隊正에 보임되었으니, 정언正言 최기후崔基厚가 의논하여 말하기를, "이 아들의 나이는 이제 겨우 20세이니 서경을 정벌하였을 때에는 막 10세였습니다. 어찌 10세의 어린아이가 종군할 수 있었겠습니까."라고 하며 꿋꿋하게 서명하지 않았다. 왕이 최기후를 불러 꾸짖어 말하기를, "너는 홀로 이광필이 우리나라를 영광되게 한 일을 생각하지 못하는가. 이광필이 아니면 삼한三韓의 그림이 거의 끊어졌을 것이다."라고 하였다. 최기후가 이에 서명하였다. 이광필의 아버지 이녕李寧은 젊어서 그림으로 이름이 알려졌는데, 인종仁宗 때에 이자덕李資德을 따라 송宋에 들어갔다. 휘종徽宗이 이녕에게 명하여 우리나라의 예성강도禮成江圖를 그리게 하였다. 〈그림을〉 바치자 휘종이 감탄하여 칭찬하며 말하기를, "근래에 고려의 화공으로서 사신을 따라온 자가 많았는데, 오직 이녕만이 묘한 솜씨이다."라고 하였다. 술과 음식과 비단을 하사하였다. 인종이 송 상인이 바친 그림을 얻어 보고서 중화中華의 기묘한 물품이라 하여 기뻐하였고, 이녕을 불러 자랑하면서 보이니, 이녕이 말하기를, "이는 신이 그린 것입니다."라고 하였다. 인종이 믿지 못하자 이녕이 그림을 가져다가 표구의 등을 뜯어보니 과연 그의 성명이 있었다.

王皓 ▶ 1185년 4월 **왕이 백성의 피해를 염려하여 섭생하던 약을 끊다**

왕이 허약해지는 병[虛羸]을 앓고 있어, 일찍이 측백나무의 씨로 만든 술을 마셨다. 의원이 아뢰기를, "측백나무 씨는 계림雞林에서 나는 것이 가장 좋습니다. 청하건대 중사中使를 보내어 구해오시기 바랍니다."라고 하였다. 허락하지 않았다. 우리郵吏를 보낼 것을 청하였으나 또한 허락하지 않으며 말하기를, "지금은 농사가 바야흐로 한창인데 무지한 소인들이 짐의 명을 빙자하여 백성을 소란하게 하고 농사를 방해할까 우려스럽다. 차라리 약물을 중단할지언정 어찌 농사짓는 백성으로 하여금 그 생업을 폐하게 할 수 있겠는가."라고 하였다. 끝내 다시는 먹지 않았다.

사신史臣이 말하기를, "왕이 한 고을이 소란해질까 염려하여 그가 섭생하는 약을 중지하였으니, 인자한 마음이 없었다면 능히 할 수 있었겠는가. 만약 강단이 있어 폐행嬖倖의 길을 막을 수 있었더라면 밝은 군주가 될 수 있었을 것이다."라고 하였다.

王皓 ▶ 1185년 4월 **노극청과 현덕수가 의로운 행실을 보이다**

산원동정散員同正 노극청盧克淸이 집안이 가난하여 장차 집을 팔고자 하였으나 팔리지 않았는데, 일이 있어 외군外郡에 나갔을 때 그의 처가 낭중郎中 현덕수玄德秀로부터 백은白銀 12근을 받고 팔았다. 노극청이 돌아와서는 현덕수에게 가서 말하기를, "내가 일찍이 이 집을 샀을 때 다만 9근을 주었을 뿐입니다. 몇 년을 살면서 더 꾸민 것도 없는데 3근을 더 받는 것이 어찌 도리이겠습니까. 돌려드리고자 합니다."라고 하였다. 현덕수가 말하기를, "그대는 능히 의리를 지키는데 나만 홀로 의를 지키지 못하겠는가."라고 하면서 끝내 받지 않았다. 노극청이 말하기를, "저는 평생 동안 의가 아닌 일은 하지 않았는데, 어찌 값싸게 사서 비싸게 팔아 재물을 탐할 수 있겠습니까. 그대가 만약 따르지 않는다면 마땅히 그 값을 모두 돌려줄 것이니 우리 집을 돌려주십시오."라고 하였다. 현덕수가 부득이하게 이를 받고 말하기를, "내가 어찌 노극청보다 못하겠는가."라고 하였다. 결국 은을 불사佛事에 기부하였다. 듣는 사람들 가운데 탄식하지 않는 자가 없었는데, 말하기를, "속인들이 이익을 다투기만 하는 때에 이와 같은 사람을 볼 수 있단 말인가."라고 하였다.

王皓 ▶ 1185년 6월 여러 장군들이 정세유를 탄핵하여 유배 보내다

참지정사 상장군 문장필文章弼 등 여러 장군이 대궐에 가서 탄핵하기를,
"형부상서刑部尚書 정세유鄭世裕가 일찍이 서북면병마사西北面兵馬使가 되었을 때 백성들로부터 명주실[繭絲]과 진귀한 완물玩物 등을 거두어들이면서 공물로 바치는 것이라고 사칭하고 역을 통해 그의 집으로 옮겼습니다. 형부刑部에 있으면서는 문서를 뜯어고치고 법을 기롱하면서 뇌물의 많고 적음에 따라 사람들의 죄를 더하거나 뺐습니다. 청하건대 먼 곳의 섬으로 유배하시기 바랍니다."
라고 하였다. 이를 따랐다. 나라 사람들이 크게 기뻐하였다.

王皓 ▶ 1185년 6월 시어사들이 환관과 더불어 유두음을 하다

시어사侍御史 두 사람이 환관과 함께 광진사廣眞寺에 모여 유두음流頭飮을 하였다. 나라의 풍속에 이달 15일에 동쪽으로 흐르는 물에 머리를 감아 상서롭지 못한 일을 제거하고 모여서 술을 마시는 것을 유두음이라고 하였다.

사신史臣이 말하기를, "상앙商鞅은 경감景監을 통해 〈왕을〉 뵈니 조량趙良이 한심하

게 여겼고, 조담趙談이 참승驂乘을 하자 원사爰絲가 낯빛을 바꾸었다. 이런 까닭에 뜻 있는 선비들은 환관에게 의탁하는 것을 부끄러워하였는데, 하물며 대각臺閣에 있으면서 풍헌風憲을 맡은 자로서 환관과 함께 연회를 하였음에랴. 안타깝도다. 왕이 사람을 알아보는 식견이 없어 아첨하는 무리들로 하여금 대간에 발붙이게 하였으니, 비록 나라를 다스리고자 한들 될 수 있었겠는가."라고 하였다.

王皓 ▶ 1185년 7월 이순우를 중서사인 지제고로 삼다

이순우李純祐를 중서사인 지제고中書舍人 知制誥로 삼았다. 이순우는 글을 잘 지었는데, 일찍이 직한림원直翰林院으로 있을 적에 왕태후王太后가 젖에 부스럼을 앓았다. 왕이 기도문을 짓도록 명하니 그 글에 "부스럼은 어머니의 젖에 났는데 아픔은 짐의 마음에 있다"라는 구절이 있었다. 왕이 이를 보고 감탄하여 말하기를, "짐의 마음을 먼저 알아냈다."라고 하였다. 이로 말미암아 특별히 총애하여 여러 번 벼슬을 승진시켜 한림학사翰林學士에 이르렀다.

王皓 ▶ 1185년 8월 6일 태백성이 하늘을 가로지르다

태백성太白星이 하늘을 가로질렀다.

王皓 ▶ 1185년 8월 등주에 내투한 금의 백성들을 돌려보내다

금金의 백성 18인이 등주登州에 내투來投하였다. 조서를 내려 돌려보내게 하였다.

王皓 ▶ 1185년 9월 성변을 핑계로 한문준이 사직하였으나 윤허하지 않다

평장사平章事 한문준韓文俊이 별자리에 이변이 있다 하여 차자箚子를 올려 거짓으로 물러나기를 청하였다. 윤허하지 않았다.

王晧 ▶ 1185년 10월 1일 **일식이 일어나다**

일식이 있었다.

王晧 ▶ 1185년 10월 21일 **해에 흑점이 나타나다**

태양에 흑점이 있었다.

王晧 ▶ 1185년 11월 **금에 사은사와 하정사를 보내다**

상장군上將軍 양익경梁翼京, 낭중郎中 최소崔素를 금金에 보내어 치제致祭해 준 데에 사례하고, 낭장郎將 강용유康用儒를 보내 조위弔慰해 준 데에 사례하며, 장군將軍 최인崔仁은 기복起復해 준 데에 사례하고, 낭장郎將 최문청崔文淸은 신정을 하례하였다.

王晧 ▶ 1185년 11월 **태사가 재이를 들어 왕의 수덕을 요청하다**

태사太史가 아뢰기를,

"입동立冬 이래로 짙은 안개가 끼고, 지금은 또한 날마다 가랑비처럼 안개가 낍니다. 안개라는 것은 사사로운 기운으로, 음陰이 와서 양陽에 충돌하고 간신이 군주에게 모반하려 하면 하늘에서는 가랑비가 되고 땅에서는 안개가 되는 것입니다. 그 이변이 가히 두려우니 청하건대 덕을 닦아 이변을 소멸시키시기 바랍니다."
라고 하였다. 왕이 다만 부처와 신에게 기도할 뿐이었다.

王晧 ▶ 1185년 11월 **함유일이 사망하다**

공부상서工部尙書 함유일咸有一이 사망하였다. 함유일은 서리胥吏 출신으로 종군하여 공을 세워서 선군기사選軍記事에 보임되었는데, 이른 아침부터 밤까지 각고의 노력을 하였으나 집안이 가난하여 항상 해진 옷을 입고 구멍 뚫린 신발을 신었다. 이때 금군禁軍에게 공급하는 음식이 규정과 같지 않으니 군사들이 의논하여 말하기를, "만약 해진 옷을 입은 기사敝衣記事를 얻는다면 분명 이와 같지는 않을 것이다."라고 하였다. 마침 양부兩府에서 청렴한 서리[廉吏]를 천거하게 하였다. 추밀사樞密使 왕충王冲이 그를 천거하여 내시內侍에 소속되어 군대의 주방 일을 담당하게 하였다. 일찍이 하사받은 금과 비단을 모두 팔아 군대 주방의 기물을 갖추었다. 또한 힘써 이단을 배척하였는데, 일찍이 교로도감橋路都監을 관장하면서는 경성의 무당집[巫家]을 모두 교외로 옮기고 음사淫祀를 모두 불살라 없앴다. 등주登州 성황신城隍神이 누차 무당에게 내려와 화복을 기묘하게 맞추었다. 함유일은 삭방도감창사朔方道監倉使가 되어 나라의 제사를 거행하면서 읍만 할 뿐 절하지 않았다. 유사有司에서 왕의 뜻에 맞추고자 그를 탄핵하여 파직시켰다. 평생 살림살이를 돌보지 않고 옷은 삼베를 사용하였으며 그릇은 도기를 사용하였으니, 그의 처가 말하기를, "여러 아이들에게 당신이 살아있을 때에 자못 살아갈 터전을 마련해주었으면 하는데, 어찌 신경써주지 않으십니까."라고 하였다. 답하여 말하기를, "나는 일찍이 고아가 되어 도와줄 사람이 없었으나 청렴하게 절의를 지켜서 문호를 세웠으니, 아이들은 다만 정직하고 절검하면서 명을 기다릴 뿐이오. 어찌 가난한 것을 근심하겠소."라고 하였다. 나이 80세로 죽었는데, 유명遺命으로 검소하게 장사지냈다.

王皓 ▶ 1185년 12월 **효자 위초를 정표하다**

왕이 산원동정散員同正 위초尉貂가 넓적다리 살을 베어 그 아버지의 나쁜 병을 치료했다는 말을 듣고 재상에게 명하여 포상할 것을 의논하게 하였다. 한문준韓文俊·문극겸文克謙 등이 아뢰기를,

"당나라 안풍현安豊縣의 백성 이흥李興은 아버지가 나쁜 병에 걸리자 이흥이 스스로 〈자기의〉 넓적다리 살을 베어서 〈아버지께서〉 드시게 하였으므로, 정문旌門을 세워 표창하였습니다. 지금 위초는 거란契丹의 유종으로서 문자도 깨치지 못하였으면서 능히 그 몸을 아끼지 않고 살을 베어 아버지에게 먹이고, 돌아가시자 3년 동안 시묘살이를 하여 그 효도를 다하였습니다. 마땅히 옛 전례와 같이 정문을 세우고 서책에 써서 후세에 무궁하도록 보여야 할 것입니다."

라고 하였다. 이를 따랐다.

王皓 ▶ 1185년 12월 **두경승 등을 임명하다**

두경승杜景升을 참지정사參知政事로, 이상로李商老를 이부상서吏部尙書로 삼고, 이준창李俊昌을 태복경太僕卿으로 삼았다. 이상로의 아버지 이중부李仲孚는 묘청妙淸과 사이가 좋았기에 연좌되어 청주淸州로 유배되었다. 이상로는 아버지를 따라가 살면서 방랑하며 술꾼들[酒徒]을 따라다녔다. 어떤 중이 소매에서 책 한 권을 꺼내 주었는데, 이것이 의서醫書였다. 이에 의원을 직업으로 삼았다. 의종毅宗이 발에 질환이 있어 치료하지 못했는데 그 명성을 듣고 불러다가 고치게 하니 즉시 나았으므로, 비단[綾帛]을 하사하였다. 누차 은총을 입어 드디어 현달하게 되었다. 그러나 본래 배운 바가 없어서 전조銓曹에는 마땅하지 않았으니 식자들이 이를 기롱하였다. 이준창의 어머니는 예종睿宗의 궁인宮人 소생이었다. 전례에 궁인이 천한 종[賤隸]이면 그 자손은 7품으로 제한되었고 오직 과거에 오른 자만이 5품까지 오를 수 있었는데, 이준창이 3품에 제배되었으나 대간臺諫에서 두렵고 위축되어 감히 말하는 자가 없었다.

王皓 ▶ 1185년 12월 **요망한 말이 퍼지니 왕이 재앙을 물리치고자 불사를 열다**

이때 요망한 말이 돌기를, 강남江南의 부녀로서 아름다우나 남편이 없는 자는 모두 죽는다고 하였다. 이에 길거리에서 음탕한 짓을 하는 자들까지 있었다. 왕이 이를 듣고 유사에 명하여 불사佛事를 열어 재앙을 물리치게 하였다.

명종 16년(1186년)

-명종광효대왕-

王皓 ▶ 1186년 1월 **모반을 꾀한 장언부를 처형하다**

영동정令同正 박원실朴元實이 떠도는 말을 중방重房에 고하기를, "교위校尉 장언부張彦夫 등 8인이 난을 모의합니다."라고 하였다. 중방에서 체포하여 힐문하니 장언부가 대답하여 말하기를, "바야흐로 지금 권세를 잡은 자가 탐욕스럽고 비루하며 백은白銀을 매우 좋아하여 관작을 팔며 불법을 많이 자행한다. 그런 까닭에 이와 같은 사람의 머리를 베고 그 입에 은을 물려 널리 조야에 보임으로써 사람들로 하여금 은을 탐내다가 죽었다는 것을 알게 하고자 하였다."라고 하였다. 장언부는 끝내 죽임을 당하였다.

王皓 ▶ 1186년 1월 **금에 사신을 보내어 방물을 바치고 만춘절을 하례하다**

시랑侍郎 문의혁文義赫을 금金에 보내어 방물方物을 바치고, 예빈경禮賓卿 유공권柳公權은 만춘절萬春節을 하례하게 하였다.

王皓 ▶ 1186년 1월 **금에서 하생신사가 오다**

금金에서 소의대장군昭毅大將軍 야율리耶律履를 보내와서 〈임금의〉 생신을 하례하였다.

王皓 ▶ 1186년 2월 금에서 낙기복사가 오다

금에서 대부감大府監 야율규耶律圭를 보내와서 낙기복落起復하였다.

王皓 ▶ 1186년 4월 최여해가 사망하다

정당문학政堂文學으로 치사致仕한 최여해崔汝諧가 사망하였다. 왕이 잠저에 있을 때 최여해가 그 부府의 전첨典籤이 되었는데, 이상한 꿈을 꾸고서 왕에게 마음을 귀의하였고, 나주판관羅州判官이 되었을 때 이름난 과실과 건어물을 구하여 부에 두터이 보내니 왕이 깊이 고마워하였다. 즉위함에 이르러 최여해가 표문을 가지고 대궐에 나가서 전례에 따라 조회에 참여하였으나 왕은 알지 못하였다. 하직할 때에 이르러 환관을 통해 아뢰자 왕이 비로소 놀라며 말하기를, "최 전첨이 왔는데 짐이 살피지 못했구나."라고 하였다. 불러다가 보고 그를 위로하였으며, 얼마 지나지 않아 정언正言을 제수하였다가 곧이어 시어사 보문각대제侍御史 寶文閣待制를 역임하였다. 나이가 이미 70세였으므로 최여해가 아뢰기를, "이부吏部에서 착오로 신의 나이를 적게 헤아렸으나 지금 실제로는 나이가 다 찼으니 전례에 따라 마땅히 치사해야 합니다."라고 하였다. 왕이 말하기를, "이부에서 착오로 헤아린 것은 하늘이 시켜 그렇게 된 것이다. 다시는 말하지 말라."라고 하였다. 여러 번 자리를 옮겨 추밀사樞密使가 되어서 사직骸骨을 청하니 특별히 정당문학을 더하였다가 그대로 치사하게 하였다. 성품이 관대하고 두터웠지만, 행정일吏事에 익숙하지 못하였고 재주와 학식이 얕고 짧았으나, 잠저 때의 옛 요속이었다고 하여 높은 벼슬에 이를 수 있었다.

王皓 ▶ 1186년 4월 송돈광 등에게 급제를 하사하다

송돈광宋惇光 등 33인과 명경明經 5인에게 급제를 하사하였다.

王皓 ▶ 1186년 5월 송에서 고려의 표류민을 돌려보내다

송에서 풍랑에 표류해간 우리나라 사람 이한李漢 등 6인을 돌려보내었다.

王皓 ▶ 1186년 6월 **금에서 횡선사가 오다**

금金의 횡선사橫宣使로 대리경大理卿 이반李槃이 왔다. 이반이 국경에 들어서면서부터 이르는 관사館舍마다 비단장막과 이불을 반드시 치우게 하였다. 또한 도살하는 것을 금지하고 매번 남은 음식이 있으면 곧 종자로 하여금 전대에 싸게 하였다가 길에서 굶주리는 사람을 만나면 모두 베풀어주었다.

王皓 ▶ 1186년 6월 **문무 참관 이상과 근신들에게 양을 하사하다**

문무의 참관參官 이상 및 근신近臣에게 양을 차등 있게 하사하였다.

王皓 ▶ 1186년 6월 **최척경이 사망하다**

비서감秘書監 최척경崔陟卿이 사망하였다. 최척경은 성품이 청렴하고 결백하며 과거로 발탁되어 경산부판관京山府判官에 보임되었다. 임기를 채우고 서울로 돌아왔으나 발길이 공경公卿의 집 문에 이르지 않은 것이 10여 년이었다. 판이부사判吏部事 최윤의崔允儀가 최척경에게 말하기를, "탐라耽羅는 땅이 멀고 풍속이 사나워 수령을 하기가 어렵소. 듣건대 그대가 청렴하고 정직하다고 하니 한번 가는 것을 꺼리지 말고 다행히 먼 곳의 백성들을 어루만져 나라의 우환이 되지 않게 한다면 좋은 벼슬로 보답하겠소."라고 하였다. 최척경이 취임하여 이익이 되는 일은 일으키고 폐단은 혁파하니 백성들이 모두 편안히 여겼다. 돌아왔으나 최윤의는 이미 죽은 뒤였으므로, 서울에 머문 지 3년 동안 가난이 심해져서 살아갈 수 없었기에 장차 가족을 거느리고 고향으로 돌아가려고 하였다. 마침 탐라 사람이 영위令尉의 침해와 포학에 괴로워하다가 반란을 일으키고는 말하기를, "만약 최척경을 수령으로 삼을 수 있다면 마땅히 무기를 버리겠다."라고 하였다. 왕이 재상 최유칭崔褎偁에게 말하기를, "이와 같이 어진 사람이 있는데 어찌 쓰지 않았는가."라고 하였다. 즉시 탐라령耽羅令을 제수하니 탐라 사람들이 최척경을 보고는 모두 창을 던지고 나열하여 절하며 말하기를, "공이 오셨으니 우리는 다시 살았습니다."라고 하고, 모두 예전처럼 편안하게 지냈다. 무릇 가는 곳마다 모두 명성과 공적이 있었으며, 청렴하다는 명망과 굳센 절개가 늙어서도 쇠하지 않았다.

王皓 ▶ 1186년 7월 탐라가 반역하였다는 거짓 고변이 조정에 전달되다

어떤 사람이 탐라耽羅에서 반란이 일어났다고 고하였다. 왕이 경악하여 양부兩府를 불러다가 처리할 방략을 물었다. 즉각 합문지후閤門祗候 독고충獨孤忠과 낭장郞將 지자심池資深을 파견하여 안무사安撫使로 삼고, 식목녹사式目錄事 장윤문張允文을 대부주부 행탐라현령大府注簿 行耽羅縣令으로 삼아 각각 비단綾絹을 하사하고 재촉하여 길에 오르게 하였다. 조서를 내려 전임 영위令尉들에게 모두 무거운 벌을 내렸다. 얼마 후에 들으니 반역한 형상이 없다고 하였으나 조명詔命이 이미 나갔으므로 장윤문은 관직에 오르고 전임 영위들은 끝내 연좌되어 면직되었다.

사신史臣이 말하기를, "명종明宗이 남의 헛된 말에 미혹된 것은 이른바 그럴듯한 말로 남을 속일 수 있다는 것으로 허물이 될 것은 없으나, 그것이 사실이 아님을 알기에 이르러서도 고발한 자에게 기망한 죄를 주지 않은 것은 어째서인가. 이것이 참적讒賊의 입을 불러와서 화란의 단초를 낳게 한 것이다."라고 하였다.

王皓 ▶ 1186년 7월 어선을 진헌하는 자들에게 포백을 하사하는 일이 계속되다

내시원內侍院에서 아뢰기를,

"지금부터 어선御膳을 진헌하는 자가 있으면 다만 술과 과일을 줄 뿐 포백布帛은 쓰지 마십시오. 포백은 수량이 한정되어 있으나 어선을 진헌하는 자는 무궁하니 좋은 계책이 아닙니다."

라고 하였다. 조서를 내려 이르기를,

"짐이 은택을 만물에 미치고자 하지만 아직 그 소원을 이루지 못한 까닭에 그 박한 물건으로 반드시 두터운 은혜를 베풀고자 하는 것이다. 포백이 비록 허비되더라도 모두 이 나라 사람들이 이익을 받는 것이다. 아까워하지 말라."

라고 하였다. 왕이 즉위한 이래로 어선을 진헌하는 자가 있으면 비록 미미한 물건이라도 포백을 후하게 하사하였던 까닭에 이익을 탐하는 무리들 가운데는 다른 지방의 물건을 구해다가 바치는 자까지 있었다.

王皓 ▶ 1186년 윤7월 **민생을 침탈하는 수령과 서리를 징벌하도록 하다**

제서를 내려 말하기를,

"백성은 나라의 근본이니, 근본이 튼튼해야 나라가 평안하다. 근래에 수령守令들이 그 백성을 수탈하면서 두려워하거나 꺼리는 바가 없으니 괴로움을 견디지 못하고 떠돌아다니는 사람들이 날마다 많아지고 있다. 나는 매우 슬프게 생각하니 너희 유사에서는 탐학한 서리들을 통렬히 징벌하여 후세 사람들을 경계하라. 만약 백성에게서 강제로 물건을 빼앗거나 뇌물을 요구해서 받은 자가 있으면 받은 액수가 비록 적더라도 모두 무거운 죄로 논죄하라."

라고 하였다.

사신史臣 권경중權敬中이 말하기를, "경서經書에 이르기를, '그 몸이 바르면 명령하지 않아도 시행되고, 그 몸이 바르지 않으면 비록 명령하여도 따르지 않는다.'라고 하였다. 명종明宗이 환제桓帝·영제靈帝를 몸소 실행하면서 입으로는 문제文帝·경제景帝를 말하니, 조서가 비록 애통하더라도 그 오얼五孼·칠폐七嬖가 권력을 휘두르고 관작을 팔아먹는 폐단에는 어찌 하겠는가. 관리가 고치지 않고 백성이 편안하지 못함은 당연한 일이었다."라고 하였다.

王皓 ▶ 1186년 8월 **장릉과 순릉에 배알하다**

장릉長陵과 순릉純陵 두 능에 배알하였다.

王皓 ▶ 1186년 8월 **민생을 침탈한 진주와 안동의 수령을 유배 보내다**

유사에서 진주晉州의 수령 김광윤金光允과 안동安東의 수령 이광실李光實이 탐욕을 부리고 잔인하여 백성을 침해한 죄를 논하였다. 모두 유배하였다.

사신史臣 권경중權敬中이 말하기를, "경인1170·계사1173의 난 이래로 시정에서 도축하거나 술을 팔던 자들이나 활을 당기던 군사들 가운데 외람되고 부당하게 외직에 임명된 자들이 많았다. 저 김광윤의 무리들은 평일에는 송곳 끝〈만한 이익〉을 다투고, 한 되 한 홉의 이익을 다투어 빼앗고 속이는 것을 계책으로 삼고 속여서 파는 것을 좋은 모의로 삼아왔다. 이런 때를 맞이하여 어찌 염치가 나라의 기강이 되고 생민이 나라의 근본이 됨을 알겠는가. 하루아침에 100리 땅의 수령이 되어 주고 빼앗는 권한을 가지게 되면 그들이 재물을 탐하고 이익을 취하는 것은 당연한 것이었다. 아, 소와 말을 벼와 기장 밭에 풀어두고 매와 사냥개를 꿩과 토끼가 있는 들판에 풀어두고서 그들이 뜯어먹고 물어뜯는 것을 금하고자 한다면 그것이 가능하겠는가."라고 하였다.

王皓 ▶ 1186년 9월 18일 **성변이 나타나니 태사가 불사를 행할 것을 청하다**

진성鎭星이 목성[歲]을 범하였다. 태사太史가 아뢰기를, "내란이 있을까 두려우니, 청하건대 광암사와 총지사摠持寺 두 절에서 불정소재도량佛頂消災道場을 베풀고 또 명인전明仁殿에서 인왕경仁王經을 읽어 재앙을 물리치기를 바랍니다."라고 하였다.

사신史臣이 말하기를, "사람의 일이 아래에서 어긋나면 천변이 위에서 응하는 것이다. 그러므로 일식과 월식이 생기고 혜성이 나타나게 되는 것이니, 까닭이 있지 않은데 그러한 것은 없다. 임금이 재앙을 만나면 마땅히 스스로를 꾸짖고 덕을 닦아 화란의 싹을 제거해야 할 것인데, 〈음양을〉 관찰하는 관리가 오직 부처를 섬기고 굿판을 벌이는 것으로 왕의 마음을 미혹하고자 하는데도 재상과 대간臺諫 가운데 바르게 간하는 자가 없는 것은 어째서인가."라고 하였다.

王皓 ▶ 1186년 9월 **전목사와 장작감의 재물을 빌려 좌창을 채우다**

좌창이 텅 비어 녹봉을 나누어줄 수가 없었기에, 전목사典牧司에 비축해둔 백금 624근과 포 6,000필, 장작감將作監의 포 30,000필을 빌려서 보충하였다.

王皓 ▶ 1186년 10월 남을 무고하고자 익명서를 붙인 박돈부를 유배 보내다

참소를 한 자인 박돈부朴敦夫를 먼 섬으로 유배하였다. 이때 익명서가 다른 사람의 죄를 무고하는 것이 매우 많았다. 죄를 얻게 된 자는 그 연유를 알 수 없었기에, 사람들이 모두 두려워하였다. 중방重房에서 은밀히 금군禁軍으로 하여금 정탐하게 하였다. 박돈부가 글을 품고 문에 붙이려 하였으므로 붙잡아서 유배하였는데, 도중에 죽었다.

王皓 ▶ 1186년 10월 중방의 건의로 무관이 내시와 다방을 겸직하다

조서를 내려 장군將軍 차약송車若松 등 43인을 내시원內侍院 및 다방茶房에 겸하여 소속되게 하였다. 이에 앞서 중방重房에서 아뢰기를,

"경인1170 이래로 무관들이 모두 문관을 겸하였으나 내시와 다방만은 겸직하지 못하고 있습니다. 청하건대 겸하여 소속될 수 있게 허락해주십시오."

라고 하였다. 그런 까닭에 이러한 명이 있었다. 무관이 겸하여 소속된 것이 이로부터 시작되었다.

王皓 ▶ 1186년 10월 공화후 왕영이 사망하다

공화후恭化侯 왕영王瑛이 사망하였다. 왕영은 강릉공江陵公 왕온王溫의 아들로 성품이 침착하고 조용하며 욕심이 적고 학문에 깊이 뜻을 두었다. 일찍이 과거를 보고자 하였으나 전례가 없었기에 실현하지 못하였다. 만년에는 불법浮屠法을 너무 좋아하였다.

王皓 ▶ 1186년 10월 왕이 태묘에 협제를 지내다

친히 태묘에 협제祫祭를 지내고 사면령을 내렸다.

王皓 ▶ **1186년 10월 상장군 석린이 왕에게 횡포를 부리다**

처음에 상장군上將軍 석린石隣이 역리驛吏로부터 뇌물로 은을 받고 서해도안찰西海道按察 강용유康用儒에게 일을 청탁하였으나 〈강용유가〉 따르지 않았다. 석린이 감정을 품고 있다가 왕에게 강용유를 무함하여 그 관직을 파면할 것을 청하였다. 왕이 듣지 않자 석린이 성을 내며 눈을 부릅뜨고 주먹을 쥐고 큰 소리로 말하기를, "나는 다시는 벼슬하지 않겠습니다."라고 하였다. 끝내 허리띠를 풀어 땅바닥에 던지고 가버렸다. 왕이 환관內豎을 파견하여 만류하기를 두세 번 하였으나 석린이 왕지를 받들지 않았기에, 또한 병부상서兵部尚書 양익경梁翼京에게 명하여 그를 만류하게 하였다. 양익경이 소매를 잡아당기며 타일러 말하기를, "주상께서 명하시어 부르는데도 오지 않는 자가 누가 있단 말인가."라고 하였다. 석린이 이에 내전內殿에 들어가자 왕이 따뜻한 말로 위로하고 타이르면서 그와 함께 술을 마시고, 조詔를 내려 강용유를 파직하여 그의 노여움을 풀어주었다. 석린이 물러나자 그 조를 도로 거두어들였으므로, 석린이 여러 날 동안 관아에 나오지 않았기에 왕이 누차 사람을 보내 관직에 나아갈 것을 명하였으나, 석린은 오히려 교만하여 조회하지 않았다. 석린은 한미하여 대대로 창고 곁에 살면서 뜰에 떨어진 쌀을 주워서 먹고 살았는데, 금군禁軍에 보임되었다. 경인1170의 난에 이의방李義方을 좇아 낭장郎將에 발탁되어 드디어 현달하였다.

王皓 ▶ **1186년 11월 금에 사은사와 하정사를 보내다**

형부시랑刑部侍郎 우술유于述儒를 금에 보내어 낙기복落起復하여 준 것에 사례하고, 예부시랑禮部侍郎 임유任儒는 횡선사橫宣使를 보내준 데에 사례하게 하였으며, 중랑장中郞將 노효돈盧孝敦은 생일을 축하해준 데에 사례하게 하였고, 낭장郎將 최광보崔光甫는 신정을 하례하게 하였다.

王晧 ▶ 1186년 12월 **무관이 유관을 겸하면서 역사를 왜곡하다**

상장군上將軍 최세보崔世輔를 동수국사同修國事로, 장군將軍 최연崔連·김부金富를 함께 예부시랑禮部侍郞으로 삼았다. 세 사람은 모두 무관이었는데, 무관이 유관儒官을 겸한 것이 이로서 시작되었다. 이때 어떤 사람이 중방重房에 호소하여 말하기를, "수국사修國史 문극겸文克謙이 의종毅宗이 살해된 일을 그대로 썼습니다. 군주를 시해하는 것은 천하의 큰 악이니 마땅히 무관으로 하여금 그를 겸직하게 하여 그대로 쓰지 못하게 해야 합니다."라고 하였다. 문극겸이 이를 듣고 두려워하여 은밀히 주상에게 아뢰니, 왕은 감히 무신의 뜻을 거스르지 못하였으나 그것이 옛 제도가 아님을 싫어하여 제制를 내려 〈최세보를〉 동수국사同修國事로 삼았다. 최세보는 청하지도 않고 곧바로 사史 자로 〈사事 자를〉 고쳤다. 이로 말미암아 『의종실록毅宗實錄』은 빠뜨리고 생략하여 실제와 많이 달랐다. 문극겸이 일찍이 사당史堂에서 나와서 최세보를 놀리며 말하기를, "유관儒官으로서 상장군이 된 것은 나로부터 시작되었고, 무관인 동수국사는 또한 공으로부터 시작됩니다."라고 하였다. 서로 크게 웃었다.

사신史臣이 말하기를, "사관史官이 만세의 시비를 공정하게 다루는 것은 후세에 권계를 드리우기 위해서이다. 따라서 제齊의 최저崔杼가 장공莊公을 시해하고 태사太史의 형제 세 사람이 연이어 살해되어도 기록하는 사람이 그치지 않았던 것이다. 지금 시역의 무리들이 장차 악명을 없애고자 스스로 수국사[國史]를 겸하여 그 흔적을 감추고자 하였으나, 하늘에 도달하는 죄악은 덮어두고자 할수록 더욱 드러나게 되는 것을 알지 못하였으니, 어리석지 아니한가."라고 하였다.

명종 17년(1187년)

-명명종광효대왕-

王皓 ▸ 1187년 1월 **추밀원의 화재가 수창궁까지 번지다**

추밀원樞密院에 불이 나서 수창궁壽昌宮 행랑으로 번져서 탔다.

王皓 ▸ 1187년 1월 **금에 사신을 보내어 방물을 바치고 만춘절을 하례하다**

장군將軍 차약송車若松을 금金에 보내어 방물方物을 진헌하고, 이문중李文中은 만춘절萬春節을 하례하게 하였다.

王皓 ▸ 1187년 1월 **금에서 하생신사가 오다**

금에서 대장군大將軍 한경무韓景懋를 보내와서 〈임금의〉 생신을 하례하였다.

王皓 ▸ 1187년 5월 **경성에 전염병이 돌다**

경성에 전염병이 크게 돌았다.

王皓 ▸ 1187년 6월 **탐포한 경상주도안찰사 최엄위를 파면하고 박충을 임명하다**

중서성中書省에서 탄핵하여 아뢰기를,

"경상주도안찰사慶尚州道按察使 최엄위崔嚴威는 가혹하게 규찰하고 아전과 백성을 침해하였으며 뇌물을 한없이 받았습니다."

라고 하였다. 낭장郎將 박충朴冲에게 명하여 그를 대신하게 하였다. 박충은 성품이 청렴하고 근엄하여, 경인(1170년)·계사(1173년)의 난에 무신이 모두 문관의 집을 탈취하였으나 박충은 홀로 그렇게 하지 않았다.

王皓 ▶ 1187년 7월 공해전의 조세를 탈취한 조원정을 좌천한 뒤 치사시키다

추밀부사 조원정曹元正이 중서성中書省 공해전公廨田의 조세租를 탈취하였다. 평장사平章事 문극겸文克謙이 그 죄를 다스릴 것을 청하였다. 글을 모두 다섯 번이나 올라오자 그제야 조원정을 공부상서工部尚書로 좌천시켜 치사하게 하였다. 그의 아들 조영식曹英植·조영적曹英迪·조응륜曹應倫 및 사위 이주李住 등이 탐욕스럽고 포학함이 더욱 심하였는데 〈왕의〉 측근에 있었으므로 중방重房에서 또한 아뢰어 축출하였다.

王皓 ▶ 1187년 7월 28일 태백성이 하늘을 가로지르다

태백성太白星이 하늘을 가로질렀다.

王皓 ▶ 1187년 7월 30일 조원정이 난을 일으켜 궁궐을 범하다

그믐에 일식이 있었다. 태사太史가 아뢰기를, "이것은 일식이 끝나가는 것으로 재앙이 아니니 근심할 것이 못 됩니다."라고 하였다. 이날 밤 2고鼓에 도적 70여 명이 담을 넘어 수창궁壽昌宮에 들어와 추밀사樞密使 양익경梁翼京, 내시낭중內侍郎中 이규李揆·이찬李粲 등을 때려죽이고 사상자가 매우 많았는데 숙위宿衛는 모두 흩어져 숨었다. 도적이 내시원內侍院의 궤짝을 열고서는 촛불을 밝히고 이를 비춰보며 이르는 곳마다 닥치는 대로 쳐서 죽이다가 왕의 처소御所에 이르러서는 소리 높여 말하기를, "고영문高令文과 준백俊白 등 이미 악인을 제거하였으니 마땅히 다시 사직을 보위할 것입니다."라고 하였다. 왕이 말하기를, "누가 너희 우두머리인가."라고 하였다. 도적이 속여 말하기를, "재상 두경승杜景升, 급사중給事中 문적文迪 등이 여기 있습니다."라고 하였다. 좌승선左承宣 권절평權節平이 뒤이어 오는 도적 무리가 없는 것을 알고는 북문으로 나가 가구소街衢所에 이르러 군사들을 불러 모아 궁문 밖에 이르니, 시끄러운 소리가 땅을 울렸다. 도적들이 두려워하여 서문으로 도망쳐 달아났다. 중랑장中郞將 고안우高安祐가 변란 소식을 듣고 대궐로 달려오다가 시루교市樓橋 옆에 이르러 어떤 머리를 깎은 자가 거짓으로 병든 거지처럼 두엄더미 속에 누워 있는 것을 보고는 즉각 체포하였다. 붉은 초가 허리춤에 있었으니 가두어 놓고 국문하였다. 이에 조원정曹元正이 문극겸文克謙을 원망하여 그를 제거하고자 하여 석린石隣·석충石冲·석부石夫·주적朱迪 등과 모의하여 그의 가신인 고영문·임춘간林椿幹·준백俊白 등을 보내 난을 일으킨 것이었다. 왕이 형부상서刑部尙書 백임지白任至, 대장군大將軍 박순朴純, 내시장군內侍將軍 이문중李文中 등에게 명하여 여러 날 동안 신문하게 하였더니 고영문과 준백 등이 모두 자복하였다. 이에 군사를 풀어 조원정·석린 등을 체포하여 이미 잡히자 사람들이 조금 안정되었다. 대성臺省과 형부刑部에서 시가에 앉아 고영문과 임춘간 등을 참수하고 조원정 등 10여 인을 결박하여 저자에 매달았다가 끝내 보정문保定門 밖에서 참수하였다. 아울러 그 당여 30여 인도 주륙하고 그 일가 총 170여 호를 적몰하였다.

사신史臣 권경중權敬中이 말하기를, "성인은 치란[理亂]과 안위의 기미를 반드시 미미할 때부터 삼가서 마음을 다하지 않은 적이 없었다. 또한 역상易象으로 보더라도 일단 구姤에서 음陰이 나면 금니金柅에 매어두어 뻗쳐나가서 비否의 군자의 정貞에 이롭지 않다는 지경에는 이르지 못하게 하였다. 지금 조원정과 석린은 항오에서 출세한 병졸 출신이니[起於行伍], 미천한 가운데서도 미천한 자였다. 명종明宗이 특별히 발탁하여 병권[兵柄]을 주었으니, 아직 형세를 타기 전에 제어하여 금니에 매어두지 못하고, 끝내 그들로 하여금 창칼을 휘둘러서 궁궐에서 피를 밟는 지경에 이르게 하였다. 어찌 누란지세처럼 위태롭지 않았겠는가.

王皓 ▶ 1187년 9월 **순주 귀화소에서 난이 일어나다**

순주順州의 귀화소歸化所에 안치하였던 도적 수백 인이 흩어져 다니면서 노략질을 하였다. 병마사兵馬使가 군사를 풀어 이들을 체포하였다.

王皓 ▶ 1187년 9월 **승려 일엄이 왕과 백성들을 미혹시키다**

전라주도안찰사全羅州道按察使 오돈신吳敦信이 아뢰기를,

"승려 일엄日嚴이라는 자가 전주全州에 있는데 눈먼 자들로 하여금 다시 눈을 뜨게 하고 죽은 자를 다시 살립니다."

라고 하였다. 왕이 내시內侍 금극의琴克儀를 보내 그를 맞이하게 하였다. 길에서 비단 모포 수건을 두르고 얼룩말을 타며 비단부채로 그 얼굴을 가렸으며 군중들이 길을 막으니 사람들이 바로 볼 수 없었다. 와서 보현원普賢院에 우거하였는데, 도성 사람들이 귀천을 막론하고 늙은이는 부축하고 어린이는 끌고 와서 달려와서 알현하느라 마을이 텅 비었다. 무릇 장님·귀머거리·앉은뱅이·벙어리와 폐질癈疾이 있는 자가 그 앞에 낭자하니, 중이 부채로 휘둘렀다. 천수사天壽寺로 맞이해 들이니, 재보宰輔와 대신大臣 또한 그 아래로 달려갔다. 어사대부御史大夫 임민비林民庇는 누각 아래에서 절하였고, 평장사平章事 문극겸文克謙은 미복微服으로 와서 예를 드렸다. 또 홍법사弘法寺로 옮겨 거처하니 사녀士女들이 앞을 다투어 머리를 풀어 앞에 펼쳐서 일엄의 발 밑에 깔아주었다. 이엄이 아미타불阿彌陀佛을 부르게 하니 그 소리가 10리까지 들렸다. 무릇 그가 세수하고 양치하고 목욕한 물을 얻으면 비록 한 방울이라도 천금과 같이 귀하게 여겨 마시지 않는 사람이 없었으며, 법수法水라고 일컬어 백병을 치료할 수 있다고 하였다. 남녀가 밤낮으로 뒤섞여 거처하면서 추한 소리가 널리 들렸다. 혹은 머리를 깎고 그 무리가 된 자가 이루 헤아릴 수 없었다. 이때 한 사람도 간언하여 중지하게 하는 자가 없었다. 왕은 점차 그가 속이고 있음을 알고 그의 고향으로 돌려보냈다. 처음에 일엄이 사람들을 속여 말하기를, "모든 법은 오직 한 마음에 있다. 네가 만약 부지런히 염불하면서 '내 병이 이미 나았다.'라고 말한다면 즉 병이 이를 따라서 낫게 될 것이다. 병이 낫지 않았다고 말하지 말라."라고 하였다. 이러게 해서 장님은 이미 보인다고 속여 말하고, 귀머거리는 또한 들린다고 말하였다. 사람들을 쉽게 미혹하여 이 지경에 이르게 했던 것이다.

王皓 ▶ 1187년 10월 **구정에서 반승하다**

구정毬庭에서 승려 30,000명에게 밥을 먹였다.

〈4권에 계속됩니다.〉

MEMO

MEMO

MEMO

MEMO